U0934387

社会政策与社会保障
研究书系

社会建设与政府绩效评估研究

陈天祥等 · 著

東方出版中心

“社会政策与社会保障研究书系”

编　委　会

丛书总序：在社会变迁中促进公民福祉

进入21世纪，随着我国经济持续多年的高速发展，国家领导人开始认真思考如何在经济增长与社会发展之间保持平衡这一重大理论与现实问题。在2003年“非典”危机之后，中国共产党开始反思执政观念，同时推动公共政策格局的转型。在2003年“七一讲话”中，胡锦涛总书记正式提出“权为民所用，情为民所系，利为民所谋”的新执政宣言，强调“关心群众疾苦”。2003年10月，中共十六届三中全会首次提出了“科学发展观”这一新的理念。2004年9月，中共十六届四中全会放弃了“效率优先，兼顾公平”的提法，明确提出了构建“社会主义和谐社会”这一国家发展的长远战略目标。2005年10月，中共十六届五中全会通过的《关于制定国民经济和社会发展第十一个五年规划的建议》则明确提出，未来中国要“更加注重社会公平，使全体人民共享改革发展成果”。2006年10月，中共十六届六中全会通过的《关于构建社会主义和谐社会若干重大问题的决定》(下称《决定》)，则是我国社会发展和社会建设的纲领性文件。《决定》全面系统地论述了构建和谐社会的若干重大问题，阐述了构建和谐社会的指导思想、目标任务和原则，并提出了相应的政策原则。2007年10月，中共十七大报告明确要求，“必须在经济发展的基础上，更加注重社会建设，着力保障和改善民生，推进社会体制改革，扩大公共服务，完善社会管理,促进社会公平正义,努力使全体人民学有所教、劳有所得、病有所医、老有所养、住有所居,推动建设和谐社会”。为了落实中央政策,自2008年以来,各省市的政府工作报告和财政预算案,都把民生问题摆在首要位置,纷纷表示“政府工作重心是解决民生问题,新增财力的大部分用于发展社会事业和改善民生”。一时间,“民生型政府”、“民生财政”等词语应运而生。可以说,一个关注民生、重视民生的新时代已经来临。

一、民生问题与社会政策

然而,在轰轰烈烈的民生讨论中,一个基本的问题,即何谓民生,并没有在公众、学者和决策者之间达成共识。不可否认,理论界对民生问题的内涵进行了不同的探索。社会学家认为,民生就是一个社会的成员,如何从社会和政府获得自己生存和发展的社会资源和社会机会,来支撑自己的物质生活和精神生活的问题。财税学者则提出,所谓民生问题应该是人的基本消费和公共服务的均等化,主要包括基本营养、基本保健、基本教育和基本住房。在政治学家看来,民生问题是社会价值和利益分配不和谐的表现。

虽然不同角度的分析都触及了民生问题的理论本质和价值取向,但是它们缺乏明确的公共政策意涵和指向,不具可操作性,也无法有效引导公众对民生问题的讨论。随手打开报纸,就可以看到国人在民生问题认识上的混乱。有的人把基础设施建设、修桥铺路等都视为民生建设。有的人甚至把所有的政府投入都归于民生投入。

“民生”概念的流行和民生问题的泛化,导致民生概念被滥用,被误用,一些根本无关民生,甚至损害民生的政策、措施和项目,在民生的包装下继续大行其道,误民误国。其实,民生概念的混乱,归根结底,在于政府公共治理和施政理念中缺乏社会政策思维。简言之,民生概念边界的模糊就是源于社会政策理念的缺位。

长期以来，政府有清晰的政治和经济政策，但缺乏明确的社会政策。虽然政府政策也涉及民生内容，但只是限于对零散的政府行为的叙述，缺乏明确的社会政策价值和理念，更远未上升至施政哲学层面。有关的政策辩论大多只是就事论事，局限于个别的具体问题，缺乏整体思路和统筹，导致可操作性不强，成效相互抵消等后果。其实，现代国家的政府职能就是提供公共福利与服务，回应民众从教育、卫生、就业、社保，到衣食住行等方面的需求。正如广州市委书记朱小丹指出的，“我们说的民生就是老百姓直接具体的利益！收入、就业、基本医疗、基本养老、基本生活、住房……这才叫改善民生”。而这些正是社会政策致力解决的问题。因此，讨论民生问题就离不开社会政策。

二、社会政策：在社会变迁中促进公民福祉

那么，何谓“社会政策”呢？我们如今对公共政策概念已经习以为常了，却很少关注作为公共政策重要组成部分的社会政策。众所周知，公共事务千头万绪。因此，一国政府的公共政策常常有不同的类别。有的政策致力于分配利益给每一个人；有的政策致力于在“有者”与“无者”之间进行利益的再分配；有的政策致力于规制。根据政府不同部门的职能和公共问题的性质，公共政策又可以划分成政治政策、科技政策、经济政策、社会政策、司法政策等类别。其中，经济政策和社会政策是最主要的两类。经济政策关心的通常是区域发展和协作、基础设施建设，以及创造就业。社会政策关心的是公民需要和期望的满足。

所有成功的社会都必须探索各种方式来保护其社会成员，防范因年幼、年老、残疾、疾病而带来的各种风险，以及满足他们对收入和住所的需要。社会的这些功能涉及的都是民生问题，也是社会政策的基本内容。在成熟的市场经济社会，“社会政策”是一个常用的概

念。从定义上讲,“社会政策”指的是国家为了实现福利目标而在公民中进行资源再分配的各种有意识的干预活动。概言之,一切旨在确保社会变迁能够促进公民福利和福祉的社会干预实践都属于社会政策的范畴。

一般而言,社会政策一词用来说明国家在公共福利方面的角色,可以简单地定义为“影响公共福利的国家行为”。虽然人们对社会政策的精确定义存有分歧,但是对其包含的内容则有基本共识。通常来说,经典的社会政策主要包括政府在以下六大领域为其公民提供津贴和服务的活动:

- 社会保障津贴:解决贫穷问题;
- 医疗卫生服务:解决疾病问题;
- 住房提供和补贴:解决居所问题;
- 教育服务:解决无知问题;
- 就业服务:解决闲散问题;
- 个人社会服务:解决特殊群体或个人的问题,如老人照顾,幼儿看护等。

社会政策的出发点是人类的基本需要。国家通过社会政策对个人福利进行集体干预,目的是对社会问题进行干预,满足社会需要。因此,经典的社会政策具有很强的社会问题导向。按照英国福利国家的设计者贝弗里奇的分析,社会政策旨在帮助人们解决社会生活中的“五大恶”:贫穷、疾病、流离失所、无知、失业。受贝弗里奇的影响,传统社会政策主要包括以下五大方面:社会保障政策(解决贫穷问题)、医疗卫生政策(解决疾病问题)、住房政策(解决流离失所问题)、教育政策(解决无知)和就业政策(解决失业问题)。

社会政策具有鲜明的价值理念。追求社会公平和正义,是实施社会政策的基本依据。社会政策关注的是人民福利的提升,而不是国家对社会的控制。因此,社会政策强调国家和政府是社会福利和社会服务的主要承担者。因此,社会政策也可以视为社会福利政策。

社会政策的基本特征是再分配社会资源。社会政策具有很多不同的内容，如社会保障、社会救济、社会服务、社会保险等。社会政策服务于不同的具体目标，如消除贫困；满足社会基本需要，如教育、住房、医疗、就业等；对弱势群体提供补偿；缓和社会问题，如犯罪、药物滥用等；降低社会风险，如疾病、失业、年老等。从社会发展角度看，社会政策的意义/目标在于：第一，进行社会投资：确保社会及个人的能力建设与家庭凝聚力；第二，促进社会融合：确保公平的社会参与；第三，提供社会保护：确保弱势群体的基本生活保障与经济参与。随着社会的发展，社会政策的内容也在不断扩大。随着福利国家的建立，个人社会服务政策（解决特殊群体或个人的问题，如老人照顾、家庭照顾等）已成为社会政策的重要内容。

社会政策被视为市场经济成功运作的基本条件，因为国家需要通过社会政策来驯服市场的自发力量和再分配社会资源。市场力量尽管在创造效率方面有重要作用，但是其自发作用会带来社会两极分化和贫富阶层之间的严重对立，导致市场失灵，威胁市场经济体系和社会的运作。国家通过实施社会政策，可以对市场自发力量进行干预，对追求利润最大化的市场力量进行约束，对社会财富进行再分配，缩小因市场竞争带来的贫富差距，减少劳资之间的矛盾，从而达至社会稳定，乃至和谐。正是由于社会政策是驯服市场力量的重要手段，在成熟的市场经济体系中，实施社会政策成了政府的基本职能，就业、教育、医疗、住房、个人社会服务等都是政府关注的基本政策问题。今天，社会政策已成为现代政府的中心任务。

中国经济体制改革的目标模式是要建立社会主义市场经济体制。社会主义市场经济体制不仅要提高经济效率，发展生产力，也要注重经济发展成果的公平分享，注重人的价值和尊严。简言之，社会主义市场经济就是社会政策（公平）加上市场经济（效率）。否则，“社会主义市场经济”中的“社会主义”这个修饰语就失去了意义。换言之，社会政策是社会主义市场经济的题中应有之义。

三、社会政策与社会保障

发达国家大多有一套行之有效的社会政策体系，帮助政府去界定、评估和应对上述种种民生问题。社会政策也是政府施政报告的基本内容和公众讨论的主要话题。在我国，真正意义上的社会政策概念，直到20世纪90年代末开始才得到一部分社会成员的认同，至今仍没有完全进入官方的话语和视野。我国流行的则是社会保障概念。

我国的社会保障是一个大概念、大系统，包罗了各种有利于公众福祉的项目，诸如各类社会保险、社会救助、慈善活动等。正如郑功成指出的，所谓社会保障，其实就是国家依法建立并由政府主导的各种具有经济福利性质的社会化的国民生活保障系统的统称，是“各项保险制度、社会救助制度、社会福利制度及相关补充保障措施的统称”。这一点与西方的“社会保障”概念有所不同。在西方，社会保障主要是指社会政策中有关公民“收入维持”和基本需求保障的内容，如公共援助、社会救济、养老保险等。具体地说，西方的社会保障主要是指直接提供金钱或类似金钱性质的东西给个人或家庭，通常包括下列几个方面：(1) 供款性社会保障福利；(2) 非供款性的金钱福利；(3) 社会救助；(4) 税务上的得益。

社会政策的内涵与外延都比社会保障更丰富、更宽广。社会政策关注的不只是控制贫困，而且关心全民的福祉。虽然社会保障是社会政策最基本、最重要的组成部分，其支出也往往占政府公共支出的很大一部分，但其内涵比较狭窄，偏重经济福利，如养老金、失业津贴、贫困救济等，无法全面涵盖民生的所有问题，如教育、住房等。因此，欧美部分国家在使用这个概念的同时，还使用与其相互补充的社会福利或者说公共服务的概念。长期以来，我们把建立以社会保险为核心的社会保障制度放在优先位置，在一定程度上就忽略了对最困难社会群体进行救助和提供服务。

自20世纪70年代末实行改革开放政策以来，为了加快经济发展，提升经济效率，制订并实施经济政策差不多成为国家的唯一功能。虽然国家宣布了“效率优先、兼顾公平”的改革指导思想，但是，在很长时间内，改革政策与实践并没有“兼顾”公平。为了追求效率或整体经济增长速度的最大化，不仅没有兼顾公平，也没有兼顾生态环境和国防建设。由于忽视了对公平的“兼顾”，这一时期所进行的相关社会政策改革，如医疗、住房、养老、福利等政策改革，出发点都是为了配合国有企业改革，减轻国家或国有企业的负担，使旧的以单位为基础的城镇劳动保险制度适应市场经济的要求。可是，这种思路忽视了社会政策在满足公众需要方面的作用，弱化了国家在公共福利提供上的功能和角色。虽然这些社会政策改革的指导思想是要建立与社会主义市场经济相适应的社会政策体系，由于缺乏对社会政策与市场经济关系的清晰认识，在市场体系和第三部门还没有得到足够发展的情况下，国家不适当地从许多公共服务的提供中全面撤退，其结果是导致了公众的许多基本需要得不到满足，并形成了庞大的社会弱势群体。

在20世纪90年代中期之前，我国社会政策弱化的社会经济后果还没有明显暴露。当时，中国经济改革还处在双赢游戏（win-win game)状态，社会各阶层都能从改革中受益。同时，计划经济时代的平均主义后果殷鉴不远，人们对正在扩大的收入差距并不十分介怀。因此，无论是政府还是公众，对社会政策功能的弱化都缺乏足够的敏感，没有清楚认识到经济持续高速发展所带来或其背后所隐藏的各种重要的社会问题。90年代中后期开始，这些问题开始显露，并由于缺乏社会政策的回应而不断积压、增多。中国在世纪之交面临的种种社会问题表明，中国社会存在着较严重的不和谐问题。而导致社会不和谐的一个重要因素是在市场转型过程中，我们没有有效整合以提供社会保护为目标的社会政策和以提升经济竞争力为目标的经济政策,过分偏向后者,而忽略了前者。社会政策没有成为一个相对自主的政策领域,而是变成了经济政策的附庸。

进入新世纪,政府社会政策功能的弱化及其所带来的问题,开始引起公众普遍的关注甚至不满。过去因为对改革有所期待而被容忍的许多问题,如医疗、教育、住房、就业等,开始成为公众关注的重点。这种情况在2003年"非典"危机之后变得更加突出。非典危机以及同期的孙志刚事件为中国公众参与公共政策辩论提供了新的契机,而互联网的普及则为这种参与提供了便利的平台。更重要的是,这些问题都在新的话语结构,主要是社会公平和民生话语中得到重新构建,成为公共舆论和公共议程中的重要议题。就内容来说,这些议题几乎全都集中于并涉及所有社会政策领域,提及多种诉求和批评。

四、社会政策与社会支出

众所周知,公共政策与公共预算、公共财政相辅相成,所谓"以政控财,以财行政"。社会政策需要民生财政支持。一方面,社会政策的落实不能只靠政府的政策宣示和官方表态。每项社会政策的落实都需要雄厚的财政资金支撑。没有财政资金支撑的社会政策不过是空中楼阁而已。同时,公共预算能约束政策成本,避免随意决策。另一方面,以社会政策引导公共资金分配,才能保持"民生财政"。

一个国家或地区在一定历史时期,由于所面临的社会经济问题不同,需要组合、搭配使用各类政策,从而形成该政体在这一时期特定的公共政策格局。公共政策格局可以反映出该国或地区的施政重点。它具有一定的稳定性,但也并非一成不变。随着社会经济政治结构的变化,以及政府财政能力的增减,公共政策格局往往会进行相应的调整。因此,为配合公共政策格局转向重点关注社会政策,中国的公共支出结构也必须做出适当的调整。简单地说,就是要优化支出结构,着力支持社会政策。

如前所述，社会政策是关于公共福利的国家政策，也就是关系民生的公共政策。国家用于社会政策的支出，称之为社会支出或社会政策支出，通常包括国家财政用于教育、医疗、住房、社会救助和社会保障等方面的支出。在发达的市场经济体系中，社会政策是政府职能的主要方面，因此，社会政策支出构成公共支出的主要部分，通常占到政府预算支出的大约三分之二。从这个意义上说，公共财政就是民生财政。

一个国家在社会政策上的支出并非是固定不变的，而是根据政策优先次序的改变而有升有降。在发达市场经济国家，政策的优先次序在一定程度上反映了选民和纳税人的意愿，因为社会支出的钱来自纳税人。另外，政策优先次序也取决于一个国家人民不断变化的需要和该国的经济状况。以英国为例，在 20 世纪初，英国的社会支出仅占到 GDP 的 2%，而 20 世纪 70 年代则提升到现在的水平(占 GDP 的 27%)。

在 2004 年，欧盟 25 个国家在社会政策(社会保护、医疗和教育)上的支出占到 GDP 的 30.6%，其中用于社会保护的支出相当于这些国家 GDP 的 18.9%，是最大的政府支出项目，其次是医疗和教育支出，分别相当于 GDP 的 6.4% 和 5.3%。政府在经济事务和一般公共服务上的支出，只相当于 GDP 的 3.9%和 3.7%。政府在其他功能上的支出相当于 GDP 的 6.0%。从社会政策的支出水平看，社会福利已经成为发达市场经济国家的最大产业。

在改革开放的头二十余年里，中国政府一直坚持以经济建设为中心，试图抓住一切机遇加快发展，用发展的办法解决前进中的问题。各级政府(包括中央政府)的主要注意力集中在经济发展或经济增长上。在这一阶段，中国公共政策的格局是以经济政策为主导的格局。可以说，在这一时期，中国只有经济政策，没有社会政策。与这种政策格局相配合，中国的公共支出集中在经济建设上，或者说在资本性支出上，是典型的“建设财政”。

面对越来越多且越来越严重的社会问题和社会矛盾，中国政府及时调整公共政策格局，开始实现从经济政策到社会政策的范式转移。最近几年，中国政府开始将更大的注意力转移到社会政策上来，并将更多的资源投入社会政策领域。可以说，中国开始了从“建设财政”向“民生财政”的初步转型。

五、社会政策视角下的我国社会保障制度

从社会政策的视角看，自改革开放以来到本世纪初，我国社会保障制度建设呈现出以下特点：在价值上，从理想主义转向了实用主义；在政策目标上，从关注社会公平转向了关心经济效率；在福利提供主体上，社会福利的主要提供者从国家/单位转向了个人和家庭；在福利提供机制上，从国家计划转向了市场主导；在中央与地方的分工上，从中央主导转向了地方各自为政。这些变化的后果是，政府忽视了自己在公共福利提供中的必要角色，导致了我国基本公共服务的短缺。

具体来看，我国社会保障建设存在着“八重八轻”的问题。第一，从价值取向上看，我国社会保障制度建设重工具理性，轻社会权利；第二，从制度设计上看，我国社会保障制度建设重预防性项目，轻发展性项目和关怀性项目；第三，从制度运作上看，我国社会保障制度建设重融资，轻规制；第四，从服务提供主体上看，我国社会保障制度建设重个人和家庭，轻社会主体；第五，从受益对象上看，我国社会保障制度建设重城镇，轻农村；第六，从政策过程来看，我国的社会保障制度建设重政策制定，轻政策执行与评估；第七，从政策重点上看，我国的社会保障制度建设重经济福利，轻社会服务；第八，从中央与地方的关系上看，我国社会保障制度建设重地方政府的责任，轻中央政府的责任。

前述“八重八轻”，反映出我国社会保障制度建设中存在着若干

明显的弱点。而其中的一个突出弱点是重经济福利(收入保障)，轻社会服务。以社会保险为基本内容的社会保障体制主要关注的是国家与劳动力市场的关系，关注的是劳动力市场正规劳动者的收入补偿和经济福利。而在正规劳动力市场之外的其他劳动者和公众的福利及服务则没有得到足够的关注。以收入维持为基本内容的经济福利和以个人需要为导向的社会服务是当代社会政策的两大范畴。一个完整的社会保障(福利)体系，既需要为民众提供基本的经济福利和收入保障(benefit-in-cash)，又需要提供各类“个人导向”的具体服务(service-in-kind)，主要表现为社会服务。进入新世纪，随着以人为本施政理念的倡导和服务型政府的建设，旨在实现社会权利、促进个人自主性的社会服务开始得到各级政府的关注。

六、中山大学社会保障学科的发展

中山大学社会保障学科发展有两个主要的源头。第一个源头是中山大学行政管理学科。自 20 世纪 80 年代初恢复与重建以来，中山大学行政管理学科建设实现了跨越式发展：1998 年首批获得行政管理专业博士点，2000 年成为教育部人文社会科学重点研究基地，2001 年被评为国家重点学科，2003 年首批获得公共管理一级学科博士学位授予权并设立博士后科研流动站。伴随着行政管理重点学科的发展，社会保障与社会政策研究作为公共管理学科下的一个重点研究方向近年来在中山大学得到了迅速发展。2005 年，设立了社会保障专业博士点，并开始招生。2006 年，教育部人文社会科学重点基地中山大学行政管理研究中心成立了社会政策研究所。2007 年，以社会保障和社会政策为主要研究内容的《中国公共政策评论》正式出版。同时，社会保障与社会政策的教学也是中山大学公共管理专业学位(MPA)的重要组成部分，开设了社会政策与社会保障、比较公共(社会)政策、比较住房政策等课程。2008 年 5 月，组织召开了

"中国社会保障建设30年：回顾与前瞻"全国性研讨会，邀请了国内众多著名社会保障专家出席，是近几年我国规模最大的社会保障研讨会。

第二个源头是中山大学的保险学。顺应社会保险改革和商业保险市场的发展，中山大学从20世纪90年代中期开始发展保险学。2002年，开设保险学本科专业，2003年，成立保险学系。2004年，开始在金融学学科之下招收社会保障方向博士生。近年来，中山大学社会保障研究中心在养老保险和医疗保险研究领域取得了一批有重大影响的成果。

为整合中山大学行政管理学科与保险学等学科的专业优势与知识积累，进一步推动中山大学社会保障学科的发展，中山大学政治与公共事务管理学院在2008年开始筹备成立"社会保障与社会政策研究所"，并于2009年4月正式运作。该研究所以政治与公共事务管理学院的社会保障硕士、博士学位点为平台，以政治与公共事务管理学院的公共政策专业为基础，整合了岭南学院的保险学专业的骨干教师，以强强联合、专业互补的方式组建中山大学社会保障学科。可以说，研究所的成立为中山大学社会保障学科的发展注入了新的动力，为中山大学社会保障学科的进一步发展提供了坚实的平台。

中山大学的社会保障学科虽然发展时间不长，但是，有着深广的学术渊源，并且从一开始就具备了公共管理学、经济学、社会政策学、社会学等多学科的优势。在学校各级领导的大力支持下，在中青年学者们的共同努力下，中山大学社会保障学科建设进入了高速发展的快车道，取得了显著成就。

中山大学社会保障学科试图超越现有的社会保障或社会政策研究机构的研究思路和视角，尝试把偏重制度设计的社会保障研究与偏重价值理念和政策分析的社会政策有机地结合起来，真正在公共管理这一学科的框架下来研究社会保障和社会政策问题，从我国实际存在的重要社会问题和社会风险出发，以公平、正义、和谐等价值理念为指导，以我国的社会保障制度改革和建设、我国社会政策的融资、提供和监管体系为主要研究内容，力图为建构起中国社会保障(政策)的理论框架和政策体系，进而为达成社会主义福利社会作出学术上和政策分析上的贡献。

为了推动社会政策框架下的社会保障研究，展现中山大学社会保障学科的学术成果，中山大学社会保障与社会政策研究所在教育部普通高等学校人文社会科学重点研究基地中山大学行政管理研究中心和中山大学政治与公共事务管理学院的资助下，在东方出版中心的支持下，推出"社会政策与社会保障研究书系"。我们希望这套"书系"能够丰富和拓展我国社会保障学科的研究领域，并对推动我国的社会改革、提升人民的福祉作出贡献。

岳经纶

2009 年 5 月于广州中山大学

目录

引　论
研究的缘起、思路和方法

在国外的政策研究和社会分析文献中，没有一个与社会建设完全对应的词汇，社会建设的基本内涵较接近于社会发展、社会秩序、社会福祉等概念。有人认为，西方社会建设理论大体经历了产生、发展和反思三大阶段：①19 世纪中期的社会秩序和社会改良理论、20 世纪 30 年代以后的福利国家和福利社会主义理论、20 世纪 80 年代以后的新自由主义理论和"第三条道路"理论。这些理论的产生从根本上来看都是在社会矛盾加剧、社会冲突频繁发生的大背景下，以追求社会和谐和社会均衡为基本目标。以孔德和杜尔克姆为代表的社会秩序理论强调的是建立一个和谐的社会，孔德强调的是社会结构各要素之间的"普遍的和谐"，而杜尔克姆强调的是人与人、群体与群体之间的协调、一致、结合的关系。社会改良理论则要求国家通过赋税消除财富不均，实现免费医疗、老年抚恤金、比较充分的失业救济等"合理的健全的社会政策"，实现"最大多数人的最大幸福"。而福利国家理论则更是主张国家应对社会进行全面的干预，解决失业、贫困和不平等问题，实现社会保险、失业救济、卫生保健、家庭补助、养

---

① 唐铁汉、李军鹏：《西方社会建设的基本理论及其演变》，《新视野》，2006 年第 1 期。

老金以及提供公共住房、教育文化活动等而建立完善的社会保障制度，保障人民的最低生活水平。新自由主义理论是在福利国家理论导致第二次世界大战后西方国家政府负担加重、政府效率低下等背景下得到西方国家政治家们青睐的一种主张发挥市场作用削弱国家功能的理论，20 世纪 80 年代以后被英国、美国等西方国家政府用来应对社会危机，它主张通过市场的力量来解决贫富差距问题，但经过 80 年代的试验，英国和美国都不同程度地出现了失业率和贫困率上升的问题。90 年代以来，西方国家普遍采纳了第三条道路理论，在主张维护经济自由的同时，实行一系列福利国家的社会经济政策，扩大社会福利，以克服市场运行所带来的各种弊端。总之，西方国家的社会建设是一种为了应对经济发展所带来的一系列社会问题而出现的理论形态，为国家的经济社会政策提供理论基础，指导社会建设实践。

中国改革开放 30 年来，经济增速年均达 9.8%，被西方称为“经济奇迹”，但同时也带来了社会结构和利益结构的深刻变化。在经济主导型的发展战略下，很多改革开放前不存在或者并不引人注意的新社会问题纷纷出现，例如贫富差距、失业、医疗难、就学难等问题，并由此引发了一系列的社会矛盾甚至冲突，正是在这一背景下，执政党提出了社会建设的重大理论，用于指导中国的社会建设实践。其基本轨迹是：

在 2004 年 9 月召开的十六届四中全会上提出了构建社会主义和谐社会的目标。

2005 年 2 月 19 日，胡锦涛在中共中央党校省部级领导干部研讨班上的讲话中把社会建设纳入中国特色社会主义事业的总体布局，指出：“随着中国经济社会的不断发展，中国特色社会主义事业的总体布局，更加明确地由社会主义经济建设、政治建设、文化建设三位一体发展为社会主义经济建设、政治建设、文化建设、社会建设四位一体。”

2006 年 10 月，中共十六届六中全会作出《关于构建社会主义和谐社会若干重大问题的决定》，标志着中国特色社会主义社会建设理论的诞生，它要求各级党委“加强对社会建设重大问题的调查研究，提高政策措施的针对性和有效性，解决好本地区本部门影响社会和谐的突出矛盾和问题”。

胡锦涛在 2007 年 10 月召开的中共十七大上做了题为《高举中国特色社会主义伟大旗帜，为夺取全面建设小康社会新胜利而奋斗》的报告。该报告用整章（第八章）的篇幅全面系统地论述了社会建设的设想，强调“必须在经济发展的基础上，更加注重社会建设，着力保障和改善民生，推进社会体制改革，扩大公共服务，完善社会管理，促进社会公平正义，努力使全体人民学有所教、劳有所得、病有所医、老有所养、住有所居，推动建设和谐社会”。报告提出了社会建设的具体内容，共 6 个部分，包括：优先发展教育，建设人力资源强国；实施扩大就业的发展战略，促进以创业带动就业；深化收入分配制度改革，增加城乡居民收入；加快建立覆盖城乡居民的社会保障体系，保障人民基本生活；建立基本医疗卫生制度，提高全民健康水平；完善社会管理，维护社会安定团结。这是执政党第一次对社会建设进行系统的阐述，也为社会建设提供了一个完整和系统的框架。

下面我们来看看学者们对政府职能的相关论述：

在关于政府的职能问题上，马克思主义的观点是阶级性与公共性两者之间的统一。恩格斯在《家庭、私有制和国家的起源》中写道：“国家是表示：这个社会陷入了不可解决的自我矛盾，分裂为不可调和的对立面而又无力摆脱这些对立面。而为了使这些对立面，这些经济利益互相冲突的阶级，不致在无谓的斗争中把自己和社会消灭，就需要有一种表面上驾于社会之上的力量，这种力量应当缓和冲突，把冲突保持在‘秩序’的范围以内；这种从社会中产生但又自居于社会之上并且日益同社会脱离的力量，就是国家。”①马克思、恩格斯还

① 《马克思恩格斯选集》，第 4 卷，人民出版社，1972 年，第 166 页。

说："现代的国家政权不过是管理整个资产阶级的共同事务的委员会罢了。"①但另一方面，任何国家只有介入社会经济活动和社会公共事务管理，才能最终实现其阶级利益，为此，又具有管理公共事务的职能。恩格斯在《反杜林论》中说："一切政治权利起先总是以某种经济的、社会的职能为基础的"，"政治统治到处都是以执行某种社会职能为基础，而且政治统治只有在它执行了它的这种社会职能时才能持续下去"。② 但是，这些表述只笼统提出了政府需要管理社会公共事务，并没有指出具体是哪些公共事务。

经济学家们则从物品的属性出发来界定政府的职能范围，一般认为，政府应该提供公共物品和公共服务，而在私人物品领域则属于市场调节的范围。但如果以此分析政府职能领域，我们会发现在面对义务教育、创造就业机会等方面很难为政府的干预提供答案。为此，我国学者卓越教授提出这样的一个观点，即政府的职能领域由 3 个标准来确定，一是是否具有公共物品的属性，即政府提供公共物品；二是解决人民基本的生存和发展需要，如社会保障和义务教育等；三是市场不能提供的公共物品或服务而特定人群所必需的需要，如遇险时需要的救助。③

关于政府应负责哪些具体的公共事务，有以下几个代表性观点：

一是世界银行在其 1997 年的世界发展报告中指出的，每一个政府的"核心使命"包括了 5 项最基本的责任：(1) 确定法律基础；(2) 保持一个未被破坏的政策环境，包括保持宏观经济的稳定；(3) 投资于基本的社会服务和社会基础设施；(4) 保护弱势群体；(5) 保护环境。④

---

① 《马克思恩格斯选集》，第 1 卷，人民出版社，1972 年，第 253 页。

② 《马克思恩格斯选集》，第 3 卷，人民出版社，1972 年，第 222 页、219 页。

③ 卓越在中山大学政治与公共事务管理学院的演讲，2008 年 10 月 18 日。

④ World Bank (1997), World Development Report 1997, Washington, DC: The World Bank, p. 42.

二是安德森提出的 7 项政府基本职能：(1) 提供经济基础；(2) 提供各种公共物品和服务；(3) 协调与解决团体冲突；(4) 维护竞争；(5) 保护自然资源；(6) 为个人提供获得商品和服务的最低条件；(7) 保持经济稳定。①

三是我国学者王绍光和胡鞍钢的观点，认为中国国情下政府的特殊职能：(1) 促进市场发育，建立公平竞争的统一市场；(2) 注重公共投资，促进基础设施建设；(3) 实施产业政策，促进产业结构高度化，充分发挥比较优势；(4) 解决地区发展不平衡问题，促进少数民族地区发展；(5) 控制人口增长，开发人力资源；(6) 保护自然资源和生态环境；(7) 防灾、减灾、救灾；(8) 管理国有资产和监督国有资产经营；(9) 实施反贫困行动计划。②

对照上述学者们的论述，我们就可以发现，社会建设的诸多领域都是属于政府的职能领域，需要政府进行大力的投入或者干预。但是，改革开放 30 年来，我国政府却在社会建设领域存在严重的责任缺失，导致了经济与社会的非均衡发展，这与长期以来重经济轻社会的片面政绩观以及与此关联的绩效考核有关，也与社会建设的特性有关。社会建设诸多领域的建设周期和绩效周期往往较长，并不是经过短期的努力可以取得好的绩效的，而官员们是有任期的，对任期内难以出成绩的领域就较难激发他们的积极性，这就是为什么中央和上级政府不断强调社会问题和社会建设的重要性，但地方政府却迟迟不见行动或者行动不力的原因。众所周知，政府绩效评估作为当代政府管理的有效工具，在很多国家盛行，是落实政府战略规划的重要手段和工具，因此，利用它实现政府社会建设的目标和任务就成为一种可以探索的方向。但遗憾的是，在国内学术界，研究政府绩效

---

① 转引自[澳] 欧文·E. 休斯著：《公共管理导论》(第二版)，中国人民大学出版社，2001 年，第 119—121 页。

② 王绍光、胡鞍钢：《重新认识国家的作用》，载胡鞍钢、王绍光编：《政府与市场》，中国计划出版社，2000 年，第 9—18 页。

评估的学者较少关注社会建设问题，而研究社会建设的学者又很少关注绩效评估问题，从而导致两者之间的脱节。

近年来，政府绩效评估成为国内学术界的一大研究热点，产生了大量的研究成果。这些研究主要可以划分为以下类型：

一是对国外政府绩效评估实践的介绍。例如，张梦中等人翻译、中山大学出版社 2003 年出版的"公共部门业绩管理丛书"，其中包括阿里·哈拉契米等主编的《政府业绩与质量测评：问题与经验》、凯瑟琳·纽科默等主编的《迎接业绩导向型政府的挑战》，介绍了美国、荷兰、英国、加拿大、西班牙、德国和澳大利亚等国不同政府层级、不同政府职能部门绩效和质量评估的理论、实践经验和解决问题的途径。蔡立辉的《西方国家政府绩效评估的理念及其启示》(《清华大学学报》哲社版，2003 年第 1 期)一文介绍了政府绩效评估在西方国家产生的背景、内涵和理念。财政部编译的《美国政府绩效评价体系》(经济管理出版社，2004 年版)，专门介绍了美国联邦、州和地方政府的绩效评估制度、技术和方法。中国行政管理学会联合课题组提交的《关于政府机关工作效率标准的研究报告》(《中国行政管理》，2003 年第 3 期)，对美、英等国绩效管理的经验进行了总结。孟华的《政府绩效评估：美国的经验与中国的实践》(上海人民出版社，2006 年版)，对美国政府绩效评估的历史演进、理论、价值观和制度基础、操作环节、动静态特征进行了系统评介，并在此基础上提出了我国借鉴美国经验的基本思路。

二是对政府绩效评估的一般理论、方法、原则的介绍和探索。较有代表性的成果有：刘旭涛的《政府绩效管理：制度、战略与方法》(机械工业出版社，2003 年版)一书总结了实施政府绩效管理的制度基础，构建出绩效管理的战略框架和评估方法。胡税根的《公共部门绩效管理——迎接效能革命的挑战》(浙江大学出版社，2005 年版)，主要阐述了绩效管理的实施运作过程。卓越的《公共部门绩效评估》(中国人民大学出版社，2004 年版)、《公共部门绩效管理》(福建人民出版社,2004 年版)和《政府绩效管理导论》(清华大学出版社,2006 年版)3 部著作全面系统地探讨了政府绩效评估的模式建构、信息化建设、组织实施、方法运用、心理调控、系统功能等方面的内容。此外,周凯主编的《政府绩效评估导论》(中国人民大学出版社,2006 年版),张旭霞主编的《公共部门绩效评估》(中国商务出版社,2006 年版),周志忍的《公共性与行政效率研究》(《中国行政管理》,2000 年第 4 期)、《行政效率研究的三个发展趋势》(《中国行政管理》,2000 年第 1 期),张庆东的《公共管理的两种效率及其实现机制》(《中国行政管理》,2001 年第 4 期)等,也涉及这些内容。

三是结合中国国情探讨政府绩效评估的专题研究,包括绩效评估的价值取向、指标设计、实践中存在的问题及改进途径等。主要代表作有:彭国甫的《地方政府公共事业管理绩效评价研究》(湖南人民出版社,2004 年)探讨了地方政府公共事业管理绩效评估的价值取向、指标体系的构建、评估模型和制度安排等。范柏乃的《政府绩效评估理论与实务》(人民出版社,2005 年)重点探讨了政府绩效评估指标体系的实征筛选过程、评估的定量方法和评估主体的选择。邓国胜、肖明超等的《群众评议政府绩效:理论、方法与实践》(北京大学出版社,2006 年)探讨了群众评议政府绩效的方法、工具和相关案例分析。吴建南、孔晓勇的《地方政府绩效评价指标体系的构建:以乡镇政府为例》(《理论与改革》,2005 年第 5 期)对乡镇政府内部管理系统的学习与成长、内部流程、财务 3 个层面和为公众提供服务的外部系统的战略目标进行分解,通过内外逻辑关系分析,形成"内外兼具"的绩效评估指标体系。吴建南、阎波的《地方政府绩效评估体系的路径选择——福建的分析》(《中国行政管理》,2008 年第 2 期)提出了平衡参与评估各方的利益需求,充分发挥政府内外各个利益相关者的作用,运用综合评估标准,由各方协商确定评估指标的权重,谨慎使用评估结果,从而改善评估体系的路径。包国宪等人则对第三方评估政府绩效方面的研究较为突出(包国宪、孙加献:《政府绩效评估中的"顾客导向"探析》,《中国行政管理》,2006 年第 1 期;包国宪:《绩效评价：推动地方政府职能转变的科学工具——甘肃省政府绩效评价活动的实践与理论思考》,《中国行政管理》,2005 年第 7 期)。桑助来等则构建了一套中国地方政府绩效评估指标体系(桑助来、张平平:《地方政府绩效评估体系浮出水面》,《瞭望》,2004 年第 29 期)。

学者们的上述研究成果对于促进中国政府绩效评估实践的推广和规范化是有积极作用的。笔者认为至少有两个方面的变化与学者们的研究有着一定的联系,一是长期以来以经济指标为主的绩效评估正在被经济与社会两类指标并重的绩效评估所代替,类似于社会保障、绿色 GDP、义务教育、医疗保障、治安状况、居民收入的有效增长、失业率等反映民生的指标在一些地方政府的绩效评估方案中得以体现;二是学者们越来越多地参与到政府绩效评估实践之中,他们或者直接为政府设计绩效评估方案,或者以顾问的身份指导方案的设计,学术研究与管理实践正在日益紧密结合并发挥出强大的生命力。厦门市思明区与厦门大学的合作、甘肃省委托西北大学所进行的"第三方"评估都是典型的例子。但是,笔者认为,已有的研究在以下几个方面显示出明显的不足:

第一,已有研究没有针对中国社会存在的重大问题和矛盾提出创造性的解决方案。当前中国社会正处于一个重大的转型时期,如何在经济快速发展的同时,有效解决一系列新的社会矛盾和问题,是摆在我们面前的一个重大课题。科学发展观蕴涵着经济社会均衡发展和建设生态文明社会的重要性和紧迫性。但是,上述已有的研究成果缺乏对这一重大社会问题紧迫性的足够认识,没有立足于以解决当前中国社会问题为己任,没有认识到政府绩效评估是一种落实政府发展战略和促进社会转型的一个有效工具,而多满足于从政府职能定位出发去开发政府绩效评估指标体系等,从而导致政府绩效评估研究的盲目性,现实感不强,也使政府绩效评估的功能被贬低了。根据对中国期刊全文数据库的检索,专门以社会建设为主题的政府绩效评估方面的研究成果是一个空白,就充分说明了这一领域没有进入学者们的研究视野。

第二,没有把绩效评估与治理过程结合起来,有为评估而评估的倾向,将手段视为目的,忽视了更为重要的政府治理过程的改善,从而难以达到改善绩效的目的。现有研究多集中于讨论评估指标设计、数据收集、评估主体选择、评估结果的使用等方面,而少有从管理过程的角度去探讨政府绩效评估问题。要阐明当代政府绩效管理所蕴涵的治理变革逻辑需要从其发端的初衷说起。传统公共行政的理论假设是通过科层的等级控制而形成程序化的责任机制,并通过政治责任机制与行政责任机制的衔接而解决责任性问题。但是,由于政府领导缺乏专业知识使他们多少存在一些瞎指挥的问题,利益集团和党派利益的制约又使其决策不一定如实反映选民意志,从而导致政治责任与行政责任之间的脱节,使责任性难以确定和失衡,①这说明,传统公共行政并不能真正解决公共责任问题。又由于官僚制在运行过程中过于强调规则而导致了官僚主义低效率,再加上二战以后在国家干预和福利国家的施政理念下而使西方很多国家的政府背上了太多的包袱而变得不堪重负。这就是说,传统的官僚制政府治理模式"既妨碍民主又不能提高效率"。② 正是在这一背景下,20世纪70年代末80年代初西方国家掀起了一场政府再造运动,又称为新公共管理运动,该运动的前期侧重于使政府"卸载",后期侧重于绩效评估,其目的是要实现对政治与行政的整合,即实现对民主行政与效率行政的整合,促成消极自由与积极民主之间的妥协与合作,在

① O. E. Hughes (1998), *Public Management & Administration — An Introduction*. London: Macmillan Press Ltd, pp. 233－258

② 倪星:《反思中国政府绩效评估实践》,《中山大学学报》(社科版),2008年第3期。

追求提高政府运作效率的同时促进社会公平，达成精英自由与大众民主的妥协。① 效率逻辑和公共责任逻辑是其中不可或缺的两个方面。② 这时的政府绩效评估与早期的政府绩效评估有着明显区别。早期政府绩效评估主要关注的是输入成本的问题，有的学者把它们描述为“绩效审计”，目的是发现阻碍运营控制的问题、降低成本和改进操作方法。③ 但由于没有对政府结构及其运作方式进行相应的改革，政府职能没有相应的调整，评估并没有导致政府成本的下降和效率的提高。而 20 世纪 80 年代开始的当代政府绩效评估运动则不同，它是在政府再造的背景下实施的，伴随着减少政府职能、引入市场机制、改革人事管理制度、组织结构扁平化、业务流程再造、电子政务建设等诸多涉及政府治理过程的重大变革，从而产生了较好的效果，并逐渐得到推广和运用。可以这样说，以提高绩效为核心，当代的政府绩效评估涉及治理过程的重大变革，改善了原有的政治委托代理关系中的诸多困境，较好地显示出效率价值和公共责任价值。因此，离开了对治理过程变革的洞察，就难以准确理解当代西方政府绩效评估的真实要义。

第三，研究方法的精英导向。当代政府绩效评估蕴涵着责任机制的重塑，改变过去政府管理中自上而下命令式的管理方式，充分体现出以民为本的导向。如通过绩效报告和计划的多层监督和专业化的评估减少信息的不对称性，通过绩效标准和绩效结果公开化，并引入民众评估的办法，强化政府对公众负责的责任感；④政府与社区、公民之间结成战略联盟，公众直接参与政府战略

---

① 王绍光：《安邦之道：国家转型的目标与途径》，三联书店，2007 年，第 53 页。

② 倪星：《反思中国政府绩效评估实践》，《中山大学学报》（社科版），2008 年第 3 期。

③ Robert L. Holling (1996), *Reinventing Government: An Analysis and Annotated Bibliography*. Commack, NY: Nova Science Publishers, p. 53.

④ 陈天祥：《政府绩效评估的经济、政治和组织功能》，《中山大学学报》（社科版），2005 年第 6 期。

目标、绩效指标和标准的制定，参与决定财政安排等更好地体现公共责任。① 但现有的研究成果大多主要从政府官员和知识精英群体中进行调查，而没有深入基层民众，从而难以了解社会的真实问题和矛盾。我们知道，社会建设的诸多方面均涉及百姓的日常生活，普通民众对政府绩效最有发言权，也最清楚生活中最缺的是什么，因此，只有深入普通民众之中，才有可能了解到最真实的状况，也才能从中找到相关问题的症结所在，最后找到解决问题的办法，才能与执政为民的价值观和当代政府绩效评估的民本取向相一致。

那么，在政府绩效评估实践领域的状况又如何呢？

笔者通过实地调研和参加学术研讨会，并通过中国期刊全文数据库、中国优秀硕士学位论文全文数据库、中国博士学位论文全文数据库和百度、谷歌等渠道进行检索，得到了包括广东、江苏、福建、上海、广西、山西、甘肃、重庆、贵州、内蒙古、湖南、河南、河北、陕西、浙江、辽宁省等16个省（市、区）共36套政府绩效评估方案文本或相关情况介绍材料，它们涵盖了省级政府、地级政府、县级政府、乡级政府对下一级政府或其职能部门实施的考核，通过比较发现，绝大多数方案基本上还停留于上级政府给被考核的下级政府领导班子设定考核指标体系并据此进行考核的旧有模式之中。虽然从总的趋势来看，逐渐从片面的经济指标体系向经济与社会协调发展的指标体系过渡，涉及社会建设方面的考核指标如失业率、社会保障覆盖率、农村新型合作医疗参合率、重大刑事案件破案率、义务教育目标完成率等方面，但总体上来看，存在三个缺陷：一是这些指标所占的比重偏轻，多数的考核方案中它不过是一种点缀性质；二是比较凌乱和残缺不全，缺乏系统的通盘考虑，

---

① Marshall, M., 2000, 21st Century Community Governance: *Better Results by Linking Citizens, Government, and Performance Measurement*. ASQ's 54th Annual Quality Congress Proceedings.

从而难以反映社会建设的全貌。① 此外，一些地方采取了在社会建设方面“一票否决”的考核形式，典型的如对集体上访的发生实行“一票否决”，表面上看起来重视社会建设，实际上则是借助考核谋求领导人的个人政绩和积累晋升的政治资本，并不必然能提高当地民众的生活水平；三是与学术界存在同样的为评估而评估的倾向，没有把绩效评估与治理过程结合起来，不利于促进社会建设与构建和谐社会。②

我们再来看一看社会建设领域的研究状况：

北京大学的丁元竹教授著的《中国社会建设战略思路与基本对策》(北京大学出版社，2008 年)是一本较有代表性的专门论述社会建设方面的著作。该书主要分为 4 大部分，第一部分介绍社会建设的目标，包括人民福祉、生活质量和人民福祉的测度；第二部分论述社会建设的基础是人人可及的基本公共服务，包括基本公共服务的性质和范围、基本公共服务均等化、中国基本公共服务不均等的状况

---

① 广东省中山市的评估方案，是一个比较重视社会建设的方案，其考核指标分为三大类，即物质文明建设、平安中山建设、政治文明和精神文明建设，共涉及 531 个考核指标，其中较多地涉及社会建设领域，如居民人均年纯收入、居民收入差异度、财政对教育投入比率、财政对社会保障投入比率、就业率、群众集体上访问题、调解纠纷率、群体性突发事件处理、万人发案率、刑事案件破案率、万元 GDP 死亡率、万车死亡率等(中共中山市委办公室：《中山市镇区工作实绩考核办法》，2007 年 9 月)，但大多数地方政府实绩考核方案在社会建设方面显得非常苍白，重经济轻社会的绩效观没有得到根本的扭转。例如，广西南宁市目标管理领导小组办公室于 2005 年 9 月编制和颁布的政府各部门职能工作目标责任分解表，以下辖的县为例，年度目标分为两大部分：“国民经济和社会发展主要指标”占 70%，“重点工作和为民办实事项目”占 30%。其中，第一类指标包括地区生产总值、县本级财政收入、全社会固定资产投资、招商引资、社会消费品零售总额、城镇居民人均可支配收入增长、完成规模以上工业总产值、农民人均纯收入、城镇登记失业率；第二类指标包括农业工作、工业工作、城市建设工作和文化建设项目。其中，只有居民收入增长、城镇登记失业率、基本养老保险参保人数等少数几个涉及社会建设方面的指标，在总指标中所占的比重严重偏少，只具有点缀的意义。(广西南宁市目标管理领导小组办公室编：《2005 年南宁市目标管理工作责任分解汇编》，2005 年 9 月)

② 在比较不同地方的案例后，笔者发现福建省永定县的方案较好地体现了评估与治理过程结合的特点，可以参见笔者的《基于治理过程变革的政府绩效管理框架——以福建省永定县为例》一文(《中国人民大学学报》，2009 年第 5 期)。但遗憾的是该县的方案与其他地方政府的方案一样，对社会建设方面的重视仍然不够。

等；第三部分从多元主体的角度论述社会建设的机制；第四部分是社会建设的战略与基本对策，包括长期战略、近中期对策、评估与监督机制。总体上看，该书理论性强于实践性，宏观性多于微观性。在涉及评估时，提出了构建生活质量指标的问题，并构建了45个具体的评估指标。但由于整本书的布局过于宏观，使其在评估领域显得非常单薄且具体的操作和运用明显存在不足之处，所构建的指标体系也存在诸多缺陷，这一点后文会作出评价。

陆晓文著的《社会建设：世界经验与中国道路》（上海人民出版社，2007年）一书，除了对国外社会建设的理论和现状进行介绍外，对中国社会建设的一些领域，如收入分配、医疗保障、教育、住房、就业等方面的状况和政策也进行了论述。

另一本与社会建设领域有直接关联性的著作是由丁宁宁、葛延风主编的《构建和谐社会——30年社会政策聚焦》（中国发展出版社，2008年）。该书主要回顾和总结了改革开放30年来国家在社会建设方面的政策演变、存在的问题和对策思考，包括教育体制改革、医疗卫生事业、人口政策、就业和分配制度、养老保障政策、农村社会保障制度、住房政策、环境保护政策等。

而根据对中国期刊全文数据库的检索，当输入"社会建设"为篇名进行检索时，只得到了少数几篇论文，如应星的《国外社会建设理论述评》（《高校理论战线》，2005年第11期）、周振国的《中国共产党对社会主义社会建设理论的探索》（《毛泽东思想研究》，2005年第6期）、夏学銮的《我国历史上的社会建设理论研究》（《学习与实践》，2007年第7期）、漆思的《和谐社会构建与社会建设理论创新》（《吉林师范大学学报》（人文社会科学版），2007年第3期）等，这些论文主要总结了社会建设的理论动态和趋势。

由于社会建设这一概念是几年前在执政党对执政经验进行总结的基础上提出来的，目的在于促进中国社会的转型，因此，对其进行整体性研究才刚刚开始，从而让人觉得其成果捉襟见肘。但是，社会建设是由诸多领域组成的一个大范畴，涵盖了教育、社会保障、医疗卫生、分配与就业、公共安全等方面，而在这些领域，专项的研究成果非常多，也很全面和深入，这里无法对所有成果进行一一介绍。但是，这些研究无一例外都缺乏这样的一个视角，即从政府绩效评估的角度予以探讨。

综上所述，我们可以发现，从学者们的已有研究来看，从事政府绩效评估的研究少有从社会建设的视角切入，研究社会建设的学者又少有从绩效评估的视角进行探讨，政府绩效评估实践也对社会建设领域重视不够。因此，本研究力图弥补上述之不足，把社会建设与政府绩效评估有机地结合起来，寻找社会建设的有效途径和方法；深入社会和实践之中，去了解普通民众对社会建设的感受和存在的问题(如在 23 个省市区展开大规模的问卷调查，了解普通民众对社会建设的主观满意程度；在分项社会建设绩效评估研究部分，如外来民工子女义务教育问题、新型农村合作医疗问题、煤炭安全生产问题、城市综合执法问题、公共就业服务问题等，也尽量通过问卷调查和访问调查的形式，了解政府公共服务的受益者和其他普通民众的意见和看法)，获得大量的第一手材料，了解现有政府绩效评估实践的缺陷，探讨完善社会建设领域政府绩效评估的方法，以体现以民为本的价值；克服为评估而评估的缺陷，从系统整合的角度，根据政府绩效产生的规律，把政府绩效评估与治理过程的改进有机结合起来，除了探讨政府绩效评估自身的规律外，融合治理过程的变革，如价值取向的民本化、转变政府职能、增加社会建设领域的财政投入、民众参与决策的机制、完善利益协调机制、重视绩效辅导等过程管理、绩效评估的法制化建设、绩效预算等，从而使对政府社会建设绩效评估的探讨建立在坚实的基础上，也使所提出的见解更具有可靠性而不流于空洞和形式之中。

本研究的主要内容包括：

第一，开发政府社会建设绩效评估指标体系；

第二，探讨政府社会建设绩效评估体系及其运用；

第三，运用相关数据和问卷调查等对中国社会建设的绩效水平作出较为全面的评价，包括客观评价和主观评价；

第四，对中国社会建设的多个领域进行分项绩效评估研究，探讨有效促进社会建设的方法。

本研究的基本思路见图 1 所示。

本研究获取分析所需的资料和数据处理的基本方法主要有：

1. 文献法。主要在两个方面采用：(1) 围绕社会建设绩效评估这一主题，通过系统收集和整理国内外现有相关研究成果、政府报告和政府绩效评估方案等，获取对本课题研究内容的基本理论认识和假设，为开发政府社会建设绩效评估指标体系和构建评估的框架体系奠定基础。(2) 在撰写中国社会建设绩效报告中，运用相关统计年鉴、政府报告和其他学者的研究成果中的相关数据，并对数据进行处理，从而获得绩效水平的基本信息。

2. 问卷调查法。问卷调查主要在以下环节采用：(1) 在文献研究基础上提出社会建设绩效评估指标体系的初步设想后，设计成相关的征求意见表，征求相关领域的专家意见，进行效度检验。(2) 在全国 23 个省(直辖市、自治区)范围内开展社会建设满意度问卷调查，了解普通民众对社会建设的主观感受，从而获得社会建设绩效水平的主观评价信息。(3) 在社会建设分项绩效评估部分，运用问卷调查检验评估指标体系，调查相关利益主体对政府绩效评估的看法、意见和建议。

3. 访谈法。主要集中在分项绩效评估部分，通过访谈相关利益主体，了解社会建设领域的治理过程、绩效水平、存在的问题和原因等，为提出相关政策建议提供基本的素材。

4. 统计分析法。主要用于对各种统计数据和问卷调查信息的处理，如进行数据的对比分析，运用 SPSS 软件对公民满意度调查数据进行信度和效度检验、均值分析、方差检验、频数分析等。

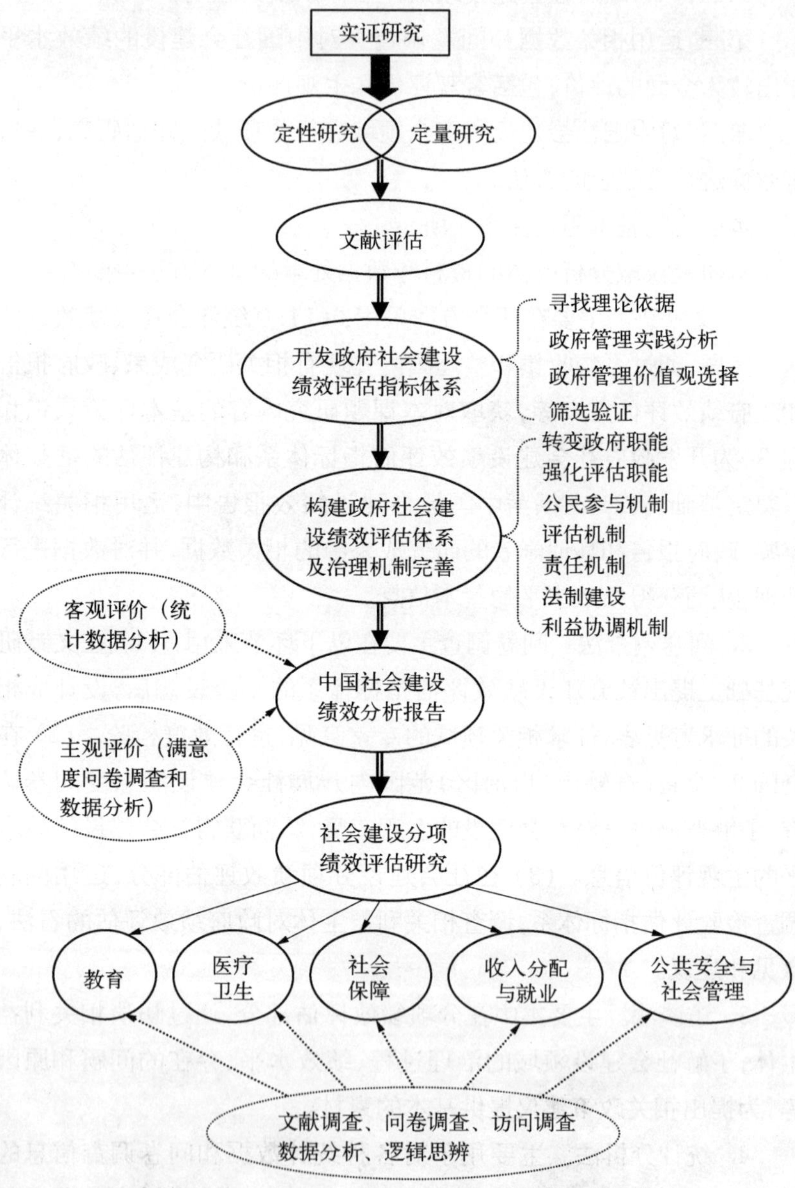

图 1　政府社会建设绩效评估研究思路图

第一编

政府社会建设绩效评估体系框架研究

本部分的主要内容是探讨政府社会建设绩效评估的框架体系，包括评估指标体系、评估机制和与评估相关的配套措施等，其目的在于为后面各部分的内容提供一个基础性工作，如通过开发政府社会建设绩效评估指标体系，为第二编撰写中国社会建设绩效报告提供基本的指标，运用统计数据衡量这些指标值的实际水平，客观分析中国社会建设绩效水平，并选择一些能够实施主观测量的指标进行满意度调查，对中国社会建设绩效进行主观评价。另外，也为第三编的分项绩效评估研究提供大致的思路和框架，从而形成前后呼应的结构体系。

第一章
政府社会建设绩效评估指标体系的构建

对任何绩效水平的衡量都需要借助于一定的指标，通过对指标值达成度的分析才能得到相关绩效结论。本章首先回顾了社会建设相关领域的已有指标体系，然后尝试构建符合中国国情的政府社会建设绩效评估指标体系，为第二编对中国社会建设的绩效水平的分析做准备。

第一节　社会建设相关领域评估指标简介及评价

一、全面建设小康社会指标体系

2000 年 10 月，中共十五届五中全会明确提出将全面建设小康社会作为我国的发展目标。党的十六大报告把“社会更加和谐”作为“全面小康”的重要内涵，十六届四中全会又进一步提出“构建社会主义和谐社会”，指明了我国社会发展的重要方向。全面小康的基本内涵是促进社会经济的协调发展，不断提高人口素质和生活质量。国务院发展研究中心根据全面建设小康社会的内涵及其目标确定的原则，借鉴国际经验，以及体现综合性、简洁性和可操作性的要求，设计了一套小康社会的指标体系，包括经济、社会、环境和制度 4 个方面的 16 项指标，其中，经济方面 4 项指标，社会方面 7 项指标，环境方面 3 项指标，制度方面 2 项指标，并提出了 2020 年的目标值(见表 1－1)。

表 1－1 全面建设小康社会指标体系及 2020 年目标值

主　　题	2020 年目标值
一、经济主题	
1. 人均国内生产总值	4 000—5 000 美元
2. 非农产业就业比重	大于 60%
3. 恩格尔系数	城镇：小于 30%；农村：小于 40%
4. 城乡居民收入	城镇：20 000 元；农村：8 000 元
二、社会主题	
5. 基尼系数	小于 0.4
6. 社会基本保险覆盖率	100%
7. 平均受教育年限	10 年
8. 出生时预期寿命	75 岁
9. 文教体卫增加值比重	10%
10. 犯罪率	小于 15 起/万人
11. 日均消费型支出小于 5 元的人口比重	0
三、环境主题	
12. 能源利用效率	
13. 使用经改善水源的人口比重	2.4 美元/千克煤
14. 环境污染综合指数	100%
四、制度主题	
15. 廉政建设	
16. 政府管理能力	

资料来源：中国人口信息网，http://www.cpire.org.cn。

中国社会科学院“全面建设小康社会指标体系研究”课题组根据小康社会和现代化的内涵，参考英格尔斯提出的 10 个现代化指标，围绕全面建设小康社会的目标，构建了一套包括社会结构、经济与科教发展、人口素质、生活质量和环保、法制及治安5个子系统、28个指标的全面建设小康社会的指标体系(见表1-2)：

表1-2　中国社会科学院全面实现小康社会指标体系

指　　标	权重	小康社会目标(2010年)
一、社会结构指标	20	
1. 第三产业从业人员比重	5	35%
2. 城镇人口占总人口比重	5	45%
3. 非农业增加值占GDP比重	4	90%
4. 出口额占GDP比重	3	30%
5. 教育经费占GDP比重	3	4.0%
二、经济与科教发展指标	25	
6. 人均GDP	6	12 800元
7. 人均社会固定资产投资	4	5 340元
8. 工业企业总资产贡献率	3	13%
9. 城镇实际失业率	3	4.0%
10. R&D经费与GDP比	3	1.3%
11. 人均教育经费	3	300元
12. 每万人专利受理量	3	3.5件
三、人口素质	20	
13. 人口自然增长率	4	5.6‰
14. 每万职工的专业技术人员	4	4 500人
15. 每万人口在校大学生人数	2	130人
16. 大专以上文化程度人口占16岁以上人口比重	3	7人
17. 每万人医生数	4	20人
18. 平均预期寿命	3	73岁

续 表

指 标	权重	小康社会目标(2010年)
四、生活质量和环保	20	
19. 恩格尔系数	4	33%
20. 人均生活用电量	4	320度
21. 每百户电话拥有量	3	30部
22. 每百户拥有电脑	2	30部
23. 工业"三废"处理率	4	85%
24. 农村饮用自来水人口占农村人口比	3	85%
五、法制及治安	15	
25. 每万人刑事案件立案数	4	22件
26. 每万人治安案件发案数	3	20件
27. 每万人拥有律师数	4	1.1人
28. 每10万人交通事故死亡人数	4	6.4人

资料来源：孙凤著：《和谐社会与主观幸福》，科学出版社，2008年，第9—10页。

除了上述指标体系外，李君如等构建了另一个全面建设小康社会指标体系，把指标类别分为经济发展、社会发展、人民生活和生态环境4类共计22个指标，见表1-3：

表1-3 全面建设小康社会指标体系

类别	序号	指 标 名 称	单位	2000年值	2005年目标值	权重
一、经济发展	1	人均GDP	元	7 086	25 000	8
	2	第三产业产值比重	%	33.4	42	5
	3	非农产业就业比重	%	50	65	5
	4	出口商品中机械及运输设备的比重	%	33.1	55	4
	5	非国有固定资产投资比重	%	49.9	75	4

续表

类别	序号	指标名称	单位	2000年值	2005年目标值	权重
二、社会发展	6	城乡收入比	%	2.8	2.2	5
	7	城市化水平	%	36.2	56	5
	8	R&D经费占GDP比重	%	1	2	4
	9	高中阶段教育毛入学率	%	42.8	85	5
	10	非正常死亡率	%	15	8	4
	11	财政供养比		25	200	3
	12	农村居民家庭人均年纯收入	元	2 253	8 000	5
	13	城乡养老保险覆盖率	%	20*	95	5
三、人民生活	14	城镇调查失业率	%	8.31	5	5
	15	预期寿命	年	71.4	74	4
	16	万人刑事案件发案数	起	29	20	3
	17	农村居民恩格尔系数	%	49.1	35	4
	18	人均年生活用电量	千瓦时	132	560	4
四、生态环境	19	森林覆盖率	%	16.6	23	4
	20	自然保护区面积占国土面积比重	%	9.9	25	4
	21	工业固体废物综合利用率	%	45.9	95	5
	22	单位能耗产出率(万元能耗)	元	6.8	20	5

*表示估计数。

资料来源：李君如等著：《全面建设小康社会》，中国水利水电出版社，2006年，第38—39页。

上述三个指标体系的主要不足是：为衡量小康社会的实现程度而设计，类似于社会发展水平的统计指标，虽然一些指标也属于社会建设领域，但显得不全面、不系统。由于这些指标体系在设计的时候,中央尚未提出社会建设的概念,对其中的一些领域尚不清晰,无法涵盖社会建设的所有领域,因而不能直接作为评估社会建设绩效的指标。

二、和谐社会指标体系

建设社会主义和谐社会是全面建设小康社会的重要内容。党的十六大把"社会更加和谐"作为建设小康社会的目标提出来。党的十六届四中全会又把"提高构建社会主义和谐社会的能力"作为党执政能力的一个重要方面,制定了构建社会主义和谐社会的目标和任务。一些学者在原来全面建设小康社会指标体系的基础上,设计了和谐社会指标体系,如表 1-4 所示:

表 1-4 和谐社会指标体系

经济发展	人均 GDP 第三产业产值占 GDP 比重
现代化指标	成人识字率 人均预期寿命 婴儿死亡率
居民生活状况	人均可支配收入 人均消费支出 恩格尔系数 房价收入比 教育和医疗支出占 GDP 比重 人均道路面积 每百户家庭接入因特网数量 每千人拥有医生数 生活满意度
人与自然和谐	人均公共绿地面积 每年空气质量等于或好于二级的天数 污水处理率 居民对环境的满意度

续　表

<table>
<tr><td colspan="2">诚信友爱</td><td>自愿无偿献血占临床用血量比重
药品抽检合格率
食品抽检合格率
消费者投诉数量</td></tr>
<tr><td colspan="2">充满活力</td><td>R&D 支出占 GDP 比重
年专利申请受理量
高新技术产业产值占 GDP 比重</td></tr>
<tr><td colspan="2">民主法治</td><td>各级政府直选比重
年腐败渎职案件涉案人数占公职人员数比重
非政府组织数量
民主权利实现满意度</td></tr>
<tr><td rowspan="2">公平正义</td><td>收入与就业公平</td><td>20%最高收入人组与20%最低收入人组所占社会财富之比
城乡人均收入之比
贫困人口比重
城镇登记失业率
社会保障覆盖率</td></tr>
<tr><td>弱势群体保护</td><td>劳动争议案件数
低保覆盖率
失业人员再就业率</td></tr>
<tr><td rowspan="2">安定有序</td><td>社会稳定</td><td>刑事案件发案率
治安案件发案率
非正常死亡人数占总人口比重
集体上访批次</td></tr>
<tr><td>社会整合</td><td>社区整合
自杀率
精神病发病率</td></tr>
</table>

资料来源：孙凤著：《和谐社会与主观幸福》，科学出版社，2008 年，第 16—17 页。

上述指标体系与全面建设小康社会指标体系相比，明显较接近社会建设实际，多数指标都属于社会建设领域，并且增加了公众满意度指标,一定程度上体现了以民为本的理念。不足之处是由于缺乏理论的指导,使指标设计系统性不足,显得比较凌乱,并且在指标的分类上不科学,不能反映出社会建设的内在逻辑性。此外,没有按照规范的程序进行设计,如没有进行指标的效度检验等。

三、国外几种社会指标体系

自20世纪60年代社会指标出现以来,受到了一些国际组织、国家和地区的广泛重视,一些学者纷纷进行研究,先后建立和修订了各具特色的社会指标体系。其中较有代表性的有:①

一是联合国社会指标体系的内容和分类:人口;家庭形成、家族、家庭;学习及教育事业;有收益的活动及无收益的活动;收入、消费、积蓄的分配;社会保障和福利事业;健康、保健事业及营养;住宅及居住环境;公共秩序及安全;时间的使用;业余时间及文化活动;社会阶层及流动情况。

二是联合国经济合作与发展组织社会指标体系的内容和分类:寿命;生活健康状况;教育设施的利用;文化程度;就业机会;工作生活质量;时间利用;收入;财富;住房条件;服务设施;环境公害;社会现象;危险事故;受到威胁。

三是美国社会指标体系的内容和分类:人口和家庭;健康和营养;住房和环境;交通运输;公共安全;教育和训练;工作;社会保险和福利;收入和生产率;参与社会活动;文化、闲暇时间的利用。

四是日本社会指标体系的内容和分类:自然环境;人口家庭;经济基础;财政;学校教育;医疗;健康;劳动;家计;居住环境;社会保

① 朱庆芳、吴寒光著:《社会指标体系》,中国社会科学出版社,2001年,第23—25页。

障;社会教育、文化、体育;安全;生活时间和分配。

五是印度社会指标体系的内容和分类:人口;保健;住房;教育;劳动和就业;收入;犯罪。

教育、社会保障、收入分配和就业、医疗健康方面在上述不同的指标内容中均有体现,此外,人口、公共安全、住房也是很普遍的指标内容,它与我们在前言中所说的社会建设领域较为一致。但是,由于中国的国情和政府管理的特点不同,本研究没有把其中的一些方面划入社会建设的专门领域,如住房问题,它可以通过收入分配和就业指标得到间接体现。另外,上述指标内容只是大致指出了指标的设计方向,并没有具体列明指标名称。因此,不能直接加以运用。

四、专门的社会建设指标体系

近年来,有的学者专门探讨了社会建设指标体系,典型的是北京大学教授丿元竹的研究。虽然他没有直接使用"社会建设评价指标"这一称谓,而是用"生活质量指标体系"的称谓,但由于其内涵指向都是属于社会建设的范畴,因此,我们仍然可以把它看做是专门的社会建设评价指标体系。其内容如表1-5所示:

表1-5　生活质量评价指标体系

指　　标		单　位	方向性	数据来源	权 重
一、居住环境与居住条件					23.13
1	生活污水处理率	%	正	建设、环保部门	2.51
2	城市人均公共绿地面积	平方米/人	正	建设部门	2.17
3	城市噪声污染程度的感受	1—5	逆	抽样调查	2.27

续 表

	指　　标	单 位	方向性	数据来源	权 重
4	年空气污染指数平均值	级	逆	环保部门	2.40
5	城镇每万人口社区服务设施数	个/万人	正	民政部门	2.13
6	城市空气质量满意度	1—5	正	抽样调查	2.34
7	城市生活用水质量满意度	1—5	正	抽样调查	2.46
8	居住区环境卫生状况满意度	1—5	正	抽样调查	2.26
9	社区生活便利程度评价	1—5	正	抽样调查	2.22
10	社区配套基础设施满意度	1—5	正	抽样调查	2.37
二、生活出行与公共安全					24.59
11	城镇居民家庭可支配收入	元	正	统计部门	2.16
12	恩格尔系数		逆	统计部门	2.12
13	房价收入比	%	逆	建设部门	2.19
14	从住宅到工作单位路上平均交通时间	分钟	逆	抽样调查	2.05
15	每万人刑事案件立案数	件	逆	公安部门	2.35
16	人口火灾发生率	%	逆	统计部门	2.23
17	每万人口交通事故数	起/万人	逆	公安部门	2.22
18	居民家庭收入满意度	1—5	正	抽样调查	2.18
19	居民安全感体验	1—5	正	抽样调查	2.49
20	居民对于全市整体社会治安状况的评价	1—5	正	抽样调查	2.34
21	居民对交通安全状况的评价	1—5	正	抽样调查	2.24

续　表

	指　　标	单　位	方向性	数据来源	权 重
22	居民对于交通拥堵的评价	1—5	逆	抽样调查	2.20
三、社会福利与医疗健康					26.68
23	每千人口医生数	人	正	卫生部门	2.11
24	城镇养老保险覆盖率	%	正	劳动部门	2.32
25	城镇医疗保险覆盖率	%	正	劳动部门	2.36
26	城镇失业保险覆盖率	%	正	劳动部门	2.28
27	每日工作时间	小时	正	抽样调查	1.84
28	最低生活保障人数占总人口的比例	%	逆	民政部门	2.32
29	居民对于医疗保险的满意度	1—5	正	抽样调查	2.28
30	居民对于养老保险的满意度	1—5	正	抽样调查	2.34
31	医疗卫生收费满意度	1—5	正	抽样调查	2.26
32	医疗机构就诊便利性	1—5	正	抽样调查	2.16
33	对工作的满意度	1—5	正	抽样调查	2.23
四、教育与文化娱乐					16.48
34	初中毛入学率	%	正	教育部门	2.20
35	高中阶段毛入学率	%	正	教育部门	2.21
36	高等教育毛入学率	%	正	教育部门	2.28
37	居民文教娱乐服务支出占家庭消费支出的比重	%	正	文化部门	1.86
38	经常参加体育锻炼人数占总人口的比例	%	正	体育部门	2.05

续 表

	指 标	单 位	方向性	数据来源	权 重
39	教育收费合理性的评价	1—5	正	抽样调查	2.22
40	对于城市文化氛围的评价	1—5	正	抽样调查	1.84
41	享有休闲娱乐时间的充分程度	1—5	正	抽样调查	1.83
五、社会公平与社会参与					9.12
42	新生儿人口性别比		逆	计生、统计部门	2.46
43	基尼系数		逆	统计部门	2.39
44	对社区生活的感受	1—5	正	抽样调查	2.19
45	公共事务参与率	%	正	抽样调查	2.07

资料来源：丁元竹著：《中国社会建设战略思路与基本对策》，北京大学出版社，2008年，第275—277页。

与前面所列的指标体系相比，这一指标体系有明显的优点：(1) 是专门针对社会建设的评估指标。(2) 以执政党的文件为依据，有一定的理论指导。(3) 由于指标来源于中国政府的管理实践，并进行了实地的调研，因而较适合中国国情。(4) 指标较全面和系统，基本反映了中国社会建设的各个领域。

但是该指标体系也存在以下的缺点和不足：(1) 在对社会建设指标的分类上有些凌乱，原因在于没有按照中共十七大报告中对社会建设的专门论述进行分类。(2) 对一些重大的社会建设问题没有予以关注，因而显得使命感不足，同时又有过于琐碎之处。例如：没有失业率、生产安全事故、食品药品安全等重大民生方面的指标；而类似于“从住宅到工作单位路上平均交通时间”、“经常参加体育锻炼人数占总人口的比例”和“享有休闲娱乐时间的充分程度”等则属于琐碎的指标，与当代绩效评估中所倡导的关键业绩指标的理念不符，而且这样的指标也难以进行测量，或者测量的信度和效度会较差。(3) 一些指标脱离中国目前社会的现实，如“公共事务参与率”。(4) 指标的设计存在不规范之处。如：第 19 个指标“居民安全感体验”与第 20 个指标“居民对于全市整体社会治安状况的评价”、第 9 个指标“社区生活便利程度评价”与第 10 个指标“社区配套基础设施满意度”属于同一性质的指标，两者之间存在内涵的重叠；第 33 个指标“对工作的满意度”和第 44 个指标“对社区生活的感受”则属于内涵笼统的指标。(5) 没有根据绩效产生的内在逻辑进行设计，同样不适合运用于绩效评估之中。(6) 指标的验证过程不科学。笔者认为让 100 多位专家对社会建设的各个领域进行筛选，这一方法与范柏乃的方法一样，①在实践中是不可行的，其中的一个重要原因是信息的不对称性。在一个绩效评估还很不普遍或者根本就没有评估实践的情况下，很多被试者对之根本就不了解，让其回答问卷，其有效性值得质疑。另外，社会建设的各个领域具有高度专业化特点，由于专业背景和业务领域的限制，让其中的任何一人对社会建设评估指标做出全面的选择都会存在严重的认知缺陷。

第二节　本课题研究开发政府社会建设绩效评估指标体系的方法及其内容

本研究力图克服前述已有社会建设领域评估指标存在的种种缺陷，着重在以下几个方面寻求突破：(1) 以明确的执政党文件作为指标体系设计的理论依据。(2) 不泛泛地探讨社会发展、生活质量、和谐社会或政府绩效评估指标体系问题，而是紧紧围绕社会建设这一主题，开发专门的社会建设绩效评估指标体系，为相关的研究或政府

① 范柏乃：《政府绩效评估理论与实务》，人民出版社，2005 年，第 223—233 页。

管理实践提供参考依据。(3) 按照政府绩效形成的内在逻辑探讨指标体系的构成。(4) 充分考虑中国国情和政府管理实际。(5) 立足于解决当前中国社会存在的重大社会矛盾和民生问题。(6) 规范指标设计流程,科学检验指标的效度。(7) 注重公平和民本价值导向。

构建政府社会建设绩效评估指标体系的理论依据是胡锦涛于2007 年 10 月 15 日在中国共产党第十七次全国代表大会上所做的题为《高举中国特色社会主义伟大旗帜,为夺取全面建设小康社会新胜利而奋斗》的报告。该报告用整章(第八章)的篇幅全面系统地论述了社会建设的设想,提出了社会建设的具体内容,共 6 个部分,包括:优先发展教育,建设人力资源强国;实施扩大就业的发展战略,促进以创业带动就业;深化收入分配制度改革,增加城乡居民收入;加快建立覆盖城乡居民的社会保障体系,保障人民基本生活;建立基本医疗卫生制度,提高全民健康水平;完善社会管理,维护社会安定团结。这一论述就成了构建指标体系范畴的依据。但本研究并不准备在这 6 个方面平均用力,直接构建这 6 个领域的指标体系,而是根据报告的精神,突出考虑公平正义原则,这不仅是因为十七大报告中多次强调公平正义是和谐社会的一个基本特征,也是因为它是解决近年来中国社会出现的诸多矛盾所必须遵循的重大原则。改革开放 30 年来,中国的经济和社会获得了巨大的发展,但同时,贫富悬殊问题、公共服务和公共物品的缺失、公共安全问题等日益涌现,以效率为主的改革取向所带来的消极后果呼唤效率与公平二者兼顾的新的价值取向。从西方国家政府绩效评估从传统的 3E(经济、效率、效果)价值取向向 4E(经济、效率、效果、公平)价值取向的转变来看,也要求我们更加重视对社会公平正义的关注。

在十七大报告基本精神的框架下,本研究还综合考虑政府管理的实际、当前中国社会建设的状况和评估的可操作性等方面的因素,最后把政府社会建设绩效评估指标体系分为 5 个领域,即教育发展与教育公平、社会保障、医疗卫生、就业与分配公平、公共安全与社会管理。此外，本研究从当代政府绩效评估所蕴涵的民众本位的价值取向出发，注重对公民满意度指标的设计。

在确定了指标体系的范围和方向后，本研究参考 OECD 教育指标体系的分析模型，即 CIPP 模型(背景——投入——过程——产出模式)，构建社会建设绩效指标的内容框架。不过，由于 OECD 教育指标模式属于统计指标，与评估指标有较大的差别，统计指标中的一些指标不适合作为评估指标的设计，如其中的"背景"因素，只是在设计评估指标的具体标准时需要加以考虑的因素，即它在确定发展目标和任务的难度(如增长率等)上有意义，而不能直接把它当为评估指标使用。① 社会建设往往具有较典型的公共物品或人民基本生活和发展需要的属性，与政府的治理过程密切相关，其过程是由"投入——管理——产出——效果"4 个环节构成的，因此，在进行指标体系设计时也必须考虑这 4 个方面。但为了尽可能简化和便于操作，本研究借鉴倪星提出的指标体系设计方法，把它分为 3 个方面，即投入、管理过程、产出及结果。②

在确定了指标体系的内容框架后，本研究进入实质性的文献研究阶段，从大量的相关研究成果③和实践案例中搜集能够衡量教育发展与教育公平、社会保障、医疗卫生、收入分配与就业、公共安全与社会管理 5 个方面绩效水平的指标元素，通过逻辑推理和思辨，主观筛选相应的指标集合，并对这些元素按照投入、管理过程、产出及结果 3 个方面进行分类，形成初步的能够反映政府社会建设绩效水平的完整的指标体系。

---

① 目前国内有关政府绩效评估指标的研究往往把统计指标与评估指标等同起来，混淆了两者之间的差别。

② 倪星：《地方政府绩效评估指标的设计与筛选》，《武汉大学学报》(哲社版)，2007 年第 2 期。

③ 本研究除了借鉴前一部分介绍过的小康社会、和谐社会、生活质量等方面的指标体系外，还借鉴了专门研究政府绩效评估的学者所构建的政府绩效评估指标体系。此外，还借鉴了一些学者针对社会建设某一领域所构建的指标体系，如社会保障、教育、医疗卫生、公共安全等方面。

由于初步的指标体系是由作者主观筛选出来的，还不能作为最终的结果，需要对其进行相关的处理，即按照上述社会建设的5个领域，选择对应的5个领域的专家和专业管理人员（包括政府官员和从事相关领域的管理人员），每个领域选择20人（其中专家10人，专业管理人员10人），征求他们对拟定的指标的意见，填写《政府社会建设绩效评估指标体系征询意见表》（见附录1），每人仅对自己熟悉的社会建设领域的指标提出意见。其中，“教育发展与教育公平”领域的专家来自教育管理研究领域，而专业管理人员则来自地方政府教育行政主管部门和学校的管理人员；“社会保障”领域的专家来自社会保障或相关研究领域，而专业管理人员则来自地方政府的劳动与社会保障行政主管部门；“医疗卫生”领域的专家来自医疗卫生和公共卫生等相关研究领域，而专业管理人员则来自地方政府医疗行政主管部门和医院管理人员；“就业与分配公平”领域的专家来自劳动经济和人力资源管理研究领域，而专业管理人员则来自地方政府劳动与社会保障行政主管部门和政府主办的就业服务中心之类的机构；“公共安全与社会管理”领域的专家来自公共事务管理研究领域，而专业管理人员则来自公安行政主管部门、社会治安综合管理办公室、城市综合管理部门等。专家的地域范围包括广东、福建、上海、北京等省市，而专业管理人员则仅限于广东省。征求意见的形式包括邮寄、电子邮件和电话征询。征求意见结束后，计算出各个指标的内容效度比值CVR，①保留比值在0.6以上的指标（见图1-1），②最终形成有效的指标体系。

---

① $CVR=\frac{n_e-n/2}{n/2}$ 式中，n_e为评价者中认为某评估指标很好地表示了测量对象范畴的评价人数；n为评价者的总人数（参见范柏乃：《政府绩效评估理论与实务》，人民出版社，2005年，第233页）。

② 删除了CVR值低于0.6的12个指标，它们是：素质教育政策、教育评价价值取向、高中生升大学比率、流浪人员救助政策、灾害保险覆盖率、政府对医疗机构的监管、医患纠纷数量、医疗机构医疗服务水平、公共安全指数、卫生文明城市数量、政府对就业服务中介市场的监管、就业服务中心数量。

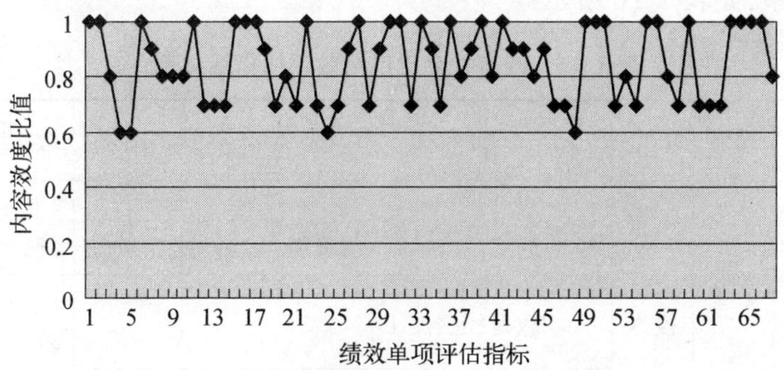

图 1-1　各评估指标的内容效度比值

本研究的指标体系设计的基本思路如图 1-2 所示：

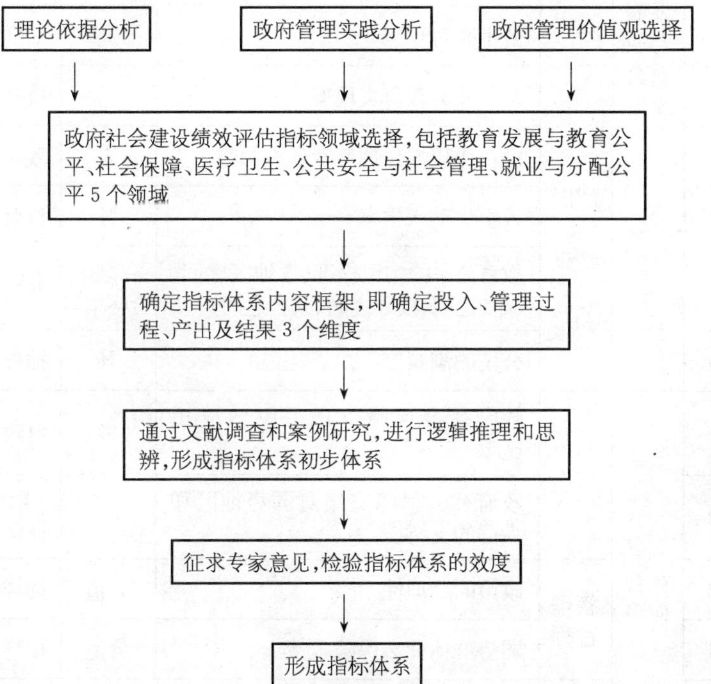

图 1-2　政府社会建设绩效评估指标体系设计思路

经过上述几个环节后，本研究最终形成政府社会建设绩效评指

标体系,如表 1-6 所示:

表 1-6 政府社会建设绩效评估指标体系

序号	领域	维度	评估指标	单位	数据来源
1	教育发展与教育公平	投入	政府教育支出占 GDP 的比重	%	财政、统计部门
2			人均教育经费支出	元	财政、教育部门
3			公共财政对于弱势地区、学校、学生的支持	元	财政、教育部门
4		管理过程	政策的合理性	分值	抽样调查
5			公平教育政策	分值	抽样调查
6		产出及结果	九年义务教育实现率	%	教育部门
7			每百在校学生拥有专任教师数	人	教育部门
8			大学生毛入学率	%	教育部门
9			教育公平的实现程度(含地区之间、城乡之间、校际之间、家庭之间)	平均值、合格率等	教育部门
10			公民的满意度	%	抽样调查
11	社会保障	投入	政府社会保障支出占财政支出比重	%	财政部门
12			政府社会保障支出对弱势地区和人群的支持度	元	财政、社保部门
13		管理过程	政策的合理性	分值	抽样调查
14			弱势群体社会保障政策	分值	抽样调查
15		产出及结果	基本养老保险覆盖率	%	社保部门
16			基本医疗保险覆盖率	%	社保部门

续　表

序号	领域	维度	评　估　指　标	单 位	数据来源
17	社会保障	产出及结果	居民最低生活保障覆盖率	%	民政、社保部门
18			失业保险覆盖率	%	社保部门
19			工伤保险覆盖率	%	社保部门
20			弱势群体救助率	%	财政、民政部门
21			公民的满意度	分值	抽样调查
22	医疗卫生	投入	政府医疗卫生支出占 GDP 的比重	%	卫生、财政、统计部门
23			财政支持弱势地区医疗卫生的投入	元	财政、卫生部门
24		管理过程	政策的合理性	分值	抽样调查
25			对弱势地区的医疗卫生支持政策	分值	抽样调查
26			突发公共卫生事件应急处理机制建设	分值	抽样调查
27		产出及结果	新型农村合作医疗参合率*	%	卫生部门
28			农村自来水普及率	%	卫生部门
29			社区卫生服务人口覆盖率	%	卫生部门
30			婴儿死亡率(每千人的死亡率)	‰	卫生部门
31			孕产妇死亡率	人/10 万	卫生部门
32			人均期望寿命	岁	卫生部门
33			每万人拥有病床数	张	卫生部门
34			每万人拥有职业医师数	人	卫生部门
35			公众的满意度	分值	抽样调查

续 表

序号	领域	维度	评 估 指 标	单 位	数据来源
36	公共安全与社会管理	投入	在公共安全与社会管理中的财政支出水平	%	财政部门
37			政府在公共安全与社会管理中人力资源投入水平	%	抽样调查
38		管理过程	政府突发性事件应急处理体系建设	分值	抽样调查
39			政府公共安全监管体系建设	分值	抽样调查
40			政府公共安全监管执行力	分值	抽样调查
41		产出及结果	万人发案率	起/万人	公安部门
42			刑事案件破案率	%	公安部门
43			重大刑事案件破案率	%	公安部门
44			群体性事件数	件	公安部门
45			公众的安全感	分值	抽样调查
46			万车死亡率	人/万车	公安部门
47			万车重伤率	人/万车	公安部门
48			万车重大交通事故发生率	起/万车	公安部门
49			重大火灾事故发生数量	起	公安部门
50			食品药品安全指数	分值	卫生部门
51			亿元 GDP 死亡率	人/亿元 GDP	公安、统计部门
52			亿元 GDP 重伤率	人	公安、统计部门
53			每万人公交车辆拥有量	辆	交通部门
54			城市管理秩序	分值	抽样调查

续　表

序号	领域	维度	评　估　指　标	单位	数据来源
55	就业与分配公平	投入	政府就业与再就业的财政投入	%	财政部门
56		管理过程	就业与再就业政策	分值	抽样调查
57			公共就业服务体系建设	分值	抽样调查
58			促进分配公平政策及其执行	分值	抽样调查
59		产出及结果	城镇登记失业率	%	劳动部门
60			城镇再就业率	%	劳动部门
61			农村剩余劳动力转移率	%	劳动部门
62			残疾人员就业比率	%	民政部门
63			城镇居民基尼系数	—	统计部门
64			农村居民基尼系数	—	统计部门
65			地区之间收入差距	—	统计部门
66			城乡之间收入差距	—	统计部门
67			公众的满意度	分值	抽样调查

* 该指标既可以作为社会保障领域的指标，也可作为医疗卫生领域的指标。由于它涉及我国广大农村地区的基本医疗卫生制度，因此，这里把其放在医疗卫生领域。在第二编社会建设绩效客观测量部分，也把该指标作为医疗卫生领域进行考察，在主观测量部分则把其放在社会保障领域进行考察。在第三编社会建设分项绩效评估研究中，新型农村合作医疗绩效评估案例则作为社会保障和医疗卫生领域的典型事例加以考察。

需要指出的是，本研究所构建的指标体系只是一种尝试性探索，目的有二：一是抛砖引玉之意，为相关的研究者和政府管理人员提供一种启发和参考，并推动这一领域的研究向纵深发展。二是为本研究的第二编绩效报告的撰写提供指标依据。但不意味着它可以在政府管理实践中加以直接运用,也不意味着指标体系的形成过程必须严格按照本研究的方法去做。例如,各地在确定指标体系时就不一定需要经过效度检验,完全可以根据自己的施政意图进行选择。笔者曾经撰文指出,由于影响政府绩效评估指标体系构建的因素很多,各地的情况千差万别,不存在普适性的统一的指标体系,①一个可行的办法是,在进行政府绩效评估时,形成一种自上而下与自下而上相结合的指标生成机制。自上而下的机制是为了使下级政府的工作与上级政府的施政意图相吻合,自下而上则是为了更好地反映民意和本地的实际。此外,还要形成政府绩效评估指标体系的组织和联动机制,从而形成使指标与政府战略之间、上级指标与下级指标之间、同级指标之间有机联系、标准明确、布局合理的科学的指标体系。② 众所周知,绩效评估作为实现组织管理目标的有效工具,它必须围绕组织目标做文章。而由于不同政府的目标和工作重点不同,也就决定了绩效评估指标体系的差异性。笔者的这一观点在本文第一部分所提到的 36 套政府绩效评估方案中得到了验证。也就是说,在这 36 套方案中,没有两套方案中的指标体系是相同的。此外,在学者之间,对指标体系内容的认识也不同。一项研究表明,研究者之间对政府绩效评估指标的认同度低,在由 4 位学者构建的 4 套指标体系中,总共涉及 121 评估指标,但他们一致选用的指标只有 4 例,3 位共同选用的只有 9 例,2 位共同选用的 33 例,只有一位选用的达 75 例。③ 这就充分说明,那种试图构建统一的指标体系的设想是行不通的。在政府社会建设领域的绩效评估也一样,不应该试图构建统一的指标体系。具体的做法应该是,各地根据上级政府的要求和

---

① 陈天祥、陈芬:《影响政府绩效评估指标体系构建的多维因素》,《中国人民大学学报》,2007 年第 6 期。

② 陈天祥:《政府绩效评估指标体系的构建方法——基于治理过程的考察》,《武汉大学学报》(哲社版),2008 年第 1 期。

③ 林蓉蓉:《中国地方政府绩效评估指标体系研究初探》,中山大学行政管理专业学士学位论文,2007 年。

本级政府的总体管理目标，有选择有重点地选择评估指标。比如，在教育发展与教育公平方面，对于一些9年义务教育比较薄弱的地区，可以着重选择“普九”实现率、政府教育支出占GDP的比重、公共财政对于弱势地区、学校、学生和家庭的支持等指标；鉴于目前我国多数地方的社会保障工作比较薄弱，在社会保障方面的指标可以着重于政府社会保障支出占财政支出比重、基本养老保险覆盖率、基本医疗保险覆盖率、居民最低生活保障覆盖率、失业保险覆盖率等方面；在医疗卫生方面，鉴于目前社会上对就医难问题存在强烈的不满情绪，评估的重点可以放在政府医疗卫生支出占GDP的比重、财政支持弱势地区医疗卫生的投入、每万人拥有病床数、每万人拥有医生数；在公共安全与社会管理方面，鉴于目前严峻的治安形势，指标重点可以放在政府在公共安全与社会管理中人力资源投入水平、政府公共安全监管体系建设、万人发案率、刑事案件破案率、亿元GDP死亡率等方面；在就业与分配公平方面，重点可以放在政府就业与再就业的财政投入、城镇登记失业率、城镇居民基尼系数、城乡之间收入差距等方面。此外，各地应该根据自身的管理状况，多采用一些增量指标，如“增长率”、“降低率”等，以反映某一时期政府管理的绩效。

还需要指出的是，本研究开发的指标体系，在使用时有的还需要做进一步的加工或细化，使其具有可操作性和可实测性。比如公平教育政策，涉及城乡之间、地区之间、校际之间、义务教育与非义务教育之间，而具体内容又可分解为经费分配、入学条件甚至教学方法等方面；公共就业服务体系建设涉及职业介绍机构、技能培训机构的建设和服务、劳动力市场建设等方面。

总之，本研究不主张设计和开发统一的政府社会建设绩效评估指标体系，而主张各地根据管理实际和需要，选择和设计适合自己的社会建设绩效评估指标体系。

一个完整的评估指标体系，除了确定指标和评估标准（目标值)外,还有一个重要内容是确定各指标的权重,以便评估者进行赋分。[①] 在当前各地方政府的绩效评估实践中,权重的确定主要是领导者或方案设计者主观定性确定下来的,这种方法虽然简便可行,但当指标数目较多时就可能出现较大的偏颇,也难以让人信服。因此,另一个既简便但又较合理的方法便应运而生,即里克特量表方法。这种方法将确定了的指标制成一个五级分值量表(如表 1－7),然后发给相关人员(可以是政府内部的专业人士,也可以是外部专门研究社会建设相关领域的人士)填写,最后进行加权统计,计算出各指标分值在所有指标分值之和中所占的比重,即得出其权重值。此外,权重的设计也可与指标的筛选同时进行,即在构建了初步的指标体系后,编制成一个类似于表 1－7 那样的评估指标征询意见表,由相关人员填写,然后进行汇总统计,将算术平均得分在 3 以下的指标删除,最后再计算出剩余各指标的分值在所有指标分值之和中所占的比重,即得出其权重值。

表 1－7 社会建设绩效评估指标重要性征询意见表举例

<table>
<tr><th>序号</th><th>领域</th><th>维度</th><th>评 估 指 标</th><th colspan="5">赋 分</th></tr>
<tr><td>1</td><td rowspan="5">教育发展与教育公平</td><td rowspan="3">投入</td><td>政府教育支出占 GDP 的比重</td><td>5</td><td>4</td><td>3</td><td>2</td><td>1</td></tr>
<tr><td>2</td><td>人均教育经费支出</td><td>5</td><td>4</td><td>3</td><td>2</td><td>1</td></tr>
<tr><td>3</td><td>公共财政对于弱势地区、学校、学生和家庭的支持</td><td>5</td><td>4</td><td>3</td><td>2</td><td>1</td></tr>
<tr><td>4</td><td rowspan="2">管理过程</td><td>政策的稳定性和连续性</td><td>5</td><td>4</td><td>3</td><td>2</td><td>1</td></tr>
<tr><td>5</td><td>公平教育政策</td><td>5</td><td>4</td><td>3</td><td>2</td><td>1</td></tr>
</table>

① 由于本研究设计的评估指标并不适合于在评估中直接使用,因此,没有对它们进行权重方面的设计。

续　表

序号	领域	维度	评估指标	赋分				
6	教育发展与教育公平	产出及结果	九年义务教育实现率	5	4	3	2	1
7			每百在校学生拥有专任教师数	5	4	3	2	1
8			大学生毛入学率	5	4	3	2	1
9			教育公平的实现程度(含地区之间、城乡之间、校际之间、家庭之间)	5	4	3	2	1
10			公民的满意度	5	4	3	2	1

第二章
政府社会建设绩效评估体系与治理机制的完善

一个完善的政府绩效评估体系一般包括职能定位、评估组织实施机制、评估指标体系、评估方法、评估结果运用和相关的配套措施等，只有各个环节相互配合，才能保证评估目的的最终实现。那种为评估而评估的做法是不可能达到预期效果的。本章对上述各环节和方面予以探讨。

第一节　政府战略重心的转移与职能的恰当定位

在西方一些市场制度比较完善的国家，政府与市场之间的界限是比较清楚的，政府的核心职能就是提供公共物品和公共服务，如国防、社会保障、基础教育等，这从它们的公共支出就可见一斑。有关数据显示，2001 年，英国、美国、德国 3 国社会保障总支出占 GDP 的比重分别为 21.80%、14.80%、27.40%。2002 年，3 国社会保障财政支出占财政总支出的比重分别为 32.40%、33.60%、31.30%。① 发

① 根据经济合作与发展组织(OECD)有关数据整理而成；何平等：《部分国家社会保障财政支出分析》，《中国社会保障》，2006 年第 9 期。

达国家的政府公共服务制度具有普遍性的特点，如欧盟各国医疗保险、养老金、失业保险等公共服务项目基本覆盖了人口的绝大多数，其中丹麦、意大利、瑞典、英国的医疗保险覆盖率已达100%。西方发达国家的政府绩效评估指标体系设计大多围绕公共管理职能，包括环境、医疗保健、住宅的供给、基础教育、犯罪率、垃圾收集、对无家可归者的关怀、公共娱乐设施的建设等做文章，即使有经济方面的指标，主要也是涉及商业活力、商业成本和市民收入这些与政府所提供的服务直接相关、反映政府公共治理能力强弱的指标，一般不直接设计经济总量性质的指标。①

中国30年的政府战略基本上是一个经济"赶超型"的战略，政府深深地介入了经济生活，类似招商引资、优惠政策、上项目上工程等方面的事务对很多人来说都是得心应手的事。这一战略与长期以来片面的经济政绩观和以GDP为中心的政府绩效评估导向有莫大的关联。它一方面促进了中国经济的持续高速发展，但也带来了严重的后果，出现了社会的非均衡发展，导致公共服务和公共物品的缺失。在2006年全国人大召开期间，代表们讨论的一个热点话题是所谓新时期的"三座大山"（上学难、看病难和住房难）就是这种发展非均衡性的突出反映。也就是说，时至今日，政府职能转变仍然没有得到根本解决，政府管了很多不该管的事，而该管的事却没有管好。下面的数据可以较好地说明这一现象。2002年我国人均GDP水平接近1 000美元，与英国、瑞典、芬兰、丹麦、法国、德国等发达国家1960年的人均GDP相近，但该年我国社会保障支出水平占GDP的比重为7.15%，与发达国家1960年普遍在12.5%至20.5%之间的支出

① 财政部财政科学研究所《绩效预算》课题组：《美国政府绩效评价体系》，经济管理出版社，2004年，第270—292页；范柏乃：《政府绩效评估理论与实务》，人民出版社，2005年，第52—166页。

水平有较大差距，甚至低于当时人均 GDP 仅 458 美元的日本(8.0%)。[①]而另一则数据则显示，我国社会保障财政支出占财政总支出的比例长期低于 12%。[②] 财政对教育方面的投入也显得不足，如 2006 年财政性教育支出仅占 GDP 的 3.01%，而发达国家一般都占 6%左右，有的高达 7%。发展中国家如印度前几年的比重是 4.6%。[③]国际经验说明，当一国人均 GDP 从 1 000 美元向 3 000 美元过渡时，也就是该国公共需求快速扩张的时期，这一时期需要的是"小政府、大服务"，但根据零点研究咨询集团的调查显示，我国目前却存在"保障型公共产品总量短缺"，"公共产品硬件供给不足"，"公共产品分配严重不均衡"等突出问题。[④]

因此，现在是到了政府战略重心转变和政府职能恰当定位的时候了，即实现由过去重经济轻社会的发展模式到经济与社会均衡发展的模式的转变，大力强化公共职能，向社会提供良好的、均衡的公共物品和公共服务，以促进中国社会的和谐转型。

第二节 构建政府社会建设绩效评估体系的其他若干环节

一、强化社会建设领域的政府绩效评估工作

通过绩效评估实现政府职能的转变被认为是一个非常有用的手

---

① 蔡社文：《我国社会保障支出水平分析》，《预算管理与会计》，2004 年第 7 期。关于该年我国社会保障支出水平占 GDP 的比重，本研究第 4 章出自《中国统计年鉴》的数据为 5.08%，与这里的数据有较大出入，在此予以说明。

② 《中国统计年鉴》(2001—2008)。

③ 季谭：《学有所教期待大教育变革》，《第一财经日报》，2008 年 3 月 28 日。

④ 零点研究咨询集团：《2006 年中国公共服务公众评价指数手册》，零点研究咨询集团编印，第 2 页。

段，因为评估就是一个指挥棒，评估什么、评估的价值取向都会引起被评估者相应的行为反应。自新一届中央领导集体提出科学发展观以来，有关部门出台了不少政策措施力图使这一执政理念付诸实施，其中，2006 年 7 月 3 日由中共中央组织部颁发的、体现科学发展观要求的《地方党政领导班子和领导干部综合考核评价试行办法》即是一例。该办法明确规定要将经济建设、政治建设、文化建设和社会建设纳入考核范围，其中，在社会建设领域还提出了一些具体的指标，如城乡居民收入及增长、安全生产、基础教育、城镇就业、社会保障等。这是一个非常明确的信号，即要求政府绩效评估应扭转长期以来片面以 GDP 为中心的倾向，重视社会建设领域的工作，这对于促进政绩观的有效转变，促进政府社会建设领域的绩效评估工作是非常有意义的。为了更好地促进社会建设绩效评估工作，这里提出以下几个措施：(1) 在对一级政府及其领导班子的综合考核方案中，增加社会建设方面的指标和提高社会建设指标的权重，并提高社会建设方面的绩效标准，如增长率、覆盖率（正向指标）或降低率（负向指标）等；(2) 引入和强化社会建设行业性的政府绩效评估，如社会保障、义务教育、医疗卫生、公共安全等方面；(3) 尝试和推广在一些重大的社会建设领域实行“一票否决”的考评方式，如政府教育支出占 GDP 的比重、食品药品安全指数、亿元 GDP 死亡率等方面。

除此之外，本研究认为，要强化社会建设领域的绩效评估工作，一个重要的措施是加强对政府绩效评估的领导工作。因为，在中国，文化传统中带有较明显的权威人格取向，[①]再加上中国相对集中的权力结构，很多时候，下级官员的升迁取决于上级领导的价值意愿，因此，“下级官员通常对上级权力的意志较为敏感”。[②] 如果主要党

① 唐检云、李美华：《政府绩效评估的文化基础分析——一种基于中西方公共行政文化差异的视角》，《江西农业大学学报》（社会科学版），2006 年第 1 期。

② 马庆钰：《数字游戏与官员政绩——一个关于中国农民收入的分析报告》，载张梦中、马克·霍哲：《探索中的中国公共管理》，中山大学出版社，2002 年。

政负责人传递了对绩效评估偏好的信息,绩效评估的权威性就容易树立起来;反之,非绩效偏好就会发挥效用,机会主义就会衍生。为此,应该注意做到以下几点:

第一,做出权威的制度安排。考核制度属于强制性制度安排,必须由具有人事管辖权的机构才能制定。按照党管干部的原则,下一级党政领导干部由上一级党委管辖,因此,由党组织出台有关考核的规定是一个重要的制度选择方向,并规定考核将与干部的任免直接挂钩。此外,上级主要党政领导必须在各种场合宣传政府绩效评估制度,并强调将严格按照绩效考核结果实施奖惩,让人们觉得领导集体具有坚强的、统一的意志实施绩效评估工作,从而形成有利于绩效评估的氛围。

第二,成立具有较高权威性的领导机构。各地在组织实施评估工作时,应成立绩效考核工作领导小组,由党政主要领导人担任负责人,政府相关职能部门(如统计局、财政局、人事局、监察局等)负责人为成员,其主要职责是:根据上级政府的目标管理要求和本地的实际,制定绩效计划和绩效目标;审议和批准绩效评估方案;必要时参与评估工作,审批评估结果;支持绩效评估专门机构的工作,包括人力、物力和财力等方面;参与审理被评估部门的绩效申诉;对绩效评估工作的评估。

第三,成立权威的、统一的和专业化的评估实施机制。由于绩效评估领导小组属于非常设性机构,为了保证绩效评估工作的落实,有必要成立一个常设或半常设性质的机构,即政府绩效评估办公室,其负责人由组织人事部门中精通评估工作的相关专业人员担任,办公室其他工作人员也应是对评估工作相当熟悉的人士。绩效评估办公室直接隶属于绩效评估领导小组的领导之下,具有较高的权威性,其主要职责是:与相关职能部门和被评估的政府部门一起分解政府绩效目标;拟定绩效评估方案并送绩效评估领导小组讨论和审批;组织实施绩效评估方案;跟踪和辅导绩效推进过程,即组织有关人员深入政府管理第一线，督查绩效目标和绩效措施的落实情况，及时发现存在的问题，与有关部门一起寻找解决之道，并注意收集绩效信息，为评估工作积累素材；组织专家组或外部评估主体对被评估单位进行评估，拟定被评估单位的绩效等级或具体成绩；拟定绩效责任承担方式和奖惩措施；绩效评估领导小组要求的其他工作。

鉴于目前在一些地方政府管理中存在多种考核的情况，导致重复考核而出现的增大考核成本和被考核部门穷于应付的现象，建议整合不同的考核机制，如效能监察、目标管理、"一票否决"以及部门单项评估，成立统一的绩效评估工作机构和评估机制，统一组织和实施评估工作。这样既有利于减少管理成本，又有利于提高效率，只不过在实施评估的过程中，可以根据被评估对象业务的特点成立不同的评估专业小组。

权威的、统一的和专业化的实施机制至少有以下的几个优势：(1) 有助于减少评估过程中的讨价还价行为；(2) 统一评价标准，减少因认知的差异而出现的心埋误差；(3) 提高评估结果的客观性；(4) 以专业的角度进行审视从而减少系统误差；(5) 由于前四点而带来的评估结果的公信力的提高；(6) 深入到绩效运作过程之中，有利于绩效目标和计划的落实。

二、完善公民参与机制，体现以民为本的价值观

当代的政府绩效评估作为一种改进公共责任机制的有效途径，有助于打破传统科层制下政治责任与行政责任之间的脱节，体现的是民本价值观。在西方国家，公民参与绩效评估是一个普遍被采用的方式。① 在我国，公民参与政府绩效评估的理念也正在被人们所

① 陈天祥：《政府绩效评估的经济、政治和组织功能》，《中山大学学报》(社科版)，2005 年第 6 期。

认同,在诸如行风评议、"万人评议政府"或者在综合性绩效评估中让公民参与评估的做法也越来越普遍。但是,目前,我国这种公民参与政府绩效评估的方式更多的类似于民意测验的性质,有明显的局限性。在政府管理封闭性和神秘性的环境下,民众缺乏绩效标准等方面的相关信息,造成评估者与被评估者之间严重的信息不对称性,使评价具有较重的感观色彩,评估结果的客观性和准确性难以保证。因此,要使民众有效地参与政府绩效评估,就需要他们参与社会建设工作,提高相应的评估能力。

其一,让民众参与政府有关重大民生问题的决策。社会建设诸多领域都事关百姓的日常生活,与他们的切身利益息息相关,政府决策需要反映他们的实际需求和愿望。笔者所做的一项研究发现,越是民生问题,民众参与决策的愿望就越强烈。① 因此,应通过一定的机制了解民意,从而使政府的社会建设决策更符合实际,进而产生更好的绩效。为此,除了应完善人民代表大会制度,还可以探讨其他的一些方法以更好地反映民众的利益诉求,如借助学术研究机构和专家学者的力量不失为一种较为有效的方法(目前我国的一些地方政府硬性规定哪些政府决策必须经过专家的调研和论证),因为,专家和学者在调查和了解民众的利益诉求等方面有时具有技术和人缘优势。听证会作为一种了解民意的有效途径,人们对之也有了较好的共识,现在的主要问题是如何规范听证的程序和形式,以及如何强化其在决策中的作用。此外,我国的一些市场咨询机构已开始定期有规律地调查中国的公共服务评价指数(如零点研究咨询集团),我们也可以借助这些社会力量去了解民众的公共服务需求,进而为政府的社会建设提供决策支持。还可以借助社会咨询机构的力量完善正统的政治诉求机制,如在人大代表、政协委员提出相关议案前,委托

① 陈天祥、陈琦:《政府绩效评估价值取向偏差性研究——来自广东某市S镇的调查》,《中山大学学报》(社科版),2008年第1期。

这些机构从事规范的社会调查工作，为议案提供事实和价值判断方面的支持。这样，民间力量的参与这种非正式的制度安排就"嵌入"到人民代表大会、政治协商这样一些正式的制度安排之中，有利于民意的实现。

其二，增加政府的透明度。民众对政府运作拥有知情权是现代民主政治的基本要求，也是提高民众评估能力的重要途径。为此，可以利用各种媒介公布政府社会建设领域的工作内容、目标和标准，从而减少信息不对称，提高民众的评估能力，为其参与评估工作奠定基础。

本研究认为，在选择评估主体的时候，不宜笼统地让一般民众评价政府或其领导班子的绩效。一般来说，在目前的评估实践中，普通民众参与评估较适合运用于调查对政府工作的满意度方面，它可以采取两种形式，一是由政府内部的社情民意调查或效能监察之类的机构进行调查，二是委托专业的社会咨询机构进行调查。从笔者多次实地调研的情况来看，较可靠的民众满意度调查方法，一个是进行电话调查，即由调查员根据随机抽样的结果，对调查对象展开调查，另一个是上门派发问卷并现场回收。一些地方政府利用互联网让民众自主进行网上评估的方式，实践证明效果不佳，因为它无法保证样本的可靠性和调查对象回答的真实性，也无法排除被评估者所进行的恶意操作。另外，在城市街道偶遇抽样的方法也不可取，因为其样本的代表性难以保证。而先进行随机抽样，然后通过邮寄或由某种机构派送问卷，另行回收问卷的方法也不可行，原因是回收率低和回答的真实性难以保证。

在民众评估难以广泛使用的情况下，一种替代性的方法是由学术机构进行评估。一项针对县区政府绩效评估的研究表明，他们相对而言是"最佳"的评估主体，它主要体现在准确性、效用和成本方面。[①] 而且，笔者认为，在其他公民参与机制缺失的情况下，学术机

---

① 吴建南等：《谁是"最佳"的价值判断者：区县政府绩效评价机制的利益相关主体分析》，《管理评论》，2006 年第 4 期。

构所拥有的专业知识、利益相关者的视野和使命感都使其在理解公共利益上具有比较优势。①

三、重视绩效过程的管理工作

评估工作如果仅停留于评估指标设计、数据收集、评估主体选择、评估结果的使用等方面，是不可能获得成功的。政府绩效评估蕴涵着治理和管理过程的重大变革。② 我们知道，无论是组织还是个人，要获得更好的绩效，必须从改变行为过程开始，结果的改变取决于过程的改变。那种不问过程只问结果的做法可能导致以下几种结果：一是平时把绩效目标丢在一边，年底才想起考核，但这时已经没有足够的时间完成工作目标了，使通过绩效考核落实组织愿景的意图落空。二是平时疏于落实，考核时只好临时做假账，虚报绩效数据。由于绩效考核的工作量大，考评人员没有足够的时间和精力对这些数据进行核实，从而助长弄虚作假之风。三是由于没有绩效意识，重心不明，政府工作陷入忙乱和琐事之中而穷于应付。因此，探讨绩效评估的有效途径也必须从过程管理入手。一个有效的绩效评估体系起码包含着绩效目标的设计、绩效措施的确定、绩效跟踪和辅导、绩效结果的评估、绩效状况的反馈和改进等多个管理环节。这里，着重提出以下几点：

第一，提高政府工作的规范化和科学化水平。提高绩效水平的一个基础性工作是管理工作的规范化和科学化。在职责不清、流程复杂的情况下，再怎么运用评估的手段也无法促进政府效率的提高。为此，必须事先明确诸如部门的职责、工作内容、任务的流程、工作应

---

① 陈天祥、陈琦：《政府绩效评估价值取向偏差性研究——来自广东某市S镇的调查》，《中山大学学报》(社科版)，2008年第1期。

② 陈天祥：《基于治理过程变革的政府绩效管理框架——以福建省永定县为例》，《中国人民大学学报》，2009年第5期。

达到的标准等等,它们为绩效评估提供了客观的依据。一些地方政府借助绩效评估,对政府流程进行再造,减少政府管理环节,精简和合并流程,设计新的流程,拒绝职能重叠和条块分割,提高办事效率;推行电子政府和政府在线服务,形成网络化和交互式的政府管理体系;提高政府工作的透明度,实行阳光行政,并推行服务承诺制度,对工作标准公开化,让公众了解政府工作的流程和标准,便于公众对政府工作进行监督等,这些都是很好的经验,值得推广。

第二,强化外部监督机制。要打破政府绩效评估的神秘性和封闭性色彩,把政府工作置于民众的直接监督之下,既有利于强化对民负责的价值观,提高工作效率,还有利于加强党风和廉政建设。一些地方政府的经验值得借鉴,如福建省永定县建立县乡通联的"阳光投诉"网络。按照分级管理、各负其责的原则,永定县建立健全了县各部门、各乡镇"阳光投诉"日常受理工作机制,形成了"投诉有门、处理及时、监督有效、责任到人"的工作格局。还专门开发了系统软件,规范"阳光投诉"监察平台运作,全县 24 个乡镇和县直 44 个重点单位领导、工作人员共 3 200 多人的照片、姓名、职务、工作职责等情况链接在县政府门户网站和土楼清风网上,从而形成了县乡两级投诉受理通联网络。同时,为进一步畅通群众诉求渠道,打造"民心工程",永定县强化"县长信箱"功能,由专人负责管理,做到"每信必答,有诉必理"。此外,在县政府门户网站设立政府信息公开意见箱,倾听群众对政府决策、重大举措、重大事件、公职人员职务行为和社会公共服务等方面的意见、建议和咨询等。这些举措把以往"条块"、"条条"和"块块"之间信息链式间接沟通模式变为政府与民众之间的直接快捷甚至"零距离"的沟通模式,有利于政府快速了解民众的诉求,实现政治责任与行政责任之间的直接对接,从而解决公共责任问题。①

---

① 陈天祥:《基于治理过程变革的政府绩效管理框架——以福建省永定县为例》,《中国人民大学学报》,2009 年第 5 期。

第三,建立绩效跟踪辅导机制。具体做法包括:一是做好绩效跟踪工作。绩效评估办公室可以定期组织专业人员对绩效目标和任务实现情况进行跟踪检查,召开绩效管理工作情况汇报和诊断会议,分析问题、查找原因、落实绩效措施。二是发挥新闻媒体、社会力量的监督作用,对政府部门进行明察暗访等,严重的问题还要进行曝光,做反面教材。通过这些过程管理,各单位和部门形成了以绩效为主轴的工作线条,使过去单纯的结果管理变成结果与过程并重的平衡管理模式,既有利于绩效目标的实现,又有利于克服"临时抱佛脚"或弄虚作假的现象,还有利于保证组织工作的有序运行,形成良好的以绩效为本的组织文化氛围。

四、完善评估机制

专业化分工和上下级之间的空间距离等原因,会造成评估者与被评估者之间的信息不对称,进而在绩效目标的生成过程中和绩效评估阶段出现逆向选择和道德风险问题。设计清晰便于操作的绩效信号(绩效指标和标准)是解决这类问题的第一步,①此外,还要求在评估的实施阶段收集到准确的绩效信息。为此,需要从以下几个方面进行努力:(1) 成立专业化的考核团队,以增强他们的信息捕捉和鉴别能力。这些人员的来源包括:统计主管部门人员;教育主管部门人员、学校教师和管理人员;劳动或社会保障主管部门人员;医疗卫生主管部门人员或医院管理人员;财政部门人员;公安机关人员;工商行政管理人员;商品质量监督主管部门人员;城市综合执法部门人员等。不同专业背景的考核人员分头给相应的社会建设 5 个领域的绩效情况进行评价。(2) 采取多种考核方法。除了查阅统计报表

① 陈天祥:《政府绩效合同的设计与实施:交易费用理论的视角——来自广东省 J 市的调研》,《公共行政评论》,2008 年第 3 期。

等材料外,可以利用座谈会、个别谈话、实地走访、不同数据之间的比较等方法,使利用不同方法获得的材料之间互相验证。(3) 做好日常相关统计报表和与绩效情况有关的信息收集工作。在这个过程中要注意统计的标准和口径的一致性。(4) 加强电子政务建设,实现数据的自动化统计、备份和必要的转换工作,减少人为的主观因素干扰。(5) 加强考核纪律,对弄虚作假行为加以严厉的鞭挞。

五、建立健全绩效责任承担机制

绩效评估作为上级政府对所管辖的下级政府的一种管理手段,它属于一种有别于选民与政治家之间或政治家与行政官员之间的委托代理关系,具有更直接和更快捷的责任机制,评估者(上级政府)拥有制衡被评估者的手段(如人事权等),通过业绩评估实现与激励的挂钩,从而贯彻自己的施政意图。人们一般认为,在中国的政治情境下,政府官员的效用函数包括薪金、职务升降、权利和地位、荣誉、额外所得。① 其中,薪金受制于法律的强制性约束,任何人不能随意克扣、增加或减少公务员的薪金,而且,在职务与级别相结合的工资制度下,薪金的多少取决于职务和级别的高低。而权利和地位、荣誉等又与职务的高低有着密切的关系,因此,对官员的最大激励来自对职务晋升的预期,尤其是对那些不拥有财政决策权的广大中基层政府官员。因此,对官员的激励因素主要应围绕职务和荣誉做文章,也就是说,最能对官员起到激励效应的是那些有利于其获得晋升成功的行为。而周黎安等则从政治市场的特性的角度论述职务晋升对政府官员的极端重要的。他们指出,官员与企业经理人不同,外部选择机

---

① 在党管干部的原则和由党委等额推荐政府组成人员的规则下,选票对政府官员不是一个经常起作用或起主要作用的激励因素。

会非常有限，一旦进入政治劳动力市场，地方官员就将面临“锁住”效应，不得不以最大努力寻求晋升机会。① 这就告诉我们，对政府官员的激励措施就应以职务的升降为核心，同时兼顾荣誉感和一定的物质刺激。因此，欲使绩效评估发挥作用，就应使绩效评估结果与主要责任官员的升迁挂钩，改变升迁过程中的非制度交易和人为色彩。除此之外，可以对评估结果进行排名，对成绩突出者予以表彰，对落后者予以惩戒。有两点需要特别说明，一是排名后应对结果进行公开，包括对社会公开，以便使政府工作处于社会的监督之下；二是公开责任承担结果（如各种评优权、荣誉称号等），强化社会监督，更好地体现绩效评估的民本价值，强化责任约束机制。在笔者所进行的多项调研中都说明这种精神性质的激励是一种有效的方法。② 还有一种方法，在国外的政府绩效评估中如英国等运用较多，即把绩效结果与管理权限挂钩，也就是说，绩效越突出，管理权力越大；反之，管理权力越小，如项目审批权、项目申报权、转移支付获得权、财政支出权等。

第三节 相关配套措施和治理机制的完善

一、加强法制建设，促进政府治理的转型和绩效评估的制度化

政治权力的合法性基础一般包括三个方面，即意识形态、制度基础和有效性基础。在现代社会的政治经济条件下，除了意识形态之

① 周黎安、李宏彬、陈烨：《相对绩效考核：中国官员晋升机制的一项经验研究》，《经济学报》，2005 年，第 1 卷第 1 集。

② 陈天祥：《政府绩效合同的设计与实施：交易费用理论的视角——来自广东省 J 市的调研》，《公共行政评论》，2008 年第 3 期。

外,构建合法性统治的途径主要有两条:一是通过良好的绩效证明自身的合法性,二是完善民主法制建设。① 对目前的中国而言,在民主制度有待完善和意识形态无法获得持续增强的情况下,通过获得良好的治理绩效,就成了寻求政治合法性的重要途径。② 中国改革开放以后,在以目标责任制为代表的绩效评估的推动下,全国上下出现了强烈的政绩冲动,以经济绩效为主的政绩观成了一个潮流,它一方面促进了中国经济的巨大发展,但同时也带来了一系列的社会问题,正是在这一背景下执政党提出了科学发展观的理念,要求实现经济与社会的均衡发展。如前文所述,要实现政府职能的转变和战略重心的转移,可以通过增加绩效评估中社会建设指标的权重等办法。但是,政府绩效评估多为政府组织内部由上级政府实施的对下级政府的以绩效合同为基础的一种制度安排,评估什么与上级政府和领导人的偏好有很大的关系。因此,可以考虑通过法律的手段强力促进政府职能的转变,例如由人大出台相关的法律法规,规定政府财政教育投入占 GDP 的比重、医疗卫生财政投入占政府财政支出的比重等。只有这样,才能从根本上解决我国在社会建设领域政府投入长期偏少的问题,从而为绩效评估向社会建设领域倾斜提供充分的法律依据。

另外,从绩效评估本身的制度建设来看,西方国家普遍以法律的手段规范政府绩效评估行为。如美国大多数州都颁布了《日落法》一类的法律,美国联邦政府也于 1993 年颁布了《政府绩效与结果法案》。1982 年英国颁布《地方政府法》,规定地方政府必须实行最佳绩效评价制度;1983 年又出台了《国家审计法》,授权审计长检查任何部门使用资源的经济性、效率和效果。新西兰于 1988 年颁布了与政府绩效评估相关的《国家部门法案》,1989 年颁布了《公共财政法

① 马宝成:《有效性:现代政治合法性的政绩基础》,《天津社会科学》,2002 年第 5 期。

② 倪星:《反思中国政府绩效评估实践》,《中山大学学报》(社科版),2008 年第 3 期。

案》。日本也于2002年出台了《政府政策评价法》。通过法制化约束,使政府绩效评估成为一个强制性的制度安排和政府治理的新模式,避免主观随意的短期行为,也有利于增强绩效评估的公信力。通过立法,强化了权力机关在政府绩效评估中的作用,改变过去由政府内部自我组织和实施评估的做法,并把评估与预算挂钩,使其不流于形式。现在,我国很多地方政府都在进行绩效评估的尝试,但从实施的形式来看,普遍采取的是由组织部门颁布考核办法的方式,如前所述,虽然它具有较好的权威性,有利于实现考核结果与人事任用的挂钩,但从规范性和长远来看,其权威性和稳定性毕竟比不上法律。因此,可以考虑通过立法的形式确立绩效评估的地位。如制定政府绩效评估法,将政府绩效评估法制化,成为各级政府一项常规性工作,而不是某些领导人的即兴之作或个人好恶的工具。法律应规定人大在政府绩效评估中的地位和作用,使绩效评估成为权力机关监督政府工作的重要手段。通过立法,从法律上树立绩效评估的权威性,规定绩效评估机构在政府部门中应具有相应的地位,如享有调查和评估有关政府活动的权力;评估结论能够得到有效传递和反馈,切实用于改进政府部门的管理和工作;评估活动能引起公众的关注,有充分的可信度和透明度。此外,还应制定政府绩效评估工作的相关制度。政府绩效评估法主要是一些原则性的规定,还需要政府颁布行政法规和规章等办法创建评估实施制度,对哪些项目应该评估、评估的形式和方法、评估程度等做出具体规定,使评估工作有法可依、有章可循,把绩效评估纳入正常的轨道。①

二、实行绩效预算制度

所谓绩效预算,就是按照政府提供公共物品和公共服务的绩效

---

① 周凯主编:《政府绩效评估导论》,中国人民大学出版社,2006年,第164页。

状况安排预算资金的预算组织形式和管理机制，实质是将政府绩效与预算相挂钩。对政府投资兴建的一些社会建设设施，如医院、学校和其他财政支持的项目都可以引入绩效预算这种有效的制度。绩效预算要求政府的每一笔支出必须符合绩、预算和效三要素的要求。"绩"指业绩指标，"预算"指完成业绩所需要拨款额或公共劳务支出，"效"指业绩考核包括质和量两个标准。因此，它是约束政府行为和强化对结果负责的一个有力杠杆。在建立绩效预算制度时，需要重点考虑以下几个方面：(1) 建立相关配套制度，构建实施绩效预算的制度框架，它包括公共支出制度自身的配套和外部监督制度的配套两个方面。对于前者，财政部门要把绩效预算制度、绩效评价制度、国库集中收付制度和政府采购制度统一协调起来；后者包括报告制度、问责制度和公开的审计制度。(2) 明确评价对象，确定量化指标。其中支出的量化标准尤其重要，对不能标准化的支出可通过政府公开招标、政府采购或社会实践中产生的标准财务支出来衡量。(3) 实行部分权责发生制会计，以使政府的支出更准确、更全面地反映一定时期内所提供的公共物品和服务的总成本。(4) 财务激励机制。如改变对节余资金的处理办法，鼓励节约，提高资金使用效率等。①

三、完善利益协调机制，化解社会矛盾，促进社会和谐

就当前中国国情而言，随着经济的快速发展，各种利益冲突也伴随产出，一些不利于社会和谐的事件都与我们的利益解决和协调机制有着莫大的关联。例如，近年来，随着城市的快速扩张和工业化进程，因城市周边的农村征地问题而引发的群体性事件不断，如在广东，仅 2005 年 7 月至 2006 年 6 月的一年间，因征地引发的群体性事

---

① 罗中：《实行绩效预算管理》，《合作经济与科技》，2006 年第 12 期。

件共53宗。[①] 造成这些现象的原因有很多，需要进行综合治理，除了要完善征地制度外，其中，最根本的是要形成利益协调机制和冲突解决机制，如提高征收补偿标准、积极引导被征地农民再就业和鼓励创业、建立和完善被征地农民的社会保障制度、解决城市化后原有农民的生活生态环境建设等问题。再比如，城市流动摊贩的管理问题，也是很多城市管理的“顽疾”，除了要严格执法，维护城市的整洁、安全和秩序外，也应该从民生的角度多做一些思考，在城市管理与关照弱势群体之间寻求一个平衡点。这样，城市管理的持续绩效才有保证，也有利于和谐社会的构建。

---

① 王小慧：《广东省被征地农民补偿安置机制问题研究》，中山大学公共管理(MPA)硕士专业学位论文，2007年。

第二编

中国社会建设绩效分析报告

对社会生活某一方面的绩效状况进行测量包括客观测量和主观测量两种形式。客观测量主要是通过运用一些统计数据和事实对特定的指标进行衡量,而主观测量则是通过问卷调查等形式了解人们对某一社会生活领域的感受和满意程度。只有客观测量和主观测量结合起来才能准确地反映出某一社会生活领域的真实绩效状况,因此,本部分也准备从这两方面入手对中国社会建设绩效进行测量、分析和评价。

客观测量的指标主要根据第一章所开发的社会建设绩效评估指标并对其进行必要的调整,剔除了一些主观指标和无法直接运用数据进行衡量的指标,一些指标则由类似的指标代替。另外,对一些指标的表述进行修改以使其内涵更准确和符合中国的现实,①并考虑资料的可获得性,最终形成了如表 1 所示的实测指标体系。测量这些指标的数据来源包括统计年鉴、政府工作报告和公报等政府文件、政府门户网站公布的相关数据、期刊论文等。在测量时,主要通过纵向和横向对比说明我国的实际绩效水平,其中,横向对比主要是把中国的绩效水平与有代表性的发达国家和发展中国家进行对比,并选取广东、吉林、湖北和甘肃 4 省分别代表东、东北、中、西部四大区域进行对比,分析中国不同地区之间的社会建设绩效水平的差异。②在数据描述和分析的基础上得出中国社会建设绩效水平的基本结论,

① 因第一章所开发的政府社会建设绩效评估指标体系属于较早前的研究,后来随着研究推进到运用相关数据实测中国社会建设绩效水平时发现,原来开发的一些指标在表述、内涵等方面存在欠周全之处,需要进行调整和完善。

② 国务院发展研究中心在《地区协调发展的战略和政策》报告中提出,"十一五"期间内地划分为东、中、西、东北部四大板块,并将四个板块划分为八大综合经济区。国务院发展研究中心发展战略与区域经济研究部李善同、侯永志对八大经济区域的划 (转下页)

并提出相应的对策建议。

主观测量部分主要是根据第二章对社会建设领域的划分标准和指标结构，选择若干个适合于问卷调查的项目，设计出《社会建设绩效公民满意度调查问卷》（见附录2），在23个省（市、区）发放问卷，了解民众在社会建设方面的满意度，然后对问卷数据进行统计分析，得出结论。

表1　中国社会建设绩效客观测量指标

序号	领域	客观测量指标
1	教育发展与教育公平	财政性教育经费占GDP比重
2		人均教育经费支出
3		“普九”人口覆盖率
4		每百在校学生拥有专任教师数
5		大学生毛入学率
6		教育公平的实现程度（含地区之间、城乡之间、校际之间）
7		公共财政对于弱势地区、学校、学生和家庭的支持
8	社会保障	社会保障总支出占GDP比重
9		社会保障财政支出占财政总支出比重
10		城镇基本养老保险覆盖率
11		城镇基本医疗保险覆盖率

（接上页）分是：南部沿海地区（广东、福建、海南）；东部沿海地区（上海、江苏、浙江）；北部沿海地区（山东、河北、北京、天津）；长江中游地区（湖南、湖北、江西、安徽）；黄河中游地区（陕西、山西、河南、内蒙古）；大西南地区（广西、云南、贵州、四川、重庆）；大西北地区（甘肃、青海、宁夏、西藏、新疆）；东北地区（辽宁、吉林、黑龙江）。本研究据此将八大经济区域归纳成为四大板块：东部包括北京、河北、天津、山东、上海、江苏、浙江、福建、广东和海南；东北包括黑龙江、吉林和辽宁；中部包括陕西、山西、河南、内蒙古、湖南、湖北、安徽和江西；西部包括四川、重庆、贵州、云南、广西、甘肃、青海、西藏、新疆和宁夏。本研究综合考虑GDP（2007年数值）、地理位置、城乡结构、民族等因素进行抽样，选取广东省、吉林省、湖北省和甘肃省作为代表四大区域的样本（个别地方受数据来源的限制，以其他省份作为替代样本），分析四大区域之间社会建设绩效水平的差异。由于数据收集和分析的工作量巨大，受研究力量和项目经费等的限制，本研究无法收集和分析四大区域的完整数据，只能从四大区域中各选择一个省份作为样本进行对比分析，因此，结论的外推效果会受到影响，特此说明。

续 表

序号	领 域	客 观 测 量 指 标
12	社会保障	失业保险覆盖率
13		工伤保险覆盖率
14		最低生活保障覆盖率
15		弱势群体救助
16	医疗卫生	政府预算卫生支出
17		新型农村合作医疗参合率
18		农村自来水普及率
19		社区卫生服务体系
20		新生儿死亡率、婴儿死亡率与五岁以下儿童死亡率
21		孕产妇死亡率
22		人均期望寿命
23		每千人医疗机构床位数
24		每千人卫生技术人员数
25	公共安全与社会管理	万人发案率
26		刑事案件破案率
27		群体性事件数
28		公众安全感
29		道路交通万车死亡率
30		万车重大交通事故发生率
31		亿元 GDP 死亡率
32		重大火灾事故发生数
33		每万人公交通车拥有量
34	就业与分配公平	政府就业与再就业的财政投入
35		城镇登记失业率
36		失业再就业率
37		残疾人员就业率

续 表

序号	领域	客观测量指标
38	就业与分配公平	农村剩余劳动力转移率
39		城镇居民基尼系数
40		农村居民基尼系数
41		城乡之间收入差距
42		地区之间收入差距

第三章
中国教育发展与教育公平绩效分析报告

教育发展和教育公平是社会建设的一个重要领域，它直接关系到一个国家人力资源的素质和结构，也是社会公平的重要基础。本章拟运用各种统计数据对能够反映这一领域绩效状况的各个指标进行描述和分析，从中发现中国教育发展与教育公平的总体绩效水平，分析存在的问题，提出相关对策建议。实测指标共 7 个：财政性教育经费占 GDP 比重，人均教育经费支出，"普九"人口覆盖率，每百在校学生拥有专任教师数，大学生毛入学率，教育公平的实现程度（含地区之间、城乡之间、校际之间），公共财政对于弱势地区、学校、学生和家庭的支持。

第一节　中国教育发展与教育公平绩效数据分析

一、财政性教育经费占 GDP 比重

这个指标用于衡量一个国家财政用于教育投入的总体水平，具有宏观性和较强的代表性，是衡量一个国家教育发展水平的最基本

的因素之一，可以显示出国家财政性教育经费支出所占比重能否随着国内生产总值的增长而逐步提高。如果该指标数值得以增加，一般意味着教育经费不仅可以补偿教育成本的增加，而且教育规模与质量可以相应扩大和提高。

目前，国内政府部门报告或学术界用于衡量政府教育支出的宏观性指标包括教育财政支出占 GDP 比重（如《中国财政年鉴》统计指标）、预算内教育拨款占财政支出比重①和教育支出占财政支出比重（如中共中央、国务院于 1993 年 2 月 13 日正式印发的《中国教育改革和发展纲要》规定要达到 15％的比重）。《中国财政年鉴》中统计的教育财政支出占 GDP 比重，是指国家每年用于教育的实际支出（主要是预算内支出，农村教育费附加支出除外），其数值小于国家财政性教育经费占 GDP 比重。预算内教育拨款占财政支出比重也只统计政府的预算内教育支出，由于分母是财政支出，这意味着该指标的数值会常受政策、体制调整的影响，而且它和教育支出占财政支出比重这个指标一样，不能很好地反映政府教育支出和经济增长的关系以及进行国际比较。相比之下，国家财政性教育经费占 GDP 比重这个指标具有广泛的应用性。它不但于 1993 年被正式纳入《中国教育改革和发展纲要》，后又于《教育法》中规定该支出应要达到占 GDP4％的比重，而且它同时考虑了预算内与预算外的教育经费，在此基础上统计的财政性教育经费投入与其他国家的公共教育支出的资金性质是基本相同的，指标的计算口径具有一定的可比性。因此，虽然考虑到我国的国情，国家财政性教育经费统计口径尚不能完全反映我国政府安排教育经费的总量，②但与其他指标相比，以它来衡量政府总的教育支出仍最为适宜。

---

① 王铮、申来津：《我国教育支出的结构分析》，《当代经济》，2008 年第 3 期。
② 教育部、国家统计局、财政部：《2005 年全国教育经费执行情况统计公报》。

从表3－1可以看出，我国近年来国家财政性教育经费占GDP比重一直呈上升趋势，2007年该指标数值已达3.32%，与“十五”期间相比取得了较大进步，但与《教育法》规定的4%仍有一定的差距，与2005年国际平均水平(4.59%)(见表3－2)相比则差距更大，这与我国迅速崛起的经济是不相对称的。

表3－1 2000—2007年我国财政性教育经费占GDP的比重变化情况

	国家财政性教育经费(亿元)	国内生产总值GDP(亿元)	国家财政性教育经费占GDP比重(%)
2000年	2 562.605 57	99 214.6	2.58
2001年	3 057.009 95	109 655.2	2.79
2002年	3 491.404 75	120 332.7	2.90
2003年	3 850.623 66	135 822.8	2.84
2004年	4 465.857 48	159 878.3	2.79
2005年	5 161.075 9	183 217.4	2.82
2006年	6 348.364 75	211 923.5	3.00
2007年	8 280.21①	249 529.9	3.32

资料来源：《中国统计年鉴》。

表3－2 国际公共教育经费支出占GDP比重比较 (单位：%)*

地区或国家	2000年	2005年	2007年
世　　界	4.14	4.59**	—
高收入国家	4.82	5.46	—
中等收入国家	4.17	4.35	—
低收入国家	3.09	—	—

① 因为统计年鉴还未有这个数据，根据网上各种报告显示的数据，都只能精确到小数点后两位。

续　表

地区或国家	2000 年	2005 年	2007 年
中　　国	2.58	2.28	3.32
印　　度	4.39	3.76**	—
阿 根 廷	4.60	3.78**	—

* 由于中国的数据在《国际统计年鉴》(2008)中缺失,本表采用根据我国统计年鉴计算的国家财政性教育经费占 GDP 的比重这个指标的数据进行对比。上表对该指标内涵的分析显示它与“公共教育经费支出占 GDP 比重”具有一定可比性。

** 此为 2004 年的数据。

资料来源:《国际统计年鉴》(2008)。

表 3-3 是我国广东、湖北、甘肃、吉林 4 个分别代表东、中、西、东北部的典型省份该指标历年数据情况显示,甘肃省政府和吉林省政府的国家财政性教育经费占 GDP 投入比重较大,广东和湖北省的该指标数据则低一些。广东的国家财政性教育经费占 GDP 比重连续几年呈下降趋势,这一方面与 GDP 数据调整及经济发达的地区分母基数大,使得教育投入比重相对缩小有关,另一方面,各省国家财政性教育经费占 GDP 比重的不同一定程度上显示出政府对教育重视程度的差异。对比甘肃与湖北的数据可以发现,湖北近年来教育投入占 GDP 比重变化不大,而甘肃的该指标数值则有较大幅度的增长,笔者认为除前面提及的原因外,还与国家日益重视对西部省份的教育转移支付有关,而中部地区在这方面得到的政策与财政支持则很少。另外一些研究也表明,在教育经费的投入方面,目前已呈现出“中部凹陷”的迹象。① 如果与每年的国家平均水平相比,则湖北显示出的差距更大,“中部凹陷”现象更加明显。

① 中国(海南)改革发展研究院:《基本公共服务与中国人类发展》,中国经济出版社,2008 年,第 68 页。

表3-3 我国东、中、西、东北部4省国家财政性教育经费占GDP比重比较 (单位:%)

	广东	湖北	甘肃	吉林	国家平均水平
2000年	2.15	1.81	3.70	3.56	2.58
2001年	2.96	2.10	4.98	3.68	2.79
2002年	2.76	2.60	5.22	3.81	2.90
2003年	2.70	1.93	4.43	3.51	2.84
2004年	2.56	1.89	4.21	3.33	2.79
2005年	2.04	2.58	4.09	3.11	2.82
2006年	2.02	2.10	4.50	2.76	3.00

资料来源:《中国统计年鉴》(2002—2008)。

二、人均教育经费支出

人均教育经费支出也是衡量教育资金投入的主要指标,反映了国家对教育的重视程度及其教育发展能力。这里的教育经费指全国或区域里全社会投入的教育经费总额。人均教育经费支出反映了我国每个公民平均所占有的公共教育经费,是衡量地区教育发展程度的重要指标。虽然这种经费包括社会捐资、集资办学经费等,但政府经费投入比重无疑是最大的,而且社会的教育自发展能力与投资状况也与政府的政策支持、管理水平等分不开。故人均教育经费支出可作为衡量政府在提供教育方面的公共服务能力的宏观性指标,也得到了广泛的应用。采用这个指标,也便于与国际平均水平进行比较。

从表3-4可以看出,我国人均教育经费在2000至2007年间呈逐年上升趋势,其中,2001年和2002年增长较快,之后有所回落,2004年开始保持较为平稳的增长势头,2007年又有了较大的增幅,人均教育经费达到 919.41 元,接近 1 000 元。增长的原因一方面与经济发展有关,另一方面也显示了政府及全社会对教育发展的日益重视程度,另外,2007 年通货膨胀率的上升对 2007 年人均教育经费的较快增加也有一定影响①。但目前全世界年人均教育经费已接近 500 美元(其中美国人均超过 3 000 美元,日本为 2 000 美元,韩国为 1 500 美元),而我国 2005 年人均教育经费还不足 100 美元,只相当于世界平均水平的 1/5,②2007 年人均教育经费虽有了较大幅度的上升,但也只相当于世界平均水平的 1/4,仍与国际平均水平有较大差距。

表 3-4　2000—2007 年我国人均教育经费

	我国教育经费投入总额(亿元)	全国总人口(亿)	人均教育经费(元)	人均教育经费年增长率(%)
2000 年	3 849.080 58	12.674 3	303.69	—
2001 年	4 637.662 62	12.762 7	363.37	19.65
2002 年	5 480.027 76	12.845 3	426.62	17.41
2003 年	6 208.265 3	12.922 7	480.42	12.61
2004 年	7 242.598 92	12.998 8	557.17	15.98
2005 年	8 418.839 05	13.075 6	643.86	15.56
2006 年	9 815.308 65	13.144 8	746.71	15.97
2007 年	12 148.07	13.212 9	919.41	23.13

资料来源:《中国统计年鉴》(2008);教育部、国家统计局、财政部发布的《2007 年全国教育经费执行情况统计公告》。

将我国东、中、西、东北部 4 省(广东、湖北、甘肃、吉林)进行比较(如表 3-5 所示)发现,在 2000 至 2006 年期间,广东、吉林、

① 2007 年通货膨胀率是 4.8%,2006 年通货膨胀率是 3.2%(国家统计局数据)。

② 胡瑞文:《影响我国教育公平与质量提升的教育经费缺口分析》,《教育发展研究》,2007 年 11 月。

湖北和甘肃之间的人均教育经费基本呈现出依次递减状态。2000年,广东的人均教育经费分别是甘肃、湖北、吉林的2.00倍、1.48倍和1.26倍,这种差距扩大到2003年的2.23倍、1.86倍和1.59倍,之后差距有所缩小,2006年广东人均教育经费分别是甘肃、湖北、吉林的1.83倍、1.94倍和1.47倍。另外,有一个值得关注的变化是,2006年吉林和湖北的人均教育经费与2005年相比出现了下降的趋势。为了剔除各地区消费水平差异对人均教育经费的影响,可以将各省的人均教育经费除以各省的居民消费水平(数据源于《中国统计年鉴》)获得相对值再进行比较,结果发现甘肃的人均教育经费最多,吉林、湖北两省的人均教育经费差距不大,并在2000至2006年间出现此消彼长的关系,而广东的人均教育经费虽然在2001至2004年间仅次于甘肃,但2000年和2006年都位于4省中的最后,特别是2006年仅为甘肃人均教育经费的46%。① 而且,从绝对数来看,广东人均教育经费与国家平均水平每年的差距已经在逐年缩小,从2003年相差1.63倍到2006年相差仅为1.25倍。同样,如果对数据进行处理,剔除消费水平对人均教育经费的影响,广东人均教育经费从2003年国家平均水平的1.19倍缩小到2006年国家平均水平的49%,显示广东教育投入在全国处于落后位置。这些数据结果说明了两点:一是各地区的教育投入差距从人均教育经费这个指标来看越来越小,尤其是西部省份的教育投入增长取得了较大成就;二是仍存在有的经济发达地区并没有在经济发展的同时相应增加教育投入,或者说增长的幅度不够,以至在剔除消费水平因素后与其他经济相对落后地区进行比较时反而处于落后地位,这是需要引起有关地方决策者重视的问题。

---

① 将各省的人均教育经费除以各省的居民消费水平,可以得到各省人均教育经费的相对值。

表 3-5　2000—2006 年我国东、中、西、东北部 4 省及国家平均人均教育经费比较　（单位：元）

	广东	湖北	甘肃	吉林	国家平均水平
2000 年	417.70	283.09	208.93	330.99	303.69
2001 年	541.37	333.18	266.70	390.84	363.37
2002 年	662.10	384.45	322.56	454.49	426.62
2003 年	782.32	421.17	351.22	491.82	480.42
2004 年	853.46	496.26	393.83	536.88	557.17
2005 年	877.35	594.09	460.71	641.50	643.86
2006 年	930.18	480.16	507.09	633.20	746.71

资料来源：《中国统计年鉴》(2001—2008)。虽然东、中、西部三省的统计年鉴里也有这些省的这些数据，但有时却与《中国统计年鉴》的数字不一致的情况，为了使 3 省的数据具有更好的可比性，以《中国统计年鉴》的数据为准。

三、"普九"人口覆盖率

"普九"人口覆盖率用于衡量我国义务教育的普及程度，直接反映我国人口平等接受义务教育机会的程度以及政府为国民提供义务教育公共服务的职责履行情况，是衡量教育产出及结果的一个重要指标，目前为官方所广泛采用并不断制定阶段性目标以推进我国义务教育的发展，显示了该指标的重要意义。与该复合指标相比，其他用于衡量义务教育实现程度的指标，如小学毛入学率、初中毛入学率、初中三年巩固率等均不够全面。而且，"普九"人口覆盖率由于得到国家官方的认可与采用，拥有规范而连续的数据过程，无疑成为衡量我国义务教育实施情况的理想指标。由于国外没有"普九"人口覆盖率的说法，不能与国外进行横向比较，因此只能用衡量义务教育普及程度的重要指标小学入学率和初中入学率与国际水平进行比较。

从表 3-6 可以看出，我国的"普九"人口覆盖率在 2000 至 2007

年间一直呈增长趋势。2006年开始的“普九”人口覆盖率快速提高，到2007年达到99%，实现“普九”的县数已占全国总县数的98.5%，显示出我国义务教育事业取得了很大成绩。教育部基础教育一司王定华副司长在2008年10月27日的新闻发布会上表示，目前42个没有“普九”的县，到2010年之前也可以实现“普九”。① 从总体上看，我国九年义务教育进入全面巩固的阶段。从表3-7可以看出，我国小学毛入学率在2006年为106.3%②。经济越发达的地区，小学毛入学率越接近100%。可以看出，目前我国小学毛入学率(106.3%)与上中等收入国家平均水平(106%)已十分接近。而初中毛入学更超过上中等收入国家的平均水平。但值得注意的一点是，毛入学率仅表示在校生数/适龄人口数，而由于学生提前入学和留级、辍学等的存在，小学和初中毛入学率并不能完全比较我国与其他国家义务教育的实现程度问题。但无可置疑的是我国近年义务教育的发展取得了很大成绩。由于“普九”衡量普及程度的指标是净入学率而非毛入学率③，这就提供了国际比较的更好的基础。2000年的基本“普九”，使我国义务教育普及程度排在发展中人口大国的前列，远远超过了印度、巴基斯坦、印度尼西亚、菲律宾、埃及和墨西哥等国。④

表3-6 2000—2007年我国“普九”人口覆盖率 (单位：%)

	“普九”人口覆盖率
2000—2001年	85.0
2002年	91.0

① 《教育部：2010年之前可在全国实现普九》，新浪网，2008年10月27日。

② 该数值之所以大于1，是因为小学毛入学率=(小学在校学生总数/小学校内外学龄人口数)×100%，当小学学生提前入学或推迟毕业(留级等)现象普遍，就可能导致分子大于分母，从而使该数值大于1。

③ 净入学率的计算公式是适龄在校生数/适龄人口数，这就使该指标对教育普及程度的统计不受提前或推后入学、毕业等的影响。

④ 《教育部：2010年之前可在全国实现普九》，新浪网，2008年10月27日。

续　表

	"普九"人口覆盖率
2003年	91.8
2004年	93.6
2005年	93.9
2006年	98.0
2007年	99.0

资料来源：2002—2007年的数据来源于教育部网站；2000—2001年数据来源于CNKI中国宏观数据挖掘分析系统，《世界经济文化年鉴》(2000—2001)等。

表3-7　各国地区小学、初中毛入学率比较　　(单位：%)

经济体与组别	毛入学率	
	小学	初中
日本	100(2004年)	102(2004年)
上中等收入国家	106(2003年)	87(2003年)
韩国	105(2004年)	93(2004年)
阿根廷	118(2004年)	118(2004年)
下中等收入国家	112(2003年)	72(2003年)
巴西	145(2004年)	126(2004年)
泰国	99(2004年)	89(2004年)
中国	106.3(2006年)	101.9(2006年)

资料来源：国家教育发展研究中心：《2007年中国教育绿皮书》，教育科学出版社，2007年，第82页。其中，中国数据来自教育部门户网站教育统计数据。

四、每百在校学生拥有专任教师数

每百在校学生拥有专任教师数是用于衡量教育质量的一个重要指标，其计算公式为：(学校专任教师数/在校生数)×

100。若指标数值高，表示教师与每个学生的互动机会更多，教师也更容易因材施教等，可以认为学生在一定程度上享有较好的教育质量；反之，教学质量则难以得到保证，教育服务趋向粗放化。需要说明的是，除每百在校学生拥有专任教师数外，生师比这个指标也经常在官方报告、学术著作和论文等中使用(《国家统计年鉴》表述为教师负担学生数，性质是一样的)。实际上，生师比与每百在校学生拥有专任教师数这两个指标本质上是相同的，每百在校学生拥有专任教师数＝(1/生师比)×1/100，只不过一个用比的形式表示，另一个则用数值来表示，本文采用每百在校学生拥有专任教师数这个指标是出于便于表述和计算考虑。除了这两个指标外，目前用于衡量师资质量的通常还有教师学历合格率，但我国近年的教师合格率已非常高，普遍达到 90％以上(2006 年城市小学的教师合格率更已达 99.7％①)，并且逐年提高，但由于国内外的标准不同，也不便于进行国际比较，因此，本文采用了每百在校学生拥有专任教师数作为衡量教育质量特别是师资质量的重要指标。由于各级学校的每百在校学生拥有专任教师数具有不同的特点，而普通高校和处于义务教育阶段的小学和初中在各级各类学校中的每百在校学生拥有专任教师数与其他类别学校相比意义更大，故也将其单独列出并进行纵向对比。但由于国际上主要采用师生比这个指标，故在进行国际横向比较时会把每百在校生拥有专任教师数换算为师生比。

从表 3－8 可以看到，我国每百在校学生拥有专任教师数在 2000 至 2007 年间总体上呈上升趋势，尤其是小学的小班教育越来越普遍，但普通高等学校的情况则不容乐观，总体呈下降趋势，

① 根据公式：小学教师合格率＝高中阶段毕业(含)以上的教师数/专任教师总数。数据来源于《中国教育统计年鉴》(2006)，第 552 页。

这与我国高校近年持续扩招有关。从国际上来看，2002 年 OECD 高校师生比为 1∶14.4，①换算为每百在校生拥有专任教师数为 6.93，与该年我国的数字大致相当，但 2007 年我国的数字下降到 6.2，应引起注意。从表 3－9 对东、中、西、东北部 4 省的比较可以看出，近年来吉林省无论是在普通高校、普通中学还是小学的每百在校生拥有专任教师数目均最大，在一定程度上表明东北部师资较充裕。在普通高等学校每百在校学生拥有专任教师数方面，广东、湖北、甘肃、吉林 4 省从 2000 至 2006 年间均呈下降趋势，这就清楚地说明了高校扩招所导致的后果。而广东不但在 2000 至 2002 年之间每百在校生拥有专任教师数远低于国家平均水平，而且从 2002 年开始一直低于甘肃，与吉林省相比差距更是明显，这一方面与广东高校扩招学生数基数大有关，另一方面也反映了广东高等教育师资力量发展跟不上学生数量增加的问题。湖北的普通高等学校每百在校学生拥有专任教师数从 2002 年开始一直处于 4 省中的最低值，又再次表现出“中部凹陷”的问题。在国家财政转移支付比不上西部省份，高校在校生数量又远多于后者的矛盾下，中部教育发展的资源支撑问题值得重视。4 省的普通中学和小学每百在校学生拥有专任教师数总体上均呈上升趋势，但甘肃、吉林的普通中学每百在校学生拥有专任教师数却呈波动变化状况，尤其是甘肃在 2007 年仍达不到 2000 年的水平。广东小学的每百在校学生拥有专任教师数也呈一定的波动趋势。这显示出普通中学与小学的生师比情况在局部区域并没有得到显著改善。另外值得注意的是，广东普通中学和小学的每百在校学生拥有专任教师数与湖北、甘肃和吉林相比是最少的，同样显示出经济发达地区的教育发展质量仍需当地政

---

① 李国红：《提高我国高等教育质量需着力解决五大问题》，新华网，2006 年 4 月 14 日。

府给予更多重视，需要加大财政投入以缩小与其他地区之间的差距。

表 3-8 2000—2007 年我国每百在校学生拥有专任教师数

（单位：人）

	全国各级各类学校总值	普通高等学校	初　中	普通小学
2000 年	4.87	8.32	5.27	4.5
2001 年	4.86	7.4	5.21	4.62
2002 年	4.88	6.85	5.19	4.75
2003 年	4.97	6.54	5.24	4.88
2004 年	5.06	6.43	5.37	5.01
2005 年	5.19	6.18	5.63	5.15
2006 年	5.29	6.19	5.83	5.22
2007 年	5.40	6.2	6.06	5.31

资料来源：《中国统计年鉴》(2007)。

表 3-9 我国东、中、西、东北部 4 省各级学校每百在校学生拥有专任教师数比较

（单位：人）

	普通高等学校				
	广东	湖北	甘肃	吉林	国家
2000 年	6.81	8.76	8.73	9.65	8.32
2001 年	6.14	7.39	7.96	8.35	7.4
2002 年	7.05	6.77	7.01	7.55	6.85
2003 年	6.79	6.51	7.08	6.83	6.54
2004 年	6.45	6.24	6.85	6.91	6.43
2005 年	6.20	5.83	6.46	6.91	6.18
2006 年	6.06	5.97	6.11	6.88	6.19
2007 年	5.99	5.85	5.89	6.74	6.2

续 表

	普通高等学校				
	广东	湖北	甘肃	吉林	国家
	普通中学				
2000 年	4.96	5.66	5.63	6.29	5.44
2001 年	4.89	5.39	5.37	5.98	5.35
2002 年	4.96	5.17	5.15	5.88	5.28
2003 年	4.98	5.07	5.06	5.85	5.29
2004 年	4.98	5.08	5.10	5.82	5.37
2005 年	5.02	5.23	5.08	6.09	5.56
2006 年	5.08	5.41	5.18	6.35	5.74
2007 年	5.21	5.66	5.41	6.53	5.95
	小学				
2000 年	3.92	4.11	3.40	6.22	4.5
2001 年	3.90	4.11	3.83	6.56	4.62
2002 年	3.88	4.24	3.84	7.15	4.75
2003 年	3.80	4.43	3.93	7.71	4.88
2004 年	3.78	4.67	4.08	8.09	5.01
2005 年	3.78	5.03	4.31	8.47	5.15
2006 年	3.86	5.35	4.54	8.64	5.22
2007 年	4.07	5.53	4.82	8.56	5.31

资料来源：《中国统计年鉴》(2001—2008)。

五、大学生毛入学率

大学生毛入学率是一个度量高等教育大众化的指标，其计算公式为：高等学校在校生人数/适龄人口数×100%。如果说每百在校学生拥有专任教师数衡量的是教学质量,大学生毛入学率衡量的则是教学规模,是衡量我国适龄人口享受到高等教育机会的人口比例。与小学、初中和高中毛入学率相比,大学生毛入学率具有更重要的意义,因为有了它就可以衡量一个国家的教育处于哪一个发展阶段,并反映出其国民素质的高低和教育对社会经济发展的推动能力。美国著名学者马丁·特罗曾以量方面的差异把高等教育的发展分为3个阶段:一国的高等教育能容纳适龄人口15%以内的为精英化高等教育阶段;能容纳适龄人口15%至50%的为大众化高等教育阶段;能容纳适龄人口50%以上的为普及化高等教育阶段。① 掌握了一国的大学生毛入学率,就可以清楚地知道其高等教育处于哪个阶段,与其他国家的差距有多大。而且,大学生毛入学率的高低与政府对高等教育的重视程度(包括财政投入水平、对于社会多主体办学的政策、条件支持力度等)有着直接关系,因此可以作为衡量政府在提供公共教育服务方面绩效的重要指标。

从表3-10对我国大学生毛入学率的纵向比较中可看出,我国的高等教育毛入学率在2000至2007年间持续上升,2001年开始迅速提高,显示我国高等教育规模进入迅速扩张的阶段,而2006年的增长率开始较大幅度地回落,显示高等教育毛入学率稳定提高。根据马丁·特罗的观点,我国从2002年开始已经进入高等教育大众化阶段。从表3-11我国与世界水平的比较中可以看出,发达国家早已进入高等教育普及化阶段,而我国虽然在2000年大学生毛入学率与世界平均水平有一定差距(表中第一行数据"世界"所列的2000年、2004年和2005年的数据即为世界平均水平),但近年来差距迅速缩小,显示我国近年高等教育规模的扩张取得了很大进展。

---

① 转引自辜胜阻、岳颖:《推进我国高等教育大众化的战略选择》,《教育研究》,2001年第6期。

表 3－10　2000—2007 年我国高等教育毛入学率及年增长率

（单位：%）

	高等教育毛入学率	年增长率
2000 年	12.5	—
2001 年	13.3	6.4
2002 年	15.0	12.8
2003 年	17.0	13.3
2004 年	19.0	11.8
2005 年	21.0	10.5
2006 年	22.0	4.8
2007 年	23.0	4.5

资料来源：《各级教育毛入学率》(教育部门户网站)；教育部：《2007 年全国教育事业发展统计公报》。

表 3－11　我国大学生毛入学率与国际水平比较　（单位：%）

	2000 年	2004 年	2005 年	2006 年	2007 年
世　界	19.5	24.3	24.3	—	—
高收入国家	58.9	68.8	66.8	—	—
中等收入国家	16.3	26.5	27.2	—	—
低收入国家	8.5	9.1	8.7	—	—
中　国	12.5	19.0	20.3	22.0	23.0
印　度	10.2	11.8	11.4	—	—

资料来源：《国际统计年鉴》(2006—2008)，其中，中国 2000 年和 2005 年的数据与我国教育部网站不一致，这里以我国教育部网站数据为准。

六、教育公平的实现程度(含地区之间、城乡之间、校际之间)

(一) 地区之间

由于前面列举的指标已用 4 个省份分别代表东部、中部、西部和东北地区的样本进行横向比较，这些比较在一定程度上反映了不同地区之间的教育公平问题，因此，这里不准备再对这些指标进行比较，仅选用“每10万人口平均在校生数”和“生均预算内教育事业费”、“生均预算内公用经费”这3个指标来衡量地区之间的教育公平。“每10万人口平均在校生数”是衡量一个国家或地区教育普及程度的一个重要指标。若一个地区每10万人口平均在校高中生和大学生数量多，代表着本地区教育普及程度较高，人才素质较好，而它为本地区经济发展提供的人才资源支持也较雄厚。而“生均预算内教育事业费”和“生均预算内公用经费”较好地代表了该地区政府教育投入的情况，用这两个指标比较各地区小学和初中的教育投入，也能够反映义务教育均等化程度和我国政府对义务教育的职责履行程度。为便于比较，这里仍将我国分为东部、中部和西部、东北部4类地区，比较的时间跨度为2004至2007年。

从表3-12可以看出，2004年、2005年和2006年东、东北、中、西部地区的高等学校每10万人口平均在校生数呈逐级递减态势(即东部＞东北部＞中部＞西部)，而且彼此差距十分明显，显示东部、东北部的高等教育普及程度比中西部高。但在高中阶段教育方面，各地区的教育规模差距则有一定的变化，首先，虽然东部地区在2004年和2005年的每10万人口平均在校生数在四大区域中最多，但2006年和2007年都被中部地区以较大幅度反超；其次，西部地区在2004年和2006年高中阶段教育规模(以每10万人口平均在校生数为代表)都在四大区域中处于最小的位置，但2007年也能略微反超东北部，显示中部地区的高中阶段教育规模发展取得了较大进步。与国家平均水平相比，中部地区的高等学校每10万人口平均在校生数与国家平均水平基本一致，东部地区、东北部地区高于国家平均水平(西部地区相反)。中部地区高中阶段每10万人口平均在校生数逐渐高于国家平均水平，西部和东北部则恒低于国家平均水平，表明中部地区的高中阶段教育普及程度与其他地区相比比较好。东部地区在 2004 至 2006 年的每 10 万人口平均在校生数虽然一直高于国家平均水平，但 2007 年却出现了明显的下降趋势，表明经济发达地区的高中阶段教育规模并没有随经济发展同步扩大。而经过计算发现，除中部与西部之间、西部与东北部之间高等学校每 10 万人口平均在校生数、中部和东北部的高中阶段每 10 万人口平均在校生数的差距在扩大外，其他地区间的高等学校、高中阶段的每 10 万人口平均在校生数的差距都在缩小。这是一个可喜的变化，它表明地区之间高等教育和高中阶段教育普及程度的差距在缩小。这对于扭转各地区之间由于人才素质差异导致经济发展差距拉大的趋势具有积极影响。

表 3－12　我国东、中、西、东北部地区高等学校和高中阶段每 10 万人口平均在校生数　（单位：人）

年份和学校 \ 地区		东部	中部	西部	东北	国家
2004 年	高等学校	2 334	1 411	1 097	1 803	1 420
	高中阶段	3 253	2 972	2 186	2 453	2 792
2005 年	高等学校	2 572	1 611	1 128	2 057	1 613
	高中阶段	3 432	3 316	2 410	2 664	3 070
2006 年	高等学校	2 818	1 850	1 280	2 276	1 816
	高中阶段	3 461	3 747	2 783	2 876	3 321
2007 年	高等学校	2 927	1 953	1 339	2 399	1 924
	高中阶段	3 407	3 929	2 975	2 858	3 409

资料来源：《中国统计年鉴》(2008)，根据各省数据进行平均值计算。高等学校包括普通高等学校和成人高等学校；高中阶段合计数据包括普通高中、成人高中、普通中专、职业高中和成人中专。

从表3-13可以看出，在普通小学的生均预算内教育事业费方面，2004至2007年间东部、东北部、西部、中部呈梯级递减态势（中部与西部的差距较小，西部略高于中部）。而在普通初中生均预算内教育事业费方面，东部地区继续遥遥高于其他地区，东北部地区也相对较高，中部则仍一直略低于西部地区，再次呈现出“中部凹陷”现象。但可喜的变化是，普通小学和初中的生均预算内教育事业费的省份差距在缩小。而在生均预算内公用经费方面，东部地区继续遥遥领先，东北地区的生均预算内公用经费也相对较高。2004至2006年普通小学和初中都表现出明显的“中部凹陷”现象，但2007年情况有所好转，中部地区的普通小学和初中生均预算内公用经费略微高于西部。尽管如此，2007年的稍微好转不能说明它已成为一个稳定的趋势，“中部凹陷”问题的改善仍需留待未来数年的观察。从不同省份之间的比较来看，差距是非常悬殊的。2004年普通小学生均预算内

表3-13　我国东、中、西、东北部地区生均预算内教育事业费

（单位：元）

学校	地区/年份	东部	中部	西部	东北	国家	经费最高与最低省份之比
普通小学	2004年	2 295.72	960.29	1 126.09	1 543.91	1 129.11	10.21
	2005年	2 701.83	1 153.88	1 320.92	1 883.44	1 327.24	10.67
	2006年	3 216.19	1 426.69	1 594.95	2 372.20	1 633.51	9.92
	2007年	4 200.48	1 956.24	2 011.88	3 139.44	2 207.04	8.26
普通初中	2004年	2 456.00	990.93	1 262.88	1 494.63	1 246.07	8.94
	2005年	3 008.22	1 236.48	1 507.02	1 898.63	1 498.25	9.27
	2006年	3 694.80	1 201.38	1 844.24	2 450.48	1 896.56	8.67
	2007年	5 054.64	2 366.12	2 581.70	3 224.85	2 679.42	7.54

资料来源：教育部、国家统计局、财政部：《全国教育经费执行情况统计公告》（2004—2007年），根据各省数据进行平均值计算而成。

公用经费最高的是上海，最低的是广西，两者相差 48.92 倍。所幸的是，2008 年经费最高与最低的省份的差距缩小为 14.86 倍。但尽管如此，生均预算内公用经费的省际和地区差距远远超过生均预算内教育事业费的省际和地区差距却是十分明显的事实。由于生均预算内公用经费是衡量政府财政在学校日常运行上的投入力度的重要指标，具有弹性大的特点，这就使生均预算内公用经费低的省份和地区的教学环境和条件极度恶劣，与发达地区的情况形成鲜明对比，与教育公平的价值导向严重背离。另外，无论是生均预算内教育事业费还是生均预算内公用经费，无论是普通小学还是普通初中，东部地区的平均水平都远远高于全国平均水平，剔除东部地区消费水平偏高的因素，我国的地区差距及其隐含的教育不公问题仍然严峻。

表 3-14　我国东、中、西、东北部地区 2004—2007 年生均预算内公用经费

（单位：元）

学校	年份＼地区	东部	中部	西部	东北	国家	经费最高与最低省份之比
普通小学	2004 年	121.15	74.68	121.15	213.80	116.51	48.92
	2005 年	200.82	135.28	200.82	295.63	166.52	31.50
	2006 年	323.25	239.91	323.25	407.32	270.94	22.55
	2007 年	392.60	413.62	392.60	535.31	425.00	14.86
普通初中	2004 年	160.59	109.77	160.59	245.72	164.55	37.31
	2005 年	274.71	195.49	274.71	368.47	232.88	27.47
	2006 年	432.87	324.29	432.87	511.40	378.42	19.28
	2007 年	559.91	566.58	559.91	657.17	614.47	15.29

资料来源：教育部、国家统计局、财政部：《全国教育经费执行情况统计公告》（2004—2007），根据各省数据进行平均值计算而成。

（二）城乡之间

本研究将衡量城乡之间差距的指标分为办学条件和师资力量两

方面，办学条件方面的指标是人均校舍面积和危房率，师资力量方面的指标包括每百在校生拥有专任教师数、教师学历合格率和高学历教师数，各级职称分布情况。为了进一步细化城乡之间的区别，将城乡对比进一步细化为城市、县镇和农村①进行对比，这样就与《教育统计年鉴》里的统计口径相一致，便于收集数据。

从表 3－15 中可以看出，城乡之间的人均校舍面积差距并不明显，农村小学和初中的人均校舍面积均大于城市。农村的人均校舍面积略高于国家平均水平，城市的人均校舍面积和国家平均水平差距十分小，而县镇的人均校舍面积则低于国家平均水平。2005 年和 2006 年农村小学和初中的人均校舍面积增长速度大大快于城市（尤其是初中），这与我国 2005 年开始国家重视农村校舍改造与新建工作并加大投资密切相关。但是，这不是说农村的办学条件比城市好，因为农村地广人稀，在很多边远的山区组织分散的学生集中在一个地方上课比较困难，而且学校的面积比城市大并不意味着建筑质量达标。表 3－16 表明，2004 至 2006 年间，城市、县镇和乡村的学校危房率总体呈下降趋势（有的在 2006 年比 2005 年可能稍微回升，但比起 2004 年的危房率已经大大降低），然而城市与农村的学校危房率差距却日益扩大，2006 年农村小学和普通初中的危房率分别是城市的 8.63 倍和 5.73 倍。农村办学条件明显劣于城市。农村危房率远高于国家平均水平，而城市和县镇的学校危房率则远低于国家平均水平，其中，城市的学校危房率最低。从表 3－17 可以看出，虽然城市、县镇和农村的小学每百在校生拥有专任教师数在 2004 至 2006 年间差距在缩小，2006 年农村的该指标数值还略高于城市。表 3－18 和表 3－19 也显示，农村的教师学历合格率和高学历率在 2004 至 2006 年间有了很大提高（这与国家创新农村教师补充机制，启

① 这里的“城市”、“县镇”和“农村”是对学校所属类别的划分，城市学校为市属学校，县镇学校为区县属学校和乡镇驻地的学校，农村学校是指其余的驻地农村的学校。

动《农村义务教育阶段学校教师特设岗位计划》及教师资格制度的实施有关)，但城市小学教师学历合格率和高学历率(尤其是高学历率)仍远高于农村，即城市的师资质量远高于农村。相对而言，学历合格率和高学历率具有更重要的意义，因为农村的地域特征和学生密集程度远小于城市的特点决定了其师生比理应比城市更高。从普通初中的情况来看，农村和县镇不仅在教师合格率和高学历率方面远低于城市，而且农村和县镇的每百在校生拥有专任教师数与城市也有不小的差距(城市的初中每百在校生拥有专任教师数远高于国家平均水平)，显示农村和县镇的初中教学质量比城市差。据抽样调查统计，72.2％的农村小学、62.5％的农村初中和几乎所有的农村完全中学属于薄弱学校(在城镇，有24.1％的小学、18.2％的初中、50％的高中和27％的完全中学属于薄弱学校)。① 总的来说，农村和县镇的义务教育阶段无论从办学条件还是师资质量来看都与城市存在不小的差距。在追求社会公平尤其是公共服务均等化的时代背景下，值得我们深思和反省。

表3-15　2004—2006年我国城乡人均校舍面积

(单位：平方米)

	小学			普通初中		
	2004年	2005年	2006年	2004年	2005年	2006年
城市	5.18	5.22	5.29	5.7	6.13	6.35
县镇	4.78	4.83	4.85	5.25	5.63	6.04
农村	5.24	5.54	5.74	5.41	6	6.74
国家	5.15	5.34	5.47	5.41	5.88	6.39

资料来源：《中国教育统计年鉴》(2004—2006)。

---

① 中国(海南)改革发展研究院：《基本公共服务与中国人类发展》，中国经济出版社，2008年，第73页。

表 3-16 2004—2006 年我国城乡危房率 （单位：%）

	小学			普通初中		
	2004 年	2005 年	2006 年	2004 年	2005 年	2006 年
城 市	1.25	0.98	0.75	1.08	0.88	0.75
县 镇	3.34	2.55	3.13	3.14	2.43	3.03
农 村	7.22	5.8	6.47	5.1	3.99	4.3
国 家	5.60	4.46	4.97	3.73	2.87	3.24
农村/城市*	5.78	5.92	8.63	4.72	4.53	5.73

* 这里用农村/城市，是因为城市危房率最低，而农村危房率最高。
资料来源：《中国教育统计年鉴》(2004—2006)。

表 3-17 2004—2006 年我国城乡每百在校生拥有专任教师数
（单位：人）

	小学			普通初中		
	2004 年	2005 年	2006 年	2004 年	2005 年	2006 年
城 市	5.12	5.19	5.16	6.15	6.35	6.4
县 镇	5.17	5.15	5.09	5.28	5.44	5.6
农 村	4.93	5.14	5.27	5.15	5.51	5.85
国 家	5.01	5.15	5.22	5.37	5.63	5.83

资料来源：《中国教育统计年鉴》(2004—2006)。

表 3-18 2004—2006 年我国城乡教师合格率 （单位：%）

	小学			普通初中		
	2004 年	2005 年	2006 年	2004 年	2005 年	2006 年
城 市	99.45	99.6	99.7	97.72	98.41	98.78
县 镇	99.13	99.44	99.52	94.94	96.06	96.95
农 村	97.78	98.8	98.43	91.31	93.2	94.8
国 家	98.3	98.62	98.87	93.92	95.24	96.34

资料来源：《中国教育统计年鉴》(2004—2006)。

表 3-19　2004—2006 年我国城乡教师高学历率　（单位：%）

	小学			普通初中		
	2004 年	2005 年	2006 年	2004 年	2005 年	2006 年
城　市	71.34	78.01	82.5	60.44	62.44	68.47
县　镇	58.41	67.17	72.41	48.32	34.5	41.15
农　村	40.14	47.49	53.61	27.51	24.34	29.97
国　家	48.8	56.35	62.07	29.27	35.31	41.1

资料来源：《中国教育统计年鉴》(2004—2006)。

(三) 校际之间

本研究认为，校际之间的公平包括重点(示范)学校与普通学校之间的公平问题以及不同教育阶段的学校，即高等教育学校、普通高中、中等职业教育和义务教育学校之间的公平问题。

1. 重点(示范)学校与普通学校(或薄弱学校)的公平问题

大量的研究表明，校际不公平状况要远比区域间和区域内部不公平状况严重。[①] 尽管义务教育阶段的重点学校制度在 20 世纪 90 年代就已经被教育部明令取消，2006 年 9 月 1 日开始实施的新《义务教育法》也明确规定：不得将学校分为重点学校与非重点学校，学校内不得分设重点班与非重点班。但是，划分重点与非重点学校的影响目前仍然广泛存在，有学者认为目前的义务教育实行的仍是一种“没有重点学校的重点学校制度”。[②] 对于重点(示范)学校与普通学校(或薄弱学校)的公平问题，即使能找到较有代表性的衡量指标，也将面临难以收集不同年份连续数据的问题。因此，这里主要运用其他文献、新闻、报告等资源来进行考察。

---

① 张绘：《我国义务教育校际资源分配不公平现象的现状、原因及对策》，《教育发展研究》，2007 年第 9 期。

② 刘远碧：《我国义务教育阶段重点学校历史回顾及思考》，《基础教育六十年》，2009 年第 1 期。

在义务教育阶段，绝大多数重点学校都设在城市或县镇，是城乡二元结构的产物，城乡学校无论在校舍、资金、师资还是教学质量都存在较大差别。义务教育阶段重点与非重点学校的差距首先是生均教育经费的差距，重点学校普遍比非重点学校高出15%至20%的生均教育经费，重点学校的教职员工工资通常占经常性经费的60%左右，而非重点学校教职员工工资通常占到80%左右。① 重点学校得到的专项经费数额较大，这种预算外经费有时相当于一校全年预算内经费的总和甚至数倍。在设备配置和校舍建设等方面，重点与非重点学校的差距同样也很大。以北京市为例，从2004年一项对两所初中学校的差异调查中可以看出教育资源分配在同一区域内的不同学校差异十分明显：一方面，优质学校的教育经费不但在总额上远远高于普通学校，而且其生均水平(如预算内拨款、学杂费等)更达到普通学校的2倍甚至更多(只是在2003年时差距才有所缩小)。形成这种巨大差异的主要原因是各校在社会捐资助学、校办产业以及学杂费这三个方面的收入差异(而这三项经费中包含优质学校的大量择校收入)。另一方面，不论是生均公用经费还是生均人员经费，优质学校都远远超出普通学校。同时，优质学校与普通学校之间在衡量办学条件的各个指标上(包括人均活动场地面积、校舍使用面积、学校藏书量、学校固定资产、学校占地面积)均存在较大的差距，在调查选取的5个年度内，这种差距一直没有缩小。② 近年来依靠市场力量兴起了一批高收费的“转制”、“一校两制”学校(即俗称的“改制校”)，这些学校在享受招生、教育经费、师资等各方面的优惠政策的同时，强势地收取高额费用，使得这种差距进一步拉大，造成学校

---

① 中国(海南)改革发展研究院：《基本公共服务与中国人类发展》，中国经济出版社，2008年，第73页。

② 张绘：《我国义务教育校际资源分配不公平现象的现状、原因及对策》，《教育发展研究》，2007年第9期。

的两极分化。①

"改制校"的多年存在逐步拉大了学校之间的差距，原本教育资源薄弱的边远学校，由于十分缺乏发展资金，师资水平和教学设备不能及时得到政策扶持，教育资源老化，发展相对比较缓慢。于是，改制校与普通校、薄弱校义务教育阶段的社会效应不可避免陷入"好学校更好，弱学校更弱"的恶性循环。目前大部分城市还有20%至30%的薄弱学校。一项于2005年对北京市海淀区学校所作的调查发现，该区学校被分成重点学校（其中又包括市重点、区重点和准重点等）、一般学校和薄弱学校三类。调查同时显示，在农村，有72.2%的小学、62.5%的初中和所有的完全中学属于薄弱学校；在城镇，也有24.1%的小学、18.2%的初中、27%的完全中学属于薄弱学校。②

在师资力量方面，重点学校与普通学校、薄弱学校之间（以中高级及以上职务教师比例为例）的差距也是非常明显的，校际资源分布极不均衡。2006年，对4个省区（黑龙江、河南、广西、云南）小学和初中的统计数据显示，省域内小学中级及以上职务教师比例最高的前20%学校与最低的后20%学校分别相差24.5、27.7、30.8和32.6个百分点。省域内初中中级及以上职务教师比例最高的前20%学校与最低的后20%学校分别相差21.3、22.9、27.7和29.2个百分点。校际中高级职务教师比例差距过大，是造成义务教育发展不均衡和择校问题难以解决的重要原因。③ 事实上，无论是师资的学历构成、师生比、晋升高一级职称机会的比例，还是获得进修深造的机会、获得特级老师的荣誉等方面，重点学校都要优越得多。

如上所述，重点（示范）学校与普通学校在经费、师资素质、校舍

① 中国（海南）改革发展研究院：《基本公共服务与中国人类发展》，中国经济出版社，2008年，第74页。

② 张绘：《我国义务教育校际资源分配不公平现象的现状、原因及对策》，《教育发展研究》，2007年第9期。

③ 国教督[2008]6号：《国家教育督导报告2008》。

设备等方面都存在着非常明显的差别。同一城市内义务教育学校间发展的不均衡造成的后果是：在城镇，“择校”收入成为学校的主要创收手段，校际两极分化日趋严重，薄弱学校的生存空间受到很大挤压。义务教育阶段“择校生”现象及相伴而生的问题仍十分明显，而且在大中城市、直辖市和省会城市，这些问题尤为突出，包括教育质量上的供求不平衡、“以钱择校”现象等等，变相的“以权择校”的出现又加大了学生在入学机会上的不公平。虽然有一些省份为解决这个问题进行了教育改革，如湖北省在2008年决定将所有的改制校都恢复成公办形式，责令取消改制择校费，①但全国总体情况不容乐观。教育公平不仅包括入学机会的平等而且也包括享受高质量教育机会的平等。当同一城市内不同学生所享受的教育资源差距巨大时，教育公平的价值本身也受到极大侵害。而且，学校办学水平的差距直接造成了学生接受教育质量的差距，加上出生地域和家庭条件的区别等，最终导致学生学业成就和未来发展机会上的不公平。由于国家除制定法规对取消重点学校制度进行原则性规定外，并未出台有力的措施（如对违反法规的制裁性惩罚或给予薄弱学校足够的财政支持）来解决校际间教育资源的均衡分配问题，原有的重点学校的先天软硬件优势使得它们与其他学校的差距在短期内难以消除。

2. 不同教育阶段校际之间的教育公平问题

本研究选取财政性教育经费和生均财政性教育经费这两个指标衡量不同教育阶段的高等学校、普通高中、中等职业教育和义务教育学校之间的公平性问题，因为国家财政性教育经费对国家投入的教育经费涵盖的范围比较全面，而且国家对各教育阶段投入的国家财政性教育经费主要决定了各阶段学校可供利用的资源，进而对各教育阶段教学结果的公平性产生重要影响。

---

① 刘涛：《进教育公平，需要校际间均衡发展》，中报教育网，2008年12月8日。

从表3－20可以看出，国家财政性经费在高等教育阶段的投入比重是比较大的，只是在2005至2006年间比重有所下降（同时，普通高中和中等职业教育阶段的投入比重也有下降的趋势），在义务教育和农村义务教育的投入比重则处于上升趋势；从历年财政性经费占义务教育经费总投入的比重来看，国家承担的份额已越来越大，2005年达到53.4%，这是一个可喜的变化。但与国际平均水平相比，仍有较大差距。世界上大多数国家的基础教育经费特别是义务教育阶段教育经费基本上由政府承担，政府的投入一般都在85%至90%以上。[①] 此外，人均GDP处于600至2 000美元的国家，高等教育经费占教育经费的比例一般为20%，[②]而我国2005年该比重仍为21.9%，与国际平均水平的差距已不大。

表3－20　2000—2006年我国财政性教育经费在不同教育阶段的投入比例　（单位：%）

	财政性教育经费在不同教育阶段的投入比例					财政性经费占义务教育总投入
	高等教育	普通高中	中等职业教育	义务教育	农村义务教育	
2000年	22.0	11.3	9.4	51.1	28.6	77.2
2001年	21.8	11.6	8.1	51.7	29.5	78.6
2002年	22.6	12.0	7.0	51.8	30.1	78.3
2003年	22.8	12.3	6.8	51.6	29.7	78.2
2004年	22.9	10.4	6.2	54.0	31.2	77.3
2005年	21.9	10.8	6.0	53.4	32.1	78.0

资料来源：根据《中国统计年鉴》(2000—2007)的数据计算而成。

从表3－21可以看出，普通高等学校的生均财政性教育经费与

① 沈百福、王红：《2000—2002年我国义务教育完成率和义务教育经费问题分析》，《教育发展研究》，2003年第9期。

② 《反思"成功"中国大学教育还缺什么?》，新华网，2005年8月22日。

普通小学、初中和高中相比差距较为明显。从2003至2006年,普通高等学校的生均财政性教育经费分别是小学、初中、高中的6.99倍、7.01倍和7.43倍(2003年);5.55倍、5.02倍和3.50倍(2004年);4.49倍、3.92倍和2.98倍(2005年);3.55倍、2.96倍和2.52倍(2006年)。这些数据说明,虽然普通高等学校与普通小学、初中、高中的生均财政性教育经费差距在逐年缩小,显示了我国政府对改变这种差距以及将重心转移到义务教育的决心和努力,但要从根本上扭转这种差距还需要进一步努力。

表3-21 2003—2006年我国各教育阶段生均财政性教育经费

(单位:元)

	普通小学	初 中	高 中	普通高等学校
2003年	1 085.31①	1 082.37	1 019.85	7 582.34
2004年	1 309.91	1 447.63	2 078.37	7 272.52
2005年	1 536.29	1 759.46	2 310.07	6 894.49
2006年	1 883.82	2 256.11	2 650.3	6 682.45

资料来源:根据《中国统计年鉴》(2004—2008)数据计算而成,公式为国家财政性教育经费/在校学生数。

七、公共财政对于弱势地区、学校、学生和家庭的支持

(一)公共财政对于全国范围内的弱势地区和学校的支持

如表3-22所示,这种形式的财政转移支付主要集中在2002年以前。当时东、中、西部间的地区教育差距尚未引起社会各界的普遍关注,城乡之间的教育公平问题也尚未提到政府重要议程。总的来

① 这里(2003年)指小学(包括普通小学和成人小学)的生均财政性教育经费,因为《中国统计年鉴》(2004)没有普通小学的人数统计数据,故只能用小学的数据代之。

说，转移支付的力度并不大。

表 3-22　公共财政对于全国范围内的弱势地区和学校的支持

公共财政资助项目	年　份	资助地区对象	资助金额及效果
义务教育工程	1998—2002 年	贫困地区	1998—2000 年 24 亿元； 2001—2002 年每年 10 亿元
改善办学条件	2000—2004 年	中小学	每年 10 亿元
危房改造	2001—2002 年	中小学	30 亿元

资料来源：吕炜：《教育经费投入问题解析》，《中国财经报》，2005 年 3 月 8 日。

（二）公共财政对于农村地区的资助项目情况

城乡义务教育差距问题在近年来日益凸显，社会对公平价值观的诉求和政府职能转型等都迫切要求改善农村教育公共服务的供给。较长时期以来，各级政府经费投入责任划分不清，不便于衡量和监督各级政府对农村义务教育投入的努力程度，这是导致农村义务教育经费投入不足的重要原因之一。2003 年，《国务院关于进一步加强农村教育工作的决定》明确规定：农村义务教育是各级政府的责任，并从明确各级政府责任入手，根据农村义务教育经费开支的不同内容，建立中央与地方分项目、按比例分担的经费保障机制。之后，根据全面建设小康社会和构建社会主义和谐社会的要求，国务院决定从 2006 年起实施农村义务教育经费保障机制改革，确定了“明确各级责任、中央地方共担、加大财政投入、提高保障水平、分步组织实施”的基本原则，将农村义务教育全面纳入公共财政的保障范围。国家先后推出了“两免一补”政策、农村寄宿制学校新建和改造、中小学现代远程教育工程等工程，这些措施对于建设社会主义新农村、促进教育公平和社会公平等都具有十分重要的意义。具体资助项目情况如下表所示。

表 3 - 23 国家对于农村地区教育项目的资助情况

1. 增加教师工资	
年份	2001 年起
资助地区对象	农村
资助金额及效果	50 亿元*
2. “两免一补”政策(“免杂费、免课本费、逐步补助寄宿生生活费”)及免费义务教育	
年份	2001 年至今
资助地区对象	2001 年刚开始时“两免一补”政策面向农村义务教育阶段贫困家庭学生;2006 年开始扩展到西部地区和部分中部地区,全部免除所有学生的学杂费;2007 年将所有学生的学杂费免除扩大到中部和东部地区的农村[①];免课本费也在 2007 年秋季学期开始面向全国农村[②]
资助金额及效果	2005 年各地共执行“两免一补”资金近 72 亿元 2006 年投入 1 840 亿元,已经惠及 5 200 万名农村中小学生,平均每个小学生减负 140 元,初中生减负 180 元。中西部农村地区 3 730 万名贫困家庭学生获得免费教科书,780 万名农村寄宿学生获得生活补助。[③] 2006 年在西部地区实行的义务教育经费保障机制改革,使大约 20 万辍学学生重返校园[④] 2007 年春季免除学杂费和提高公用经费保障水平资金 92 亿元,另外有免费教科书专项资金 14.3 亿元,将为 22 省(自治区、直辖市)和新疆生产建设兵团 3 000 多万名农村义务教育阶段贫困家庭中小学生免费提供教科书。[⑤] 2007 年秋季开始已决定免费国家课程的教科书所需资金全部由中央财政承担 从 2008 年春季学期起,中央财政进一步提高国家课程免费教科书的补助标准,建立部分科目免费教科书的循环使用制度。中央财政平均每年安排免费教科书资金达到 160 亿元,比原方案增加 130 亿元左右。同时,免费提供地方课程的教科书,所需资金由地方财政承担。该政策惠及全国近 1.5 亿名农村义务教育阶段学生。[⑥] 实行中央与地方分项目、按比例的分担办法,对免学杂费和提高公用经费水平,中央与地方的分担比例,西部地区为 8∶2,中部地区为 6∶4,东部地区除直辖市外,按照财力状况分省确定

* 央视国际:《凤凰琴何时奏新歌——农村教师生存状况观察》,CCTV 教育频道,2004 年 9 月 10 日。

续　表

3. 农村寄宿制学校新建和改造	
年份	2004—2007 年
资助地区对象	重点支持尚未实现“两基”的西部农村中小学
资助金额及效果	100 亿元新建和改造 7 700 余所农村寄宿制学校[7] 到 2006 年为止，已经投入 90 亿元，有 7 651 所学校受益[8]（中西部地区，由中央和地方按照 5∶5 比例共同承担；东部地区，农村中小学校舍维修改造所需资金主要由地方自行承担）

4. 中小学现代远程教育工程	
年份	2003—2007 年
资助地区对象	中西部农村
资助金额及效果	截至 2006 年已投入 80 亿元，覆盖 80％以上的农村中小学，1 亿多中小学生[9] 截至 2007 年底，共投入 100 多亿元，为中西部农村地区的 12 万个教学点，23 万所小学，4 万多初中配备了信息技术的设备；[10]为 3.75 万所农村初中建设计算机教室，38.4 万所农村小学配备卫星教学接收设备，11 万个小学教学点配备教学光盘播放设备和成套教学光盘[11]

5. 初中校舍改造	
年份	2005—2010 年
资助地区对象	未纳入“两基”攻坚计划实施范围的中西部地区农村
资助金额及效果	100 亿元。[12]从 2006 年起，中央对地方投入的校舍维修改造专项转移支付资金，由“十五”期间每年的 18 亿元提高到 30 亿元。[13]对校舍维修改造资金，中央与地方分担比例，中西部地区为 5∶5，东部地区主要由地方承担中央给予适当奖励性支持。对贫困生提供免费教科书资金，中西部由中央全额承担，东部地区由地方自行承担[14]

续 表

6. 支持职业教育实训基地、示范性高等职业院校、中等职业学校和县职教中心建设	
年份	2005—2010 年
资助地区对象	农村
资助金额及效果	28.5 亿元，涉及 321 个职业教育实训基地、28 所示范性高等职业院校、478 所中等职业学校和县职教中心⑮

① 温家宝在第十届全国人民代表大会第五次会议上所做的政府工作报告，2007 年 3 月 5 日。
②《国务院批准 3 年新增 470 亿元保障农村义务教育经费》，中央政府门户网站，2007 年 11 月 29 日。
③ 温家宝在第十届全国人民代表大会第五次会议上所做的政府工作报告，2007 年 3 月 5 日。
④《农村辍学率降低，西部地区 20 万辍学孩子返回校园》，中国新闻网，2007 年 2 年 27 日。
⑤ 教育部 2007 年第 2 次例行新闻发布会散发材料之二：《农村义务教育经费保障机制改革工作大事记》，教育部门户网站，2007 年 2 月 27 日。
⑥《国务院批准 3 年新增 470 亿元保障农村义务教育经费》，中央政府门户网站，2007 年 11 月 29 日。
⑦ 国发[2007]14 号：《国务院批转教育部国家教育事业发展“十一五”规划纲要的通知》。
⑧ 温家宝在第十届全国人民代表大会第五次会议上所做的政府工作报告，2007 年 3 月 5 日。
⑨ 温家宝在第十届全国人民代表大会第五次会议上所做的政府工作报告，2007 年 3 月 5 日。
⑩《教育部发布会介绍我国农村教育事业改革发展情况》，中央政府门户网站，2008 年 10 月 27 日。
⑪ 国发[2007]14 号：《国务院批转教育部国家教育事业发展“十一五”规划纲要的通知》。
⑫ 温家宝在第十届全国人民代表大会第五次会议上所做的政府工作报告，2007 年 3 月 5 日。
⑬ 陈至立：《分步免除农村义务教育学杂费，提高经费保障水平，构建农村义务教育经费保障新机制》，在全国农村义务教育经费保障机制改革工作会议上的讲话，2005 年 12 月 26 日。
⑭ 国发[2005]43 号：《国务院关于深化农村义务教育经费保障机制改革的通知》。
⑮ 国家发展和改革委员会于在第十届全国人民代表大会第五次会议上所作的《关于 2006 年国民经济和社会发展计划执行情况与 2007 年国民经济和社会发展计划草案的报告》，2007 年 3 月 5 日。

通过建立农村义务教育经费保障机制，寄宿制学校的建设和初中校舍改造项目、远程建设工程等的实施，农村的公用经费保障水平得以大大提高，办学条件得到很大改善；“两免一补”政策的落实，大大缓解了贫困家庭学生上学难的矛盾。2006 至 2010 年的 5 年间，中央与地方各级财政原计划将新增农村义务教育经费预算约2 182亿元，其中，中央新增1 254亿元，地方新增928亿元。① 后来财政部与教育部联合印发《关于调整完善农村义务教育经费保障机制改革有关政策的通知》，决定从2007年起，3年内，再增经费470亿元左右，用于调整完善农村义务教育经费保障机制改革有关政策。至此，2006至2010年全国农村义务教育经费保障机制改革累计新增经费，将由原来的2 182亿元至少增加到2 652亿元。② 可见，农村的教育投入与城乡公平问题日益受到政府的重视，并已付出了实质性努力。

（三）公共财政对弱势学生和家庭的支持

1. 对贫困家庭学生的财政支持

自从2005年底国务院颁布《深化农村义务教育经费保障机制改革的通知》以来，免费义务教育逐渐覆盖我国所有地区的农村，这大大减轻了贫困农民家庭的生活负担。而且从2008年春季开始，辽宁、湖南、广东等省全部免除城市义务教育阶段学杂费，年内，甘肃、河南、福建、吉林等省也将陆续实现这个目标。③ 免费义务教育开始逐渐全面覆盖城市家庭，大大减轻了城市贫困学生家庭的生活负担。除了这些面向全体学生的政策与资金保障外，我国近年来还设立了专门针对贫困家庭学生的较为健全的财政补助体系，具体内容下面将逐一详细阐述。

一是明确了中西部地区农村义务教育阶段家庭经济困难寄宿生生活费基本补助标准，对东部地区也要求加大同类学生的补助力度，并给予适当奖励。从2007年秋季学期起，基本补助标准为：小学生每人每天2元，初中生每人每天3元。对中西部地区落实基本补助标准所需资金，中央财政按照50%的比例给予奖励性补助。中央财

① 陈至立：《分步免除农村义务教育学杂费，提高经费保障水平，构建农村义务教育经费保障新机制》，在全国农村义务教育经费保障机制改革工作会议上的讲话，2005年12月26日。

②③ 《国务院批准3年新增470亿元保障农村义务教育经费》，中央政府门户网站，2007年11月29日。

政每年对中西部地区安排资金37亿元。[①] 该政策将使我国中西部地区约1 100万名农村义务教育阶段家庭经济困难寄宿学生受益。东部地区也应加大农村义务教育阶段家庭经济困难寄宿生生活费的补助力度,所需资金主要由地方财政承担,中央财政将根据东部地区各省市政策落实情况及其财力状况等因素,给予适当奖励。

二是逐步建立健全覆盖全国中等职业学校及以上教育阶段的家庭经济困难学生资助体系。

首先,逐渐完善国家助学贷款政策。面向高校学生的助学贷款政策在20世纪90年代时便已开始实行,但成效并不大。而且随着高等学校在校生规模不断扩大,高校中贫困家庭学生的人数迅速增加,原有的资助政策和措施已难以覆盖和完全解决所有贫困家庭学生的问题。相关研究显示,扣除奖、贷、助学金后,实际负担一名大学生学费占农村居民家庭年收入的比例平均约35%左右,约占城镇居民家庭年均可支配收入的15%。[②] 相对于低收入家庭来说,这是一个很重的负担。2004年6月,经国务院批准,《国务院办公厅转发教育部财政部人民银行银监会关于进一步完善国家助学贷款工作若干意见的通知》(国办发[2004]51号)(以下简称《通知》),对原有的国家助学贷款政策、操作机制、风险防范、组织领导等作了重要调整、补充和完善。新的国家助学贷款政策实施已有4年多,可以说作为一种国家政策性贷款业务,几年来取得了重要成效,许多家境贫困的学生通过助学贷款这条“绿色通道”顺利地完成了学业,为促进“教育公平”的实现发挥了积极的作用。但它也仍然一直呈现出“增长速度极为缓慢,银行拒贷率居高不下,获贷率远远满足不了实际需求,获贷学生不能按期还款”的矛盾和问题。[③] 国家新助学贷款政策的实施情况如下表3-24所示。

---

① 张晓晶、吴晶:《教育民生五年间》,新华网,2008年2月22日。

② 文新华、王红:《2004年全国教育经费分析》,《教育发展研究》,2007年第7期。

③ 孙兴洋:《国家助学贷款新机制合理运行的对策与建议——经济欠发达地区地方高校助学贷款研究》,《中国高教研究》,2007年第7期。

表 3-24　国家新助学贷款政策实施情况

实施时间	2004 年至今
资助人数	206.8 万(2005 年及之前办理的国家助学贷款)
资助金额及效果	2005 年及之前办理的国家助学贷款：172.7 亿元 2006 年：20.5 亿元 2007 年：98 亿元，资助标准大幅度提高(注：在新助学政策刚提出不久后教育部便表明希望能够达到一年 100 亿元的资助金额*，2007 年已基本达到要求，与 2006 年相比取得很大进步) 2004 年 6 月至 2008 年 6 月银行审批了 291 万高校学生的助学贷款，审批金额为 281 亿余元，人数和金额分别是前 5 年总和的 3.4 倍、4 倍
获得贷款学生数占在校学生数的平均比例	中央部门所属高校：14.6%(2005 年) 地方高校：8%(2005 年)
涵盖的教育阶段	2004 年刚开始时仅限于高校 "十五"期末才开始扩展到高中阶段教育
实施的学校范围及资助效果	1. 截至 2005 年底为 1 466 所，占应实施助学贷款机制学校总数的 85.53%(未实施的 248 所地方高校，主要是地、市所属高校)，部分省区或高校虽然启动了这项工作，但审批贷款人数和金额仍然偏低 2. 高校资助面超过 20%，中等职业学校资助面超过 90% 3. 截至 2008 年 6 月底，全国获贷学生占在校生总数的平均比例达到 11.2%

*《教育部新闻发布会：重点解读国家助学贷款工作》，腾讯教育网，2005 年 8 月 29 日。

资料来源：教育部 2006 年第 4 次新闻发布会；国家教育发展研究中心：《2007 年中国教育绿皮书》，教育科学出版社，2007 年，第 91 页；温家宝于 2008 年 3 月 5 日在第十一届全国人大第一次会议上所做的政府工作报告；《国家助学贷款 10 年审批 354 亿惠及 377.4 万学子》，中国教育和科研计算机网，2008 年 7 月 30 日。

其次，建立面向中等职业学校以上教育阶段贫困家庭学生综合资助体系。为促进教育公平，让家庭经济困难学生上得起大学、接受职业教育，国务院于 2007 年 5 月 18 日颁发了《关于建立健全普通本科高校、高等职业学校和中等职业学校家庭经济困难学生资助政策体系的意见》,决定从2007年秋季学期开学起,进一步建立健全家庭经济困难学生资助政策体系。新的家庭经济困难学生资助政策体系,将按照加大财政投入、经费合理分担、政策导向明确、多元混合资助、各方责任清晰的基本原则,通过加大财政投入,落实各项助学政策,扩大受助学生比例,提高资助水平,从制度上基本解决家庭经济困难学生就学问题。2006年,中央财政曾安排8亿元资金,设立中等职业教育国家助学金,资助80万学生,虽然一定程度上缓解了中等职业学校家庭经济困难学生学习和生活困难问题,但由于资助面偏窄,资助强度偏小,难以满足广大中等职业学校家庭经济困难学生就学的需要。新的综合资助体系除继续完善落实国家助学贷款政策(如规定大学生毕业后自愿到艰苦地区基层单位从事一线工作且服务达到一定年限的,国家实行国家助学贷款代偿政策)外,主要包括完善国家奖学金和助学金制度。同时,从2007年秋季开学起,中央财政出资,对教育部直属师范大学新招收的师范生实行免费教育。此外,各有关学校还将按照国家有关规定,从事业收入中足额提取一定比例的经费,用于学费减免、国家助学贷款风险补偿、勤工助学、校内奖助学金和特殊困难补助等方面的开支。这是新中国成立以来中央和地方财政安排经费数量最多、力度最大的助学政策——2007年下半年投入经费154亿元,2008年则达308亿元。政府表示今后每年用于助学的中央和地方财政投入、助学贷款和学校安排的助学经费将达500亿元,约2 800所高校的400万名学生和1.5万所中等职业学校的1 600万名学生将获得资助。① 对于全国中等职业学校及以上教育阶段的家庭经济困难学生资助体系被认为是自免费城乡义务教育以来我国政府在促进"教育公平"议题上的最重要举措,也显示了政府在职能转型,履行公共服务供给职责上所付出的巨大努力。它们从

① 潘隽:《我国进一步建立健全家庭经济困难学生资助政策体,200万高校中职学子将受益新政策》,《中国教育报》,2007年5月22日。

不同方面援助了困难家庭学生的就学和生活问题，可以说它们为这些学生营造了一个较完整的受教育保障网，其制度化影响深远。

2. 对于农民工流动子女就学的财政支持

我国大约有 1.5 亿农民工，近 2 000 万的农民工子女随父母进入城市，①他们被称为“流动儿童”，②他们在城市的义务教育问题受到社会的极大关注，成为最突出的教育公平问题。劳动保障部的资料显示，2002 年农民工流动子女的失学率高达 10%。近 100 万适龄儿童因种种原因不能及时入学。③ 而据一项在北京、深圳、武汉、成都等 9 个大城市对 12 000 多名流动儿童监护人和 7 800 多名儿童的调查显示，3 至 6 周岁流动儿童入托比例为 60.7%，低于城市户籍入托率；6 周岁儿童中有 46.9%没有接受入学教育；超龄入学现象也比较严重，近 20%的 9 周岁孩子还只上小学一、二年级，13 和 14 周岁还在小学就读的占相应年龄流动少年的 31%和 10%；在失学的 12 至 14 周岁流动儿童中有 60%的未成年人已经进入社会开始打工。④ 调查表明，农民工随迁子女和其他农村学生是否进入城市学校就读，受流入地生活成本、城市公办学校接收条件、现行中考和高考制度、流出地教育质量等诸多因素的制约。⑤ 由于受户籍制度的影响，要进入城市公办学校，不仅申请手续繁琐，而且农民工子女每学期须交纳的杂费、借读费、赞助费等相对其收入来说十分昂贵，而且由于这些流动子女的转学、辍学率较高，导致他们的学习基础相对较差，一些

---

① 鹿永建：《让教育公平的阳光普照“城市新公民”》，教育部门户网站，2008 年 8 月 2 日。

② 另外一些没有跟随父母进城，而留在家乡上学的则被称为“留守儿童”，他们的教育和成长也已成为一个社会问题受到关注，对他们的研究主要是社会学、心理学等层面上的。

③ 聂芬芬、王晨、郑灿平：《农民工子女受教育不公平现状及对策初探》，《中国建设教育》，2008 年第 12 期。

④ 熊若愚、董结琴：《中国农民工问题调查报告》，《中国国情国力》，2002 年第 12 期。

⑤ 刘华蓉：《解决农民工子女入学问题收效良好》，《中国教育报》，2008 年 8 月 1 日第 1 版。

公立学校为保持学校升学率等便将他们拒之门外。这些农民工子女只能转而就读于条件极差的农民工子弟学校(少数由政府建立的除外),这些学校师资力量不足,设施简陋,随时可能被取缔,大量儿童又面临新的辍学问题。① 这使得他们所受的教育质量与城市其他适龄就学的孩子相比十分低下,无法享受足够和平等的教育机会。对这些农民工子女弱势群体的公共服务供给不足,极大地影响了我国的教育公平及和谐社会的构建。

为了解决进城务工农民工子女的就学问题,国家近年来出台了一系列的政策法规文件力促之(见表 3-25)。2008 年 7 月 30 日,温家宝总理主持召开国务院常务会议,部署全面免除城市义务教育阶段学生学杂费工作,这项政策包括进城务工人员随迁子女在公立学校和受委托的民办学校就学享受同样的免费待遇。2008 年 9 月开始,各地政府采取积极措施解决这一问题,但由于相关数据还无法获得,故本研究不准备就这以后的情况进行评估,以下政策及执行效果的说明仅限于 2007 年之前。

表 3-25 我国近年出台的保障农民工流动子女义务教育权利的政策法规体系

	政策法规文件	内 容
2001 年	《基础教育改革发展纲要》	提出了"以流入地区政府管理为主,以全日制公办中小学为主"的政策来解决进城务工农民工子女的教育问题
2003 年	《关于进一步做好进城务工就业农民子女义务教育工作的意见》	除"两为主"外,提出农民工子女接受义务教育的收费与当地学生一视同仁;根据学生家长务工就业不稳定、住所不固定的特点,制订分期收取费用的办法,通过设立助学金、减免费用、免费提供教科书等方式,帮助

① 《关注农民工子女教育问题》,搜狐网新闻,2007 年 2 月 12 日。

续　表

	政策法规文件	内　　容
2003 年	《关于进一步做好进城务工就业农民子女义务教育工作的意见》	家庭经济困难的进城务工就业农民工子女上学。同时对农民工子弟学校作出规定"加强对以接收进城务工就业农民工子女为主的社会力量所办学校的扶持和管理。各地要将这类学校纳入民办教育管理范畴。尽快制定审批办法和设置标准,设立条件可酌情放宽,但师资、安全、卫生等方面的要求不得降低"
2004 年	《中共中央、国务院关于进一步加强和改进未成年人思想道德建设的若干意见》	要高度重视流动人口家庭子女的义务教育问题,进城务工就业农民流入地政府要建立和完善保障进城务工就业农民工子女接受义务教育的工作制度和机制
2006 年 1 月	《国务院关于解决农民工问题的若干意见》	对"两为主"政策进行细化。提出要保障农民工子女平等接受义务教育,将农民工子女义务教育纳入当地教育发展规划,列入教育经费预算,以全日制公办中小学为主接收农民工子女入学,并按照实际在校人数拨付学校公用经费;城市公办学校对农民工子女接受义务教育要与当地学生在收费、管理等方面同等对待,不得向农民工子女加收借读费及其他任何费用
2006 年 6 月	新修订的《义务教育法》	父母或者其他法定监护人在非户籍所在地工作或者居住的适龄儿童、少年,在其父母或者其他法定监护人工作或者居住地接受义务教育的,当地人民政府应当为其提供平等接受义务教育的条件,具体办法由省、自治区、直辖市规定

资料来源:国务院办公厅:《保障农民工子女接受义务教育的政策法规体系基本形成》,中央政府门户网站,2006 年 10 月 3 日。

从表 3－25 可以看出,在解决进城务工农民工子女的就学问题上,主要采取的是"流入地"政府负责的原则,但是这种将提供公共教育服务的责任赋予流入地政府，却没有给予专项经费支持，或没有具体明确的硬性约束规定，也没有成立督查小组或机构来检查各地政策落实情况的做法实际上赋予了各地对政策执行的极大自由裁量权，各地执行情况差异很大，经费保障机制也相当不完善。比如，2002 年颁布的《中华人民共和国民办教育促进法》第四十九条规定：人民政府委托民办学校承担义务教育任务，应当按照委托协议拨付相应的教育经费。据调查，这项规定在多数地区并没有得到落实。又比如，据南都公益基金会 2007 年 5 月发布的《新公民学校项目可行性研究报告》：2006 年广州流动儿童 30%在公办学校，70%进入民办学校；东莞市相应的比例为 25%与 75%。2006 年上海、北京公办学校接收的进城务工人员子女分别为 50%与 62%，大量的流动儿童在民办打工子弟学校上学。① 事实上，由于各种证明手续烦琐、政策细则模糊、学校教育资金不足等原因，一些地方政府迟迟未将其提上议事日程，或采取能拖则拖的办法，甚至以种种理由予以抵制，导致取消借读费的政策在全国的实施变得参差不齐。② 而各地在降低接收农民工子女入学门槛的时候，也会与其他地区进行比较，唯恐降得太低，成为汇流的盆地。因此，政府相关部门总能找到各种理由抬高农民工子女入学的门槛，最终使得许多农民工家长不得不缴交数额可观的费用，才能让其子女入校。相当部分农民工子女因门槛太高而被拒之校门之外。③ 在国家统计局对农民工生活质量状况的专项调查中显示，农民工子女在城里读书一学年，学费平均支出 2 450 元，占这些家庭总收入的 19.78%。此外，许多农民工子女上学还需缴纳借读费、赞助费等。在 5 065 名有子女随行就学的农民工中，有 2 493 名农民工缴纳了借读费、赞助费，平均每人缴纳为 1 226 元。其

---

① 鹿永建：《让教育公平的阳光普照"城市新公民"》，教育部门户网站，2008 年 8 月 2 日。

② 蔡妮、黄连金：《农民工子女义务教育问题与对策》，《世纪桥》，2008 年第 1 期。

③ 《关注农民工子女教育问题》，搜狐网新闻，2007 年 2 月 12 日。

中,有42.08%的农民工交了500元以下的费用,有29.44%的农民工交了500至1 000元,16.33%的农民工交了1 000至2 000元。①可见,由于国家的财政支持有限,农民工子女教育缺乏足够的经费保障等原因,农民工子女在城里上学的教育费用问题仍然对农民工造成了较大的生活负担。

第二节　中国教育发展与教育公平总体绩效描述

一、主要成就

这里将分别从投入和结果两个方面予以阐述。

(一) 投入方面

1. 教育经费投入加大

这从国家财政性教育经费占GDP比重和人均教育经费这两个指标可以得到十分清楚的体现。近年来,国家财政性教育经费占GDP比重一直呈上升趋势,2007年该指标数值接近3.32%,与“十五”期间相比取得了很大进步,虽然与《教育法》规定的4%仍有一定差距,但这种差距已在逐渐缩小,并且朝着良性方向发展。从人均教育经费来看,在2000至2007年间逐年呈上升趋势,虽然2003年有短暂回落,但2004年开始保持较为平稳的增长势头,2007年还有了较大的增幅,人均教育经费达到919.41元,接近1 000元。教育投入的增加为提高教育绩效提供了最基本条件。

---

① 国家统计局课题组:《城市农民工生活质量状况调查报告》,《调研世界》,2007年第1期。

2. 义务教育成为政府投入的重点，中央和省级政府加大责任承担，努力缩小地区之间、城乡之间教育差距

近年来我国政府的教育战略重点出现了重大转移，加大政策和财政对义务教育的支持力度，努力实现地区之间、城乡之间义务教育的均衡发展。

近年来，国家对义务教育和农村义务教育的投入比重则处于上升趋势，财政性经费占义务教育经费总投入的比重已越来越大，2005年达到53.4%，这是一个可喜的变化。普通高等学校与普通小学、初中、高中的生均财政性教育经费差距在逐年缩小，显示了我国政府对改变这种差距以及将重心转移到义务教育的决心和努力。

从政府相关法规政策的规定来看，《义务教育法》修订的核心，是从法律上进一步明确政府举办义务教育的责任，规范各级政府对义务教育的投入与管理职责，实现城乡教育均衡发展。它也改变了过去一直以来单纯强调“以县为主”的解决思路，转而强调教育投入要由中央、省、地(市)、县四级政府共同承担责任，今后所谓“以县为主”，更多的是指一种管理责任。《义务教育法》修订版还专列第五章，对于义务教育的“经费保障”作出13条具体规定，无论篇幅还是条款，都远远超过原来的《义务教育法》。

为了解决城乡之间、地区之间教育差距问题，国家近年出台了许多相关政策文件，在资源配置上向中西部地区农村倾斜，而且中央和省级政府加大责任承担，也在很大程度上改变了过去各级政府对于教育投入责任划分不清的事实。而且许多文件对于中央和地方的经费承担机制都有着十分明确的划分。这些有力地促进了不发达落后地区义务教育的发展，对于我国建设社会主义新农村、促进教育公平和社会公平等具有十分重要的意义。国家对于农村义务教育发展的支持表现在推出了“两免一补”政策、农村寄宿制学校新建和改造、中小学现代远程教育工程、中小学校舍维修改造等工程，并且较大幅度地提高农村中小学公用经费保障水平，此外，还建立统一的中小学办学标准。这些措施大大地改善了中西部农村地区的办学条件和农村学生享受义务教育服务的可能性，对于缩小地区之间、城乡之间的教育差距有着重大作用。

（二）结果方面

1. 总体上，义务教育取得巨大成就

我国的“普九”人口覆盖率在2000至2007年间一直呈增长趋势。2006年开始，“普九”人口覆盖率快速提高，到2007年达到99%，实现“普九”的县数已占全国总县数的98.5%。特别是小学的入学率已经实现了100%，男女童的入学率没有差异。① 这些都显示出我国义务教育事业发展取得了很大成绩。从总体上看，我国九年义务教育接近全面普及的水平。

2. 大学生毛入学率逐年提高，我国进入高等教育大众化阶段

我国的高等教育毛入学率在2000至2007年间持续上升。从年增长率可以看出，高等教育毛入学率从2001年开始迅速提高，显示我国高等教育规模进入迅速扩张的阶段，而2006年的增长率开始较大幅度地回落，显示高等教育毛入学率稳定提高。根据马丁·特罗的观点，我国从2002年开始已经进入高等教育大众化阶段。2007年毛入学率达到23%，在校学生超过2 700万，居世界第一，②与中等收入国家的毛入学率水平已十分接近，显示我国近年高等教育规模的扩张取得了很大进展，高等教育事业发展取得了显著成就。

3. 教育差距在缩小，教育公平取得了一定成效

从地区之间来看，高等教育、高中阶段每10万人口平均在校生数和普通小学、初中的生均预算内教育事业费、生均预算内公用经费这些指标数据的情况都显示了地区之间的教育差距在缩小。除个别

① 袁振国等：《把促进教育公平作为我国基本教育政策》，教育部门户网站，2009年1月13日。

② 周济：《深入学习实践科学发展观 促进教育事业优先发展科学发展》，在教育部2009年度工作会议上的讲话，2008年12月21日。

情况外，四大区域间的高等学校、高中阶段的每 10 万人口平均在校生数的差距都在缩小。普通小学和初中的生均预算内教育事业费、生均预算内公用经费的省份差距也都在迅速缩小。如普通小学生均预算内公用经费最高和最低的省份从 2004 年相差 48.92 倍到 2008 年缩小到 14.86 倍。

从城乡之间来看，目前我国 99％的人口地区已经普及了九年义务教育，而“普九”率的增加主要归功于农村教育事业的发展。另外，农村的高中教育也有了比较大的发展，将有力地促进全国高中阶段教育的普及，缩小城乡之间的差距。农村不仅人均校舍面积逐年增大，危房率逐年降低，而且每百在校生拥有专任教师数、教师合格率、小学教师高学历率与城市之间的差距也在逐年缩小。这些数据显示出国家对推进教育公平的努力取得了一定的成效。

4. 政府对于弱势群体的教育支持和保护力度加大

城乡免费义务教育的全面实施大大减轻了贫困学生家庭的生活负担，使城乡学生能够拥有更多平等教育机会。国家明确了中西部地区农村义务教育阶段家庭经济困难寄宿生生活费基本补助标准，对东部地区也要求加大同类学生的补助力度，并给予适当奖励。这些都显示了国家对于贫困家庭特别是农村贫困家庭学生的关怀与支持。目前，我国初步建立健全了覆盖全国中等职业学校及以上教育阶段的包括国家助学贷款政策在内的家庭经济困难学生资助体系，它被认为是自免费城乡义务教育以来政府在促进“教育公平”议题上的最重要举措，也显示了政府在职能转型，履行公共服务供给方面所付出的巨大努力。

近年来国家相继出台了一系列保障农民工流动子女义务教育权利的政策法规，农民工流动子女在城市的受教育情况得到了很大改善。国务院的一系列相关文件在重申“两为主”(以流入地为主和公办学校为主)解决进城务工人员随迁子女接受义务教育问题的基础上，进一步提出 3 方面要求：一是做好统筹规划，要求各级政府将农民工流动子女接受义务教育纳入公共教育体系,根据他们的数量、分布状况和变化趋势等,合理规划学校布局和发展。二是要求地方各级政府对接收进城务工人员随迁子女的公办学校足额拨付公用经费。三是政府要对农民工流动子女较多、现有教育资源不足的地区加大教育资源统筹力度,改善学校办学条件,保证学校教学基本需要。这些政策措施的出台使得农民工子女平等接受教育的权利得到很大保障。2007 年,全国义务教育阶段农民工随迁子女共有 766 万人,其中省内流动学生约 394 万人,占 52%,这部分学生大多数在城市周边的县镇和城乡结合部的学校就读,已经纳入农村义务教育经费保障机制改革范围。许多进入外省读书的农民工子女也都能接受基本的义务教育。① 一些省份、直辖市还研究创新农民工流动子女教育问题的解决机制,对民办教育实施扶持政策,给予接收农民工子女就读的民办学校一定的补贴、资助其硬件设施建设等。这些都是政府在"和谐社会"与"教育公平"理念背景下在保护弱势群体平等教育机会方面取得的成就。

二、主要问题

(一) 教育财政投入与国际水平相比还存在着较大差距

目前,我国财政性教育经费占 GDP 的比重还未达到 4%(2007 年该指标数值仅为 3.32%左右),虽然与高收入国家、中等收入国家的差距已缩小,但仍不容乐观,而且 2007 年该指标数值仅比低收入国家 2000 年的平均水平略高。2007 年人均教育经费也只相当于世界平均水平的 1/4。公共教育作为一个重要的公共服务领域,理应是政府的重要职能,财政投入的不足显示出这一职能实现程度的差距。

---

① 刘华蓉:《解决农民工子女入学问题收效良好》,《中国教育报》,2008 年 8 月 1 日。

（二）区域教育资源配置不均衡

1. 地区间教育资源配置不均衡

数据显示，东部、中部、西部、东北部地区的高等学校和高中阶段每10万人口平均在校生数、生均预算内教育事业费和公用经费尤其是生均预算内公用经费的差距仍然相当大，其中，2007年生均预算内公用经费最高的省份和最低的省份之间相差高达15.29倍。一方面在经济发达地区，教育资源存在着严重浪费，另一方面经济落后的地区却面临着经费紧张、债务负担沉重的问题。东西部地区教育发展的差距还表现在师资力量、教学水平、办学环境和条件等方面。

由于西部大开发和近几年中央政府对西部地区教育加大了财政支付转移的力度，而对中部的支持减弱，西部教育的发展有所加快，从而使中部的差距凸显出来，在东部、中部、西部的生均预算内教育事业费、生均预算内公用经费等指标数据的比较中，均显示出“中部凹陷”现象。

2. 城乡间教育资源配置不均衡

从学校危房率、每百在校生拥有的专任教师数、教师合格率和高学历率等指标数据中可以看出，城市在办学条件和师资力量方面的资源优势仍十分明显。虽然2005年开始的改革突出了中央和省级政府投入责任，但是在“十一五”期间中央和地方政府对农村义务教育增加的2 182亿元投资，只是解决和基本解决了提升农村义务教育基本办学条件，使其能够达到最低义务教育办学基准，而要继续推进义务教育的城乡均衡化，并保证所有城乡儿童都能够接受并完成优质的、免费的义务教育，无论在资金还是时间跨度上都将是长期和艰巨的任务。

3. 校际间教育资源配置不均衡

校际之间教育资源分布也仍然显现出不均衡的现象，一是教育资源向普通高等教育倾斜。从财政性教育经费在不同教育阶段的投入比例和不同教育阶段的生均财政性教育经费均等指标数据中可看出普通高等学校占据着最大的优势,义务教育学校投入相对不足,政府基本公共教育职能弱化,其投入比重与国际平均水平相比仍有较大差别。二是选择性地重点扶持部分学校,造成重点学校与普通学校在办学条件、师资和教学质量上都有较大差距。近几年来,这两个问题有了一定的改善,但要彻底改变仍有待时日。

(三) 仍有相当部分学龄儿童无法接受或完成义务教育

2006 年全国小学招生规模增长明显,是连续几年下降以来的首次明显回升,而且增长主要体现在农村。① 但是,“普九”人口覆盖率仅统计各项义务教育指标达标的地区人口数占总人口的比例,对这些指标的达标要求均没达到 100%(如对农村初中入学率的达标要求仅为 95%),这样,虽然 2007 年我国的“普九”覆盖率已达到 99%,但无法忽视仍有相当部分学龄儿童无法接受或完成义务教育的事实,如 2007 年初中三年巩固率仅为 94.66%。② 目前,农村义务教育的普及依然是低水平、不全面和不巩固的。此外,还有一些贫困家庭学生仍然无法享受到国家的资助。

(四) 高等教育质量不容乐观

我国高等教育质量并没有与规模同步增长。从本章第一部分的相关数据描述中可以看出,2005 年的每百在校学生拥有专任教师数仅为 2000 年的 74.52%,教学质量从某一角度来说并没有随着经济发展与政府财政投入绝对值的增加而相应提高,这与我国高校近年来持续扩招和 2005 年开始政府的教育战略重心转向义务教育而导致对高校的投入相对减少有关,但也有高教自身发展的政策性、方法性失误。对东、中、西、东北部 4 省数据的比较显示出,在普通高等学校每百在校学生拥有专任教师数方面,4 省在 2000 至 2006 年间均呈

---

① 国家教育发展研究中心:《2007 年中国教育绿皮书》,教育科学出版社,2007 年,第 101 页。

② 姜沛民:《中国西部“普九”人口覆盖率 5 年提高 21 个百分点》,中国新闻网,2008 年 2 月 25 日。

下降趋势,这就清楚地说明了高校扩招所导致的后果。除了这些量化结果外,高教质量不容乐观还表现在"教授不上台"现象依然存在、高教办学条件的改善赶不上学校扩招的速度,致使一些学校的教育质量紧张等。①

(五)农民工子女在城市的免费义务教育仍难以顺利推进

我国政府对于农民工子女在城市享受平等义务教育的政策规定是比较原则性的,缺乏硬性约束机制,经费保障不健全,并受现有校舍、师资瓶颈等因素的制约,从而导致仍然有一些农民工子女被排除在免费义务教育之外。在湖南长沙,目前定点接收外来务工人员子女的 50 所学校,85%以上都出现学生超员问题。② 国家统计局的调查表明,分别有 35.95%和 27.62%的农民工认为,他们的子女在城里就学所遭遇的最大困难是费用高,其次是没有城市户口。还有 16.15%的农民工认为自己的子女在学校受歧视等。③

本研究认为,造成以上问题的原因主要有如下几点:

第一,重"效率"轻"公平"的政绩观。改革开放以来政府将工作重心放在促进经济增长上,长期以来重"效率"轻"公平",对于领导干部的考核也是以经济指标为主,造成他们片面的政绩观。由于很少设计公共服务方面的考核指标或权重不高,公共教育服务供给的重要性便理所当然地受到忽视,进而造成教育领域的公共财政投入仍远远落后于世界平均水平的局面。这种倾向随着近年"和谐社会"建设的逐步开展以及中央对社会公平的重视才有所改善,但长期形成的观念和"沉疴"却难以一时得到根本扭转和解决。

第二,中央转移支付不合理。我国目前的转移支付制度总体设

---

① 李国红:《提高我国高等教育质量需着力解决五大问题》,新华网,2006 年 4 月 14 日。

② 陈黎明、陈大江、谢佼:《城市免费义务教育临"大考"》,《半月谈》内部版,2008 年第 10 期。

③ 中国(海南)改革发展研究院:《基本公共服务与中国人类发展》,中国经济出版社,2008 年,第 74 页。

计存在缺陷,形式过多,结构不合理。目前,世界上大多数国家都采用两种类型的财政转移支付形式,即均等化的一般性转移支付和专项转移支付,前者为主,后者为辅。而中国的转移支付形式在 6 种以上,其中一般性转移支付仅占 10%左右,均等化作用有限。经济促进型的转移支付(如刺激地方经济增长的税收返还,经济越好得到的返还越多)过多,而促进基本公共服务均等化方面的转移支出明显偏少。例如,自 1995 年开始实施的"国家贫困地区义务教育工程"是中央专款投入最多、规模最大的全国性教育工程。但是,在 1995 至 2005 年 10 年间,这个惠及 21 个省、市、自治区 852 个县的巨大工程,即使加上地方财政给予的配套资金总共只有 199. 6 亿元,平均每年 18. 15 亿元,仅相当于义务教育每年支出 1 800 亿元的总量水平的 1%,简直是杯水车薪。① 另外,转移支付资金分配办法不规范、不公开、不透明。② 在决定转移支付对象时,参考的标准是地方基础财力,只有低于某一财政支出标准的省(自治区、直辖市)才能获得这项补助。但这样做的结果往往忽视了接受教育地区的学生人数,获得同样数额转移支付资金的不同地方由于学生人数不同,出现生均教育投入不等的现象,不能促使地区间义务教育的平衡发展。分配不规范还表现在"会哭的孩子有奶吃",而且一些原来不需要教育转移支付的地方可能会在得到资金拨付后教育资金撤出转移到其他项目,使义务教育资金在总量上缩水,而需要的地方的义务教育得不到相应的发展。

第三,中央长期以来对于地方义务教育责任承担不足。1985 年《中共中央关于教育体制改革的决定》明确提出"实行九年制义务教育,实行基础教育由地方负责,分级管理的原则","为了保证地方发展教育事业,除国家拨款外,地方机动财力中有适当比例用于教育,

---

① 国务院办公厅扶贫办:《国家贫困地区义务教育工程资金向西部地区倾斜》,中央政府门户网站,2006 年 12 月 15 日。

② 安体富:《国情决定民生财政》,《瞭望》,2008 年第 13 期。

乡财政收入应主要用于教育”。[①] 它不但确定了我国“分级办学”的体制，而且乡级政府成为我国义务教育财政支出的重要承担者，与其财政能力相比负担沉重。1993 年的《中国教育改革和发展纲要》进一步强化了义务教育事权下放和鼓励地方政府利用多方力量办学的制度。2001 年，教育部教育发展研究中心课题组对 7 个省 26 个县进行抽样调查，结果显示，上级政府的教育补助专款占 12%，县财政为 9.8%，其余的 78.2%为乡村负担。[②] 由于乡镇财政的困难在很大程度上影响了农村义务教育的经费保障机制和城乡义务教育的均衡发展。2001 年 5 月 29 日国务院颁布的《关于基础教育改革与发展的决定》，提出农村义务教育管理实行以县为主的体制，虽然它在一定程度上缓解了农村教育经费紧张的状况，但由于国家未对中央、省、市和县级政府的具体投入责任进行划分，客观上出现县级政府负责财政，乡镇不再投入，而省市也很少保底的局面。而且，县的财政负担也日益沉重。分税制改革使地方政府财权与事权极度不对称，地方教育投入取决于地方政府财力，各地区之间和城乡之间因经济发展的差距而出现教育投入方面的差距，一些贫困县的学校的运行陷入困境。直到 2005 年《关于深化农村义务教育经费保障机制改革的通知》规定义务教育实行中央与地方分项目、按比例的方法，2006 年新修订的《义务教育法》将政府义务教育责任及经费分担机制制度化，中央政府承担基础公共教育服务供给的基本责任者的角色才得以体现。

第四，重视高等教育的跨越式发展而轻视义务教育投入，教育战略选择出现严重的失误。20 世纪 90 年代以来，特别是“十五”期间，我国教育结构配比优先顺序的实际选择是坚持基础教育优先发展和高等教育跨越式发展。虽然基础教育被放在优先地位并作为基础设

---

① 中国(海南)改革发展研究院：《基本公共服务与中国人类发展》，中国经济出版社，2008 年，第 64 页。

② 北小舟：《突破中国义务教育的经费瓶颈》，《外滩画报》，2004 年 12 月 6 日。

施建设和教育事业发展的重点领域，但在投资比例上却体现不足。与此相反，高等教育由于能满足人民群众对接受高层次教育的需要、缓解升学压力、增加居民消费、增加人才储备、减少就业压力等，导向性地被政府肯定高校扩招的意义，实现了超常规发展。相比之下，在2004年之前，政府对于自身作为义务教育基本责任者的角色仍认识不足。这些使得义务教育的投入比重被高校所挤占成为必然。

第五，政策倾斜导致了示范学校与普通学校的两极分化，进而使示范学校的先天优势成为既成事实。政府对于重点学校建设的政策与财政支持，使重点学校在师资、办学条件这些软硬件设施上远远好于普通学校。虽然20世纪90年代中期起义务教育阶段的重点学校制度已被国家明令取消，并于新修订的《义务教育法》中规定义务教育免试就近入学，义务教育阶段公办学校不得举办或变相举办重点学校，具有优质教育资源的公办学校不得改为民办或以改制为名收费，但它的影响却没有消失，那些曾经被评为重点的学校具有优越的办学条件和资源配置，在社会上形成了较高的声誉和地位，他们获取社会资源的能力要远远超过普通学校。① 在市场化大潮的冲击下，这些曾经的重点学校仍可以利用它们的资源和品牌优势使自身发展得更好更快，加剧原有的不平衡。

第六，农村义务教育经费保障机制仍不完善。不可否认，我国2005年开始的新改革及建立的农村义务教育经费保障机制，为农村义务教育的发展提供了重要支撑，成效卓著，但城乡之间在办学条件、师资力量等方面的差距仍然是客观存在和不容乐观的。这些差距与农村义务教育经费保障机制的不健全不完善有关。

各级政府投入责任不明确、总体保障水平偏低（如贫困寄宿生生活费补助资金落实有一定难度，覆盖范围还比较窄，补助标准也偏低）、农民教育负担较重等问题仍未完全解决。杂费和公用经费补助

---

① 杨东平：《中国教育公平的理想与现实》，北京大学出版社，2006年，第89页。

标准过低,使学校不能完全弥补以前的收费也带来了学校运转困难和教师实际收入下降的衍生问题。而且,虽然中央为加大对农村的义务教育投入付出巨大努力,转移支付金额巨大,但仍不能对各级政府的资金用途形成有效约束。据审计署对 54 个县(这 54 个县涉及 16 个省,覆盖了东、中、西部,比较有代表性)农村义务教育经费保障及使用管理情况的审计发现,挤占挪用农村义务教育专项经费的现象比较普遍。一些地区的农村义务教育经费被擅自瓜分。54 个县中有 46 个县的中小学校和教育、财政部门共挤占挪用公用经费、校舍维修改造等专项经费 1.15 亿元,占同类专项经费总额的 3.8%。挤占挪用的资金中,用于教职人员经费 6 513.51 万元,占 56.6%;用于学校基建 2 986.09 万元,占 25.97%;用于教育主管机构日常办公经费 1 016.84 万元,占 8.84%;用于偿还债务 844.99 万元,占 7.35%;用于购车等其他支出 126.09 万元,占 1.1%。还有的地区资金管理比较混乱。有 16 个县的教育部门及学校共 142 个单位,把向学生收取或代收的考试或教辅材料等收费、教育经费拨款、食堂差价、房屋出租收入等共计 4 065.15 万元,账外存放或存入个人存折保管。由于部分资金被隐瞒、截留形成"小金库",致使部分地区和学校教育经费紧张和资金使用效益低下的矛盾突出,个别地区甚至出现了私分教育经费的经济犯罪问题。此外,乱收费现象也依然存在。① 要缩小城乡之间在教育机会、教育质量和教育结果方面的差距,实现"教育公平"的理想和目标,离不开农村义务教育经费保障机制的继续完善。

第七,农民工子女在城市的义务教育保障机制不完善。虽然有关政策对于农民工子女与城市子女享受平等的受教育机会作了原则规定,明确了流入地政府的责任,但这种规定缺乏中央的经费保障与对地方政府执行政策的硬性约束。我们可以推断,与城市和其他农

---

① 审计署公告:《54 个县农村义务教育经费保障及使用情况审计结果》,2008 年 7 月 4 日。

村的学生相比，农民工子女是最受忽视的弱势群体，他们的受教育权利并没有受到政府的足够重视。而且，户籍制度也成为限制他们上学的重要原因。《教育法》中规定："学龄儿童的入学应由其户籍所在地的政府负责。"由于农民工子女在流入地没有户口，这种户籍制度便很容易将他们挡在城市学校的门外。虽然 2006 年《关于解决农民工问题的若干意见》规定不得向农民工子女加收借读费等，但许多地方仍以户籍为由强制收取。而农民收入低，对昂贵的求学成本心有余而力不足。目前对于农民工子女由中央财政和省级财政共同负担的免费教科书、作业本，实行的是户籍在地管理政策，免费教科书实行循环利用，具体使用细化到学生个人，跨区域流动到城市的农民工子女，暂时还不能享受这些优惠政策。① 这些造成农民工子女在城市的就学困难重重。另外，虽然国家政策文件明令禁止学校收取借读费、赞助费等，但由于各种证明手续烦琐、政策细则模糊、学校教育资金不足等原因，农民工子女在全国许多城市公立学校的就读仍需要缴纳昂贵的借读费、赞助费等，否则学校往往以师资、校舍设备和经费不足等理由将他们拒之门外。而且，各地在降低接收农民工子女入学门槛的时候，也会与其他地区进行比较，唯恐降得太低，成为汇流的盆地。这些限制和不利因素使得农民工子女在城市接受公平义务教育困难重重。

第三节　相关对策建议

一、加大政府教育投入，实现地区间教育投入的均等化

随着社会公平价值理念的日益凸显，政府对于教育的投入也在

① 陈黎明、陈大江、谢佼：《城市免费义务教育临"大考"》，《半月谈》内部版，2008 年第 10 期。

逐年增加,国家财政性教育经费占 GDP 的比重持续提高,政府应尽快使其达到《教育法》规定的4%的要求,向国际平均水平看齐。政府对义务教育的投入比重也应进一步扩大,达到义务教育总经费的90%以上,努力对义务教育负全责。近年来,中央和地方各级政府高度重视农村义务教育,将新增教育经费主要用于农村,农村义务教育投入大幅度增加。这种投入应当具有连续性并制度化,并逐渐扩大对贫困家庭学生免费提供教科书覆盖面,提高寄宿生生活补助标准,继续实施农村寄宿制学校建设工程和校舍改造工程。此外,应当在关注西部农村义务教育的同时也将足够的眼光投向中部贫困地区,加大中央和省级教育财政转移支付力度,消除"中部凹陷"的情况,促使公共服务均等化和地区公平的真正实现。为此,中央、省、市、县、乡各级政府的财权划分体制必须明确合理,这就需要改革我国目前的财政分权体制。

二、大力提高薄弱学校的教学质量,缩小校际差距

目前,我国同一区域内的校际教育质量的差距成为教育不公的重要表现之一,有人认为这种状况要远比区域间和区域内部不公平状况严重。① 为了解决校际之间教育水平差距过大的问题,使同一区域内的所有学生能够享受平等的教育质量,进而获得相对公平的教育结果,我们提出以下建议:

(一) 增加对薄弱学校的资金投入和政策扶持力度,改善它们的办学条件

我国当前义务教育资源分配不公平,主要是由历史上"重点校"政策所形成的校际间巨大差距带来的"后遗症"。如果政府在义务教

---

① 张绘:《我国义务教育校际资源分配不公平现象的现状、原因及对策》,《教育发展研究》,2007年第9期。

育阶段不进行相应的政策性调整，在经费投入和资源配置上没有政策性倾斜和合理的战略部署，校际间的差距还可能进一步扩大，相对薄弱学校将长期存在。为解决义务教育校际间资源配置不公平问题，我国各地方政府已采取了不少措施，比如上海市推进的中小学标准化建设工程；贵阳市实行的加大薄弱学校的改造建设等。政府应该规范义务教育基本办学标准，合理分配教育资源，建立信息技术教育帮扶机制，努力改善薄弱学校的办学条件。而对于那些历史形成的"重点校"和"转制校"等，一方面要取消少数优质学校保留的特权，对已经改制的学校要完全脱钩，不能让其享有公立学校和私立学校双重待遇。对于那些依托名校而办的民校，要实行独立法人、独立校舍校园、独立经费核算、独立教学和人事管理。设定学校硬件投入的上限，限制政府过量的建设投资，以此遏制少数学校在办学条件上高投资的攀比现象，扭转追求奢华的不良风气。通过这些措施使每所中小学都能按国家法定标准，拥有大体均等的办学条件，让学校、教师和学生在"合格学校"这个起点上公平竞争。

（二）优化师资队伍，建立义务教育优质师资共享机制

薄弱学校在软件上的差异主要体现在教师队伍的业务素质方面，大量的优秀教师流失，并且伴随着教师队伍的老龄化现象，年轻教师人才补给不足。因此，政府应该做到：优化薄弱学校（特别是农村学校）教师队伍结构，限制代课教师的使用，改进和完善教师培养培训体系和机制，帮助他们提高素质，改进教育方法和教育理念。同时，实行教师"定期流动轮换制"，促进校际间师资均衡发展。日本、韩国早已实行了类似的制度。日本教育法规定：教师每 4 至 5 年必须流动一次。韩国教育政策规定：每个教师每 4 年必须流动一次。两国都认为，实行教师流动制，能保证各校间师资和教育水平的相对均衡。在我国，实施这一制度有助于在更大范围内发挥优秀骨干教师的辐射、示范作用，从而指导、带动更多教师更快的成长，流动到重点示范学校的普通、薄弱学校的教师，也可以在良好的氛围中更快地提高，从而使教师流动呈现良性动态平衡，在逐步实现各校师资力量均衡的基础上，整体提高教师质量。此外，还应该继续尝试实施农村学校教育硕士师资培养计划、大学生志愿服务西部计划等。保障教师工资福利收入也是减少薄弱学校优秀教师流失的重要途径。2009 年准备开始实行的义务教育学校绩效工资计划是改革的方向，应当持续改善。此外，政府还应该努力完善教师的医疗、保险、住房待遇，提高他们的社保标准，向公务员看齐。

（三）改革和完善中小学招生制度，实现生源的均衡发展

应该强化义务教育免试就近入学政策的执行，强制推行“电脑派位”或抽签方式分配生源的招生政策：按照区域内每个学校的综合实力，公开分配不同层次高一级学校的招生指标，结合考生成绩和综合素质、居住地域、录取志愿等因素，这样才能打破现实的录取不公平、不均衡，合理解决招生资源不均衡问题，使同一区域的每个学生都能享受公平的教学资源。

三、改革我国的转移支付制度

2002 年实行农村税费改革后，取消了农村教育费和教育集资，这给基层政府带来了财政上的压力和困难，教育资金就更依赖财政拨款。而且，富裕地区与贫穷地区之间、发达省份与不发达省份之间的经济差距对公民接受义务教育的机会和质量公平性的客观影响说明转移支付制度是非常必要的。应该改变我国目前一般性转移支付比重偏少的做法，国家的转移支付应以均等化的一般转移支付为主，专项转移支付为辅，逐步试行探索纵向转移与横向转移相结合的模式，以实践教育公平的理念。逐步取消税收返还，将其并入一般转移支付形式，真正发挥转移支付的公共服务均等化作用。① 制定科学合理的义务教育财政转移支付测算制度,义务教育专项资金的拨付应进行科学论证,在考虑转移支付额度时应综合考虑义务教育标准支出和标准收入、下级政府对义务教育的财政努力程度以及该地区学生人数等。不仅要达到各地区转移支付水平适当,还要达到学生人均的平衡。转移支付总量和力度也应加大,因为正如前文所述,我国目前的转移支付力度还不足以扭转各地区之间的教育差距。此外,还要完善我国财政转移支付的法制化建设,用法律形式把教育转移支付制度的原则、资金的分配方法和拨付程序、形式、预算和监督、违反时进行处罚的标准等确定下来,使教育转移支付规范化、公开化、透明化。②

四、加强对教育经费专项资金使用的监督约束

加强对农村教育经费专项资金使用情况的审计,并努力使对经费使用的监督约束制度化。事实上,国家教委办公厅在 1995 年第 6 号文件《关于加强对教育经费审计监督的意见》中就已规定了对教育经费使用的情况进行监督审计的详细内容,后来也在其他文件中予以强调。各级政府应当按照政策法规文件的规定加强对教育经费使用情况的监督,审计监督内容包括财政和上级教育主管部门是否按预算及时拨付教育经费,教育投入能否保持"三个增长",有无截留、挤占、挪用等问题,各项筹集教育经费的政策是否用足用好,各项预算内外教育经费的管理和使用情况如何,有无违反财经法纪、挥霍浪费等问题,使用的效益怎样,教师的工资能否保证按时足额发放等。为此,应该依据《审计法》的规定和审计署、国家教委的有关文件,建立健全内审机构,配备适应工作需要的专兼职审计人员,切实加强领

① 安体富:《完善公共财政制度 逐步实现公共服务均等化》,《财经问题研究》,2007 年第 7 期。

② 安体富:《国情决定民生财政》,《瞭望》,2008 年第 13 期。

导，组织和依靠他们对教育经费实施审计监督，并不断完善内部审计制度。各级教育主管部门内审机构要加强对下属单位的教育经费审计监督工作的指导，及时作出部署，认真组织各单位自审自查、互审互查及对重要单位或项目的联合审计和抽审抽查，确保审计和审计调查的质量。对审计和审计调查中发现的截留、挤占、挪用教育经费的问题和其他违反国家财经法规的问题要依法严肃处理，并应追究当事人及其领导者的责任，可以采取限期整改、结果公报和问责奖惩等方式，问题严重的，应移送纪检、监察或司法部门处理。此外，中央或省级政府应定期组织督查组对地方各级政府使用教育经费的情况进行重点审计，各种媒体也可以发挥重要的舆论作用来使政府的资金使用尽量公开化、透明化、合法合规化，约束资金的合理合法使用。

五、提高高等教育质量，增强培养高素质人才和服务社会的能力

目前，我国已经进入高等教育大众化的阶段，高校学生规模庞大，但与此同时，教学质量却没有同步提高，甚至在某些方面出现了下降的趋势（如每百在校生拥有专任教师数还比不上前些年的水平）。因此，高校应该转变理念与发展模式，贯彻科学发展观，走内涵发展道路，明确并树立科学的高等教育质量观，稳定招生规模。要优化学科专业结构，根据社会需求调整学科专业设置，围绕经济社会发展对人才培养的规模、结构和质量的需求，科学规划高等教育的发展和布局；还要制定鼓励学校科学定位、办出特色的政策措施，努力使各类学校各得其所、各展所长、充分发展。另外，还应该借鉴国外的有益经验，结合我国的国情，建立由政府、社会中介机构和用人部门多方面评估（如大学的设置、大学的质量、对政府投资的效益等）的外部保障机制。

六、使农民工流动子女享有真正的平等受教育权

解决农民工流动子女的义务教育权利问题，主要是为了让他们能够在城市和其他孩子享有平等的受教育权利，破除城市学生与农村学生的界限，减免学费或取消借读费，实现真正的教育公平。具体来说，应该在如下方面进行努力：

（一）建立农民工流动子女义务教育的专项经费保障机制

中央应要求各级政府将保障农民工子女义务教育的经费列入专项计划，明确经费安排和筹措办法，并给予必要的财政支持，可以采取“教育券”、补贴民用教育成本等方法，来解决城市义务教育费用对农民工收入负担过重的问题。此外，还应该制定配套的管理措施和设立监督机构，确保政府在教育经费投入上的足额补偿。

（二）改革户籍制度

目前的户籍制度是造成农民工子女受教育的合法权利被相对剥夺的根本原因。户口成了他们在城市中公平地生存和发展的“瓶颈”，如果这一问题不解决，他们的教育公平问题就不可能真正解决。因此，应该改革现行的城乡分治的户籍制度，改变城乡割据的局面，取消对进城农民工子女的限制，探索建立适应“就地入学”的管理服务机制。

（三）大力扶持兴办农民工子弟学校

从目前状况来看，农民工子女的数量较大，公办学校无法满足。同时，农民工子女要融入城市学生当中也需要一个过程，因此，在现阶段，农民工子弟学校有其存在的合理性。政府应降低农民工子弟学校的办学门槛，同时出台更加有利于社会力量办学的政策，大力支持社会发展教育事业，分担“大班额”的压力。应明确农民工子弟学校审批标准，给予其合法身份和一定的优惠措施，同时加强对农民工

子弟学校的监督管理，对办学者和教师的素质、教学活动和教育质量等进行有效的监管，达到标准的学校可以合法化，不具有办学条件的予以取缔。还要加大对这些合法的农民工子弟学校的政策、财政资金扶持，完善教学条件，保证农民工流动子女在城市与其他公立学校的学生一样享有公平的教育质量。

（四）扩大城市教育资源的容纳能力

按照义务教育国家办的原则，公立学校应该是接受农民工子女的主要渠道。然而，城市公立学校的资源有限，我们不能把所有的希望寄托在城市教育资源上。首先，对城乡教育资源进行调整配置，目前正在进行的农村村校的合并就是一个良好的开端。其次，城市内部的义务教育要重新布局，合理配置教育资源。由于流动人口中民工比较集中居住在城郊结合部，而现有的城郊结合部的许多学校主要是由一些村镇学校演化而来，是义务教育的薄弱环节。所以，当务之急是加强城郊结合部的教育资源配置，缓解局部区域内流动人口子女入学的紧张状况。

七、使贫困家庭子女享有真正的平等受教育权

（一）完善助学贷款制度

要降低助学贷款偿还利率，减轻学生负担；延长偿还期限，实行5至10年的还贷期限，缓解学生还款压力；寻求多种偿还方式，便于学生还贷，可采取“分期定额”、“定期定额”、“分期不定额”或“定期不定额”等多种偿还方式；配套设立商业贷款，使无法在偿还期限内还贷的学生，能运用商业贷款偿还国家助学贷款，或允许超过偿还期限的助学贷款转为商业贷款；要加大实施贷款减免的力度，激励学生成才。完善助学贷款制度的监督和责任追究制度、对资助资金中由地方政府和高校投入的部分也要加强审计，另外，要建立

良好的风险防范和补偿机制,有效防范个人违约风险。国家还应该研究是否可以设立助学贷款政策性银行,以防商业银行由于利润过低而拒贷的问题,或者采用其他有效的激励机制补贴商业银行利益。

(二)健全针对贫困家庭学生的综合资助体系

应该进一步扩大教育资助制度和助学体系涵盖的高校和高中阶段学校的范围,扩大资助范围和提高资助标准,使家庭困难有需要的学生均能享受到学费资助,顺利完成学业。为此,中央或省级政府应该加大对贫困地区或经济能力不足的地区的财政补贴转移支付,使得对贫困学生的资助保障能够顺利实现,同时,通过制定详细的法规文件、学校制度等方式来保证评奖评助等过程的规范化、公平性,使得真正有需要的学生可以解决非义务教育阶段的费用可负担性问题。此外,还应有效整合"奖、贷、助、补、减"等多种经济资助方式,满足困难学生的不同需要。

(三)通过制定相关激励政策,鼓励社会力量参与

通过税收优惠政策等,鼓励社会各方支持并积极参与捐资兴学、产学合作事务,各级政府可以出台专门的促进捐资兴学、产学合作的政策,对在这方面做出重要贡献的机关团体、企业事业单位、民间组织机构以及公民个人给予精神和物质奖励,努力在全社会营造资助贫困大学生的良好氛围,逐步形成一个以政府为主导、公共财政为主体、社会各方参与、多元化助学手段并举的助学制度,使不同家庭、学生的教育公平目标得以实现。

除了贫困家庭学生和农民工子女,我国受教育对象中还存在其他的弱势群体如留守儿童、残疾儿童和流浪儿童。虽然这些弱势群体的总量并不多,但也应该引起国家的重视,采取相应的措施来保障他们的义务教育权利。对于留守儿童,可以通过寄宿制学校工程等来解决他们缺少关爱的问题。对于残疾儿童,应通过促进学校建设的完善,强化对教师的培训、保障师资待遇的提高和教育教学条件来提高残疾儿童接受适合他们教育的水平。对于流浪儿童,应该试行加强城市救助站教育设施的配备和完善或让他们在相对固定的学校就学来解决他们在短期流动过程中接受教育的问题。当然,最根本的还是要完善农村教育的保障,使这些儿童能够不流浪。①

① 袁振国等:《把促进教育公平作为我国基本教育政策》,教育部门户网站,2009年1月13日。

第四章
中国社会保障绩效分析报告

社会保障是社会建设的又一个重要领域,它是保障人民的基本生活和维护社会稳定的重要条件。本章拟从 8 个方面实测中国社会保障的绩效水平:社会保障总支出占 GDP 比重、社会保障财政支出占财政总支出比重、城镇基本养老保险覆盖率、城镇基本医疗保险覆盖率、失业保险覆盖率、工伤保险覆盖率、最低生活保障覆盖率、弱势群体救助,进而分析存在的问题,提出相关对策建议。

第一节 中国社会保障绩效数据分析

一、社会保障总支出占 GDP 比重

社会保障水平是一定时期内一国(地区)社会成员享受社会保障高低程度的表示。① 衡量一个国家的社会保障水平,主要看它能够支出多少资金用于社会保障,而社会保障资金的支付数额从统计学的角度来讲是一个孤立的变量,缺乏参照标准。因此,国际上普遍采

① 孙光德、董克用:《社会保障概论》,中国人民大学出版社,2004 年,第 76 页。

用社会保障支付的资金数额占某一地区 GDP 的比重来衡量，即社会保障总水平或社会保障给付总水平，具体公式为：

$$b = B/GDP \times 100\%$$

式中，b 表示社会保障总水平，B 为社会保障总支出数额。一国的社会保障总支出包括政府的财政社会保障支出和社会保险支出(包括非政府即企业等支付的社会保险支出和个人按一定比例缴纳的社会保险支出)。按照《中国财政年鉴》的统计方法，我国政府的财政社会保障支出主要包括抚恤和社会福利救济费、社会保障补助费和行政事业单位离退休经费三个部分，而非政府及企业和个人等支付的社会保险支出包括基本养老保险费用、医疗保险费用、失业保险费用、工伤保险费用、生育保险费用等。因此，本报告中有关社会保障总支出的数据由政府的财政社会保障支出和社会保险支出两部分相加所得。社会保障总支出占 GDP 的比重反映了一国国民经济与社会保障支出水平的关系，从实际情况看，社会保障支出的增长可以推动国民经济的增长；反之，国民经济的增长也会拉动社会保障支出的增长。该指标反映社会保障与经济发展的相互关系，在一定程度上表示一个国家或地区为社会成员提供社会保障的能力。因此，理论界通常把社会保障总支出占国内生产总值(GDP)的比重作为衡量社会保障水平和经济发展水平的主要指标。

表 4－1 反映了 2000 至 2007 年我国社会保障支出占 GDP 比重的变化情况。从该表中可以看出，2000 至 2007 年，我国社会保障支出占 GDP 比重呈现先上升后下降再上升的趋势。2002 年比 2000 年上升了约 1 个百分点，2003 年和 2004 年有所下降，但从 2006 年起又开始回升。从增长幅度看，2007 年我国的社会保障支出占 GDP 的比重比 2000 年增长了 1.4 个百分点，增幅较小，这从一个侧面反映了政府对社会保障事业的投入力度仍有待

提高。

表 4－1　2000—2007 年全国社会保障支出占 GDP 比重

	社会保障总支出(亿元)	国内生产总值(GDP)(亿元)	社会保障总支出占GDP 比重(%)
2000 年	3 903.17	99 215.00	3.93
2001 年	4 735.40	109 655.00	4.32
2002 年	6 107.72	120 333.00	5.08
2003 年	6 672.31	135 823.00	4.91
2004 年	7 740.48	159 878.00	4.84
2005 年	9 099.66	183 217.00	4.97
2006 年	10 839.18	211 923.00	5.11
2007 年	13 283.81	249 530.00	5.32

资料来源：根据《中国统计年鉴》(2001—2008)数据整理和计算而成。

表 4－2 反映了部分发达国家和发展中国家社会保障总支出占 GDP 比重的对比情况。本报告选择了 1990 年、1995 年、1998 年和 2001 年 4 个年份部分发达国家和发展中国家社会保障总支出占 GDP 的比重情况。经过计算，美国这 4 年的社会保障总支出占 GDP 的平均比重为 14.55%，英国为 21.45%，加拿大为 18.6%，德国为 26.28%，日本为 14.03%。土耳其 1990 年、1995 年和 1998 年三年的社会保障总支出占 GDP 的平均比重为 8.73%。我国 4 年的社会保障总支出占 GDP 的平均比重为 4.55%，而发达国家社会保障总支出占 GDP 的比重均在 10%以上，高出我国 9—22 个百分点。2007 年我国社会保障总支出占 GDP 比重为 5.32%，仍远远低于部分发达国家 1990 年的水平，可见，我国的社会保障总支出占 GDP 比重与发达国家之间存在着较大差距。与土耳其等发展中国家进行对比后发现，我国的社会保障总支出占 GDP 的比重也

不具有优势。

表 4-2 部分国家社会保障总支出占 GDP 比重对比表

（单位：%）

	1990 年	1995 年	1998 年	2001 年	2006 年	2007 年
美 国	13.40	15.50	14.50	14.80	—	—
英 国	19.50	23.00	21.50	21.80	—	—
加拿大	18.60	19.60	18.40	17.80	—	—
德 国	22.80	27.50	27.40	27.40	—	—
日 本	11.20	13.50	14.50	16.90	—	—
土耳其	7.60	7.50	11.10	—	—	—
中 国	5.20	4.20	4.50	4.32	5.11	5.32

资料来源：根据经济合作与发展组织(OECD)有关数据整理而成。

表 4-3 反映了 2001 至 2007 年全国与广东、湖北、甘肃、吉林 4 省社会保障总支出占 GDP 比重的对比情况。从增长幅度看，广东省社会保障总支出占 GDP 比重虽然呈上升态势，但幅度较小，7 年间上升了 1 个百分点。湖北省在 2001 至 2007 年期间的社会保障总支出占 GDP 比重有升有降，总体呈上升趋势，但增幅也不大，7 年上升了 1.71 个百分点。甘肃省上升了 1.42 个百分点，而吉林省的波动最大，上升的幅度最小。

与全国平均水平相比，甘肃省和吉林省的社会保障总支出占 GDP 比重高于全国平均水平，而湖北省与全国平均水平相当，广东省低出全国平均水平 1.8 个百分点。从经济发展水平来说，广东省拥有较大的优势，湖北省的总体经济实力也高于甘肃省和吉林省，但社会保障支出水平占 GPD 的比重反倒低于甘肃省和吉林省，说明经济水平和总量并非是社会保障支出水平的决定因素。

表 4－3 2001—2007 年全国与广东、湖北、甘肃、吉林 4 省社会保障总支出占 GDP 比重对比表 （单位：%）

	全 国	广东省	湖北省	甘肃省	吉林省
2001 年	4.32	2.25	3.84	5.96	6.07
2002 年	5.08	2.54	4.63	6.90	6.81
2003 年	4.91	2.63	4.89	8.07	5.06
2004 年	4.84	2.77	4.72	7.49	7.35
2005 年	4.97	2.71	4.97	7.61	7.73
2006 年	5.11	3.01	5.68	7.46	6.65
2007 年	5.32	3.15	5.53	7.38	6.16

资料来源：根据《中国财政年鉴》、《中国统计年鉴》和各省预算执行情况和预算草案报告整理而成。

二、社会保障财政支出占财政总支出比重

政府社会保障财政支出占财政总支出的比重反映了一个国家政府对社会保障事业重视程度，其公式为：

政府社会保障财政支出占财政总支出比重＝政府社会保障财政支出/政府财政支出总额×100%

表 4－4 反映了 2000 至 2007 年间我国政府社会保障财政支出占财政总支出的比重变化情况，从中可以看出，在这期间全国社会保障财政支出占财政总支出比重有升有降。其中，2002 年比 2000 年增加了 3 个百分点，增幅较大，这是因为政府在这两年中实施了较多的社会保障改革措施。例如，2002 年在农村开始试点大病统筹为主的新型农村合作医疗，合保工程全面启动，劳动保障信息化建设加快等，从而带动了政府社会保障财政支出的增加。而 2003 至 2007 年间各年的社会保障财政支出占财政总支出比重的变化幅度不大，都

保持在 11%左右。

表 4-4　2000—2007 年全国社会保障财政支出占财政总支出比重

	政府社会保障财政支出(亿元)	财政支出总额(亿元)	政府社会保障支出占财政支出比重(%)
2000 年	1 517.57	17 575.33	8.63
2001 年	1 987.40	18 902.58	10.51
2002 年	2 636.22	22 053.15	11.95
2003 年	2 655.91	24 649.95	10.77
2004 年	3 116.08	28 486.89	10.94
2005 年	3 698.86	33 930.28	10.90
2006 年	4 361.78	40 422.73	10.79
2007 年	5 396.01	49 565.40	10.89

资料来源：根据《中国统计年鉴》(2001—2008)整理计算而成。

表 4-5 反映了我国和部分发达国家在社会保障财政支出占财政总支出比重方面的对比情况。1998 年，美国、加拿大、日本和韩国的社会保障财政支出占财政总支出比重分别为 28.71%、42.92%、36.80%和 10.79%，比我国同期高出 23.52 个百分点、37.73 个百分点、31.61 个百分点和 5.60 个百分点。2002 年，美国、英国、瑞典、德国和日本的社会保障财政支出占财政总支出比重分别为 33.60%、32.40%、35.40%、31.30%和 24.40%，比我国同期高出 21.65 个百分点、20.45 个百分点、23.45 个百分点、19.35 个百分点和 12.45 个百分点。我国 2007 年社会保障财政支出占财政总支出比重为 10.89%，仍比 1998 年美国、加拿大、日本等发达国家的社会保障财政支出占财政总支出比重少 17.82 个百分点、32.03 个百分点和 25.91 个百分点，这些数据反映了我国在社会保障财政支出占财政总支出比重方面与发达国家的巨大差距。

表 4－5　部分国家社会保障财政支出占财政总支出比重对比表

（单位：%）

	1998 年	2002 年	2006 年	2007 年
美　国	28.71	33.60	—	—
加拿大	42.92	—	—	—
英　国	—	32.40	—	—
瑞　典	—	35.40	—	—
德　国	—	31.30	—	—
日　本	36.80	24.40	—	—
韩　国	10.79	—	—	—
中　国	5.19	11.95	10.79	10.89

资料来源：由相关期刊论文整理而成。

表 4－6 分别反映了 2000 至 2007 年间全国与广东、湖北、甘肃、吉林 4 省在社会保障财政支出占财政总支出比重方面的对比情况。广东的社会保障支出占财政支出比重呈逐年上升的趋势，2007 年比 2000 年增加了 4.20%。而湖北、甘肃和吉林 3 省的增幅不大，分别为 2.71%、1.04%和 1.36%。

与国家平均水平相比，湖北、甘肃、吉林 3 省的社会保障支出占财政支出的比重均高于国家平均水平，其中，吉林省最高，其次是甘肃省，第三是湖北省，广东省则相对较低。吉林省社会保障支出占财政支出的平均比重为 21.06%，分别高出甘肃、湖北和广东三省 4.48 个百分点、5.04 个百分点和 11.82 个百分点。甘肃省社会保障支出占财政支出的平均比重为 16.58%，分别高出湖北省和广东省 0.58个百分点和 7.34 个百分点。从财政实力来看，广东省是最强的，但在社会保障中的财政支出比例却最低，而吉林省的这一比重却是最高的。对此，我们可以作出如下的解释：广东省在改革开放前国有企业的总量较少，因此，需要进行社保补助的费用也相对较少。而吉林省原来国有企业所占的比重大，20 世纪 90 年代以来，随着国有企业的改制，导致了很多工人下岗，需要政府予以财政补助，从而造成社会保障财政支出占财政总支出的比重增加。

表 4－6　2000—2007 年全国与广东、湖北、甘肃、吉林四省社会保障财政支出占财政总支出比重对比表　（单位：%）

	全国	广东省	湖北省	甘肃省	吉林省
2000 年	8.63	7.13	13.73	14.08	16.11
2001 年	10.51	7.75	12.91	11.54	17.89
2002 年	11.95	8.76	15.17	14.53	21.04
2003 年	10.77	8.92	18.07	20.99	23.07
2004 年	10.94	9.28	17.14	19.35	25.52
2005 年	10.90	8.14	17.14	19.26	26.02
2006 年	10.79	12.53	17.52	17.03	21.37
2007 年	10.89	11.39	16.44	15.84	17.47

资料来源：根据《中国财政年鉴》(2001—2006)、各省财政预算执行和财政预算报告、《中国统计年鉴》(2001—2008)、《吉林省统计年鉴》(2002—2008)整理而成。

三、城镇基本养老保险覆盖率

基本养老保险是根据国家法律、法规和有关政策规定建立和实施的一种社会保险制度，在这一制度下，用人单位和劳动者必须按规定缴纳养老保险费，在劳动者达到国家规定的退休年龄或因其他原因而退出劳动岗位并办理退休手续后，社会保险经办机构向缴费时间超过一定年限的劳动者支付养老金，从而保障其基本生活。基本养老保险是我国社会保障体系的重要组成部分。按城乡二元结构划分，基本养老保险包括城镇基本养老保险和农村基本养老保险。由于我国农村大多数地方尚未建立养老保险制度,以家庭养老为主,无法用它来衡量农村的养老保障水平,因此,本报告将城镇基本养老保险覆盖率作为衡量我国养老保障水平的指标,并进行横向比较。理论上的城镇基本养老保险覆盖率应是 100%,①因而可以将该项指标评估标准值确定为 100%。城镇基本养老保险覆盖率理想的计算公式为:城镇基本养老保险覆盖率=城镇基本养老保险实际参保人数/城镇基本养老保险应参保人数。但是该公式是从抽象的定义出发,缺乏实际的操作数据。通过较为广泛的文献研读发现,学术界对于城镇基本养老保险覆盖率并未达成统一的计算方法,其中的不同主要表现在对分母的定义上,即城镇基本养老保险应参保人数的定义。例如,卢小金认为可以用地区总人口作为计算城镇基本养老保险覆盖率的分母(如中国总人口、广东省总人口),②但是本报告认为将总人口作为分母欠妥,因为基数的庞大会带来误差,不能较好地反映实际情况。而如果将企业职工人数和离退休人口之和作为分母,该种计算方法不能全面反映我国现实的基本养老保险参保人员类型,而且在实际计算操作中会出现矛盾。例如,2002 年广东省基本养老保险参保人数为 1 405.4 万人、职工人数 735.1 万人、离退休人数 214.68万人,职工人数与离退休人数之和为 949.78 万人。分母远远小于分子,其计算结果将会超过 100%,这与现实情况不符,因此,本报告也不采用该种计算方法。根据原劳动和社会保障部对城镇基本养老保险参保人员种类的界定,我国城镇基本养老保险覆盖范围已从企业职工扩展到个体工商户、灵活就业人员等各类从业人员。因此,城镇基本养老保险的参保人员应为包括企业职工在内的各类城镇就业人员和离退休人员。基于此,本报告采用原劳动和社会保障部对城镇基本养老保险覆盖率的统计口径,即城镇基本养老保险覆

① 曹信邦:《政府社会保障绩效评估指标体系研究》,《中国行政管理》,2006 年第 7 期。

② 卢小金:《我国社会基本养老保险覆盖率问题分析》,《学术论坛》,2006 年第 2 期。

盖率的计算公式为：

城镇基本养老保险覆盖率

＝城镇基本养老保险参保人员数/(年末城镇从业人员数＋离退休人员数)×100%

其中,城镇基本养老保险参保人员数是指报告期末按照国家法律、法规和有关政策规定参加基本养老保险的人数。年末城镇从业人员数是指年末在城镇从事一定社会劳动并取得劳动报酬或经营收入的人员总数。包括：(1) 企业职工;(2) 再就业的离退休人员;(3) 个体户主;(4) 私营业主;(5) 灵活就业人员等。离退休人员数是指年末离休、退休和退职的人员总数。

表4－7反映了2001至2007年间我国城镇基本养老保险覆盖率变化情况,可以看出,这期间全国城镇基本养老保险覆盖率呈现逐年上升的趋势,2007年比2001年增加了7个百分点,说明我国城镇基本养老保险事业正稳步地向前发展。随着我国经济的发展,政府对城镇基本养老保险事业越来越重视,逐步扩大了城镇基本养老保险的参保范围,使更多的老百姓能够享受到基本养老保险。

表4－7 2001—2007年全国城镇基本养老保险覆盖率

	基本养老保险人数(万人)	城镇年末从业人员数与离退休人员数之和(万人)	城镇基本养老保险覆盖率(%)
2001年	14 182.5	27 957.7	50.7
2002年	14 736.6	29 002.8	50.8
2003年	15 506.7	30 162.4	51.4
2004年	16 352.9	31 564.2	51.8
2005年	17 487.9	32 419.2	53.9
2006年	18 766.3	33 652.4	55.8
2007年	20 136.9	34 964.2	57.6

资料来源：根据《中国统计年鉴》(2002—2008)整理计算而成。

表 4－8 是我国城镇基本养老保险覆盖与美国、德国和日本等发达国家养老保险覆盖率的对比情况。本报告将我国城镇基本养老保险覆盖率与部分发达国家整体的养老保险覆盖率进行对比主要基于：现阶段，发达国家的基本养老保险制度已经较为成熟，其参保对象已包括全体社会成员，而我国的基本养老保险覆盖面相对狭窄，主要表现在基本养老保险更多地面向城镇居民，农村基本养老保险覆盖率基本处于停滞状况。从该表中可以看出，1997 年德国的养老保险覆盖率为 75.00％，2001 至 2002 年，日本的基本养老保险覆盖率已经达到 100％，美国分别为 90％和 95％，而我国城镇基本养老保险覆盖率在 2001 至 2002 年分别为 50.7％和 50.8％，2006 至 2007 年分别为 55.80％和 57.60％。我国 2007 年的城镇养老保险覆盖率比德国 10 年前(1997)的养老保险覆盖率低约 17.5 个百分点，比 2002 年日本和美国的养老保险覆盖率分别低约 42.5 个百分点和 37.5 个百分点。这说明我国城镇基本养老保险事业的发展相对缓慢。

表 4－8　2001—2002 年部分国家基本养老保险覆盖率对照表

（单位：％）

	1997 年	2001 年	2002 年	2006 年	2007 年
美　国	—	90.00	95.00	—	—
德　国	75.00	—	—	—	—
日　本	—	100.00	100.00	—	—
中　国	—	50.70	50.80	55.80	57.60

资料来源：根据期刊论文数据整理而成。

表 4－9 反映了 2001 至 2007 年间全国和广东、湖北、甘肃、吉林 4 省的城镇基本养老保险覆盖率的对比情况。从该表中可以看出，广东、湖北、吉林、甘肃 4 省呈现有规律的梯度递次关系，广东为第一

梯次,2001 至 2007 年间,广东省城镇基本养老保险覆盖率各年都维持在 95%以上,远高于全国平均水平,已接近和达到发达国家水平。湖北和吉林为第二梯次,高出全国平均水平 20%至 30%左右,甘肃省为第三梯次,高出全国平均水平 10%左右,从总体上看,这三省均呈稳步上升态势。从这些数据可以看出,第一,我国城镇基本养老保险的整体水平在不断提高;第二,城镇基本养老保险覆盖率存在明显的地区差异,这种差异与经济发展水平的高低密切相关。

表 4-9　2001—2007 年全国和广东、湖北、甘肃、吉林 4 省城镇基本养老保险覆盖率对比表

（单位：%）

	全国	广东省	湖北省	甘肃省	吉林省
2001 年	50.7	97.86	71.62	61.33	72.64
2002 年	50.8	95.90	73.07	60.30	70.54
2003 年	51.4	97.24	78.87	59.53	84.45
2004 年	51.8	98.44	80.96	58.85	75.38
2005 年	53.9	96.02	82.54	58.25	79.65
2006 年	55.8	92.98	86.01	57.92	86.03
2007 年	57.6	95.04	84.30	67.84	89.73

资料来源：根据《中国统计年鉴》(2002—2008)整理计算而成。

四、城镇基本医疗保险覆盖率

基本医疗保险是为补偿劳动者因疾病风险造成的经济损失而建立的一项社会保险制度。通过用人单位和个人缴费,建立医疗保险基金,参保人员患病就诊发生医疗费用后,由医疗保险经办机构给予一定的经济补偿,以避免或减少劳动者因患病、治疗等所带来的经济风险。

城镇基本医疗保险覆盖率能直观地反映我国城镇基本医疗保险的状况，反映政府建立城镇医疗保险制度的覆盖面。理论上城镇医疗保险覆盖率应是 100%，因而可以将该项指标评估标准值确定为 100%。①按照原劳动和社会保障部对基本医疗保险参保人员种类的界定，我国城镇基本医疗保险覆盖范围已从企业职工和离退休人员扩展到个体工商户、灵活就业人员等各类从业人员和离退休人员。因此，城镇基本医疗保险的参保人员应为包括企业职工在内的各类城镇就业人员和离退休人员。基于此，本报告中的基本医疗保险覆盖率的计算公式为：

城镇基本医疗保险覆盖率
= 城镇基本医疗保险参保人员数 /（年末城镇从业人员数 + 离退休人员数）× 100%

其中，城镇基本医疗保险参保人员数是指年末按照国家法律、法规和有关政策规定参加基本医疗保险的城镇就业人员和离退休人员。年末城镇就业人员数和离退休人数的概念界定已在城镇基本养老保险覆盖率部分提及，在此不再赘述。

表 4 - 10 反映了 2001 至 2007 年间全国城镇基本医疗保险覆盖率的变化情况。从图表中可以看出，2001 至 2007 年间全国城镇基本医疗保险覆盖率呈现逐年上升的趋势，以每年 3 至 6 个百分点的速度增长，2007 年比 2001 年增加了 25 个百分点，增长幅度较大。但是，与发达国家的基本医疗保险覆盖率相比仍有相当大的差距，例如，丹麦、爱尔兰、意大利、瑞典、英国的医疗保险覆盖率已达 100%，其中意大利还包括在意的外国居民。②

---

① 曹信邦：《政府社会保障绩效评估指标体系研究》，《中国行政管理》，2006 年第 7 期。

② 景巧妮：《欧盟十国社会保障制度同异》，《世界经济文汇》，1998 年第 2 期。

表 4－10　2001—2007 年全国城镇基本医疗保险覆盖率

	城镇基本医疗保险人数(万人)	城镇年末从业人员数与离退休人员数之和(万人)	城镇基本医疗保险覆盖率(%)
2001 年	7 285.90	27 957.7	26.06
2002 年	9 401.20	29 002.8	32.41
2003 年	10 901.70	30 162.4	36.14
2004 年	12 363.60	31 564.2	39.17
2005 年	13 782.90	32 419.2	42.51
2006 年	15 731.80	33 652.4	46.75
2007 年	18 020.0	34 964.2	51.54

资料来源：根据《中国统计年鉴》(2002—2008)整理计算而成。

表 4－11 反映了 2001 至 2007 年间全国和广东、湖北、甘肃、吉林 4 省的城镇基本医疗保险覆盖率的对比情况。从中可知，广东、湖北、甘肃和吉林 4 省的城镇基本医疗保险覆盖率都呈现逐年上升的趋势。将 4 省的城镇基本医疗保险覆盖率进行横向比较可以看出，广东省相对最高，吉林、甘肃和湖北 3 省之间的城镇基本医疗保险覆盖率差距不大。从增长速度来看，吉林省最快，2007 年是 2001 年的近 3 倍。

表 4－11　2001—2007 年全国和广东、湖北、甘肃、吉林 4 省城镇基本医疗保险覆盖率对比表

(单位：%)

	全 国	广东省	湖北省	甘肃省	吉林省
2001 年	26.06	41.68	29.89	35.77	23.18
2002 年	32.41	51.20	39.30	39.80	31.38
2003 年	36.14	57.53	44.87	45.27	45.63
2004 年	39.17	64.08	48.42	50.17	46.36
2005 年	42.51	66.04	49.33	52.14	49.44

续 表

	全 国	广东省	湖北省	甘肃省	吉林省
2006 年	46.75	67.00	57.15	56.36	67.41
2007 年	51.54	86.30	61.24	61.73	76.52

资料来源：根据《中国统计年鉴》(2002—2008)整理计算而成。

五、失业保险覆盖率

失业保险是指国家通过立法强制实行的，由社会集中建立基金，对因失业而暂时中断生活来源的劳动者提供物质帮助的制度。衡量失业保险水平的一个重要指标就是失业保险覆盖率，理论上失业保险覆盖率应是 100％，因而可以将该项指标评估标准值确定为 100％。① 按照《失业保险条例》的规定，国有企业、城镇集体企业、外商投资企业、城镇私营企业以及其他城镇企业和各类事业单位(如学校、医院、科研院所等)的从业人员都在参加失业保险的范围之内。因此，本报告中的失业保险覆盖率的计算公式为：

失业保险覆盖率＝失业保险参保人数/(年末城镇从业人员数＋失业人员数)×100％

式中，失业保险参保人数是指报告期末按照国家法律、法规和有关政策规定参加失业保险的人数。失业人数是指在一定的劳动年龄内(16 周岁至退休年龄)、有劳动能力、失去工作的人员数。年末城镇从业人员数的定义在此不再赘述。

从表 4－12 中可以看出，2001 至 2007 年间全国失业保险覆盖率呈现先下降后上升的趋势，总体呈下降趋势，2007 年比 2001 年下降

① 曹信邦：《政府社会保障绩效评估指标体系研究》，《中国行政管理》，2006 年第7 期。

了3.48%,说明我国在面对就业人员和失业人员增多的情况时,不能及时调整失业保险政策,失业保险事业的发展滞后于社会的发展。

表4－12　2001—2007年全国失业保险覆盖率

	失业保险人数(万人)	城镇年末从业人员数(万人)	失业人员(万人)	失业保险覆盖率(%)
2001年	10 354.60	23 940.00	681.00	42.06
2002年	10 181.60	24 780.00	770.00	39.85
2003年	10 372.40	25 639.00	800.00	39.23
2004年	10 583.90	26 476.00	827.00	38.76
2005年	10 647.70	27 331.00	839.00	37.80
2006年	11 186.60	28 310.00	847.00	38.37
2007年	11 644.60	29 350.00	830.00	38.58

资料来源:根据《中国统计年鉴》(2002—2008)整理计算而成。

表4－13反映了我国与部分发达国家失业保险覆盖率的对比情况。2001年,美国的失业保险覆盖率为40%,我国的失业保险覆盖率略高于美国。2007年,美国的失业保险覆盖率为74%,英国、德国的覆盖率分别为86%和68%,我国的失业保险覆盖率为35.58%。失业保险覆盖率与发达国家相比差距明显。主要原因在于我国失业保险起步较晚,《失业保险条例》在1998年才颁布,至今仅有10多年的时间。而从20世纪初到第二次世界大战以前,西方各国就先后建立起失业保险制度。“二战”以后至20世纪70年代初期,发达国家的失业保险制度快速发展,有的国家形成了高度保护的失业保险制度。

表4－14反映了2001至2007年间全国与广东、湖北、甘肃、吉林4省失业保险覆盖率的对比情况。虽然4省的参保水平均高于全国平均水平,其中广东最高,其余3省的差距不大,但4省的参保水平均呈下降趋势。

表 4-13　部分国家失业保险覆盖率对比表　（单位：%）

	2001 年	2007 年
美　国	40.00	76.00
英　国	—	86.00
德　国	—	68.00
中　国	42.06	38.58

资料来源：由相关期刊论文数据整理而成。

表 4-14　2001—2007 年全国和广东、湖北、甘肃、吉林 4 省失业保险覆盖率对比表　（单位：%）

	全 国	广东省	湖北省	甘肃省	吉林省
2001 年	42.06	71.97	59.02	64.46	64.88
2002 年	39.85	72.79	58.23	63.04	61.31
2003 年	39.23	71.71	51.73	61.68	72.50
2004 年	38.76	71.47	51.43	60.19	59.69
2005 年	37.80	66.73	49.18	58.69	45.13
2006 年	38.37	64.06	53.06	57.51	52.92
2007 年	38.58	61.88	51.69	56.12	54.56

资料来源：根据《中国统计年鉴》(2002—2008)整理计算而成。

六、工伤保险覆盖率

工伤保险是社会保险制度中的重要组成部分，是指国家和社会为在生产、工作中遭受事故伤害和患职业性疾病的劳动者及其亲属提供医疗救治、生活保障、经济补偿、医疗和职业康复等物质帮助的一种社会保障制度。衡量工伤保险水平的一个重要指标是工伤保险覆盖率,反映工伤保险制度的覆盖面。理论上工伤保险覆盖率应是100%,因而可以将该项指标评估标准值确定为100%。① 按照2003年4月16日国务院通过的《工伤保险条例》有关工伤保险参保对象的规定,中华人民共和国境内的各类企业的职工和个体工商户的雇工等各类就业人员,均有依照本条例的规定享受工伤保险待遇的权利。因此,本报告的工伤保险覆盖率的计算公式为:

工伤保险覆盖率 = 工伤保险参保人员数/年末城镇就业人数 ×100%

式中,工伤保险参保人数是指报告期末按照国家法律、法规和有关政策规定参加工伤保险的人数,年末城镇从业人员数定义在此不再赘述。

从表4-15中可以看出,2001至2007年全国工伤保险覆盖率基本呈现逐年上升的趋势。从增长幅度来看,2001至2003年变化幅度不大,从2004年起,每年以5至8个百分点增长,2007年的工伤保险覆盖率比2001年增加约1.3倍,增长幅度较大。从这些数据可以看出,随着2003年《工伤保险条例》的出台,我国的工伤保险事业进入制度化阶段,使得全国水平的工伤保险水平得到逐渐提高。

表4-15 2001—2007年全国工伤保险覆盖率

	工伤保险人数（万人）	城镇年末从业人员数(万人)	工伤保险覆盖率(%)
2001年	4 345.30	23 940.00	18.15
2002年	4 405.60	24 780.00	17.78
2003年	4 574.80	25 639.00	17.84
2004年	6 845.20	26 476.00	25.85

① 曹信邦:《政府社会保障绩效评估指标体系研究》,《中国行政管理》,2006年第7期。

续　表

	工伤保险人数（万人）	城镇年末从业人员数（万人）	工伤保险覆盖率（%）
2005 年	8 477.80	27 331.00	31.02
2006 年	10 268.50	28 310.00	36.27
2007 年	12 173.40	29 350.00	41.48

资料来源：根据《中国统计年鉴》(2002—2008)整理计算而成。

表 4-16 反映了 2001 至 2007 年间全国和广东、湖北、甘肃、吉林 4 省的工伤保险覆盖率的对比情况。这期间，广东、湖北、甘肃和吉林 4 省的平均工伤保险覆盖率分别为 91.50%、31.88%、16.69%、24.73%，而我国工伤保险覆盖率的平均水平为 26.92%。广东省的平均工伤保险覆盖率高出国家水平 65 个百分点，其优势非常明显。湖北省平均工伤保险覆盖率高出国家水平 5 个百分点，而吉林省和甘肃省的平均工伤保险覆盖率低于国家水平。从增长速度来看，甘肃省的幅度最大，2007 年的覆盖率是 2001 年的 9 倍多，吉林省次之，2007 年的覆盖率是 2001 年的 7 倍多。

表 4-16　2001—2007 年全国和广东、湖北、甘肃、吉林 4 省工伤保险覆盖率对比表

（单位：%）

	全 国	广东省	湖北省	甘肃省	吉林省
2001 年	18.15	89.67	27.18	3.89	7.36
2002 年	17.78	88.50	27.34	3.54	8.33
2003 年	17.84	86.49	26.84	3.16	9.88
2004 年	25.85	88.30	26.31	16.28	25.71
2005 年	31.02	93.72	30.98	26.61	33.00
2006 年	36.27	95.82	39.77	32.03	43.89
2007 年	41.48	97.98	44.72	35.22	52.31

资料来源：由《中国统计年鉴》(2002—2008)和《中国劳动和社会保障年鉴》(2002—2006)资料整理计算而成。

七、最低生活保障覆盖率

最低生活保障制度是我国为维持贫困公民基本生存条件所采取的一项救助措施。在最低生活保障制度建立之前,我国对贫困人口的救济主要是补贴式救济,但这种救济方式属于道义性救助。从道义性救助转向制度性救助的标志是最低生活保障制度的建立。① 1993 年上海市在全国率先建立正式的最低生活保障制度,至 1999 年在全国范围的城市铺开,2007 年起扩展到广大的农村地区。经过十几年的努力,我国的最低生活保障制度逐步完善,享受最低生活保障的公民人数逐渐增加,最低生活保障的覆盖率逐渐提高。

(一) 城镇最低生活保障覆盖率

1999 年 9 月,《城市居民生活最低保障条例》经国务院审定并于同年 10 月 1 日在全国施行,意味着城市居民最低生活保障制度在全国范围内全面推行,国家按标准给处于最低生活保障线以下的困难居民发放最低保障金,以保障其基本生活。至 2002 年,我国城市低保实现应保尽保。② 截至 2007 年底,全国共有 2 270.9 万(1 065.6 万户)城市居民享受了城市最低生活保障。③

(二) 农村最低生活保障覆盖率

改革开放以来,通过实施《国家八七扶贫攻坚计划》和《2001 至 2010 年中国农村扶贫开发纲要》,国家强化了对贫困地区的扶持,通过五保户制度等缓解农村的贫困状况。2007 年,我国的农村低保迈出了关键一步,该年 7 月,国务院发出了《关于在全国建立农村最低

---

① 刘旭东:《我国最低生活保障制度的历史演进》,《当代中国史研究》,2008 年第 1 期。

② 王发运、王晓明:《2007 年中国社会保障发展报告》,载汝信、陆学艺、李培林主编:《2008 年中国社会形势分析与预测》,社会科学文献出版社,2008 年。

③ 中华人民共和国民政部:《2007 年民政事业发展统计公报》。

生活保障制度的通知》，标志着我国农村低保制度开始进入全面建设的新时期。《通知》指出："农村最低生活保障对象是家庭年人均纯收入低于当地最低生活保障标准的农村居民，主要是因病残、年老体弱、丧失劳动能力以及生存条件恶劣等原因造成生活常年困难的农村居民。"2007 年 7 月 31 日，民政部党组副书记、副部长李立国在接受中国政府网专访时介绍了建立农村低保制度的目标，就是要把所有符合条件的贫困农村居民都纳入到最低生活保障之中来，稳定、持续、有效地解决农村贫困人口的最低生活保障。为了反映我国农村低保工作的进展情况，本报告采用"农村最低生活保障覆盖率"这一指标来说明这一问题。农村最低生活保障覆盖率的计算公式为：

农村最低生活保障覆盖率
= 农村实际参加最低生活保障人数／
农村应参加最低生活保障人数 × 100%

本研究是将农村绝对贫困人数与农村低收入人数之和作为农村应参加最低生活保障的人数，亦即农村应参加最低生活保障人数＝农村绝对贫困人数＋农村低收入人数。采用该种统计方法主要基于两点：第一，经查阅相关资料，农村应参加最低生活保障人数的数据无法直接从相关年鉴、期刊等资料中获得。第二，农村绝对贫困人数和农村低收入人数之和与农村应参加最低生活保障的人数基本重合。其原因在于，全国农村平均低保标准与全国农村低收入标准非常接近。例如，2008 年底，全国农村平均低保标准是人均 988 元/年，①绝对贫困线为人均年收入 786 元，低收入标准为 786 至 1 067 元之间。② 由于标准相近，故因其推算出的人数也应当接近。因此，

① 《民政部：2008 年全国农村最低生活保障的人数 4 284.3 万》，新华网，2009 年 4 月 22 日。

② 《我国农村扶贫标准上调：从人均年收入 786 元提至 1 067 元》，《人民日报》，2008 年 12 月 31 日。

本报告关于农村最低生活保障覆盖率的统计方式能基本反映我国农村的最低生活保障覆盖率情况。

表4－17反映了2004至2007年间全国农村最低生活保障覆盖率的变化情况，从中可看出，我国的农村最低生活保障覆盖率呈现逐年快速上升的趋势，其中，2004至2006年，覆盖率每年比上一年增长1倍，而2007年的覆盖率更是2006年的3倍，是2004年的12倍。快速增长的原因主要有三个方面：第一，我国经济的不断发展为提高农村最低生活保障覆盖率提供了坚实的基础。第二，新的中央领导集体提出的和谐社会理念要求实现社会公平与公正，促使政府加大对贫困人口和低收入人口的帮扶力度，为农村最低生活保障覆盖率的提高提供了政策环境。第三，现实的要求。现阶段，我国社会的贫富差距、城乡差距在不断扩大，迫切要求政府加快社会保障制度建设，以缓和社会矛盾。

表4－17　2004—2007年全国农村最低生活保障覆盖率

	最低生活保障人数(万人)	应参加最低生活保障人数(万人)	农村最低生活保障覆盖率(%)
2004年	488.0	7 587.0	6.4%
2005年	825.0	6 432.0	12.8%
2006年	1 539.1	5 968.0	25.8%
2007年	3 366.3	4 420.0	76.2%

资料来源：根据《中国民政统计年鉴》(2005—2008)、国家发改委的《中国居民收入分配年度报告》(2004—2006)和相关网站数据整理而成。

八、弱势群体救助

2002年3月，朱镕基总理在九届全国人大五次会议上所作的《政府工作报告》使用了“弱势群体”这个词，从而使得弱势群体成为一个非常流行的概念，引起了国内外的广泛关注。它主要是一个用来分析现代社会经济利益和社会权力分配不公平、社会结构不协调、不合理的概念。弱势群体，也叫社会脆弱群体、社会弱者群体，是指那些依靠自身的力量或能力无法保持个人及其家庭成员最基本的生活水准、需要国家和社会给予支持和帮助的社会群体。大体上说，弱势群体包括儿童、老年人、残疾人、精神病患者、失业者、贫困者、下岗职工、灾难中的求助者、农民工、非正规就业者以及在劳动关系中处于弱势地位的人。弱势群体是一个规模庞大、结构复杂、分布广泛的群体。2005 年我国弱势群体的规模在 1.4 亿至 1.8 亿人左右，约占全国总人口的 11%至 14%左右。① 从这些数据可以看出，我国弱势群体数量较为庞大，对弱势群体的救助任务艰巨且紧迫。

对弱势群体的救助种类很多，可以有不同的划分方法。从救助的内容来看，可分为生活救助、住房救助、医疗救助、教育救助、法律救助等；从救助的手段来看，可分为资金救助、实物救助和服务救助等；从贫困持续时间的长短变化来看，可分为针对长期性贫困的定期救助（如孤寡病残救助等）、针对暂时性贫困的临时救助（如多数情况下的自然灾害救助等）和针对周期性贫困的扶贫。②

由于贫困人口是弱势群体的重要组成部分，因此，本报告主要针对贫困人口这一弱势群体的救助情况进行论述。一是简要回顾国家的扶贫政策，二是分析“贫困人口比率”这一指标的变化情况，以此来反映我国的贫困人口救助绩效。

我国政府十分重视扶贫开发工作，反贫困一直是中国政府的一项重要职能，出台了一系列的有关政策和文件，如：1984 年 9 月的《关于帮助贫困地区改变贫困面貌的通知》（中发[1984]14 号）；1986 年全国人大六届四次会议将扶持老、少、边、穷地区摆脱经济文化落

① 冯书泉：《构建和谐社会必须关注弱势群体》，《人民论坛》，2005 年第 3 期。
② 时正新、廖鸿：《中国社会救助体系研究》，中国社会科学出版社，2002 年，第 4 页。

后的状况作为一项重要内容,列入第七个五年国民经济发展计划,并制定了一系列行之有效的扶贫政策,同年,国务院成立了贫困地区经济开发领导小组,银行系统也设立了专项扶贫优惠贷款;1994 年,国务院制定了《国家八七扶贫攻坚计划(1994—2000)》,明确了今后扶贫工作的目标、任务、方针和政策保障;1996 年 10 月 23 日,中共中央和国务院颁布了《关于尽快解决农村贫困人口温饱问题的决定》;2001 年,中共中央和国务院颁布《中国农村扶贫开发纲要(2001—2010)》,明确提出继续解决和巩固农村贫困人口温饱问题、促进贫困地区全面发展、为达到小康水平创造条件的奋斗目标。

大量扶贫政策的出台和实施反映了我国政府对扶贫事业的重视以及解决贫困问题的决心,但我国的贫困救助事业的成效如何呢?下面通过分析"贫困人口比率"变化情况加以观察。

贫困人口比率是指生活在贫困线以下的人口(即贫困人口)占某一国家(地区)总人口的比重。其计算公式为:贫困人口比率=贫困人口/国家(地区)总人口×100%。贫困人口比率会受到贫困线标准的影响,即同一个国家由于采用不同的贫困线标准会得出本国不同的贫困人口比率。目前,世界各国通常采用的贫困线标准包括国家贫困线和国际贫困线两种。国家贫困线是各国根据本国实际情况制定的贫困标准。国际贫困线是各国用来衡量自身贫困人口的通用标准。根据世界银行的划分标准,国际贫困线包括"日均 1 国际元以下人口"和"日均 2 国际元以下人口"。由于本报告涉及我国与其他国家关于贫困人口比率的比较,故采用"日均 1 国际元以下人口所占比重"这一国际标准来反映我国和部分国家的贫困比率情况。

表 4 - 18 反映了我国贫困人口比率的变化情况,可以看出,我国贫困人口比率基本呈现下降的趋势,且降幅较大。以"日均 1 国际元以下人口"的标准计算,2007 年的贫困人口比率比 1998 年下降了8.3 个百分点,贫困人口数量相应地减少了 9 603.63 万人。世界银行的统计数据显示,从 1990 至 2002 年,我国的贫困人口减少 1.95 亿人,

全球贫困人口同期减少了2.07亿人,我国减少贫困人口的总数占全球的90%。联合国开发计划署也认为,我国是唯一提前实现联合国到2015年使绝对贫困人口减半目标的发展中国家。可见,我国在扶贫事业方面取得了较大的进展。

本研究主要将我国与部分新兴发达国家①和发展中国家在"贫困人口比率"方面进行对比,而不涉及传统发达国家,因为如果以"日均1国际元以下人口"的标准计算,传统发达国家的贫困人口比率非常低,故不将其纳入比较范围。从表4-19中可看出,虽然我国的贫困人口比率大大低于印度,但却高出捷克、韩国、波兰、墨西哥7至8个百分点之间,可见,我国在这方面还存在较大的差距,仍然需要为此付出巨大的努力。

表4-18 我国贫困人口比率情况 (单位:%)

	1998年	1999年	2001年	2004年	2006年	2007年
贫困人口比率	18.5	18.8	16.6	9.9	10.3	10.2

资料来源:由《国际统计年鉴》(2000、2002、2005、2007)和相关期刊论文整理而成。

表4-19 部分国家贫困人口比率对比表 (单位:%)

	1996年	1998年	1999年	2000年	2001年	2002年	2004年	2006年	2007年
捷克	2.0	—	—	—	—	—	—	—	—
韩国	—	2.0	—	—	—	—	—	—	—
波兰	—	<2.0	—	—	<2.0	<2.0	—	—	—
墨西哥	—	15.9	—	9.9	—	4.5	3.0	—	—
印度	—	—	35.3	36.0	—	—	—	—	—
中国	—	18.5	18.8	—	16.6	—	9.9	10.3	10.2

资料来源:《国际统计年鉴》(2002—2007)。

---

① 根据联合国贸易和发展会议发表的新闻公报,2005年,全球有8个国家加入发达国家行列,它们是:塞浦路斯、巴哈马、斯洛文尼亚、以色列、韩国、马耳他、匈牙利、捷克。由于它们成为发达国家的时间较短,故称其为新兴发达国家。

第二节 中国社会保障事业总体绩效描述

一、主要成就

30 年来,伴随着改革开放进程的不断深入,我国的社会保障事业进入了重大转型时期,从观念革新到制度变革,取得了巨大的成就。

(一) 社会保障财政支出有一定增长,社会保障支出水平稳步上升

1998 年以来,一方面,我国加快了以养老保险、医疗保险、失业保险、国有企业下岗职工基本生活保障和城市居民最低生活保障等为主的社会保障体系改革的步伐,社会保障覆盖范围逐步扩大;另一方面,为了确保国有企业下岗职工基本生活费和企业离退休人员基本养老金按时足额发放以及城市居民最低生活保障对象"应保尽保",各级财政加大了调整支出结构的力度,财政用于社会保障的支出大幅度增长,社会保障支出水平稳步上升。从前文相关数据的分析中可以看出,2007 年我国的社会保障总支出为 13 283.81 亿元,比 2000 年的 3 903.17 亿元增长了 2.5 倍,2007 年我国社会保障总支出占 GDP 比重比 2000 年上升了约 1.5 个百分点。同时,政府财政加大了对社会保障事业的投入,2000 年我国的财政社会保障支出为 1 517.57亿元,2007 年为 5 396.01 亿元,是 2000 年的 3.5 倍。2007 年我国财政社会保障支出占财政总支出的比重为 10.89%,比 2000 年增加了 1.3 个百分点。

(二) 社会保障覆盖范围日益扩大

我国从 20 世纪 80 年代开始进行社会保障制度的改革。90 年代中后期以来,随着国有企业改革的深化,中国社会保障制度的改革和

建设步伐明显加快，目前已经初步建立起新型社会保障制度尤其是社会保险制度的整体框架。城镇企业职工养老保险制度由分散走向统一，城镇医疗保险制度改革逐步深化，失业保险制度改革迈出坚实步伐。具体表现为：2001 至 2007 年全国城镇基本养老保险覆盖率呈现逐年上升的趋势，2007 年比 2001 年增加了 7 个百分点。2001 至 2007 年间全国城镇基本医疗保险覆盖率每年以 3 至 6 个百分点的速度增长，2007 年比 2001 年增加了 25 个百分点，增长幅度较大。《城市居民生活最低保障条例》自 1999 年 10 月 1 日在全国施行以来，城镇最低生活保障事业取得了较大的进展，至 2002 年，我国城市低保实现应保尽保。农村最低生活保障覆盖率也呈现逐年上升的趋势，且增幅较大，2007 年的农村最低生活保障覆盖率相当于 2004 年的 12 倍。

（三）社会保险制度不断完善

社会保险是以国家为主体，通过立法手段，设立保险基金，当劳动者在遇到年老、患病、生育、伤残、死亡、失业等风险时，由社会给予物质帮助和补偿的一种社会保障制度，其基本功能在于保障劳动者维持正常生活。我国社会保险包括养老、失业、医疗、工伤、女工生育保险 5 个险种，国家相继出台和实施了 5 个保险方面的相关条例和规定，促进社会保险制度不断完善。《中国统计年鉴》中有关社会保险方面的数据相对比较齐全，也是我国社会保险体系相对比较健全的明证。

（四）国家对贫困人口的救助取得了较大成效

从前文的相关统计数据可以看出，我国贫困人口比率呈现下降的趋势，且降幅较大，2007 年的贫困人口比率(10.2%)比 1998 年(18.5%)下降了 8.3 个百分点。以“日均 1 国际元以下人口”的标准计算，2007 年我国的贫困人口比 1998 年减少了 9 603.63 万人。这些成绩的取得，除了得益于我国经济的持续快速增长外，还与国家对贫困人口的救助和扶贫开发政策密切相关。

二、主要问题

（一）社会保障总体水平不高

国际上普遍采用社会保障支付的资金数额占某一地区 GDP 的比重来衡量社会保障总体水平。本报告选取了美国、英国、德国、加拿大和日本等发达国家 1990 年、1995 年、1998 年和 2001 年 4 个年份的社会保障总支出占 GDP 比重的情况来与中国进行对比。从中发现，在几个对比国家中，德国的社会保障水平最高，其社会保障总支出占 GDP 的平均比重为 25%左右，美国、英国、加拿大和日本等国的平均比重维持也在 14%至 22%之间，而我国的平均比重约为 4.6%，说明我国社会保障总体水平与发达国家相比差距较大。其原因主要在于：第一，我国的经济实力与发达国家相比仍存在较大的差距。改革开放以后，随着市场经济体制的逐步建立，我国经济得到快速发展，但是经济总体实力仍显薄弱。而发达国家的资本主义经济发展较为成熟，为社会保障事业的发展提供了良好的经济基础。第二，我国社会保障事业起步较晚。新中国的社会保障制度是从 20 世纪 50 年代初建立和发展起来的，“文化大革命”期间，社会保障制度受到严重破坏。党的十一届三中全会以后，社会保障制度开始恢复和发展。可以说，我国的社会保障事业得到平稳发展开始于改革开放以后，至今只有 30 年的时间，社会保障事业正处在一个探索到完善的过渡阶段，因而存在较多的问题。相比之下，发达国家的社会保障事业具有较长的历史，在积累经验的基础上逐步完善。例如，德国在 19 世纪末 20 世纪初就建立了社会保障制度，它是最早建立社会保险制度的国家，至今已经有 100 多年的历史，逐渐形成了统一化模式。1911 年的社会保险法典和 1919 年的魏玛宪法奠定了德国社会保障制度统一化的法律基础，法西斯政府的社会保障政策强化了德国社会保障制度发展道路的统一化，战后德国社会保障政策则进一步推动着社会保障制度沿着统一化的发展道路前进，这样，一脉相承的历史积淀为德国社会保障事业的稳定和健康发展奠定了坚实的基础。

（二）社会保障事业财政投入力度不足

通过与部分发达国家的社会保障财政投入进行对比后发现，我国政府对社会保障事业的财政投入力度仍然不足。例如，1998 年，美国、英国、加拿大和日本等发达国家的社会保障支出占财政支出的比重分别为 28. 71％、34. 32％、42. 92％、36. 80％，而我国只有 5. 19％。2001 年，美国、英国、加拿大和日本等发达国家的社会保障支出占财政支出的比重分别为 33. 60％、37. 56％、45. 46％、38. 57％，我国仅为 11. 95％。从这些数据可以看出，发达国家的政府对社会保障事业非常重视，由于其完善的社会保障制度和大量的财政投入，部分发达国家已经发展成为福利国家。相比之下，我国政府对社会保障事业的重视程度不够，发展社会保障事业的意识较淡薄，从而造成财政社会保障支出相对较少。

（三）社会保障覆盖面仍然较小

与发达国家相比，我国的社会保障存在覆盖面较小的问题。例如：2001 至 2007 年间，我国城镇平均基本养老保险覆盖面为 53％，而美国、日本等发达国家的基本养老保险覆盖率在 2001 年就超过了 90％。2001 至 2007 年间，我国城镇平均基本医疗保险覆盖率为 39％，而丹麦、爱尔兰、意大利、瑞典、英国的医疗保险覆盖率已达 100％。

（四）城乡之间、地区之间的社会保障水平差异较大

我国长期的二元经济结构导致了城乡之间社会保障水平出现失衡的状态，主要表现在：第一，城乡保障水平差距大。社会保障费用支出城乡差距巨大，占全国总人口 80％的农民的保障支出仅占全国社会保障支出的 11％，而占全国总人口 20％的城镇居民的保障支出却占全国保障支出的 80％。城市人均社会保障支出占人均 GDP 的

比重约15%,而农村只有0.18%,城市人均享受的社会保障费用是农村居民的90倍。① 第二,城乡社会保障覆盖面差距较大。根据中国老龄研究中心对全国城市老年人口抽样调查的统计,城市老年人的养老保险覆盖率达70%以上,而农村则不到4%。②2002年城市最低生活保障实现了“应保尽保”,而2007年农村的最低生活保障覆盖率则为76.2%。第三,城乡社会保障受益水平差距大。2007年,农村最低生活保障平均实际支出水平(补差额)为人均37元/月,而城镇为城市最低生活保障平均支出水平(补差额)人均102元/月,城镇是农村的2.76倍。③ 即使把城镇生活成本比农村高的因素考虑在内,这个差距仍显过大。2006年,城镇职工基本医疗保险报销了参保职工70%的医疗费,而新农合只报销了参合农民30%的医疗费。2006年,参合农民住院平均花费为每次2 775元,实际报销771元,只有27.8%。④

我国社会保障结构性失调的另一表现是地区之间的社会保障水平差异较大,这可从广东、湖北、甘肃和吉林4省的社会保障的对比中得到体现。改革开放以来,我国确立了东部优先发展的战略,大量的政策和资金向东部倾斜,使得东部得到了快速的发展,而中部、西部和东北部地区则发展相对缓慢,相应地出现了社会保障水平的地区差异。在4省中,广东省的社会保障总体水平要高于湖北、甘肃和吉林3省,在城镇基本养老保险覆盖率、基本医疗覆盖率、失业保险覆盖率、工伤保险覆盖率等方面都均如此。

(五) 贫困人口比重过高

我国贫困人口比率高于发达国家和部分发展中国家。数据显示,1996年捷克贫困人口比率为2.0%,1998年韩国贫困人口比率为

---

①② 胡平、王冲:《构建城乡衔接的社会保障体系》,《经营与管理》,2009年第4期。

③ 民政部:《2007年民政事业发展统计公报》,2008年1月24日发布。

④ 《中国城乡基本社会保障差距:基本社保体系重心仍在城镇》,国公网,2009年1月3日。

2.0%,2002年波兰的贫困人口比率已经小于2%,而我国2007年的贫困人口为10.2%,可见,我国在对贫困人口的救助方面还有很多工作要做。

(六) 法律体系残缺不全

1984年以来,我国对原有的社会保障制度进行大力调整,进行了一系列社会保障立法。但总的说来,社会保障立法体系仍然残缺不全。一方面缺乏综合的社会保障基本法。迄今为止,经过全国人大通过的与社会保障相关的法律仅7部,但它们并非全部适用于社会保障领域,而且涉及的尚不是主要的社会保障子系统。目前尚无一部综合的全面规范社会保障各主要领域的专业的社会保障基本法,使社会保障法律系统性不足。另一方面在应急立法中,主要侧重某一领域和方面。以社会保险为例,主要侧重城镇职工的养老保险、医疗保险,忽视农村医疗保险、养老保险等。社会保障领域还有许多立法空白地带,如社会救助、社会福利等。此外,现有的各种条例、决定、规定和通知等,相互之间缺少必要衔接,使得社会保障许多问题无法可依,而要依靠政策规定和行政手段予以调整。即使在已有的法律中,也缺乏必要的法律责任方面的规定,不利于社会保障措施的有效落实。

第三节 相关对策建议

一、增加社会保障的财政投入,提高我国社会保障水平

针对我国社会保障水平低,财政社会保障支出少的问题,本报告认为应从以下两方面着力:一是适时提高社会保障支出水平,并合理确定我国社会保障的适度水平。既要吸取欧洲"福利国家"的教训,避免社会保障支出水平过高影响经济发展,又要使社会保障待遇

水平与工资增长率或物价指数挂钩，与经济发展同步。二是增加社会保障的财政投入。从世界范围来看，各国的社会保障和福利支出通常占政府财政支出的10%至20%，①而发达国家则普遍在20%至35%之间。为了在2020年全面建成小康社会时达到世界中等收入国家的水平，我国应逐渐提高社会保障的财政投入比例，2010年实现社会保障支出占财政支出的15%，2020年达到20%的水平，并在此后进一步提高。根据学者的测算，达到这一水平是可以做到的，关键是要大力调整公共财政的支出结构，并在不同政府层级之间合理分摊责任和成本。②

二、扩大社会保障覆盖面，并逐渐缩小城乡差别和地区差别

一是力争社会保障体系覆盖所有城镇居民。要继续扩大城镇社会保障体系覆盖范围，努力将所有城镇居民和所有灵活就业人员全部纳入社会保障覆盖范围。要适应所有制结构和就业形式变化的格局，以混合所有制、非公有制经济组织从业人员和灵活就业人员为重点，扩大社会保障覆盖面。二是通过深化户籍制度、就业制度改革，进一步放宽乃至取消农民进城务工的限制条件，并将进城务工达到一定年限的农民工纳入城镇社会保障覆盖范围。三是努力缩小城乡之间和地区之间的差别。加大对农民的社会保障力度，近期应将重点放在解决对失地农民和贫困农民的社会保障问题，有条件的地方应推进社会保障项目（如最低生活保障、养老保障和医疗保障）的城乡一体化进程，朝公共服务城乡均等化的方向努力。应通过财政转移支付等手段完善中部、西部地区的社会保障制度建设，缩小地区之

---

① 《2004年世界银行发展报告：让服务惠及穷人》，中国计划出版社，2004年，第32页。

② 项继权、袁方成：《我国基本公共服务均等化的财政投入与需求分析》，《公共行政评论》，2008年第3期。

间的差别。四是除了基本的三大保障外,扩大社会保障的内容,如失业保险、工伤保险等,并逐渐完善社会救助制度。

三、加大扶贫力度,逐步降低贫困人口比率

努力落实国家的各项扶贫开发政策,在今后一段时期里,应着重从以下方面努力:一是增加扶贫资金。根据国际经验,反贫困资金支出至少应占 GDP 的 1.5%。1986 年以来,国家增加了扶贫资金(包括贴息贷款、以工代赈和发展资金),但所占比重仍然偏低,1986 年为 0.41%。此后不仅没有增加,还呈下降趋势,1996 年降至 0.16%,1999 年有所回升,但未达到 1986 年水平,仅为 0.31%。2006 年,中央财政扶贫资金投入增加到 144 亿元,与国家经济发展仍不相匹配。根据我国国民经济发展状况,在 5 年内扶贫资金占 GDP 的比重可提高到 1.0%,5 至 10 年内可提高到 1.5%。① 二是通过有关产业政策,促进产业转移和产业化扶贫,如发展特色经济和旅游经济等,还应通过完善基础设施建设和优化投资环境吸引外资等,促进贫困地区的经济发展,这是提高扶贫成效和减少贫困人口的关键。三是继续动员社会力量参与扶贫开发工作,如利用国际援助、地区间的对口帮扶、社会其他主体如企业和慈善机构等的力量,形成扶贫开发的社会网络结构,立体多维地促进扶贫开发工作。

四、加快社会保障的立法进程,健全社会保障法律体系

从世界范围来看,社会保障立法主要有三种模式:一是由德国首创的"分散立法"模式,即根据社会保险、社会救助、社会福利、社会

---

①　王国敏:《西部地区农村贫困与反贫困研究》,《农业经济导刊》,2004 年第 3 期;许业富:《我国扶贫开发工作战略定位研究》,十堰扶贫开发信息网,2007 年 10 月 31 日。

优抚等社会保障项目，制定若干部平行的单项社会保障法律法规，它们彼此之间互不隶属，共同规范着社会保障法律关系。二是由美国首创的“综合立法”模式，即由国家统一制定一部综合性的社会保障法律作为社会保障法律部门的基本法，再根据需要制定若干具体的社会保障法律、法规，它既有利于社会保障法律的一体化，又有利于单项法律根据所调整关系的特殊性而自主地制定规范内容，呈现出立法形式的多样化和层次性。三是“混合立法”模式。有少数国家既颁布有部分社会保障方面的专门法律，又同时将另一些社会保障关系纳入到其他部门立法体系中进行规范。从目前来看，“综合立法”模式有着独特的优势，既具有宏观层面上规范的相对稳定性和同一性，又是一个发展和开放的体系，当社会产生新的保障项目需求时，可以根据基本法进行立法。我国社会保障事业正处于改革和发展的时期，往往会出现这种或那种新问题、新需求，采取“综合立法”模式有利于灵活应变，从而促进我国社会保障事业的顺利发展。在目前制定一部综合性的基本社会保障法律的条件还不成熟的情况下，要加快对几个相对成熟和紧迫的社会保险项目制定单项法律，例如养老、医疗、失业保险等，从而规范社会保障行为，做到有法可依，等到条件成熟后再制定统一的综合的社会保障法。

第五章
中国医疗卫生绩效分析报告

医疗卫生事业作为社会建设的又一个领域，事关全民身体健康和人的全面发展，进而关系到千家万户的幸福。本章主要从政府医疗卫生支出占 GDP 的比重，新型农村合作医疗参合率，农村自来水普及率，社区医疗卫生服务体系，新生儿死亡率、婴儿死亡率与五岁以下儿童死亡率，孕产妇死亡率，人均期望寿命，每千人医疗机构床位数与每千人卫生技术人员数等方面测量中国医疗卫生领域的绩效水平，进而分析其存在的问题，提出相关对策建议。

第一节　中国医疗卫生绩效数据分析

一、政府医疗卫生支出占 GDP 的比重

政府医疗卫生支出通常用政府预算卫生支出来衡量，指的是政府在社会医疗卫生体系建设中所做的一切投入，包括卫生事业费、中医事业费①、食品和药品监督管理费、计划生育事业费、高等医学教

① 中医事业费包括国家中医药管理局和地方中医药管理部门的事业费两部分。

育经费、医学科研经费、预算内基本建设经费、卫生行政和医疗保险管理费和基本医疗保险基金补助经费等。政府作为公共医疗卫生服务的直接或间接提供者,需要通过适当的财政支出完善医疗卫生设施,满足城乡居民对卫生和患病就医机会的需要,并实现基本的机会公平。一般可用政府预算卫生支出占 GDP 的比重来衡量政府对医疗卫生事业的重视程度。

从表 5-1 中可以看出,近年来,我国卫生总费用占 GDP 的比重常年保持在 5%以下的水平,政府预算卫生支出占 GDP 的比重则大都居于 1%以下的水平。卫生总费用占 GDP 的比重不低于 5%是世界卫生组织的基本要求。表 5-2 是我国与世界主要国家卫生总费用占 GDP 比重的对比情况,从中可看出,近年来我国卫生总费用占 GDP 的比重在世界上处于较低水平,而西方发达国家已基本达到了 8%以上的水平,美国甚至达到了 15.2%,是中国的 3 倍多;与中国经济处于近似发展水平的印度、墨西哥,其比重分别达到了 5.0%和6.4%,也高于我国 2007 年的水平。根据世界卫生组织《2006 年世界卫生报告》,2003 年卫生总费用占 GDP 比重超过 10%的国家有 11 个,超过 8%的国家共有 40 个,低于 4%的国家有 34 个。我国在 192 个国家中排名第 105 位。总的来看,我国卫生总费用在发展中国家中处于中等水平。

表 5-1　中国政府预算卫生支出占卫生总费用及其占 GDP 的比重

(单位:%)*

	政府预算卫生支出占卫生总费用的比重	卫生总费用占GDP 的比重	政府预算卫生支出占GDP 的比重
2000 年	15.5	4.62	0.79
2003 年	17.0	4.85	0.96
2004 年	17.0	4.75	0.96

续　表

	政府预算卫生支出占卫生总费用的比重	卫生总费用占GDP的比重	政府预算卫生支出占GDP的比重
2005年	17.9	4.71	0.85
2006年	18.1	4.67	0.56
2007年	20.3	4.52	1.01

*(1) 本表系测算数;(2) 按当年价格计算;(3) 2001年起卫生总费用不含高等医学教育经费,2006年包括城乡医疗救助经费。

资料来源:《中国卫生统计年鉴》(2008)。

表5-2　各国卫生费用支出情况　　(单位:%)

	卫生总费用占GDP的比重		政府卫生支出占政府总支出的比重	
	2000年	2005年	2000年	2005年
澳大利亚	8.3	8.8	16.0	17.0
巴　西	7.2	7.9	5.5	6.7
中　国	4.6	4.7	1.1	1.0
朝　鲜	3.6	3.5	6.0	6.0
印　度	4.3	5.0	3.4	3.5
日　本	7.6	8.2	15.7	17.8
俄罗斯	5.4	5.2	9.6	10.1
南　非	8.1	8.7	7.9	9.9
瑞　士	10.3	11.4	17.1	18.7
英　国	7.2	8.2	14.8	16.2
美　国	13.2	15.2	19.5	21.8

资料来源:《中国卫生统计年鉴》(2008)。

从表5-3可以看出,自1978年始,卫生总费用中,政府预算卫生支出和社会卫生支出的比重均呈下降的趋势,而个人现金支出则呈现明显的上升趋势。2001年,个人现金支出占医疗卫生总费用的比重甚至高达60.0%。近年来，随着农村新型合作医疗制度的推广以及城镇社区医疗卫生保障体系的建立，政府加大了医疗卫生方面的费用支出，该比重有所下降，但是仍然保持在50%左右的水平。社会和个人卫生支出依然占到了较大比重，包括政府和社会筹资在内的公共筹资渠道尚未完全建立，责任还未完全到位。我国政府在医疗卫生方面的总体投入水平明显低于与我国经济水平较为接近的发展中国家水平。例如，2002年巴西政府卫生费用占卫生总费用的46%，而阿根廷则更高，达50.2%，①而2007年中国政府卫生费用仅占到了卫生总费用的20.3%。按照卫生部发布的医疗卫生建设中长期目标，个人现金卫生支出应占卫生总支出的30%左右，其余部分由政府筹资和社会卫生筹资，合理的个人、政府、社会卫生支出比例应该为30%、30%和40%左右较为适宜，因此，政府还需要加大在医疗卫生方面的投入力度。

表5-3　1978—2007年我国卫生总费用构成情况*

	卫生总费用构成(%)		
	政府预算卫生支出	社会卫生支出	个人现金卫生支出
1978年	32.2	47.4	20.4
1980年	36.2	42.6	21.2
1990年	25.1	39.2	35.7
2000年	15.5	25.6	59.0
2001年	15.9	24.1	60.0
2002年	15.7	26.6	57.7
2003年	17.0	27.2	55.9

① 赴巴西、阿根廷医疗卫生体制考察小组：《巴西、阿根廷医疗卫生服务体制考察报告》，国家发展和改革委员会门户网站，2006年5月15日。

续　表

	卫生总费用构成(%)		
	政府预算卫生支出	社会卫生支出	个人现金卫生支出
2004 年	17.0	29.3	53.6
2005 年	17.9	29.9	52.2
2006 年	18.1	32.6	49.3
2007 年	20.3	34.5	45.2

*(1) 本表系测算数,按当年价格计算;(2) 2001 年起卫生总费用不含高等医学教育经费,2006 年包括城乡医疗救助经费。

资料来源:《中国卫生统计年鉴》(2008);卫生部统计信息中心:《2008 年我国卫生事业发展统计公报》。

二、新型农村合作医疗参合率

该指标可以反映农村新型合作医疗(简称"新农合")的普及率和参与度,从而反映农村医疗卫生事业的建设成就。新型农村合作医疗制度是由政府组织和引导支持,农民自愿参加,个人、集体和政府多方筹资,以大病统筹为主的农民医疗互助共济制度。2003 年初,国务院办公厅转发了卫生部等部门《关于建立新型农村合作医疗制度意见》的通知,自此,新型农村合作医疗制度开始了在全国范围内以县为单位的试点和推广。目前,农村新型合作医疗依然处于试点过程中。因此,本研究中所反映的"参合率"均依照统计习惯,以试点县的数据代表各省及全国总体水平。

新型农村合作医疗参合率的计算公式为:

$$\text{新型农村合作医疗参合率} = \frac{\text{新型农村合作医疗参加人数}}{\text{农村常住人口数} - \text{农村常住人口中参加城镇医疗保险的人数}}$$

×100%①

从表5-4中，我们不难看出，从2003年开始推进农村新型合作医疗制度以来，参合县、参合人数和参合率不断增长，政府投入也不断加大；试点县(市、区)从2004年333个增加到2008年的2 792个，补偿受益人数从2004至2007年翻了7倍多。截至2007年底，全国已有2 451个县(区、市)开展了新型农村合作医疗，参合农民8.15亿人，参合率为91.5%。2008年全国新农合基金支出662.00亿元，补偿支出受益5.85亿人次。

表5-4　我国新型农村合作医疗各项指标

	开展新农合县(市、区)(个)	参加新农合人数(亿人)	参合率(%)	当年基金支出(亿元)	补偿支出受益人次(亿人次)
2004年	333	0.80	75.20	26.37	0.76
2005年	678	1.79	75.66	61.75	1.22
2006年	1 451	4.10	80.66	155.81	2.72
2007年	2 451	7.26	86.20	346.63	4.53
2008年	2 729	8.15	91.50	662.00	5.85

资料来源：《中国卫生统计年鉴》(2008)；卫生部统计信息中心：《2008年我国卫生事业发展统计公报》。

从4省新型农村合作医疗参合率的比较来看，目前均已超过80%以上的水平，其中，广东省的发展速度最快，2008年参合率高达95.21%，其次是甘肃达93.20%，但四省之间存在一定的差距。

① 农村常住人口指的是乡村地区常住居民户数中的常住人口数，即经常在家或在家居住6个月以上，而且经济和生活与本户连成一体的人口。外出从业人员在外居住时间虽然在6个月以上，但收入主要带回家中，经济与本户连为一体，仍视为家庭常住人口；在家居住，生活和本户连成一体的国家职工、退休人员也为农村常住人口。但是现役军人、中专及以上(走读生除外)的在校学生以及常年在外(不包括探亲、看病等)且已有稳定的职业与居住场所的外出从业人员，不应当做农村常住人口。

表 5-5　我国各地区新型农村合作医疗参合率

	2005 年	2006 年	2007 年	2008 年
全　国	75.66	80.66	86.20	91.50
吉　林	—	74.32	82.04	82.67
湖　北	—	—	81.60	—
广　东	48.60	61.40	83.80	95.21
甘　肃	85.30	—	—	93.20

资料来源：由各省卫生行政部门的工作报告、省政府卫生厅门户网站中的相关数据整理而成。

对比以前的农村合作医疗制度，新型农村合作医疗制度最重要的创新之处在于补偿模式方面，其主要有大病统筹（住院、住院和门诊大额费用）和大病、小病兼顾（既补住院又补门诊费用）两种类型。据 2005 年统计数据，在全国试点地区中前者占 28%，后者占 72%。其中，门诊费用补偿模式又分为设立家庭账户和设立门诊统筹基金两种，除沿海几个经济发达的省份外，多是以住院和门诊统筹兼顾的补偿模式为主。这种补偿制度有效地减轻了农村居民日常医疗费用，尤其是"大病、重病"带来的家庭经济负担。

但是，新型农村合作医疗制度仍然在试点过程中，中国农村有 9.38 亿农村人口，参加新型农村合作医疗的人数仅达到了 8.15 亿，① 还有 1 亿多人未能享有基本的医疗保障和医疗服务，因此，还有很多工作要做。

而且，新型农村合作医疗强调以医治大病为主，对各方筹集的资

① 本研究采用农业部发布的《2005 年中国农业发展报告》数据。该数据称，2003 年中国总人口为 12.922 7 亿，其中乡村人口为 9.375 1 亿，一般大约称为 9 亿农民。而根据国家统计局发布的《2004 中国统计年鉴》，2003 年乡村总人口为 7.685 1 亿，一般大约称为 8 亿农民。其中国家统计局数据为人口变动情况抽样调查推算数。造成这一差距的主要原因在于中国有大约 1 亿左右的流动农民工。

金主要补助大额医疗费用或住院费用。而在试点过程中，患大病者仅占农民总数的3%至4%，绝大多数农民参加合作医疗受益程度比预期的少，让大部分农民得不到预期的实惠而影响了加入的积极性。同时，强调以“大病”统筹为主的新型农村合作医疗，容易误认为是以治疗为主、预防为辅，治重于防，导致在实际操作过程中，将有限资金用于大病治疗方面，预防保健工作处于可有可无的境地，可能导致小病因得不到及时的治疗而演变成大病，不利于农村医疗卫生保障体系的健全和完善。

三、农村自来水普及率

农村改水工作是全国卫生工作的重要组成部分。改善农民饮水卫生质量，是减少水传疾病发生，改善农村卫生环境，提高农民生活质量和健康水平的重要措施。

改水以前，我国农村居民日常饮用和生活用水主要靠浅层大口井水、河水、坑塘水、山泉水，而大部分山区根本没有水源，农民必须翻山越岭到离村很远的地方背水、拉水饮用。据统计资料显示，1959年北京市农村饮用浅层大口井水的人口为80%，饮用河水、坑水、水窖水山泉水的人口为20%。这些浅层水和地表水极易受到污染，遇到天旱季节，经常干涸缺水，迫使农民到处找水喝，污染更为严重，导致肠道传染疾病流行。饮水卫生问题，长期以来严重威胁着农民的身体健康，制约着农村的经济发展。

改水以后，我国各地区农民采取先进取水、储水手段，运用各种方式，建立了一套比较完善的农村饮用水采集和使用体系。这些措施的应用，使我国改水工作取得了长足的进步。从表5-6中可以看出，我国改水受益人口从1990年的75.4%逐渐上升到了2007年的92.1%。而通过各地情况比较，可以发现全国改水受益人口均呈现不同程度的增长，发达地区和较为落后地区的差距不断缩小。这一点从农村自来水普及率的变化情况也可以得到印证。从表 5－7 可以看出，全国农村自来水普及率从 1990 年的 30.7％，发展到 2007 年的 62.7％，而从 4 省数据来看，自来水普及率均已达到了 40％以上。作为东部地区的代表，广东省使用自来水的农村居民达到了农村总人口的 77.5％。在普遍饮水困难的中部和西部地区(以湖北省和甘肃省为例)，近年来改水进程得到了长足的发展，与东部地区(以广东省为例)的差距逐年缩小。

表 5－6　我国已改水受益人口占农村人口比率　（单位：％）

	1990 年	1995 年	2000 年	2005 年	2006 年	2007 年
全　国	75.4	86.7	92.4	94.1	90.8	92.1
吉　林	82.6	91.2	96.7	98.4	95.9	95.2
湖　北	62.2	81.8	93.5	92.4	90.6	91.4
广　东	87.4	95.3	98.0	90.4	74.2	98.3
甘　肃	37.0	41.1	71.8	88.4	88.9	89.9

资料来源：《中国卫生统计年鉴》(2008)。

表 5－7　我国饮用自来水人口占农村人口比率　（单位：％）

	1990 年	1995 年	2000 年	2005 年	2006 年	2007 年
总　计	30.7	43.2	55.2	61.3	61.1	62.7
吉　林	28.1	27.6	35.3	48.8	49.0	55.7
湖　北	32.7	44.7	54.0	52.4	52.7	55.4
广　东	47.2	62.6	70.3	53.1	48.5	77.5
甘　肃	15.2	18.9	32.7	43.9	44.9	46.9

资料来源：《中国卫生统计年鉴》(2008)。

农村改水工程极大地改善了农村卫生条件，有效地预防和控制了一些传染病的发生和传播，提高了农民的健康水平。例如，根据贵州平波等地于 1993 至 1999 年间连续对改水区肠道传染病进行的调查,结果显示,农村饮用水改良后,水质得到明显改善。改水后甲型肝炎、伤寒、细菌性痢疾等介水肠道传染病的发病率(8.28‰)低于改水前(20.23‰)。江苏王传新通过对伤寒老疫区的干预结果表明,改水区伤寒发病率下降到 5.8/10 万,而未改水区伤寒发病率仍维持在原来的水平(24.7/10 万),显示了改水对控制伤寒发病的效果。福建陈吉祥等对农村改水控制水性疾病情况进行调查,共调查 4 个改水村,结果发现,改水后的肠道传染病总患病率分别下降 58.24%、51.36%、42.14%和 44.45%,改水前后患病率差异有统计学意义($P<0.01$)。①

实际上,农村改水工作一般情况下是与农村改厕工作同时进行的。农村卫生厕所的普及和粪便无害化处理方式的运用也是改善卫生保健的有力措施。一项对福建省农村改厕前后所做的调查发现,随着卫生厕所普及率及粪便无害化处理率的逐年提高,3 种肠道传染病(痢疾、伤寒、肝炎)、蠕虫卵感染率从 1991 年的 175.14/10 万人逐年下降到 2000 年的 57.78/10 万,下降了 67.01%。②

然而,总体而言,农村的环境卫生现状还不尽如人意,饮用水污染、厕所以及垃圾处理等基础卫生设施还比较落后,直接威胁着广大农村居民的身体健康。联合国前秘书长安南曾指出:"在 2015 年前,使无法获得安全饮用水和卫生服务的人口减半,不但本身十分重要,并且对于实现其他千年发展目标也有极大的益处,包括:降低婴儿夭折率,与疟疾作斗争,消除极端贫困和饥饿,赋予妇女权利以及改

① 钟格梅:《我国农村改水改厕及其对控制肠道传染病效益评价进展》,《环境与健康杂志》,2007 年第 11 期。

② 潘玉钦、张美霞:《农村改厕与卫生防病效果分析》,《环境与健康》,2002 年第 3 期。

善贫民区的生活条件等等。”①可见，农村基础卫生设施及环境卫生对于改善农民的健康是多么的重要。

中国各地卫生基础设施的建设水平不一，东部地区已取得了较好的成绩，西部地区的卫生设施建设依然处于起步阶段。根据国家发展与改革委员会国际合作中心“不同农村地区基础卫生设施现状与改善政策的比较研究”课题组所做的文献综述表明，我国广大地区基础卫生设施建设明显不足：韩丽卿(2007)在晋中市农村饮水安全调查研究中发现有 50.1%的人口饮用的水不安全；付彦分等(2006)的调查显示咸阳地区 5 县农村卫生厕所普及率仅有 30%；山西省统计局公布，2006 年山西省农村卫生厕所普及率为 44.16%，无害化卫生厕所普及率仅为 13.27%。截至 2006 年底，新疆维吾尔自治区农村卫生厕所的普及率仅为 36.33%。陈玎玎(2006)的研究显示，我国农村垃圾处理设施明显不足，处理水平相当落后；目前，农村垃圾的处理主要采取单纯填埋、临时堆放焚烧、随意倾倒三种处理方法。在欠发达地区，89%的村则是随意倾倒。从垃圾处理的基础设施建设来看，即使是经济和社会发展领先的东部地区，短缺程度仍未得到根本改善。截至 2003 年，浙江省垃圾处理站的乡镇普及率仅为 55%。2006 年 8 月至 2007 年 11 月，全国爱卫会、卫生部联合组织开展的全国农村饮用水与环境卫生现状调查显示在全国 31 个省、自治区、直辖市和新疆生产建设兵团的 6 948 份水样中，未达到基本卫生安全的超标率为 44.36%。集中式供水超标率为 40.83%，分散式供水超标率为 47.73%。农村集中式供水系统中，有消毒设备的仅 29.18%。此外，农村卫生厕所普及率仅为 23.83%，其中无害化卫生厕所普及率为 22.74%。约二分之一的村庄没有规划和环卫制度，缺专职保洁员的村庄占 65.64%。全国农村一年的生活垃圾量接近 3

---

① 引自前联合国秘书长安南在 2003 年世界环境日发表的讲话。

亿吨,其中约1亿吨属随意堆放。①

四、社区医疗卫生服务体系

社区医疗卫生服务,一般指的是城镇社区医疗卫生服务。随着城镇企业改制,计划经济时代由单位保障的公共卫生和基本医疗等职能逐渐转移到社区。1997年,国家提出发展社区卫生服务。2006年2月,国务院印发了《关于发展城市社区卫生服务的指导意见》,计划到2010年,在全国建立起比较完善的城镇社区卫生服务体系。截至2007年底,全国所有地级以上城市都已开展了社区卫生服务,全国社区卫生服务中心(站)达2.4万个,从事社区卫生服务的卫生技术人员总数达26万人。② 在一些大中城市,"15分钟社区卫生服务圈"已具雏形。在北京,社区卫生服务机构回归公益性,312种药品实行"零差率"销售,医护人员靠政府财政供养。社区医疗卫生服务体系的建立,促进了城市公共卫生事业,降低了居民医药费负担和医疗保险的支出。

但是,我国社区医疗卫生服务体系的建设仍然面临着很多问题。例如,很多城市大医院的规模已经堪称"巨无霸",拥有上千张床位的医院越来越多,有的医院甚至拥有六七千张床位。与此同时,小医院却在萎缩,社区医院更是少人问津,医疗卫生设施使用率偏低,医疗卫生资源遭到了极大的浪费。并且,医疗卫生服务使用不足。目前,全国社区卫生服务中心和服务站仅占城镇医疗卫生机构总数的8.9%,卫生技术人员数占2.7%。③ 曾有人做过这样的比喻:如果

---

① 资料来源:中国疾病预防控制中心网站2008年2月9日发布的《我国农村饮用水与环境卫生开展大规模调查研究》一文。

② 白剑锋:《我国人均期望寿命达73岁——改革开放30年医疗卫生事业成就显著》,《人民日报》,2008年10月21日。

③ 朱玉、刘奕湛:《发展社区医疗卫生服务:宏伟的目标,漫长的道路》,中央人民政府网站,2006年4月6日。

将我国医疗卫生服务体系看成“金字塔”，大医院就处在“塔尖”，社区医疗服务中心则是“塔基”。目前城市居民看病难、看病贵的一个重要原因在于，“塔尖”太重了，“塔基”太轻又不够坚实，形成一个倒“金字塔”。由于社区卫生服务的覆盖面小，医护人员数量不足，服务设施和设备匮乏，服务质量难以取得群众信任，因此，大中型医院吸引了大量常见病、多发病患者，门诊治疗人满为患，而社区卫生服务机构很少有患者问津，未形成分级医疗、双向转诊的机制和“大病”进医院、“小病”在社区的格局。这是造成群众看病难、看病贵问题的重要原因之一。

表 5－8 中显示的是我国 2007 年各地区社区卫生服务中心(站)的床位数分组，从这个分组可以看出，我国共有 3 160 个社区卫生服务中心(站)。在 4 省的比较中，吉林省和广东省的社区卫生服务中心(站)多于湖北省和甘肃省。可见，不同地区之间存在一定的差距。同时，更为明显的是，在全国这么多的社区卫生服务中心(站)中，超过 50％是没有病床设置的，社区医疗卫生中心的诊疗条件可见一斑。

表 5－8　2007 年我国各地区按床位数分组的社区卫生服务中心(站)数

地区	社区卫生服务中心							社区卫生服务站			
	总计	无床	1—9 张	10—29 张	30—49 张	50—99 张	100 张及以上	总计	无床	1—9 张	10 张及以上
全国	3 160	1 827	163	470	276	298	126	23 909	21 534	1 820	555
吉林	13	8	2	2	—	1	—	2 354	2 330	19	5
湖北	177	69	36	36	22	22	13	912	811	89	12
广东	727	707	2	2	5	6	3	602	596	5	1
甘肃	41	12	10	14	4	1	—	250	201	34	15

资料来源：《中国卫生统计年鉴》(2008)。

图 5－1 显示的是 2007 年我国各类卫生医疗机构的诊疗人数比率，可见，我国大部分的医务诊疗都发生在医院，而作为基层医疗服务体系的社区卫生服务中心（站）和卫生所、护理站等仅占全部就诊人数的 5.77％和 1.39％，而有 55.29％的人选择了医院。同时，我们也可以从中看出不同层级的卫生机构在使用者心目中的“信任度”差别，社区医疗卫生服务体系的建设尚需完善。

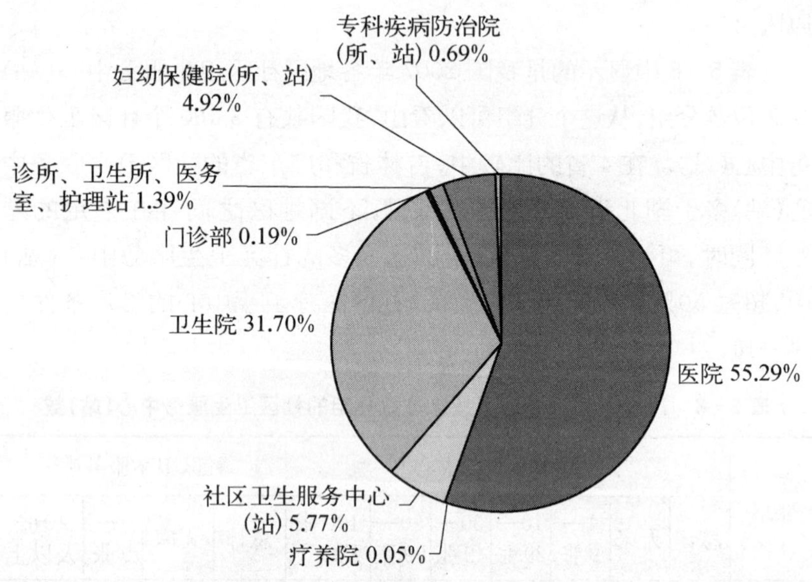

图 5－1　2007 年我国各类医疗机构诊疗人次比率

从表 5－9 则可以看出，各地医疗卫生服务提供和使用情况也存在着很大差距，从入院人数、病床使用率和平均住院日等均可以看出东部地区社区医疗服务体系使用频率大大高于中西部地区。由此可以推知，东部地区社区医疗卫生服务体系得到了较好的发展。

表 5-9 2007 年我国社区医疗卫生服务中心(站)医疗服务情况*

地区	社区卫生服务中心						社区卫生服务站	
	诊疗人次	入院人数(人)	病床使用率(%)	平均住院日(日)	医师人均每日担负诊疗人数(人)	医师人均每日担负住院床位(张)	诊疗人次	医师人均每日担负诊疗人次
全国	127 124 460	743 186	59.6	13.1	13.07	0.78	98 749 683	14.59
东部	104 874 519	441 916	64.0	17.4	15.28	0.87	61 745 917	18.34
中部	13 161 455	157 923	44.7	7.0	7.74	0.53	24 277 013	11.34
西部	9 088 486	143 347	51.3	6.6	7.00	0.64	12 726 753	10.11

* 由于该数据只是将全国划分为东、中、西部 3 个区域,本研究无法按省份进行分类比较。
资料来源:《中国卫生统计年鉴》(2008)。

五、新生儿死亡率、婴儿死亡率与 5 岁以下儿童死亡率

新生儿死亡率、婴儿死亡率和 5 岁以下儿童死亡率通常情况下被作为衡量一个国家和民族的居民健康水平和社会经济发展水平的重要指标,特别是妇幼保健工作水平的重要指标。联合国千年目标全球行动就将婴儿死亡率和 5 岁以下儿童死亡率作为其两项主要衡量指标。

新生儿指出生未满 28 天以内的婴儿。凡出生体重 1 000 克或以上(胎龄满 28 周或以上)活产婴儿中,在出生后不到 28 天死亡者(即包括早期及后期新生儿死亡)称新生儿死亡。导致新生儿死亡的主要原因是缺氧性脑损伤,这与孕期缺乏产前诊断、体质差、缺少锻炼等有密切关系。

其计算公式为:

$$新生儿死亡率=\frac{\text{出生体重 1 000 克及以上（胎龄 28 周或以上）的新生儿死亡数}}{\text{出生体重 1 000 克及以上（胎龄 28 周或以上）的活产婴儿数}}\times 1\,000‰$$

婴儿死亡率是指婴儿出生后不满周岁死亡人数同出生人数的比率。一般以年度为计算单位，以千分比表示。在婴儿死亡率较高的地方，也有用百分比表示的。婴儿死亡率的计算公式为：

$$婴儿死亡率=\frac{\text{本年内不满周岁死亡人数}}{\text{同年出生人数}}\times 1\,000‰$$ ①

5 岁以下儿童死亡率指规定年份出生的儿童在年满 5 岁前死亡的概率（表示每 1 000 名活产的比率），以现有年龄死亡率为准。该指标通常用于计量儿童的存活情况。5 岁以下儿童死亡率可以反映出 18 岁以下儿童 90%以上的死亡情况。其计算方法与婴儿死亡率类似。

新中国成立后，我国婴幼儿保健工作取得了很大进步。1949 年以前，我国的婴儿死亡率非常高，达 200‰左右。② 1949 年以后，婴儿死亡率大大降低。1954 年根据对 14 省 5 万余人的调查，婴儿死亡

---

① 该公式表示每 1 000 个出生人口中不满周岁死亡人数的比率。但是在实际统计过程中，本年内登记统计的不满周岁死亡人数中，有一部分是上一个年份出生的，同本年出生人数口径不一致，致使计算结果不够精确，需要进行调整。最常用的简单调整方法是调整分母的出生人数。根据经验，在本年死亡的不满周岁婴儿中有 2/3 是本年出生的，1/3 是上一年出生的。因此，对分母的出生人数也按此比例进行加权调整，调整后的计算公式如下：婴儿死亡率 $=\frac{D_0^t}{\frac{2}{3}\times B^t+\frac{1}{3}\times B^{t-1}}\times 1\,000‰$；式中 B^t、B^{t-1} 分别为本年和上一年出生人数。

如果能分出不满周岁死亡人口的出生年，也可用分母分子同时调整的方法。该方法是分别计算出本年出生本年死亡的比率和上一年出生在本年仍不满周岁死亡人数的比率，然后相加，即为婴儿死亡率，计算公式是婴儿死亡率 $=\frac{\text{本年出生本年死亡人数}}{\text{本年出生人数}}\times 1\,000‰+\frac{\text{上一年出生本年死亡不满周岁人数}}{\text{上一年出生人数}}\times 1\,000‰$。

② 《中国卫生统计年鉴》(2008)。

率为 138.5‰;1958 年对 19 个省市的调查,婴儿死亡率为 80.0‰。[①] 1973 至 1975 年全国肿瘤死亡回顾调查,婴儿死亡率为 47.0‰;1981 年,据第三次全国人口普查统计,婴儿死亡率已降到 34.68‰。[②] 而从表 5-10 中,可以明显地看到自 1991 年以来,这 3 个指标值均呈现逐年下降的趋势。同世界主要国家相比较,我国的婴幼儿死亡率已经低于处于类似经济发展水平的印度,取得了较大的成绩,但与发达国家普遍保持的 10‰以下的水平相比依然有一定差距(见表 5-11)。2006 年世界各代表国家婴儿死亡率中,中国低于印度和南非,

表 5-10　我国监测地区新生儿死亡率、婴儿死亡率及 5 岁以下儿童死亡率

年份	新生儿死亡率(‰)			婴儿死亡率(‰)			5 岁以下儿童死亡率(‰)		
	合计	城市	农村	合计	城市	农村	合计	城市	农村
1991 年	33.1	12.5	37.9	50.2	17.3	58.0	61.0	20.9	71.1
1995 年	27.3	10.6	31.1	36.4	14.2	41.6	44.5	16.4	51.1
2000 年	22.8	9.5	25.8	32.2	11.8	37.0	39.7	13.8	45.7
2001 年	21.4	10.6	23.9	30.0	13.6	33.8	35.9	16.3	40.4
2002 年	20.7	9.7	23.2	29.2	12.2	33.1	34.9	14.6	39.6
2003 年	18.0	8.9	20.1	25.5	11.3	28.7	29.9	14.8	33.4
2004 年	15.4	8.4	17.3	21.5	10.1	24.5	25.0	12.0	28.5
2005 年	13.2	7.5	14.7	19.0	9.1	21.6	22.5	10.7	25.7
2006 年	12.0	6.8	13.4	17.2	8.0	19.7	20.6	9.6	23.6
2007 年	10.7	5.5	12.8	15.3	7.7	18.6	18.1	9.0	21.8

资料来源:《中国卫生统计年鉴》(2008)。

---

① 梁中堂:《中国与印度人口变动及其发生原因比较研究》,《人口研究》,1992 年第 6 期。

② 《中国卫生统计年鉴》(2008)。

但是高于巴西等发展中国家，并且远高于欧美发达国家的水平，可见我国的妇幼保健工作在世界各国中依然处于落后状态。

表 5－11　世界代表国家新生儿死亡率、婴儿死亡率和 5 岁以下儿童死亡率

	新生儿死亡率(‰)(2004 年)	婴儿死亡率(‰)(2006 年)	5 岁以下儿童死亡率(‰)(2006 年)
澳大利亚	3	5	6
巴　西	13	19	20
中　国	18	20	24
朝　鲜	22	42	55
印　度	39	57	76
日　本	1	3	4
俄罗斯	7	10	13
南　非	17	56	69
瑞　士	3	4	5
英　国	3	5	6
美　国	4	7	8

资料来源：《中国卫生统计年鉴》(2008)。

从表 5－10 中则可以明显看出，历年来农村地区新生儿死亡率、婴儿死亡率及 5 岁以下儿童死亡率均明显高于城市地区。如 2007 年各项指标中，农村地区为城市地区的 2 倍多。这说明，我国城乡之间卫生服务水平存在较大差距，卫生服务的公平性依然没有得到很好的体现。

从表 5－12 可看出，在婴儿死亡率方面，不同地区之间存在一定的差距，广东和吉林两省明显低于全国平均婴儿死亡率，也低于湖北和甘肃两省的婴儿死亡率，这在一定程度上反映了不同地区之间医疗保健水平的差距。

表 5－12　2005—2008 年我国各地区婴儿死亡率　　（单位：‰）

	2005 年	2006 年	2007 年	2008 年
全　国	19.00	17.20	15.30	14.90
吉　林	—	7.86	6.57	7.21
湖　北	12.23	—	9.92	—
广　东	8.09	6.98	6.25	5.30
甘　肃	23.72	19.24	16.13	13.58

资料来源：全国资料来源于《中国卫生统计年鉴》(2008)和《2008 年我国卫生事业发展统计公报》；各省的资料来源于国家和省的年度统计公报、领导人的讲话和政府卫生行政部门的网站等。

六、孕产妇死亡率

按世界卫生组织的有关规定，孕产妇死亡是指妊娠开始至产后 42 天内，不论妊娠的部位、期限，因各种原因（不论是直接由于产科引起的还是由于妊娠及其处理方法而加重的）所引起的死亡，但意外死亡如车祸、自杀，不包括在内。① 孕产妇死亡率一般以 10 万作为计算单位，计算公式为：

$$孕产妇死亡率 = \frac{一定时期内孕产妇死亡数}{同期内所有妊娠数} \times 100\%$$

孕产妇死亡率是反映卫生保健工作的一个重要指标。孕产妇死亡率是公共卫生指标中发展最不平衡，差距最大的一个指标，最低国家和最高国家之间相差可达几百倍。新中国成立初期，卫生水平落后，旧法接生相当普遍，孕产妇死亡率高达 1 500/10 万。② 1949 年以

① 我国规定，计划生育手术致死者和葡萄胎死亡不统计在内。

② 转引自国务院新闻办公室 2000 年 2 月发布的政府白皮书《中国人权发展 50 年》。

后，随着新法接生和妇女住院分娩的普及，孕产妇死亡率迅速下降。自1991年以来，随着妇幼卫生工作的加强，全国的孕产妇死亡率依然保持逐年下降的态势。2006年，我国孕产妇死亡率为41.1/10万，大大低于同期世界平均孕产妇400/10万的死亡率。① 2007年，根据对监测地区的卫生统计，我国孕产妇死亡率已经降低到36.6/10万。另外，随着农村人口受教育程度的提高和农村新法接生逐渐得到普及，农村与城市之间的差距从1991年的100.0/10万比46.3/10万缩小到2007年的41.3/10万比25.2/10万，差距缩小了一大半，但农村孕产妇死亡率仍然远高于城市(见表5-13)。

表5-13 我国监测地区孕产妇死亡率 (单位：1/10万)

	孕产妇死亡率(1/10万)				孕产妇死亡率(1/10万)		
	合计	城市	农村		合计	城市	农村
1991年	80.0	46.3	100.0	2000年	53.0	29.3	69.6
1992年	76.5	42.7	97.9	2001年	50.2	33.1	61.9
1993年	67.3	38.5	85.1	2002年	43.2	22.3	58.2
1994年	64.8	44.1	77.5	2003年	51.3	27.6	65.4
1995年	61.9	39.2	76.0	2004年	48.3	26.1	63.0
1996年	63.9	29.2	86.4	2005年	47.7	25.0	53.8
1997年	63.6	38.3	80.4	2006年	41.1	24.8	45.5
1998年	56.2	28.6	74.1	2007年	36.6	25.2	41.3
1999年	58.7	26.2	79.7				

资料来源：《中国卫生统计年鉴》(2008)。

从表5-14可以看出我国住院分娩和新法接生都已经深入人心，普及率都在90%以上；吉林、广东和湖北均达到了99%以

① 转引自新华网记者钱彤、陈芳、丁建刚对卫生部党组书记高强2007年10月17日的采访报道《高强：中国将进入实施全民保健国家行列》。

上的水平。但是，不同地区之间孕产妇保健状况依然存在着明显的水平差异。如广东省2007年孕产妇死亡率为17.79/10万，而甘肃省孕产妇死亡率却达到了62.63/10万，后者是前者的3倍多。

表5-14　2007年我国各地区孕产妇保健情况

	住院分娩率(%)	新法接生率(%)	孕产妇死亡率(1/10万)
全　国	91.65	98.39	30.25
吉　林	98.06	99.36	28.49
广　东	91.71	99.13	17.79
湖　北	97.14	99.27	20.02
甘　肃	79.11	96.85	62.63

资料来源：《中国卫生统计年鉴》(2008)。

七、人均期望寿命

人均期望寿命也称为人口平均期望寿命。它和人的实际寿命不同，是根据婴儿和各年龄段人口死亡的情况计算后得出的，是指在现阶段每个人如无意外应该享有的寿命。人均期望寿命可以反映出一个社会生活质量的高低。原因在于，人寿命的长短主要受两方面因素的制约，一是体质、遗传因素、生活条件等个体因素，二是社会经济条件、卫生医疗水平因素。因此，不同的社会，不同的历史时期，人类寿命的长短有着很大的差别。

2006年，世界卫生组织发布的《2005世界卫生报告》中提到，中国2005年人均期望寿命达到了73岁(其中男70岁、女74岁)，比1949年前的35岁提高了一倍多，这一度引起了中国媒体和政府的极大关注。而2007年世界卫生组织资料库中的数据显示，虽然中国 2006 年人均期望寿命仍然为 73 岁，①男性人均期望寿命达到了 71 岁，女性人均期望寿命则达到了 75 岁。这说明了我国人民的生活水平和生活质量以及医疗卫生护理水平都得到了显著的提高。目前，日本等发达国家人均期望寿命均在 82 岁以上。② 同发达国家相比，我国依然有一定差距。而且，我国不同地区之间人均期望寿命存在着一定的差距。从表 5－16 中可以看出，位于西部地区的青海省，其人均期望寿命 2007 年比广东省低了 3.9 岁。如果再与上海和北京比则差距更大(上海人均期望寿命为 79.87 岁和 80.97 岁)，③这从一个侧面反映出各地基础医疗和卫生保健工作存在着较大的差距。

表 5－15　我国婴儿死亡率与人均期望寿命

	婴儿死亡率(‰)	人均期望寿命(岁)		
		合计	男	女
1949 年前	200 左右	35.0	—	—
1973—1975 年*	47.0	—	63.6	66.3
1981 年**	34.7	67.9	66.4	69.3
1990 年**	—	68.6	66.9	70.5
2000 年**	32.2***	71.4	69.6	73.3
2005 年	19.0***	73.0	70.0	74.0****

* 此系全国三年肿瘤死亡回顾调查数字。
** 此栏人均期望寿命系人口普查数。
*** 此系妇幼卫生监测地区数字。
**** 此系 1% 人口抽样调查数。

① 本数据摘自世界卫生组织资料库，可能是小数点后四舍五入的缘故，但世界卫生组织未在其他场合提供精确的年龄。

② 毕晓红：《江苏人均期望寿命 2010 年普增 2 岁》，《扬子晚报》，2007 年 5 月 11 日。

③ 《中国卫生统计年鉴》(2008)。

表 5-16　我国各地区人均期望寿命*

	1990 年	2000 年	2005 年	2006 年	2007 年
全　国	68.55	71.40	73.00	73.00	—
吉　林	67.95	73.10	72.80	—	—
湖　北**	67.25	71.08	—	73.60	—
广　东	72.52	73.27	—	—	75.30
青　海	60.57	66.03	—	70.69	71.40

* 因甘肃省无法找到相关数据，因此此处使用青海省作为西部地区的代表省份考察。

** 《武汉晚报》记者金文兵 2007 年 10 月 16 日题为《人均期望寿命：75.76 岁》的报导，2006 年湖北省人均期望寿命为 75.76 岁，2000 年湖北省人均期望寿命为 73.89 岁，与湖北省统计局 2006 年数据(73.6 岁)和 2000 年数据(71.08 岁)不符，本研究采用统计局数据。

资料来源：由《中国统计年鉴》、政府工作报告、政府公报、期刊杂志论文等整理而成。

八、每千人医疗机构床位数与每千人卫生技术人员数

每千人医疗机构床位数指的是每千人口医院、卫生院床位数，即(医院床位＋卫生院床位)/人口数×1 000。其中，人口数按公安部户籍人口计。表 5-17 中的数据显示，20 多年来，我国医疗机构床位绝对数呈增长的态势，但是每千人口医院和卫生院床位数却增长缓慢，一直处于 3 张/千人以下，①远低于世界大多数发达国家的水平(见表 5-21)。尤其是农业人口乡镇，还未能达到千人共享一张病床的水平，医疗卫生体系硬件建设，依然任重而道远。而且，各地每千人医疗机构床位数拥有量不均匀，吉林省最多，而广东、湖北和甘肃省 3 省之间的差距不大。

① 《中国卫生统计年鉴》(2008)。

表 5－17 我国每千人医疗机构床位数

年份	医疗机构床位数(张)	其中：医院和卫生院床位(张)			每千人口医疗机构床位(张)	每千人口医院和卫生院床位(张)			每千农业人口乡镇卫生院床位数(张)
		合计	市	县		合计	市	县	
1980 年		2 184 423	903 323	1 281 100		2.02	4.70	1.48	0.95
1985 年		2 229 200	962 100	1 267 100		2.14	4.54	1.53	0.86
1990 年		2 624 100	1 386 700	1 237 400		2.32	4.18	1.55	0.81
1995 年		2 836 100	1 739 600	1 096 500		2.39	3.50	1.59	0.81
2000 年		2 947 900	1 914 200	1 033 700		2.38	3.49	1.50	0.80
2002 年	3 113 165	2 907 153	1 947 297	959 856	2.49	2.32	3.40	1.41	0.74
2003 年	3 144 235	2 955 160	2 001 267	953 893	2.49	2.34	3.42	1.41	0.76
2004 年	3 250 938	3 045 847	2 089 410	956 437	2.56	2.40	1.64	0.75	0.76
2005 年	3 350 810	3 134 930	2 167 052	967 878	2.62	2.45	3.59	1.43	0.78
2006 年	3 496 033	3 270 710	2 257 503	1 013 207	2.70	2.53	3.69	1.49	0.80
2007 年	3 701 076	3 438 260	2 351 415	1 086 845	2.83	2.63	3.80	1.58	0.85

资料来源：《中国卫生统计年鉴》(2008)。

卫生技术人员指的是拥有一定医疗技术，承担诊疗责任的医护人员和技术人员的总称，包括执业医师、注册护士、药剂人员、检验人员等。它与管理人员和工勤技能人员统称为卫生人员。如果说“每千人口拥有的医疗机构病床数”是衡量医疗卫生机构硬件建设水平的重要指标，那么“每千人口拥有的卫生技术人员数”就是衡量其软件建设水平的另一重要指标。

表 5-18　2007 年我国各地区每千人医疗机构床位数

地区	医疗机构床位数(张)	其中：医院和卫生院床位(张)			每千人口医疗机构床位(张)	每千人口医院和卫生院床位(张)			每千农业人口乡镇卫生院床位数(张)
		合计	市	县		合计	市	县	
全国	3 701 076	3 438 260	2 351 415	1 086 845	2.83	2.63	3.80	1.58	0.85
吉林	94 373	89 242	72 708	16 534	3.50	3.31	3.92	1.97	0.89
湖北	150 633	138 324	107 383	30 941	2.48	2.27	2.73	1.44	0.89
广东	234 179	216 951	185 583	31 368	2.87	2.66	3.36	1.19	1.00
甘肃	70 290	66 451	37 015	29 436	2.65	2.51	4.32	1.64	0.80

资料来源：《中国卫生统计年鉴》(2008)。

表 5-19　1949 年以来我国每千人拥有卫生技术人员数　(单位：人)*

年份	卫生技术人员			执业(助理)医师			其中：执业医师	注册护士		
	合计	市	县	合计	市	县		合计	市	县
1949 年	0.93	1.87	0.73	0.67	0.70	0.66	0.58	0.06	0.25	0.02
1960 年	2.37	5.67	1.85	1.04	1.97	0.90	0.79	0.23	1.04	0.07
1970 年	1.76	4.88	1.22	0.85	1.97	0.66	0.43	0.29	1.10	0.14
1980 年	2.85	8.03	1.81	1.17	3.22	0.76	0.72	0.47	1.83	0.20
1990 年	3.45	6.59	2.15	1.56	2.95	0.98	1.15	0.86	1.91	0.43
2000 年	3.63	5.17	2.41	1.68	2.31	1.17	1.30	1.02	1.64	0.54
2004 年	3.46	4.93	2.16	1.50	2.12	0.95	1.20	1.03	1.63	0.50
2005 年	3.49	4.99	2.15	1.52	2.14	0.96	1.22	1.06	1.66	0.51

续　表

年份	卫生技术人员			执业(助理)医师			其中：执业医师	注册护士		
	合计	市	县	合计	市	县		合计	市	县
2006 年	3.58	5.14	2.17	1.54	2.20	0.96	1.25	1.10	1.74	0.53
2007 年	3.66	5.35	2.14	1.54	2.22	0.93	1.26	1.18	1.88	0.55

*(1) 2002 年起，卫生人员数不包括高中等医学院校本部、药检机构、国境卫生检疫所和非卫生部门举办的计划生育指导站人员数；(2) 2007 年起，卫生人员包括返聘本单位半年以上人员，药剂员和检验员等技能人员，从卫生技术人员划归工勤技能人员中(2006 年及以前工勤技能人员系工勤人员数)。以下各表同。

资料来源：《中国卫生统计年鉴》(2008)。

新中国成立以来，作为居民所接受的医疗卫生服务的硬件和软件保证，我国医疗机构床位数和卫生技术人员数都呈现出稳步增长的态势，医疗卫生服务系统建设逐渐完善。但是，城乡之间、发达城市与不发达城市之间、不同规模城市之间的卫生服务差距也在不断拉大。根据高新才在《我国公共医疗卫生服务的区域非均等化分析》一文中所计算的我国人均卫生经费支出的基尼系数(见表 5－20)，1997 年以来，基尼系数一直在 0.38 左右徘徊，接近国际公认的 0.4 的警戒线。例如，表 5－17 显示，我国 1980 年每千人医院和卫生院床位数是 2.02 张，至 2007 年稳步增长至 2.63 张，但是，每千农业人口乡镇卫生院床位数却从原来的 0.95 张下降为 0.85 张。在城市卫生医疗设施得到扩充的同时，农村的医疗服务设施却在缩水，城乡之间的医疗卫生服务供给差距加大。

表 5－20　1997—2005 年我国人均卫生经费的基尼系数

年份	1997 年	1998 年	1999 年	2000 年	2001 年	2002 年	2003 年	2004 年	2005 年
基尼系数	0.361 9	0.376 6	0.387 5	0.392 1	0.385 7	0.387 2	0.375 9	0.382 4	0.357 9

资料来源：中国(海南)改革发展研究院编：《中国公共服务体制：中央与地方》，中国经济出版社，2006 年，第 69 页。

表 5-21　近年来世界主要国家每万人拥有卫生资源状况比较*

	2000—2007 年每万人口医院床位(张)	2000—2006 年每万人口拥有卫生技术人员数(人)		
		医师	口腔医师	护士
澳大利亚	40	25	11	97
巴　西	26	12	11	38
中　国	22	14	1	10
日　本	141	21	7	95
俄罗斯	97	43	3	85
南　非	28	8	1	41
瑞　士	57	40	5	110
英　国	39	23	10	128
美　国	32	26	16	94
墨西哥	10	20	8	9
蒙　古	64	26	1	35

* 各国数据均为 2000—2007 年某一年数据。
资料来源:《中国卫生统计年鉴》(2008)。

从表 5-21 中可看出,从每万人拥有床位数看,中国的数字仅高于墨西哥,几乎仅相当于日本的 1/7。我国每万人拥有的卫生技术人员数,仅高于南非和巴西的水平,但却不到澳大利亚、英国、美国等发达国家平均水平的一半,甚至只有美国的 1/13。并且,作为卫生技术人员中必不可少的护士,在南非和巴西都分别达到了每万人 41 位和 38 位的水平,几乎相当于我国的 4 倍。由此可见,我国现阶段医疗机构不论是硬件还是软件的配套,均与发达国家有着明显的差距。

从表 5-22 中可看出,不同地区每千人口卫生技术人员数存在一定的差异,其中,广东和吉林两省所拥有的每千人口卫生技术人员数明显超出全国平均水平,也超出湖北和甘肃两省的水平,实际上反映的是投入水平的差异。

表 5－22　2007 年我国各地区每千人口卫生技术人员数

（单位：人）

地区	卫生技术人员			注册(助理)医师			其中：医师			注册护士		
	合计	市	县	合计	市	县	合计	市	县	合计	市	县
全国	3.66	5.35	2.14	1.54	2.22	0.93	1.26	1.92	0.66	1.18	1.88	0.55
吉林	4.67	5.29	3.27	2.11	2.39	1.49	1.84	2.14	1.17	1.51	1.80	0.85
湖北	3.73	4.35	2.60	1.52	1.75	1.09	1.26	1.51	0.79	1.26	1.57	0.71
广东	4.42	5.58	1.98	1.70	2.13	0.77	1.36	1.80	0.43	1.57	2.04	0.58
甘肃	3.22	5.57	2.10	1.33	2.33	0.85	1.04	1.97	0.59	0.91	1.87	0.44

资料来源：《中国卫生统计年鉴》(2008)。

第二节　中国医疗卫生领域总体绩效描述

一、主要成就

（一）公共医疗卫生事业成就显著，人们的健康水平大大提高

新中国成立后，国家积极建设基本的公共医疗卫生服务体系，如惠及全民的卫生防疫体系、以三级医疗机构为基础的医疗服务体系、医疗保障制度和农村改水工程等，其直接结果就是人们健康水平的大幅提高，如：婴儿死亡率由建国前的 200‰左右降至 2007 年的15.3‰，远低于发展中国家的平均水平(61‰)；①孕产妇死亡率由建国初期的1 500/10 万降至 2007 年的 36.6/10 万，大大低于 400/10 万的世界平均水平；人均期望寿命由建国前的 35 岁提高到 2006 年

① 黄荣清、庄亚儿：《人口死亡水平的国际比较》，《人口学刊》，2004 年第 6 期。

的 73 岁，提高了整整一倍多；改水工程前，我国大部分农村居民用水安全无法保证，直接威胁身体健康，到 2007 年，已改水受益人口占农村人口比率达 92.1%，饮用自来水人口占农村人口的比率达62.7%，甲型肝炎、伤寒、细菌性痢疾等介水肠道传染病的发病率大大降低。在我国这样一个发展中大国原有医疗卫生条件极其落后的情况下，这些成绩的取得实属难能可贵。

(二) 基层医疗卫生服务体系建设初见成效

改革开放以后，尤其是近年来，城市社区医疗卫生服务体系和新型农村合作医疗体系这两个基层医疗卫生服务体系的支柱获得了巨大的发展。随着市场化的推进，城市社区医疗卫生服务体系逐渐从企业中剥离出来，截至 2007 年底，全国所有地级以上城市都已开展了社区卫生服务，全国社区卫生服务中心(站)达 2.4 万个，从事社区卫生服务的卫生技术人员总数达 26 万人。在一些大中城市，“15 分钟社区卫生服务圈”已具雏形。新型农村合作医疗体系更是经历了一个从无到有的过程，并取得了迅速的发展。截至 2008 年底，全国已有 2 729 个县(区、市)开展了新型农村合作医疗，参合农民 8.15 亿人，参合率为 91.5%。这些基层医疗服务体系的建立，为保证人人享有基本的医疗保健服务，实现“病有所医”，解决看病难和看病贵等问题奠定了较好的基础。

二、主要问题

(一) 医疗卫生财政投入不足，城乡居民看病就医问题仍然较严峻

长期以来，我国医疗卫生财政投入严重不足，卫生总费用占 GDP 的比重多年保持在 5%以下的水平，政府预算卫生支出占 GDP 的比重则大都居于 1%以下的水平，在世界上均处于较低的水平。2007 年，我国政府财政投入仅占卫生总费用的 20.3%，医疗机构主要依靠以药补医和医疗服务收费维持运行,①导致公立医疗机构趋利行为严重,患者看病难、看病贵问题仍然较突出。

由于财政投入和总体投入的不足,一些医疗设备陈旧老化,医务人员整体素质不高,防疫保健工作还存在薄弱环节,制约着公共医疗卫生服务体系的进一步完善,也影响卫生绩效的进一步提高。在世界卫生组织2000年对191个成员国的卫生总体绩效评估排序中,中国仅列第144位,结果令人深思。②不少地方公共卫生环境建设仍然很落后,特别是在一些农村地区,畜禽粪便随处可见,生活垃圾随意抛扔,生活污水横流。恶劣的环境卫生破坏了农村的循环系统、生态系统和自然资源,诱发疫病,导致近些年霍乱、登革热、鼠疫等烈性传染病死灰复燃,严重危害当地居民的身体健康。另外,新的卫生、健康问题也不断出现,如SARS等新传染病的出现,一些"富贵病"在我国富裕地区和城市逐渐形成,心血管疾病发生率升高,这些都表明,我国的医疗卫生形势仍然十分严峻。

(二)基本卫生服务供给不公平问题突出

在2000年世界卫生组织对成员国卫生筹资与分配公平性的评估排序中,中国列188位,在191个成员国中倒数第四。③通过对相关数据的分析,本研究认为,这种不公平性主要包括城乡之间、地区之间的不公平。

一是城乡之间供给不公平。1990至2008年间,城乡人均卫生费用都有较大幅度增长,但城乡人均卫生费用之间的差距却呈现扩大的状态。2008年,我国人均卫生费用为854.4元,其中:城市

---

① 卫生部门综合医院统计,2008年门诊病人次均医药费用146.5元,比上年增加10.4元(按当年价格计算,下同),增长7.6%;住院病人人均医药费用5463.8元,比上年增加490.0元,增长9.9%。医药费用涨幅回升主要受物价上涨影响(2008年居民消费价格指数105.9%)。扣除价格因素,门诊病人次均医药费用增加1.8元,上涨1.3%;住院病人人均医药费用增加167.6元,上涨3.4%(参见卫生部统计信息中心:《2008年我国卫生事业发展统计公报》)。

②③ 摘自世界卫生组织《2001年世界卫生统计》。

1 480.1元，农村 348.5 元，城市为农村的 4.28 倍。[①] 由于城乡之间卫生费用之间的差别，直接导致了在基本医疗体系建设方面城乡之间的明显差异，如每千人医疗机构床位数、每千人卫生技术人员数等方面都如此。此外，在基本卫生服务方面也存在差异。第三次国家卫生服务调查结果显示，2003 年，大城市的产前检查率、住院分娩率和孕妇早期检查率分别为 97.5%、92.9%和 80.6%，而四类农村地区的该 3 项指标分别只有 63.2%、43.4%和 24%，城乡差距明显。由于城乡之间基本医疗供给方面的差异，导致在新生儿死亡率、婴儿死亡率、5 岁以下儿童死亡率、孕产妇死亡率等方面城乡之间存在显著的差异。

二是地区之间供给不公平。这突出表现在每千人医疗机构床位、每千人拥有卫生技术人员数、新型农村合作医疗参合率、改水受益农村人口比重、社区医疗卫生服务体系建设等方面的差异上。在每千人拥有的医疗机构床位方面，4 省比较中，吉林省排在第一位，广东省排在第二位，其次是甘肃和湖北两省，后三省之间的差别不大；在每千人拥有的卫生技术人员数方面，广东和吉林两省相对于湖北和甘肃两省具有明显的优势；新型农村合作医疗参合率方面，广东和甘肃两省明显高于吉林和湖北两省；改水受益农村人口比重方面，广东省位列第一，吉林省第二，湖北省第三，甘肃省第四；社区医疗卫生服务体系建设方面，吉林和广东两省好于湖北和甘肃两省。综合来看，广东和吉林两省的医疗卫生供给水平高于湖北和甘肃两省的供给水平。在结果方面，主要有 3 个衡量指标，即婴儿死亡率、孕产妇死亡率和人均期望寿命。婴儿死亡率方面，广东最低，其次是吉林，湖北和甘肃列第三和第四；孕产妇死亡率方面，广东最低，其次湖北，吉林和甘肃列后，其中，甘肃与 3 省之间的差距悬殊；人均期望寿命方面，广东最高，其次是湖北，吉林和甘肃列后。综合来看 4 省之

---

① 卫生部统计信息中心：《2008 年我国卫生事业发展统计公报》。

间人们的保健水平,广东最好,其次是吉林和湖北,最后是甘肃。因此,我们可以得出结论,4 大区域之间医疗卫生事业领域绩效水平存在一定的差异,基本呈东部、东北、中部、西部梯度递减态势。

(三) 医疗卫生资源配置不合理,配置效率低

我国不同医疗机构之间资源配置不合理,城市大医院占有太多的卫生资源,而社区卫生中心(站)拥有的资源却少之又少。目前,全国社区卫生服务中心和服务站仅占城镇医疗卫生机构总数的 8.9%,卫生技术人员数占 2.7%。由于社区卫生服务覆盖面小,医护人员数量不足,服务设施和设备匮乏,服务质量难以取得群众信任,从而导致人们看病就医都寻求大中型医院,而社区卫生服务中心(站)却少人问津。再加上未形成分级医疗、双向转诊的机制和“大病”进医院、“小病”在社区的格局,这是造成人们看病难和看病贵的重要原因之一,也说明医疗卫生资源配置的低效率和浪费现象并存。

第三节　相关对策建议

一、加大医疗卫生领域的资金投入力度,完善公共卫生服务体系

要按照中共中央和国务院 2009 年 3 月 17 日发布的《关于深化医药卫生体制改革的意见》的要求,坚持公共医疗卫生的公益性质,到 2011 年,基本医疗保障制度全面覆盖城乡居民,城乡基层医疗卫生服务体系进一步健全,基本公共卫生服务得到普及,有效减轻居民就医费用负担,切实缓解“看病难、看病贵”问题。到 2020 年,覆盖城乡居民的基本医疗卫生制度基本建立。要实现上述目标,关键是必须从资金投入上加大力度。中央政府和地方政府都要增加对卫生的投入,逐步提高政府卫生投入占卫生总费用的比重,使居民个人基本

医疗卫生费用负担有效减轻。政府卫生投入增长幅度要高于经常性财政支出的增长幅度，使政府卫生投入占经常性财政支出的比重逐步提高。按照分级负担的原则划分中央和地方各级政府的投入责任，地方政府承担主要责任，中央政府主要对国家免疫规划、跨地区的重大传染疾病预防控制等公共卫生、城乡居民的基本医疗保障以及有关公立医疗卫生机构建设等给予补助。为此，各级政府必须调整财政支出结构，减少经济建设的财政投资比例，并通过转变职能、机构改革和厉行节约等措施，增加公共服务方面的支出能力和支出比例。同时，要通过相关政策引导社会资金对医疗卫生领域投入，调动各方面的积极性增加卫生总支出。

二、强化公共医疗卫生投入的公平性

不同地区之间由于经济实力的差异而存在财政收入的不平衡，因此，应通过财政转移支付的方式实现公共医疗卫生投入的公平性，逐渐缩小不同地区之间公共卫生服务体系和人们保健水平的差异。中央财政按照不同标准分别对东、中、西部地区进行适当的补助，省级财政按照不同标准分别对辖区内不同类型地区进行补助。加强转移支付的目标性，建立相应的资金流向跟踪和绩效问责机制，防止在资金运用过程中的挤占、挪用现象，真正做到专款专用。

三、合理调整和配置公共卫生资源

强化农村和基层卫生服务体系建设，实现“重心下移”，构建“预防保健和小病在社区、大病到医院、康复回社区”的格局，形成综合医院、专科医院、社区卫生中心的“金字塔”型医疗卫生体系。首先，新增城市卫生投入要重点用于发展社区卫生服务。既要将现有的一批小医院转型或改造为社区卫生服务机构，又要扶持城市社区医疗机构,加强设备配置,完善管理机制,吸引并留住高水平人才,建立人才共享和交流机制,引导社会力量兴办社区卫生服务机构。其次,要强化社区卫生服务机构激励机制,建立和完善相关的配套政策,逐步实现社区居民小病和常见病在社区诊治。例如,可以出台相关的医保政策,规定参保人员在社区门诊就医,其发生的医疗费用超过个人账户部分在限额内按比例由医保基金支付;参保居民在社区住院,降低住院起付费,个人自付比例低于市级医院;实行医保费用社区总额预付制等。在农村地区,可以通过完善新农合制度设计,农民在镇卫生院、县医院看病报销比例较高,县外医院则低一点,引导农民在基层看小病、常见病,这样通过增加基层医疗机构的服务量,使之得到盘活和发展,从而有序引导就诊居民向基层医疗机构流动,提高基层卫生资源的利用率,也有利于解决看病难和看病贵的问题。

四、转变政府职能

根据中共中央、国务院《关于深化医药卫生体制改革的意见》的要求,“从有利于强化公立医院公益性和政府有效监管出发,积极探索政事分开、管办分开的多种实现形式”。要克服过去卫生部门既当“裁判员”又当“运动员”的双重角色定位而可能出现的监管缺位、执法不严、准入标准不一致等问题,政府卫生部门的基本职责由“办医”向“管医”转移。政府应在制度建设、资源配置、加大投入和强化监管等方面发挥主导作用,着力办好公共卫生事业和承担基本医疗、代表区域水平的公立医疗机构。同时,政府可以通过制定一系列医药政策和采用市场准入制度,发挥市场机制在配置卫生资源中的作用,提高卫生资源配置效率,提高医疗服务水平和质量,满足人民群众多层次、多样化的医疗卫生需求,从而使医疗卫生服务体系朝更为健康的方向发展。

为了确保上述措施的落实和执行，引进政府绩效评估机制是一个可行的选择方向。在上级政府对下级政府或对政府职能部门的考核机制中，加强医疗卫生领域的指标设计，综合考虑投入、过程和结果方面的因素，完善考核评价机制，并严格根据考核结果实施奖惩，强化责任承担机制，以促进医疗卫生绩效的持续提高。

第六章
中国公共安全与社会管理绩效分析报告

公共安全与社会管理是近年来政府管理的一个重要议题，在严峻的安全形势下，引起了人们越来越多的关注，是目前我国社会建设领域中一个十分棘手的问题，它关系到人民群众的生命和财产安全，关系到社会安定团结，是改革和发展的重要基础。本章从万人发案率、刑事案件破案率、群体性事件数、公众安全感、道路交通万车死亡率、万车交通事故发生率、亿元 GDP 死亡率、重大火灾事故发生数和每万人公共交通车拥有量等方面实测中国公共安全与社会管理方面的绩效水平，分析其中存在的问题，提出相关对策建议。

第一节　中国公共安全与社会管理绩效数据分析

一、万人发案率

万人发案率指每万实有人口每年平均刑事案件发案数。它是反映一个地区公共安全的重要指标，能够比较客观地反映一个地区的治安状况。从表6-1可以看出，从2001至2007年间我国刑事案件万人发案率都处于较高水平，并呈波动状态，2002至2004年间刑事案件发案率逐年上升，2005至2006年间有所下降，但2007年又攀升到近年来最高水平36.39%。这在一定程度上反映了我国的公共安全情况并没有随着我国经济的迅速发展而得到改善，或者改善的速度较慢。由于很难搜集到国际上其他国家的万人发案率数据，这里不进行国际横向比较。实际上，由于不同地域、国家差异、社会制度和经济发展水平的不同，不能简单地以犯罪发案率的高低来衡量不同国家治安秩序的好坏。① 而且，由于不同国家和地区法律制度的差异，对违法犯罪案件统计标准是不一样的，这也大大侵蚀了国际发案率比较的基础。比如英国是西方发案率最高的国家，1999年万人发案率为789，② 是中国2000年数据的27倍，但不能说英国治安比中国差很多，如英国的盗窃案没有立案标准，即使很小的财产损失也可以报案登记；警察与人口比例增大从而增加报案机会、衡量警察政绩的唯一标准就是接报案数等。

表6-1　2000—2007年我国刑事案件万人发案率*

	刑事案件数(件)	人口数(万)	万人发案率
2000年	3 637 307	126 583	28.73
2001年	4 457 579	127 627	34.93
2002年	4 336 712	128 453	33.76
2003年	4 393 893	129 227	34.00

① 比如，1987年美国的犯案率为5 479起/10万人，而我国只有54起/10万人，但在“是否敢夜间独自行走”这个问题上，美国只有38%的人选择不敢夜间行走，而我国则为49.9%(廖志恒：《治安秩序构成要素分析——治安秩序论之三》，《武汉公安干部学院学报》，2005年第3期)。

② 《英国警察怎样认识发案的》，警察网，2005年7月9日。

续 表

	刑事案件数(件)	人口数(万)	万人发案率
2004年	4 718 122	129 988	36.30
2005年	4 648 401	130 756	35.55
2006年	4 653 265	131 448	35.40
2007年	4 807 517	132 129	36.39

*万人发案率的计算公式为：年内刑事案件发案数/年平均实有人口(万)×100%。实有人口包括本地常住人口、暂住人口、寄住人口。

资料来源：《中国统计年鉴》(2001—2008)。

二、刑事案件破案率

刑事案件破案率主要显示了一个地区的警察办事效率和侦察能力，反映政府的公共安全与治安服务的供给情况。刑事案件的发生会在社会产生恶劣的影响。一个地区的刑事案件破案率高，不仅可以大大改善这个地区的治安状况，对犯罪分子起到很好的威慑作用，而且群众的安全感和对政府的信任感与满意感也会相应提高。因此，刑事案件破案率的高低具有重要意义。从表6-2可以看出，我国2003至2007年间刑事案件破案率在逐年上升，2007年达到50.14%，从一个角度反映了政府在公共安全与社会管理方面的绩效改进状况，警察维护社会治安和稳定的能力得到提高，这是值得肯定的。日本2002年刑事案件破案率仅为20%①，而香港近几年刑事案件的破案率基本维持在40%左右②。相比之下，我国刑事案件破案率还处于略高的水平。但仍需考虑

① 杜伟：《部分在日华人的犯罪问题分析》，《忻州师范学院学报》，2004年第5期。

② 柯良栋、李文胜：《香港的刑事案件立案机制》，京师刑事法治网，2006年10月24日。

的一点是，我国目前尚存在一些立案不实的情况，即把本来不属于刑事案件的也归入刑事案件，从而使该指标的可信度存在不确定因素。

表 6-2　2003—2007 年我国刑事案件破案率

	刑事案件立案数	刑事案件破案数	破案率(%)
2003 年	4 393 893	1 842 699	41.94
2004 年	4 718 122	2 004 141	42.48
2005 年	4 648 401	2 097 369	45.12
2006 年	4 653 265	2 212 724	47.55
2007 年	4 807 517	2 410 344	50.14

资料来源：《中国统计年鉴》(2004—2008)。

三、群体性事件数

群体性事件是指 10 人以上(含 10 人)聚众共同实施违反国家法律、法规、规章，扰乱社会秩序，危害公共安全，侵犯公民人身安全和公私财产安全行为的事件。它代表着社会矛盾的激化程度，显示公众对政府治理状态的不满与抗议，因此可以作为衡量政府社会管理绩效的一个重要指标。群体性事件频发会影响社会治安的状况，破坏社会秩序，严重的话会使政府的合法性受到影响，直接反映了政府对于社会管理和群众利益矛盾的疏导解决水平。目前，《中国统计年鉴》尚未有这一指标的数据，但可从其他渠道获得相关数据以窥概貌。

近年来，群体性事件数量急剧上升，参与群体性事件的人数逐年增长。2005 年《社会蓝皮书》的统计数据表明，从 1993 至 2003 年，我国群体性事件数量已由 1 万起增加到 6 万起，参与人数也由约 73 万增加到约307万。[①] 从表6-3可以看出,进入新世纪,我国群体性事件数量始终维持在较高的水平上,2006年最多,达到9万起。2007年数字虽有所回落(它的下降主要与过了征地拆迁的最高峰期和最近几年中央政府倡导和谐社会,并在征地拆迁、农民工工资拖欠等问题上出台一系列的规范化措施有关),但仍不理想。目前虽然没有2008年群体性事件数的确切数字,但从已经发生的事件来看也不容乐观:6月28日发生贵州瓮安事件,7月3日发生陕西府谷事件,7月16日发生广东惠州事件,7月19日发生云南孟连事件,在不到1个月的时间内发生了数起重大群体性事件。在这些群体性事件中,农民群体的参与日益引人注目。比如2006年1至9月,全国公安机关共处置各类群体性事件1.79万起。其中,全国有38.5万人次农民参与群体性事件,居各类参与人员之首。[②] 其间,规模比较大的群体性事件和暴力性的冲突也时有发生。群体性事件数近年的激增显示了我国目前人民内部矛盾有激化的趋势,也反映了政府的公共服务供给并没有达到令百姓满意的状态。

表6-3　2003—2007年我国群体性事件数　(单位:万起)

年　份	群体性事件数
2003年	5.85
2004年	7.4
2005年	8.7
2006年	9
2007年	8

资料来源:由笔者根据期刊论文和中国法理网的数据整理而成。

① 李丹婷:《公众对政府的信任与和谐社会的构建》,《福州党校学报》,2006年第4期。

② 于滨:《农村要考平安建设》,《瞭望》,2006年第48期。

四、公众安全感

改革开放后相当长的一段时间内，人们对经济的发展、科技的进步、生活水平的提高等方面的追求，远远大于对社会负面问题的关注，安全感并不是一个突出的社会问题。但随着经济的发展和社会的进步，人们对社会发展和人类幸福的认识进一步升华。其中一个重要热点，就是对公共安全的认知和感受。公众安全感是社会各界对治安秩序状况感受的集合，直接反映了公众对于社会治安的满意程度，是评价治安状况的核心指标之一。它既反映了社会治安的总体状况与对百姓日常生活的影响程度，同时也反映了政府的公共安全与社会管理水平是否达到保持和提升公众安全感的程度，是政府治安绩效的重要衡量指标，甚至比违法犯罪指标更具有说服力。由于公众安全感的重要意义，国家统计局和社会调查机构（如零点研究咨询集团等）都对该指标在全国范围内进行了问卷调查。其中，国家统计局从 2001 年开始每年都在全国 31 个省（区、市）对年满 16 周岁以上的中国公民进行抽样问卷调查，从表 6 - 4 可以看出中国公众的安全感和对社会治安的评价逐年提高（除 2004 年有轻微下降外），越来越多的中国公众具有安全感，2007 年具有安全感的公众比例达到 93.5％。但是零点研究咨询集团的调查结论却有些不同。表 6 - 5 显示，与 2003 年比，公众的社会安全感在 2004 至 2007 年间连续 5 年呈下降趋势。而农村的公众安全感则在 2005 至 2007 年连续 3 年降低。另外，2006 年以前，城镇居民的安全感均低于农村居民，而农村公众的安全感在 2006 年和 2007 年两年中反低于城镇，值得关注。

在这里，官方机构国家统计局和民间调查机构零点研究咨询集团的调查结论截然相反，而且双方也都对对方的数据持质疑态度。政府官员认为国家的统计调查是采用科学严谨的方法进行的，而且它可以动用社会性调查公司所无法比拟的行政资源来保证调查的顺利进行。这种观点是有道理的,但我们同样必须考虑的是,政府属于间接的被评价对象,由代表政府的机构来负责组织调查,便难以保证调查的客观公正性。除了上述两个机构的调查外,中国社会科学院发布的《2009年社会蓝皮书》通过对2008年中国民生问题的调查,认为目前我国社会安全感的总体水平比较高,70%的公众在测量的共7个方面都认为比较安全和安全。但交通安全和食品安全被公众认为是最差的,其中,对交通安全方面只有65.3%的安全感,而对食品安全方面则只有65.7%的安全感。① 这一调查结果虽然与零点研究咨询集团的调查结果不具直接可比性,但与国家统计局的调查结果相比,民众的安全感明显要低一些。中国社会科学院既拥有官方研究机构的权威性和强大的资源动员能力,而且又不完全受政府控制并且有自身的学术伦理作为约束,其研究结果具有较好的参考价值。

表6-4　2001—2007年我国公众安全感调查结果(国家统计局)

(单位:%)

	具有安全感的公众比例*
2001年	81.40
2002年	84.10
2003年	91.19
2004年	90.84
2005年	91.90
2006年	92.00
2007年	93.50

*"具有安全感"包括"很安全"、"安全"、"基本安全"三种。
资料来源:《全国群众安全感调查主要数据公报(2001—2007)》,国家统计局门户网站。

① 中国社会科学院:《70%公众有社会安全感,食品安全状况公认最差》,中国新闻网,2008年12月15日。

表 6－5　2002—2008 年我国公众社会安全感得分*

	全 国	城 镇	农 村
2002 年	3.51	3.44	3.55
2003 年	3.66	3.56	3.71
2004 年	3.62	3.48	3.71
2005 年	3.53	3.52	3.54
2006 年	3.57	3.63	3.46
2007 年	3.31	3.48	3.21
2008 年	—**	3.55	3.63

* 表中数据满分为 5,5 分表示社会治安安全感高,1 分表示非常低。
** 缺 2008 年全国总体水平的数据。
资料来源：零点研究咨询集团:《2008 年中国公共服务公众评价指数手册》。

但我们需要注意的另外一点是,虽然安全感是公众对治安现实的反映,但由于其主观性特征,不可能具有完全准确的效度,因此应该与万人发案率、刑事案件破案率等因素一起综合考虑后判断我国目前的治安状况与秩序。

五、道路交通万车死亡率

道路交通万车死亡率,简称万车死亡率,是我国安全生产的 4 个指标(道路交通万车死亡率、工矿商贸十万从业人员事故死亡率、亿元 GDP 生产事故死亡率、煤矿百万吨死亡率)之一。万车死亡率表示在一定空间和时间范围内,按机动车拥有量所平均的交通事故死亡人数的一种相对指标,即道路交通事故死亡人数与机动车数量的比率,表示每 1 万辆机动车中因道路交通事故造成死亡的人数。其计算公式为:

$$R_N = D/N \times 10^4$$

式中，R_N表示万车死亡率；D 表示交通事故的死亡人数；$N\times10^4$表示机动车的拥有量。道路交通万车死亡率是专门反映我国道路交通安全状况的指标。1996 至 2005 年间，我国道路交通事故平均每年发生 50 多万起，死亡 9 万多人，分别占各类事故起数和死亡人数的 71%、76%。由于在我国各类事故中，道路交通事故总量大、死亡人数最多，因此“道路交通万车死亡率”是一个高危险性的行业安全规划指标。目前，国外在进行道路交通事故统计时，绝大多数国家采用“道路交通万车死亡率”作为全面衡量道路交通安全状况的重要指标。我国多年来也一直采用“道路交通万车死亡率”作为衡量道路交通安全状况的综合指标。

表 6－6 反映了 2002 至 2008 年间我国的道路交通万车死亡率情况。从该表中可以看出，我国的道路交通万车死亡率呈现逐年下降的趋势，而且下降幅度较大，从 2002 年的 13.7 人下降到 2008 年的 4.3 人，道路交通交通安全状况明显好转。2006 年国家安监总局负责人就贯彻落实《“十一五”规划纲要》答记者问时表示，我国规划 2010 年道路交通万车死亡率比 2005 年下降 40%，由 2005 年的 7.60 下降到 4.54。由于我国道路交通安全形势有了较大的完善，在 2008 年就提前完成了预期目标，其原因主要包括：第一，道路交通法律法规的不断完善。2003 年 10 月 28 日第十届全国人民代表大会常务委员会第五次会议通过了《中华人民共和国道路交通安全法》，标志我国道路交通安全进入法制化管理的阶段。2007 年 12 月 29 日第十届全国人民代表大会常务委员会第三十一次会议通过了《关于修改〈中华人民共和国道路交通安全法〉的决定》，2008 年 5 月 1 日起施行新的《中华人民共和国道路交通安全法》。此外，还有一些配套规定，例如，《中华人民共和国道路交通安全法实施条例》、《机动车安全检验办法》、《道路交通事故处理办法》等。第二，近年来我国道路交通管理水平不断提高，道路

安全设施建设逐步得到完善。第三，人们的交通安全意识逐渐增强等。

表 6－6　2002—2008 年全国道路交通万车死亡率　（单位：人）

	2002 年	2003 年	2004 年	2005 年	2006 年	2007 年	2008 年
道路交通万车死亡率	13.7	10.8	9.2	7.6	6.2	5.1	4.3

资料来源：由笔者根据国家安全监管总局网站和相关论文数据等整理而成。

表 6－7 反映的是我国与美国、法国和日本等发达国家道路交通万车死亡率的对比情况。可以看出，我国在道路交通万车死亡率方面远远高于美国、法国和日本等发达国家。2002 至 2006 年，美国、法国和日本的平均万车死亡率分别为 1.81 人、1.62 人、0.94 人，而我国 2002 至 2008 年间的平均万车死亡率为 8.13 人，分别是美国、法国和日本的 4.49 倍、5.02 倍和 8.65 倍。造成这些差距的主要原因有：第一，道路交通安全宣传教育方面，发达国家很早就开始注重对国民的道路安全教育。例如，美国从 1928 年开始在小学设立交通安全教育课程，开展经常性交通安全教育工作；法国在 20 世纪 50 年代以法律的形式规定学校有义务对学生进行交通安全宣传教育。而我国的交通安全宣传教育工作比较落后，基本上处于“起步阶段”，只由公安交通管理部门一家独立支撑，未能充分发动全社会力量积极参与。第二，道路交通法规建设方面，日、美、欧国家非常重视道路交通法规建设，并随着道路运输的发展及时进行补充和修订，现已形成了比较完备的道路交通法律法规体系。例如，日本是迄今道路交通法律法规最完备的国家之一，1951 年颁布了《道路运输车辆法》，并以《道路法》、《道路交通法》、《道路运输法》、《道路运输车辆法》等法律为基础，分别就公路交通、道路建设、道路维修、停车场建设、公路干线建设、高速公路、道路投资来源、道路收费、道路运输、公路设施、公路运输车辆、汽车损坏赔偿、交通安全对策、道路交通事故紧急救援、

自行车道建设、汽车与其他运输工具之间相互关系等专项制定了一系列与道路交通运输及其安全相关的专门法律与法规。而我国目前与道路交通安全相关的法律法规,无论是体系的系统性、完备性,还是内容的科学性、规范性都较欠缺。第三,道路交通安全管理方面,外国对交通管理有很好的职责分工。例如,美国的交通运输部门是道路交通管理的主管部门,警察部门是道路交通管理的参与协作部门。其道路交通安全管理体制特点是:虽然针对客观需求,围绕交通安全而构建的组织机构多,但职责不乱,协调不乱。而我国的交通安全管理涉及的部门较多,工作责任分散,道路规划、设计、建设、维护、施工和管理等方面分属不同的部门,各部门之间缺乏统一的交通安全指导目标,各环节之间的不协调增加了道路潜在的安全隐患。

表 6-7 部分国家道路交通万车死亡率对比表 (单位:人)

	2002 年	2003 年	2004 年	2005 年	2006 年	2007 年	2008 年
美国	1.91	1.86	1.80	1.77	1.70	—	—
法国	2.16	1.68	1.59	1.43	1.25	—	—
日本	1.08	0.99	0.94	0.87	0.80	—	—
中国	13.70	10.80	9.20	7.60	6.20	5.10	4.30

资料来源:国外道路交通万车死亡率来源于姜学锋:《数据库》,《道路交通与安全》,2008年第3期。

表 6-8 是 2005—2007 年我国广东、湖北、甘肃和吉林 4 省道路交通万车死亡率的对比情况。从纵向上看,广东省道路交通万车死亡率先上升后下降,变化幅度不大。湖北、甘肃和吉林 3 省的数据都呈现逐年下降的趋势。从横向看,广东省和湖北省的平均道路交通万车死亡率低于全国水平,甘肃省和吉林省则高于全国水平。从 4 省的横向比较上看,甘肃省的平均道路交通

万车死亡率在 4 省中最高，其次是吉林省，广东省和湖北省相对较低。

表 6－8 2005—2007 年全国与广东、湖北、甘肃、吉林 4 省道路交通万车死亡率对比表

（单位：人）

	全国	广东省	湖北省	甘肃省	吉林省
2005 年	7.6	5.70	7.30	15.91	8.8
2006 年	6.2	5.90	4.86	14.13	7.6
2007 年	5.1	5.01	4.47	11.43	5.8

资料来源：由各省国民经济和社会发展统计公报和安全生产规划整理而成。

六、万车交通事故发生率

万车交通事故发生率是指在一定空间和时间范围内，按机动车拥有量所平均的交通事故发生数的一种相对指标，即道路交通事故发生数与机动车数量的比率。表示每 1 万辆机动车所发生的交通事故数。其计算公式为：

$$R_B = A/N \times 10^4$$

式中，R_B表示万车交通事故发生率；A 表示交通事故的发生数；$N \times 10^4$表示机动车的拥有量。万车交通事故发生率可以用来反映我国道路交通安全状况。

表 6－9 反映的是 2002 至 2007 年间我国万车交通事故发生率的情况。从表中可以看出，我国万车交通事故发生率呈现逐年下降的趋势，而且下降幅度较大，2007 年万车交通事故发生率比 2002 年减少了 87 起，这说明我国的道路交通安全情况在逐步好转。

表 6－9　2002—2007 年全国万车交通事故发生率　（单位：起）

	交通事故发生数	机动车数	万车交通事故发生率
2002 年	773 137.00	7 196.12	107.44
2003 年	667 507.00	9 664.07	69.07
2004 年	567 753.00	10 784.46	52.65
2005 年	450 254.00	14 309.86	31.46
2006 年	378 781.00	14 428.23	26.25
2007 年	327 209.00	16 009.61	20.44

资料来源：根据《中国统计年鉴》(2003—2008)整理计算而成。

表 6－10 反映的是我国与美国、法国和日本等部分发达国家万车交通事故发生率的对比情况。2002 年，美国、法国和日本的万车交通事故发生率分别为 83.51 起、30.02 起和 126.50 起，我国为 107.44 起。该年我国的万车交通事故发生率是法国的 3.5 倍，比美国多约 24 起，但比日本少约 20 起，略低于日本。这说明发达国家的万车交通事故发生率呈现出不均衡的情况。2004 年，美国、法国和日本的万车交通事故发生率分别为 80.09 起、23.70 起和 127.16 起，我国为 52.65 起，比 2002 年降低 1 倍，但仍是法国的 2.2 倍，但与美国和日本两国相比，呈现出一些新变化。该年我国的万车交通事故发生率比美国少约 28 起，比日本少约 75 起。我国 2006 年和 2007 年的万车交通事故发生率分别为 26.25 起和 20.44 起。从这些数据可以看出，我国的万车交通事故发生率在总体上与发达国家仍有一定的差距，但是交通安全形势有所好转，并开始超过部分发达国家，这主要得益于 2005 年 5 月 1 日《中华人民共和国道路交通安全法》的实施。值得注意的是，在万车死亡率方面，2002 年日本为 1.08，我国为 13.70，是日本的 12.5 倍；2004 年日本为 0.94，我国为 9.20，是日本的 9.8 倍。从这些数据可以看出，我国在万车死亡率方面高于日本，而在万车交通事

故发生率方面却低于日本。一般情况下,万车死亡率与万车交通事故发生率应该呈正相关关系,即万车死亡率越高,万车交通事故发生率越高,反之亦然。但两国在万车死亡率与万车交通事故发生率上出现了不一致的情况。针对这种情况,本报告认为最可能的原因在于日本是一个高科技相对发达的国家,其车辆的质量和性能要优于中国,所以即使其发生的交通事故数多于中国,但造成死亡的人数却相对较少。

表 6-10　部分国家万车交通事故发生率对比表　(单位:起)

	2002 年	2004 年	2006 年	2007 年
美　国	83.51	80.09	—	—
法　国	30.02	23.70	—	—
日　本	126.5	127.16	—	—
中　国	107.44	52.65	26.25	20.44

资料来源:2002 年部分国家交通事故发生数源自《国际统计年鉴》(2004),该年部分国家交通事故发生数数据:美国 1 929 000 起,法国 105 500 起,日本 936 721 起;2004 年部分国家交通事故发生数源自《国际统计年鉴》(2007),该年部分国家交通事故发生数:美国 1 900 000 起,法国 85 400 起,日本 952 191 起;2002 年部分国家国外机动车数源自《国际统计年鉴》(2004),该年部分国家机动车数:美国约23 100.0万辆,法国 3 514.4 万辆,日本 7 399.3 万辆;2004 年部分国家机动车的数据源自《国际统计年鉴》(2007),该年部分国家机动车数:美国 23 724.3万辆,法国 3 603.9 万辆,日本为 7 488.1 万辆。

表 6-11 反映的是 2005 至 2007 年间全国与广东、湖北、甘肃、吉林 4 省万车交通事故发生率的对比情况。从纵向看,4 省的万车交通事故发生率均呈现逐年下降的趋势,广东、湖北、甘肃和吉林 4 省 2007 年的万车交通事故发生率比 2005 年分别下降了约 10 起、10 起、20 起和 13 起。从横向看,甘肃、广东和吉林 3 省均高于全国水平,湖北省低于全国水平。从 4 省的横向比较看,湖北省的万车交通事故发生率最低,其次是吉林省,甘肃省和广东省相对最高。

表 6－11　2005—2007 年全国与广东、湖北、甘肃、吉林 4 省万车交通事故发生率对比表

（单位：起）

	全国	广东省	湖北省	甘肃省	吉林省
2005 年	31.46	38.78	28.95	47.88	35.01
2006 年	26.25	37.57	20.23	40.11	26.36
2007 年	20.44	29.18	18.75	28.18	21.58

资料来源：根据《中国统计年鉴》(2003—2008)整理计算而成。

七、亿元 GDP 死亡率

亿元国内生产总值生产安全事故死亡率，简称亿元 GDP 死亡率，它表示一定时期内，每生产亿元国内生产总值，因各类生产安全事故造成的死亡人数，即各类生产安全事故死亡人数与国内生产总值的比率。其计算公式为：

$$RD = D/G$$

式中，RD 表示亿元 GDP 死亡率，D 表示生产安全事故死亡人数，G 表示亿元国内生产总值。由于不同国家或地区经济发展水平不一，经济结构不尽相同，就业人员数量差别很大，因此使用“事故起数”、“死亡人数”、“直接经济损失”等绝对指标进行事故统计分析时，往往有一定局限性，容易形成经济越发达、人口越多的地区，事故亦多、安全状况亦差的表象。而采用亿元 GDP 死亡率，可以综合地反映和评价不同地区在经济发展过程中与其密切相关的安全生产状况。因此，亿元 GDP 死亡率是国际上的通用指标，它可以综合反映和评价一个国家或地区安全生产状况和水平。

表6－12反映了2002至2008年我国亿元GDP死亡率的变化情况。从该表中可以看出，我国的亿元GDP死亡率呈现逐年下降的趋势，且下降幅度较大，2008年我国的亿元GDP死亡率比2002年减少了1.018人，这说明我国的安全生产状况明显好转。其主要原因在于：第一，政府日益重视安全生产问题，出台了一系列的政策措施。例如，2004年初国务院作出的《关于进一步加强安全生产工作的决定》，明确了我国安全生产中长期奋斗目标。2005年12月21日召开的国务院第116次常务会议决定：从安全规划、行业管理、安全投入、科技进步、经济政策、教育培训、安全立法、激励约束考核、企业主体责任、事故责任追究、社会监督参与、安全监管及应急体制等12个方面，采取一系列举措。国务院有关部门相继出台了50多部规范性文件规范安全生产行为。第二，安全生产法律法规体系不断完善。2002年国家颁布了《安全生产法》，标志着我国安全生产开始步入法制轨道。此外，在《劳动法》、《煤炭法》、《矿山安全法》、《职业病防治法》、《道路交通安全法》等十余部专门法律中，都有安全生产方面的规定。国务院还相继颁布了《生产安全事故报告和调查处理条例》、《关于特大安全事故行政责任追究的规定》、《安全生产许可证条例》、《煤矿安全监察条例》等近百部行政法规。第三，安全生产监管体制的建立和完善。例如，建立安全生产考核体系，它由事故死亡人数总量控制指标、绝对指标、相对指标、重大和特大事故起数控制考核指标共4类27个具体指标构成，落实安全生产责任制，形成了中央与地方相结合、综合监管与行业监管互动的安全生产监管体系。

表6－13反映了我国与部分国家亿元GDP死亡率的对比情况。2005年，我国的亿元GDP死亡率为0.695，分别是韩国、美国和英国的2倍、14倍和19倍。2006年，我国的亿元GDP死亡率为0.558，分别是日本、美国和英国的11倍、12倍和29倍。从这些数据中可以看出，虽然我国亿元GDP事故死亡率有所下降，但与发达国家相比

仍相差甚远,安全形势依然严峻。

表 6 - 12　2002—2008 年全国亿元 GDP 死亡率　(单位:人)

	2002 年	2003 年	2004 年	2005 年	2006 年	2007 年	2008 年
亿元 GDP 死亡率	1.330	1.168	1.002	0.695	0.558	0.413	0.312

资料来源:2007—2008 年数据来源于新华网:《2008 年中国亿元 GDP 事故死亡率降至 0.312》,2009 年 1 月 16 日;2006 年数据来源于新华网:《2006 年我国亿元 GDP 事故死亡率下降 20%》,2007 年 1 月 24 日;2003—2005 年数据来源于南方网:《粤安全生产指标大幅下降　安全生产事故连续多年低发》,2007 年 5 月 9 日;2002 年数据来源于新华网黄毅一文:《2007 年全国各类事故起数比 2002 年下降一半多》,2008 年 1 月 18 日。

表 6 - 13　部分国家亿元 GDP 死亡率对比表　(单位:人)*

	2005 年	2006 年	2007 年	2008 年
美　国	0.049	0.046	—	—
英　国	0.037	0.020	—	—
日　本	—	0.050	—	—
韩　国	0.365	—	—	—
中　国	0.695	0.558	0.413	0.312

* 表中的国外数据均是换算成人民币后得出的。

资料来源:2005 年数据根据国家安全监督管理总局门户网站一文:《李毅中就安全生产热点话题答新华社记者问》(2006 年 3 月 9 日)整理而成。2006 年数据来源于新华网:《2006 年我国亿元 GDP 事故死亡率下降 20%》(2007 年 1 月 24 日)。2007 年和 2008 年数据来源见表 6 - 12。

表 6 - 14 反映了 2003—2007 年广东、湖北、甘肃、吉林 4 省亿元 GDP 死亡率的对比情况。期间,广东省的亿元 GDP 死亡率呈现逐年下降的趋势,且下降幅度较大,2007 年比 2003 年减少 0.51 人。湖北省亿元 GDP 死亡率除 2005 年略有上升外,基本呈现下降趋势,2007 年比 2003 年减少 0.31 人。甘肃省 2007 年的亿元 GDP 死亡率比 2006 年减少了 0.18 人。吉林省 2007 年比 2003 年减少了 0.59

人，降幅较大。从这些数据可以看出，4 省的安全生产形势明显好转。

从横向对比来看，甘肃省的亿元 GDP 死亡率最高，其次是吉林省，广东省和湖北省相对较低。广东省和湖北省的平均亿元 GDP 低于全国水平，而吉林省的平均亿元 GDP 与全国水平相当。而在 2006—2007 年期间，全国的平均亿元 GDP 死亡率为 0.49 人，甘肃省比其高出 0.3 人，安全生产形势较为严峻。

表 6-14　2003—2007 年全国与广东、湖北、甘肃、吉林 4 省亿元 GDP 死亡率对比表

（单位：人）

	全国	广东省	湖北省	甘肃省	吉林省
2003 年	1.168	0.80	0.65	—	1.05
2004 年	1.002	0.64	0.51	—	1.01
2005 年	0.695	0.51	0.55	—	0.76
2006 年	0.558	0.38	0.46	0.92	0.60
2007 年	0.413	0.29	0.34	0.70	0.46

资料来源：广东省数据源自《广东统计年鉴》(2008)，各省安全生产委员会所作的安全生产情况的通报、领导人讲话、国民经济和社会发展统计公报等。

八、重大火灾事故发生数

重大火灾事故发生数是指在一定时间和空间范围内，重大火灾事故的发生数量。重大火灾是一个较为抽象的概念，不同国家对重大火灾的界定会有不同。根据《中国统计年鉴》对我国的重大火灾的定义，我国的重大火灾是指造成 10 人以上 30 人以下死亡，或者 50 人以上 100 人以下重伤，或者 5 000 万元以上 1 亿元以下直接财产损失的火灾。而美国消防协会（NFPA）将本国的重大火灾定义为：死亡 5 人以上(含)的住宅火灾和死亡 3 人以上

(含)的其他建筑火灾、非建筑火灾均为重大多人死亡火灾。重大火灾事故发生数能够在一定程度上反映各国家或地区的社会安全状况和水平。

表 6－15 反映了 2000 至 2007 年间我国重大火灾事故发生数的情况,可以看出,除 2004 年的重大火灾数略有所上升外,我国的重大火灾事故发生数均呈现逐年下降的趋势,而且下降的幅度较大,2007 年发生的起数不到 2000 年的 1/5,说明我国在防火灾等安全方面做了较大努力,效果比较明显,原因在于:第一,1998 年 9 月 1 日起实施的《中华人民共和国消防法》为我国的消防事业奠定了法制基础;第二,消防信息化建设快速推进,消防科技支持能力大大提高,消防部队专业化、职业化建设取得较大进展;第三,人民群众的消防安全意识普遍增强。

表 6－15　2000—2007 年全国重大火灾事故发生数　(单位:起)

	2000 年	2001 年	2002 年	2003 年	2004 年	2005 年	2006 年	2007 年
重大火灾发生数	384	327	344	305	259	250	181	74

资料来源:《中国统计年鉴》(2001—2008)。

表 6－16 反映了我国与美国重大火灾事故发生数的对比情况,显示,2005 至 2006 年间美国的重大火灾起数远低于中国。2007 年我国的重大火灾事故发生起数虽较往年有较大幅度下降,但基数仍较大,在一定程度上反映出我国的重大火灾发生情况比发达国家严重。

表 6－17 反映了 2005 至 2007 年间广东、湖北、甘肃和吉林 4 省重大火灾发生数的对比情况。从纵向看,广东省和甘肃省重大火灾发生数都在逐年减少;湖北省 2005 年未发生重大火灾,2007 年比 2006 年减少一起;吉林省 2005 年比 2002 年减少了接近一半,降幅较大。从横向看,湖北省重大火灾发生数情况比广东省和甘肃省少,甘

肃省在4省中相对最多。

表6－16　我国与美国重大火灾事故发生数对比表　（单位：起）

	2005年	2006年	2007年
美　国	20	36	—
中　国	250	181	74

资料来源：根据《中国统计年鉴》(2006—2007)和期刊论文数据整理而成。

表6－17　2005—2007年我国广东、湖北、甘肃和吉林4省重大火灾发生数对比表　（单位：起）

	广　东	湖北省	甘肃省	吉林省
2005年	6	0	8	6
2006年	5	4	6	—
2007年	3	3	4	—

资料来源：根据《广东统计年鉴》(2008)、《中国消防年鉴》(2006)、各省安全生产委员会所作的安全生产情况和公安部门门户网站数据整理而成。

九、每万人公共交通车拥有量

根据《中国统计年鉴》的定义，每万人拥有公共交通车辆是指报告期末城区内每万人平均拥有的公共交通车辆标台数，即某一国家或地区公共交通车数量与人口数的比率。其计算公式为：

$$R1 = T/P$$

公式中，R1表示每万人公交车拥有量，T表示公共交通车拥有量，P表示某一国家或地区的人口数。每万人公交车拥有量反映了某国或地区的交通事业发展情况，也能够说明某国或地区的城市建设状况，是一个衡量城市发展水平的指标。

表 6－18 反映了 2003 至 2007 年我国每万人公共交通车拥有量的情况。从该表中可以看出，我国每万人公共交通车拥有量呈现逐年上升的趋势。但是从上升的幅度来看，前 3 年即 2004 至 2006 年每年的增幅不大，均没有超过 1 辆，2007 年比 2006 年上升 1.18 辆，增幅较大。总的来看，我国每万人公共交通车拥有量的上升幅度较小，这在一定程度上说明我国的公共交通事业发展速度较慢、规模较小。

表 6－18　2003—2007 年全国每万人公共交通车拥有量

（单位：辆）

	2003 年	2004 年	2005 年	2006 年	2007 年
每万人公共交通车拥有量	7.66	8.41	8.62	9.05	10.23

资料来源：《中国统计年鉴》(2004—2008)。

表 6－19 反映了我国与部分发达国家每万人公共交通车拥有量的对比情况。从该表中可以看出，2003 年加拿大、澳大利亚和挪威的每万人公共交通车拥有量分别为 56.10 辆、52.40 辆和 42.20 辆，它们分别是中国的 7.3 倍、6.8 倍和 5.5 倍。2004 年美国、法国和日本每万人公共交通车拥有量分别为 46.50 辆、49.50 辆和 44.10 辆，它们分别是中国的 5.5 倍、5.9 倍和 5.2 倍。2005 至 2007 年，我国每万人公共交通车拥有量虽然有所上升，2007 年为 10.23 辆，但仍远远低于发达国家 2003 年和 2004 年的水平。可见，我国每万人公共交通车拥有量与发达国家相比差距较大，公共交通事业的水平仍需进一步提高。

表 6－20 反映了 2003 至 2007 年间全国与广东、湖北、甘肃、吉林 4 省每万人公共交通车拥有量的情况。从纵向看，广

东、甘肃、吉林 3 省呈上升趋势，但增幅不大，湖北省的上升幅度较大，2007 年比 2003 年增加了 5 辆。从横向看，广东、甘肃和吉林 3 省均低于全国水平，湖北省与其水平相当。从 4 省之间的比较看，湖北省最多，其次是吉林省，广东省和甘肃省相对最少。

表 6－19　部分国家每万人公共交通车拥有量　(单位：辆)

	2003 年	2004 年	2005 年	2006 年	2007 年
加拿大	56.10	—	—	—	—
澳大利亚	52.40	—	—	—	—
挪威	42.20	—	—	—	—
美国	—	46.50	—	—	—
法国	—	49.50	—	—	—
日本	—	44.10	—	—	—
中国	7.66	8.41	8.62	9.05	10.23

资料来源：国外数据根据《国际统计年鉴》(2007)整理而成。

表 6－20　2003—2007 年全国与广东、湖北、甘肃、吉林 4 省每万人公共交通车拥有量对比表　(单位：辆)

	全国	广东省	湖北省	甘肃省	吉林省
2003 年	7.66	5.10	6.78	5.67	7.13
2004 年	8.41	6.53	7.01	5.57	7.09
2005 年	8.62	6.45	7.80	6.31	7.28
2006 年	9.05	5.74	10.55	6.08	7.65
2007 年	10.23	7.90	11.88	7.64	8.68

资料来源：《中国统计年鉴》(2004—2008)。

第二节 中国公共安全与社会管理总体绩效描述

一、主要成就

(一) 刑事案件破案率逐年上升

本章第一节的数据描述与分析已提到,我国 2003 至 2007 年刑事案件破案率在逐年上升,2007 年达到 50.14%,反映了我国警察的办事效率和侦察能力在不断取得进步,为营造良好的公众安全感创造了条件。由于命案是刑事犯罪活动中恶性程度最高、危害最为严重的案件,2004 年,公安部提出“命案必破”的口号,要求各地公安机关以侦破命案为龙头,严厉打击各类刑事犯罪活动,促进公安机关侦破能力的提高。在“命案必破”原则的引领下,中国全部 8 类命案破案率达 89.6%,接近日本、德国、韩国等国的水平,超过英、法、美等国水平。各地公安机关还攻克了一大批多年未破的命案积案,2005 年共破历年命案积案 2 384 起。

(二) 公众具有基本的安全感,安全环境建设取得一定成效

国家统计局的调查结果显示我国公众的安全感和对社会治安的评价逐年提高,2007 年具有安全感(包括很安全、安全和基本安全)的公众比例达到 93.5%。而零点调查公司的调查数据显示在 2002 至 2006 年间公众安全感也都维持在 3.5 分以上(5 分为最高),如果将 1 分到 5 分看为很不安全、不安全、基本安全、安全和很安全的连续体,那么 3.5 分以上的分数也表示公众安全感处于一个可以接受的水平。《2009 年社会蓝皮书》印证了这一观点——70%的公众在测量的共 7 个方面都认为比较安全和安全。国家统计局的调查报告显示,被调查公众认为我国对于违法犯罪活动的打击力度在逐年上

升,赞成打击有力的人从 2004 年的 39.1%上升到 2007 年的 58.1%①,而被调查人住地附近有“治安岗亭(警务站)或门卫室”的从 2005 年的 30.5%上升到 2007 年的 42.4%。这些数据结果互相印证,均表明我国政府在构建公众满意的社会安全环境方面付出了巨大努力,并取得了一定的成效。

(三) 交通安全形势逐步好转

本报告对我国的“道路交通万车死亡率”和“万车交通事故发生率”情况进行了分析,从中可以看出,2002 至 2008 年间,我国的道路交通万车死亡率呈现逐年下降的趋势,并且下降幅度较大,2008 年较 2002 年减少 9.4 人,说明道路交通安全状况明显好转。2002 至 2007 年间,我国的万车交通事故发生率同样呈现逐年下降的趋势且降度较大,2007 年万车交通事故发生率比 2002 年减少了 87 起。

(四) 安全生产状况有所改善,亿元 GDP 死亡率、重大火灾事故发生数逐年下降

经过多年的努力,我国的安全生产状况有所改善。2002 至 2008 年间我国亿元 GDP 死亡率呈现逐年下降的趋势且下降幅度较大,从 2002 年的 1.33 人下降到 2008 年的 0.312 人;重大火灾事故发生数也呈现逐年下降的趋势,且下降的幅度较大,2007 年的起数不到 2000 年的 1/5。

二、主要问题

(一) 万人发案率逐年攀升,总的犯罪情况未得到有效遏制

我国从 2001 至 2007 年刑事案件万人发案率都处于较高水平,2002 至 2004 年间刑事案件发案率逐年上升,2005 至 2006 年有所下

① 国家统计局综合司:《全国群众安全感调查主要数据公报》(2001—2007),国家统计局门户网站(http://www.stats.gov.cn)。

降，但2007年又攀升到36.39%，是近年来的最高水平。胡联合和胡鞍钢曾以联合国犯罪受害调查和公安部的立案不实调查为依据，对我国1978年以来犯罪的实际发案情况进行了估测，考虑到有许多犯罪案件发生后受害人没有报案以及立案不实顽症的客观存在，我国的犯罪问题实际上比以立案数为标准的统计值所反映的情况要严重得多。2004年全国犯罪发案数、犯罪率分别达到约2 348万起、1 800起/10万人，分别比同年犯罪立案数统计值(471.8万起)和犯罪率统计值(363起/10万人)高4倍。①对此，我们要认识到，随着城市化的快速发展和社会流动性的加强，我国在今后相当长的一个时期内，犯罪率还会继续呈上升的趋势。因此，要有长期作战和耐心作战的思想准备，客观地承认和看待犯罪率的上升，努力解决立案不实的问题，并尽最大努力把犯罪控制在社会可以承受的程度之内。

(二) 群体性事件数量多，显示社会矛盾较尖锐

我国近年来群体性事件数量急剧上升，2006年群体性事件达到高峰的9万起，是1993年的9倍。从事件的类型来看，不仅各类轻微冲突案件总体上不断上升，而且社会冲突程度较为严重的案件也在大幅上升，②问题非常严峻。在此期间，涌现出一些引人关注的典型事件，如安徽池州事件、重庆万州事件、浙江瑞安事件、四川广安事件、四川大竹事件、贵州瓮安的“6·28”事件等。群体性事件的发生妨害社会秩序，导致人员伤亡，造成经济损失、交通中断、生态平衡恶化、民族宗教矛盾加深、干群关系和警民关系紧张等一系列社会问题。从根本上说，群体性事件破坏了我国的社会稳定，损害了党和政府的形象，动摇了人们对改革的信心，甚至影响政府的合法性，因此必须引起足够的重视。

---

① 胡联合、胡鞍钢：《对转型期中国犯罪实际发案情况的估测》，《社会科学》，2006年第1期。

② 胡联合、胡鞍钢、王磊：《关于我国社会不稳定因素变化态势的实证分析》，《探索》，2007年第6期。

引起群体性事件的主要原因在于利益协调机制的缺失而激发社会矛盾，如财富分配不公、贫富差距扩大、强制拆迁过程中侵害农民利益、失业和下岗等。改革不配套，一些改革措施、政策和规定出台时考虑不周，或者条件不成熟、时机选择不当，对承受能力估计不足，超出特定社会群体的预期和承受能力等，也可能引发群体性事件。此外，一些历史遗留问题也可能导致群体性事件的发生。

（三）居民安全感脆弱，农村居民安全感降低，显示农村警力资源配置与城市有不少差距

虽然多项调查显示，我国居民有基本的安全感，但十分脆弱，处于很不稳定的状态，并且存在下降的可能。① 零点咨询集团的调查显示，我国农村居民的安全感从 2005 至 2007 年连续三年下滑，2006 年和 2007 年更是低于城市，表明农村的治安形势日益严峻。农村居民安全感降低的原因，既与农村自身社会结构的变迁——外出打工青壮年越来越多，留在农村的几乎都是老弱妇幼人员，使犯罪成功性与可能性增加，从而降低农村居民安全感有关，也与城乡贫富差距拉大引发一些极度贫困者被迫铤而走险偷盗和抢劫钱物有关。再加上一些村霸势力、地痞流氓等社会恶势力在有些地方膨胀，更增添了农村居民的不安全感。但更重要的是，政府并没有因农村治安状况的恶化相应配置足够的警力，警务资源不足严重影响农村居民社会治安安全感。在零点调查咨询集团 2007 年的调查中，60.2%的受访农村居民表示，在当地根本见不到任何治安巡逻人员，48.7%的人表示在当地看不见任何公安机关的安全提示标语，如防火防盗、各种安全注意事项等。此外，农村地区有限的治安警务人员的素质、

① 根据零点研究咨询集团的调查，2008 年公众的安全感有明显的回升，这是否与建设“平安奥运”的环境有关，有待观察。本研究于 2009 年 1—3 月所做的调查结果（得分 3.17）与零点咨询集团的调查结果存在一定的差距，表明我国的安全形势仍然十分严峻（见第八章的内容）。

服务态度、警风警纪、执法规范性等与城镇地区相比也有较大差距。在评价这些方面时，农村居民的评价分值也明显低于城镇居民。①

（四）我国总体交通安全状况与发达国家的差距较大，地区间交通安全状况存在一定差异

我国的交通安全状况与国外发达国家的差距主要表现在以下几个方面：第一，万车交通死亡率和万车交通事故发生率。2002至2006年间，美国、法国和日本的平均万车死亡率分别为1.81人、1.62人、0.94人，而我国的平均万车死亡率为9.50人，分别是美国、法国和日本的5.25倍、5.86倍和10.11倍。2002年和2004年法国的万车交通事故发生率分别为30.02起和23.70起，而我国为107.44起和52.65起，分别是法国的3.5倍和2.2倍。第二，道路交通安全设施。改革开放以来，中国机动车数量增长迅速，远远超过交通基础设施增长速度。道路狭窄或破损，交通拥挤，人车混行的交通环境仍大量存在。与西方交通发达国家相比，中国公路铺装率较低（1999年为40.9%，远低于英、法、意、美、日等均在60%以上的水平）。高等级公路占总通车里程的比重也较小，现有85%以上的公路是三级及三级以下低等级公路，道路建设和养护质量还需进一步提高。② 第三，道路交通管理水平。我国的交通管理水平相对较低，例如，对酒后驾车的处罚较轻且没有得到严格的执行，导致酒后驾车肇事呈大幅增长趋势。而在一些发达国家，则有着相当严厉的处罚措施。如英国，第一次被发现酒后驾车将被吊销驾驶执照半年以上，第二次被发现则有可能被判处二年的监禁。而在美国加利福尼亚州，酒后驾车致人死亡的可能被指控为谋杀罪。

我国的交通安全状况呈现地区差异。本报告选取广东、湖北、甘

---

① 零点研究咨询集团：《2007年度中国居民生活质量指数调查结果》。

② 许洪国、周立、鲁光泉：《中国道路交通安全现状、成因及其对策》，《中国安全科学学报》，2004年第8期。

肃和吉林 4 省分别代表东部地区、中部地区、西部地区和东北地区。相关数据显示，2005 至 2007 年间，广东、湖北、甘肃和吉林 4 省的平均道路交通万车死亡率分别为 5. 54 人、5. 54 人、13. 82 人和 7. 40 人，甘肃省的平均道路交通万车死亡率在 4 省中最高，其次是吉林省，广东省和湖北省最低。2005—2007 年间，广东、湖北、甘肃、吉林 4 省的平均万车交通事故发生率分别为 35. 18 起、22. 64 起、38. 72 起和 27. 65 起，甘肃省和广东省相对最高，其次是吉林省，湖北省最低。综合两个指标的数据后可以得出结论，湖北省的交通安全状况在 4 省中最好，其次是广东省和吉林省，甘肃省的安全状况相对较差，表明地区间道路安全状况存在一定差异。

（五）安全生产形势依然严峻

近年来，我国食品、药品和矿难事件频发，显示安全生产形势严峻。在亿元 GDP 死亡率方面，2006 年，我国的亿元 GDP 死亡率为 0. 558，分别是日本、美国和英国的 11 倍、12 倍和 29 倍。到 2008 年，虽然这一数字较大幅度下降，为 0. 312，但仍然是 2006 年日本的6. 24 倍、美国的 6. 78 倍和英国的 15. 60 倍。此外，重大火灾事故发生数量也远多于美国等发达国家。

第三节　相关对策建议

一、加大和合理配置公共安全与社会管理领域的财政投入和人力资源投入

公共安全与社会管理是涉及内容十分广泛的系统工程，必须发挥政府的主导作用，其中，首先是要增加管理系统建设所需要的资金和人力投入，如警力的增加、设备的更新和新技术的采用、应急救援系统的建设和完善等。

加大对公共交通设施特别是偏远地区的交通设施的投入，建立和完善硬件和软件设施，既有利于缩小由于交通因素引起的地方经济发展差距，又有利于减少交通事故发生率，提高交通安全状况。针对部分贫困地区，可以通过转移支付等办法，加快交通设施的建设。同时，应向农村地区倾斜，建立健全农村交通基础设施的养护和管理机制，缩小城乡之间的差距。此外，在城市道路、市容市貌等方面也应增加投入，并通过完善管理机制等，改善城市的社会秩序，为民众提供一个良好的宜居环境，提升生活品质。

虽然警察的规模会随着任务要求和国家财力、人民群众的需要适当增加，但更重要的是要优化警力资源配置。首先要科学配置警力。公安部要求各地公安机关精简机关人员，大力推动警力下基层，努力达到三基工程要求的基层警力达到 80%，实战部门特别是基层所队，在一线作战的部门要增加到 85%。其次要提高警察队伍素质，开展全国大练兵，通过培训警察、岗位练兵来提高警力的素质，而且要通过改善招聘渠道、招聘对象等来优化警力素质（目前扩大对社会专业化的警力人才的招收录用是比较好的尝试），还要提高公安的“科技含量”，运用高科技手段来辅助刑事侦察，减少犯罪率。此外，在新的社会治安条件下，使有限的警务资源在犯罪预防和犯罪打击之间进行合理分配，警务服务理念需要从注重“事后打击”向“前期预防＋事后打击”联动发展，通过宣传教育、预防警示等方式协调维护治安秩序。同时，要更加依靠人民群众的信息和协助，形成网络化的群防群治机制，使资源产出最大化。

从建设社会主义新农村的高度，加强农村的治安力量和队伍建设，保证有足够的警力维护农村社会治安，并充分发挥村民委员会在维护农村社会治安中的作用。从长远来说，要通过新农村建设，大力发展农村经济，缩小城乡贫富差距，消除社会心态失衡问题，并通过完善社会保障等消除农村的治安隐患，此乃解决“三农”问题和农村综合治理之根本。

二、完善利益协调和冲突解决机制，缓和并有效解决社会矛盾和冲突

首先，疏通各种诉求渠道，及时了解群众的利益和要求。除了完善人民代表大会制度、信访、领导接待日、新闻媒体等传统的利益诉求渠道外，应建立和完善其他新兴的渠道，如听证会、自治和民间组织、新媒体如互联网、民意调查等，及时掌握群众的利益需要和对政府管理工作的建议和意见，改进政府管理工作，真正体现以民为本的执政理念，有利于消除误解，把矛盾和问题化解于萌芽状态，减少不必要的摩擦和冲突。

其次，完善利益协调和解决机制，有效解决社会矛盾和冲突。一些群体性事件的发生与利益协调和解决机制有着莫大的关联。例如，近年来，随着城市的快速扩张和工业化进程，因城市周边的农村征地问题而引发的群体性事件不断。如在广东，仅 2005 年 7 月至 2006 年 6 月，因征地引发的群体性事件共 53 宗。① 造成这些现象的原因有很多，需要进行综合治理，除了要完善征地制度外，其中，最根本的是要形成利益协调机制和冲突解决机制，如改革土地产权制度、提高征收补偿标准、积极引导被征地农民再就业和鼓励创业、建立和完善被征地农民的社会保障制度、解决城市化后原有农民的生活生态环境建设等问题。再比如，城市流动摊贩的管理问题，也是很多城市管理的“顽疾”，除了要严格执法，维护城市的整洁、安全和秩序外，也应该从民生的角度多做一些思考，在城市管理与关照弱势群体之间寻求一个平衡点。这样，城市管理的持续绩效才有保证，也有利于和谐社会的构建。

---

① 王小慧：《广东省被征地农民补偿安置机制问题研究》，中山大学公共管理(MPA)硕士专业学位论文，2007 年。

再次，审慎处理群体性事件。一些地方政府在处理群体性事件时，过度依赖强制性手段，激化了政府与民众之间的紧张关系，不利于缓解矛盾和解决问题。而且，在压力型政府管理体制下，一些地方政府为了完成上级政府下达的经济发展目标，急于求成，工作方法简单，对群众的切身利益关注不够或者损害了群众的切身利益，在这种情况下，如果求助于强制性手段，更容易适得其反，达不到预期的效果。事实证明，在处理一些群体性事件时，公开事件的真相，相关部门和责任人勇于承担责任，及时处置违法行为和违法责任人，解决群众的迫切利益诉求，纠正不当的政策措施和行政行为等均是可行的办法。

最后，建立群体性事件的应急管理机制。凡事预则立，不预则废。应制定群体性事件发生的应急管理机制和应急预案，遵循预防为主、常抓不懈的方针，贯彻统一领导、分级负责、反应及时、措施果断、依靠群众、密切合作的原则，建立健全应对突发事件的预测预警、信息报告、应急处置、善后处置及调查评估等机制，提高应急处理能力和指挥水平，整合有关方面资源，建立健全快速反应系统，建立和完善联动机制，做到有备无患，并能妥善和合理处理群体性事件，维护社会的安定与和谐。

三、完善安全生产运行机制

安全生产事故的原因是多方面的，包括安全生产法律法规的不健全、法律法规执行力度的欠缺、政府部门监管行为的失效、企业自律机制的缺乏和责任意识的淡薄、职工群众维权监督的渠道不顺畅等，因此，建立和完善安全生产运行机制也必须围绕这些方面展开，包括安全生产监督管理机制、生产经营单位安全生产的约束和自律机制、职工群众安全生产维权机制和安全生产社会中介服务机制等方面。

2002年,国家颁布了《安全生产法》,标志着我国安全生产开始步入法制化轨道。应该健全《安全生产法》的配套法律、法规、规章和安全标准,逐步建立健全全社会的安全生产法律法规体系,规范政府、企业、职工和公民的安全生产行为。

根据《安全生产法》的规定:由各级人民政府负责安全生产监督管理的部门对生产经营单位的安全生产工作实施综合监督管理,这从法律上确立了国家授权负责安全生产监督管理的部门对安全生产的监督管理职能,包括监察、指导和服务等方面。为防止安全生产监管职能的缺位、变形和流于形式,应建立和完善政府部门安全生产责任机制,做到"权责一致、权责对等",严格考核,以此规范政府的安全生产执法行为,使安全生产监管责任落到实处。

生产经营单位作为安全生产的最重要责任主体,其安全责任的落实至为重要。为此,相关政府部门必须通过规范审批程序,从源头上消除隐患;通过日常的跟踪反馈和辅导,及时发现问题和解决问题,把隐患消灭在萌芽状态等;通过严格的安全生产监察活动,强制约束其安全生产行为。此外,政府应通过开展各种形式的安全生产宣传和培训活动,并依靠新闻媒体的力量加强煤矿安全生产文化的宣传和渗透,依靠行业协会的力量帮助企业完善安全生产标准和流程,从而扭转企业重经济效益轻安全的绩效观。同时,应坚持长期面向普通企业员工和社区居民倡导安全文化,理顺安全与效益、生命与金钱之间的关系,从而培育企业和员工的安全生产自律意识和自律机制。

《安全生产法》第三章"从业人员的权利和义务"规定了生产经营单位的职工(从业人员)享有的安全生产保障权利。同时,生产经营单位应顺畅职工的维权渠道,充分重视工会和职工代表大会的作用,切实解决职工的问题。为此,政府还可以借助新闻媒体和工会组织等培养工人的安全意识,并宣传相关的法律法规和政策,帮助企业职工树立维权意识,解决维权问题。

安全中介服务机构是市场经济条件下我国安全生产运行机制中不可缺少的部分，因此，应充分重视社会中介服务机构在安全生产方面的作用。《安全生产法》对安全生产中介组织的设立及职责作出了原则的规定："依法设立的为安全生产提供技术服务的中介机构，依照法律、行政法规和执业准则，接受生产经营单位的委托，为其安全生产工作提供技术服务。""承担安全评价、认证、检测、检验的机构应当具备国家规定的资质条件，并对其作出的安全评价、认证、检测、检验的结果负责。"中介服务可以向政府、企业和职工提供科学的、公正的、有效的服务，实现社会资源的共享和最佳配置。

第七章
中国就业与分配公平绩效分析报告

就业与分配是民生之本、社会公平的重要体现，是政府社会建设的又一重要领域。本章从政府就业与再就业的财政投入、城镇登记失业率、失业再就业率、残疾人员就业率、农村剩余劳动力转移率、城镇居民基尼系数和农村居民基尼系数、城乡之间收入差距、地区之间收入差距等方面实测中国就业与分配公平领域的绩效状况，分析存在的问题，提出相关对策建议。

第一节　中国就业与分配公平绩效数据分析

一、政府就业与再就业的财政投入

政府对于就业与再就业的财政资金投入规模直接影响劳动力市场的发育程度、就业率和再就业劳动力的素质等，因此具有重要意义，它也是衡量政府能否履行好促进就业，进而改进民生，保证社会公平的重要因素。我国政府财政对就业的投入主要体现在“就业补助”和“国有企业下岗职工补助”两大项目上，包括中央政府和地方政府的投入之和。在这里，我们采用了就业投入（确切地说是直接投入,因为诸如企业减免税、提供优惠贷款之类的间接投入难以衡量,且难以进行国别间的横向比较)占财政支出和 GDP 的比重这两个指标来衡量政府就业与再就业的财政投入的相对水平,以方便国际比较。在国外,这个指标也称为"劳动力市场经费占政府总支出和 GDP 比例"。

2006 年政府收支分类改革以前,我国的"就业支出"项目分类比较分散,"全口径"归集汇总的难度很大。在 2006 年政府收支改革过程中,一般预算支出设有"社会保障补助支出"类,该类下设"就业补助"款,该款下设"劳动力市场建设"、"再就业培训补贴"、"职业介绍补贴"等支出科目。在 2007 年政府收支科目改革方案中,改设 208 类"社会保障和就业"项目,下设"就业补助"科目,相应科目的名称也发生了变化,因此统计口径也有所变化,这就进一步增加了"就业支出"数据获取和分析的难度。因此,本研究将从一些学者的研究中引用我国政府就业与再就业的财政投入数据并与其他国家进行比较。从政府的历年工作报告中可以很明显地看出政府就业与再就业的财政投入的绝对值是逐年增加的,而且增速较快,但若我们采用劳动力市场经费占政府总支出和 GDP 比例这两个指标,从表 7-1 中便会发现近年来就业与再就业的财政投入占同期财政支出和 GDP 的比重逐年下降,尤其是就业投入占财政支出的比重下降趋势更明显,幅度更大,显示就业与再就业的财政投入增幅远低于财政支出和 GDP 的增幅,并且与国际平均水平相比存在较大差距。从表 7-2 可以看出,即使是第三类主要市场经济国家,劳动力市场经费占政府总支出比例仍在 1.5%以上。事实上,由于就业对一个国家经济和人民生活和政府合法性的重要意义,许多国家无论是在失业率较高还是就业状况得到改善之时,都保持对就业的持续投入,其劳动力市场经费支出占 GDP 比重都在持续上升。而观之我国,政府对于就业与再就业的财政投入明显不足,就业投入占财政支出的比重远低于1.5%，就业投入占GDP的比重也远低于1%，而多数经合组织国家劳动力市场项目占财政支出和GDP的比重都在3%和1%以上。①

表7-1 我国政府就业投入占财政支出和GDP比重(%)

	就业投入占财政支出比重	就业投入占GDP比重
2001年	1.12	0.21
2003年	1.09	0.20
2004年	1.06	0.19
2005年	1.00	0.19

资料来源：刘燕斌、马永堂：《公共财政对就业经费投入比较研究(下)》，《中国劳动》，2007年第7期。

表7-2 2003年各主要市场经济国家劳动力市场经费占政府总支出比例

一类：5%以上		二类：3%—5%		三类：3%以下	
比利时	7.48	瑞　典	4.29	加拿大	2.79
德　国	7.16	葡萄牙	4.21	英　国	2.15
爱尔兰	6.18	新西兰	4.18	日　本	2.14
芬　兰	5.92	荷　兰	4.18	美国(2004)	1.8
西班牙	5.71	澳大利亚	3.35	斯洛伐克	1.54
法　国	5.31			中　国	1.09

资料来源：刘燕斌、马永堂：《公共财政对就业经费投入比较研究(上、下)》，《中国劳动》，2007年第6、7期。

① 刘燕斌、马永堂：《公共财政对就业经费投入比较研究(下)》，《中国劳动》，2007年第7期。

二、城镇登记失业率

城镇登记失业率即城镇登记失业人员与城镇单位就业人员(扣除使用的农村劳动力、聘用的离退休人员、港澳台及外方人员)、城镇单位中的不在岗职工、城镇私营业主、个体户主、城镇私营企业和个体就业人员、城镇登记失业人员之和的比。① 计算公式为:

$$\text{城镇登记失业率}=\frac{\text{城镇登记失业人数}}{\begin{array}{l}\text{(城镇单位就业人员}-\text{使用的农村劳动}\\\text{力}-\text{聘用的离退休人员}-\text{聘用的港澳}\\\text{台及外方人员)}+\text{不在岗职工}+\text{城镇私}\\\text{营业主}+\text{城镇个体户主}+\text{城镇私营企业}\\\text{及个体就业人员}+\text{城镇登记失业人数}\end{array}}\times 100\%$$

从表 7-3 中可以看出,2003 至 2007 年,我国就业人数一直呈持续增长趋势,2007 年比 2003 年增加了 2 558 万人,增幅为 3.32%。并且,随着我国城市化进程的发展,城镇就业人员总数也处于上升态势,城镇就业人员占就业总人数的比重每年以 1%左右的速度增长。这些说明我国就业人数总量和结构处于一个较为平稳增长和良性调整的状态。

表 7-3　2003—2007 年全国就业人数和城镇就业人员数

	2003 年	2004 年	2005 年	2006 年	2007 年
全国就业人数(万人)	74 432	75 200	75 825	76 400	76 990
其中:城镇就业人员(万人)	25 639	26 476	27 331	28 310	29 350
城镇就业人员占就业总人数的比重(%)	34.45	35.21	36.04	37.05	38.12

资料来源:人力资源和社会保障部、国家统计局:《2007 年劳动和社会保障事业发展统计公报》。

① 该计算公式摘抄自《中国统计年鉴》、原劳动和社会保障部发表的《劳动和社会保障事业发展公报》等关于城镇事业登记率的计算公式。

从图 7－1 中可以看出，近年来城镇登记失业率虽然有所下降，但下降幅度不大，基本稳定在 4%左右。而近 3 年来的城镇登记失业率与 1990 年相比依然处于偏高的状态。① 这与我国上世纪末国有企业改制，导致下岗职工较多的现象有关，尤其是其中的“4050”人群，②由于未受过系统正规的学校教育，下岗后不具备再就业的能力。另外，大学扩招及其培养模式与就业市场之间的差异导致的“技术性不就业”，也是导致近年来失业率未有明显下降的因素之一。

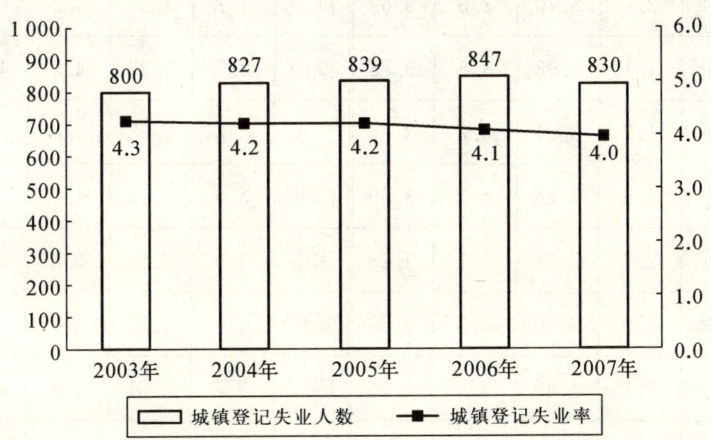

资料来源：人力资源和社会保障部、国家统计局：《2007 年劳动和社会保障事业发展统计公报》。

图 7－1　2003—2007 城镇登记失业人数及登记失业率（单位：万人、%）

从表 7－4 可以看出，2005 至 2007 年间我国各地区城镇登记失业率除辽宁省一省外，基本保持在 4%左右的水平。相比 1990 年我

---

① 1990 年我国城镇登记失业率为 2.5%，《中国劳动年鉴》（1990—1991）。

② “4050”人群指的是男性 50 岁、女性 40 岁以上的大龄下岗失业人员。根据原劳动和社会保障部 2003 年对 66 个城市的抽样调查，他们占下岗失业人员的 28.7%。据此推算，全国“4050”人员在 300 万人以上。“4050”人员是下岗失业人员中就业最困难的群体。与其他年龄段的下岗失业人员相比，他们的受教育程度低，再就业能力弱，家庭负担重。人们形象地概括他们的特点是“上有老，下有小，退休尚早，再就业已老”。

国各地区城镇登记失业率，可以明显看到，近年来各地区差距处于不断缩小的状态。而辽宁省这三年以来失业率也有明显下降，这对于一个老工业基地来说，失业率能够控制在5%左右的水平已实属不易。

表7-4　各地区城镇登记失业率

年份 地区	1990年	2005年	2006年	2007年	年份 地区	1990年	2005年	2006年	2007年
北京	0.4	2.11	2.0	1.84	河南	3.3	3.45	3.5	3.41
天津	2.7	3.70	3.6	3.59	湖北	1.7	4.33	4.2	4.21
河北	1.1	3.93	3.8	3.83	湖南	2.7	4.27	4.3	4.25
山西	1.2	3.01	3.2	3.24	广东	2.2	2.58	2.6	2.51
内蒙古	3.8	4.26	4.1	3.99	广西	3.9	4.15	4.2	3.79
辽宁	2.2	5.62	5.1	4.28	海南	3.0	3.55	3.6	3.49
吉林	1.9	4.20	4.2	3.92	重庆		4.12	4.0	3.98
黑龙江	2.2	4.42	4.4	4.26	四川	3.7	4.61	4.5	4.24
上海	1.5		4.4	4.22	贵州	4.1	4.20	4.1	3.97
江苏	2.4	3.56	3.4	3.17	云南	2.5	4.17	4.3	4.18
浙江	2.2	3.72	3.5	3.27	陕西	2.8	4.18	4.0	4.02
安徽	2.8	4.40	4.3	4.06	甘肃	4.9	3.26	3.6	3.34
福建	2.6	3.95	3.9	3.89	青海	5.6	3.93	3.9	3.75
江西	2.4	3.48	3.6	3.37	宁夏	5.4	4.52	4.3	4.28
山东	3.2	3.33	3.3	3.21	新疆	3.0	3.92	3.9	3.88

资料来源：《中国统计年鉴》(2008)。

根据2007年亚洲发展银行和中国国家统计局的资料，我国内地当年平均失业率为4.0%，2008年略有增高，为4.2%。高于香港特别行政区(4.0%)和澳门特别行政区(3.1%)的水平，但失业率低于台湾地区(见表7-5)。并且，从表7-5中显示的世界各国或地区近期失业率来看，中国的失业率处于世界中等偏上的水平，失业率低于美国、英国等发达国家。

表7-5　世界各国或地区登记失业率

国家或地区	失业率(%)	资料日期	国家或地区	失业率(%)	资料日期
摩纳哥	0	2005	中国台湾	5.1	2007
乌兹别克斯坦	0.8	2007	英　国	5.3	2007
泰　国	1.2	2007	美　国	5.5	2008.6
丹　麦	1.7	2008.6	加拿大	6	2008.3
冰　岛	2.3	2007	俄罗斯	6.1	2007
蒙　古	2.8	2007	意大利	6.1	2007
中国澳门	3.1	2008.1	芬　兰	6.8	2007
韩　国	3.2	2007	印　度	7.2	2007
日　本	3.9	2007	葡萄牙	8.0	2007
中国香港	4.0	2007	西班牙	8.3	2007
新加坡	4.0	2007	德　国	8.6	2007
中国内地	4.2	2008	印度尼西亚	9.1	2007
越　南	4.2	2007	伊拉克	18	2006
澳大利亚	4.4	2007	津巴布韦	80	2005

资料来源：欧洲数据eurostata网站；国际劳工组织数据库(International Labour Organization Database)；维基百科“各国失业率”词条。经查验，某些数据与劳工组织数据有差异，本文全部采用劳工组织数据。

但是,伴随着金融危机“入侵”实体经济,自2009年年初开始,世界失业率节节攀升。美国劳工部的数据显示,2009年1月份,美国失业率达到7.6%,创下1974年来新高。邻国加拿大则升至7.2%,创下了30年来的历史新高。日本则遭遇“二战”以来最为严重的经济衰退,失业率由前月的3.9%攀升至4.4%,升幅之大为40多年来所未见。根据英国国家统计办公室的数据,英国1月份的失业率增至3.8%,创10年来的最糟纪录。另据德国劳工部的数据显示,1月份德国失业率已经从去年12月的7.4%攀升至8.3%,大约350万人失去工作。曾经为“金砖四国”之一的俄罗斯1月底失业率则升至5.8%。自2004年加入欧盟以来,中东欧10国一度成为欧洲经济发展的“火车头”。但受金融危机的影响,2009年1月,波兰的失业率从8.8%迅速上升至10.5%,16万人的单月失业人数创下了1991年以来的最高纪录。捷克失业率达6.8%,拉脱维亚更升至8.3%,都为两年来的新高。在拉美,金融危机同样结束了这里连续5年高速增长的“金色岁月”。巴西国家统计局公布称,在巴西,2009年1月份失业率出现7年以来的最大幅度上升,最大的6个都市区的失业率从上月的6.8%跳升到8.2%。①

在如此巨大的金融萧条的形势下,中国也未能幸免。中国社科院2008年底发布报告称,中国城镇失业率已经攀升到9.4%,2009年610万名大学毕业生中就业困难的比例可能占到四分之一。国务院参事陈全生2008年指出,中国真正失业人数远高于官方统计数字。在全球金融危机重压之下,2008年中国已有67万家小企业被迫关门,约有670万就业岗位蒸发,失业人数远高于官方统计的830万。预计2009年中国的失业率将达到11%。②因此,中国政府的就业服务和失业保障体系将要面临可以说是建国以来最为严峻的形

①② 姜洪、许正中:《国际金融危机正向全球性经济危机转变》,《中国经济时报》,2008年12月29日。

势，保持就业渠道的畅通和失业率的平稳，是新时期政府落实公共服务职能的首要任务。

三、失业再就业率

2003 至 2007 年，我国每年新增就业人数稳步上升，5 年累计新增就业人数 5 197 万人，其中 2007 年达到 1 204 万人（见表 7－6），这其中就包括了部分下岗失业人员的再就业人数。同时，2003 至 2007 年，我国城镇下岗失业人员再就业人数（包括就业困难人群）稳中有升，就业扶持措施取得了一定成效。

表 7－6　2003—2007 年城镇下岗失业人员再就业人数（万人）

	2003 年	2004 年	2005 年	2006 年	2007 年
城镇新增就业人数	859	980	970	1 184	1 204
下岗失业人员实现再就业人数	440	510	510	505	515
就业而困难对象再就业人数	120	140	130	147	153

资料来源：人力资源和社会保障部、国家统计局：《2007 年劳动和社会保障事业发展统计公报》。

根据近年来我国城镇失业人数和下岗失业人员再就业人数，笔者估算了各年的失业人员再就业率，估算公式如下：

$$\text{失业再就业率} = \frac{\text{该年度失业再就业人员}}{\text{该年度下岗失业人员}} \times 100\%$$ ①

从表 7－7 中可以看出，我国近年来失业人员再就业率基本上维持在 60％的水平，呈现一定的浮动。与图 7－2 中美国 2004 年的数

① 失业人员再就业往往需要一个时间过程，即今年失业的人员有可能到明年，甚至经过几年才能找到合适的工作实现再就业。因此，该公式的分子和分母将出现一定程度的不对应，算出的结果仅具有表面意义。

据相比较，我国再就业质量有明显差距。其中，最为显著的是城镇40岁以上失业人员的再就业率明显低于美国。根据原劳动与社会保障部2003年对于我国就业状况的调查，作为在下岗失业人员中占到28.7%的“4050”大龄失业人员中，初中以下文化程度的占40%，初级及无技术等级的人员占约50%，下岗三年以上的占50%，失业人员中失业一年以上的占50%。①这些被统称为就业困难人员的就业情况不容乐观。2005年3月5日，中国国务院总理温家宝在十届全国人大三次会议上所做的工作报告中表示，要将各项扶持再就业的政策措施实施范围扩大到集体企业下岗职工。有关资料显示，1998至2003年6月底，国企下岗职工2 780万人，其中1 850万人实现了再就业，再就业率达到67%。根据人力资源和社会保障部及国家统计局共同发布的《2007年劳动和社会保障事业发展公报》中提到，2007年全年我国城镇新增就业人员1 204万人，有515万下岗失业人员实现了再就业，下岗再就业人数呈现逐年上升的趋势，而笔者估算的下岗职工再就业率也在2007年达到了最高水平，为62.05%，接近了美国2004年的水平；并且，从表7－7中可以看出，失业人员的再就业人数也呈现逐年上升趋势，可见从2003至2007年，我国就业市场呈现一种良好的运行态势。

表7－7 2003—2007年城镇失业再就业率

	2003年	2004年	2005年	2006年	2007年
城镇登记失业人口(万人)	800	827	839	847	830
失业再就业人口(万人)	440	510	510	505	515
失业再就业率估算值(%)	55.00	61.67	60.79	59.62	62.05

资料来源：人力资源和社会保障部、国家统计局：《2007年劳动和社会保障事业发展统计公报》。

① 于法鸣(时任劳动部就业保障司司长)：《迎接技工学校发展的春天——在中国职协技校委员会第十四次年会上的讲话(摘要)》，《中国培训》，2003年第2期。

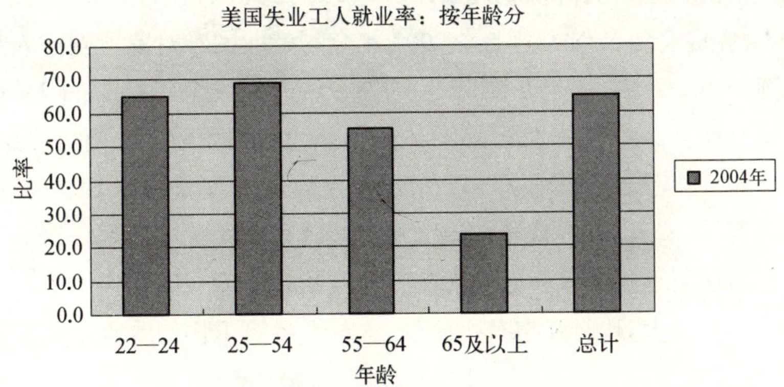

资料来源：美国劳动部劳动数据司网站 http://www.dol.gov/

图 7-2　2004 年美国失业工人再就业率(按年龄分)

但是,值得注意的是,我国的失业人口通常指的是城镇登记失业人口,不包括农村失业人口,因此,其统计值要比实际上存在的失业人口少。如果将农村人口纳入统计范围,那么,中国的就业率将会大打折扣。在面对金融危机带来的全球经济萧条的同时,整个中国的就业和再就业问题要同时面临城镇新增劳动力就业、农民进城务工和下岗失业人员再就业三方面压力同时存在的局面,中国的就业矛盾依然十分突出。

20 世纪 90 年代开始,国家不断完善公共就业服务体系建设,目前已初步建成包括职业介绍、就业训练、创业扶持、失业保险等 4 项主要职能的公共就业服务体系,在增加就业方面发挥了积极有效的作用。我国劳动和社会保障部(现为人力资源和社会保障部)每年均制定劳动保障事业发展计划,并且每半年对计划完成情况进行一次检查,检查结果以公报形式在该部官方网站上予以公布。例如,根据劳动和社会保障部网站上公布的《关于 2007 年上半年劳动保障事业发展计划执行情况的通报》可以看出,我国 2007 年上半年就业再就业计划执行情况良好：2007 年全国城镇新增就业人数计划为 900 万人,上半年实际达到 629 万人,完成全年计划的 70%。2007 年全国城镇下岗失业人员再就业人数计划为500万人,上半年实际达到279万人,完成全年计划的56%。2007年全国就业困难对象再就业人数计划为100万人,上半年实际达到74万人,完成全年计划的74%。劳动与社会保障部年度计划中还包括新增技师和高级技师人数计划。2007年全国新增技师和高级技师人数计划为32万人,上半年实际达到10.6万人,完成全年计划的33%,完成状况不理想。这从一个方面说明了我国政府近年来在劳动与社会保障方面的信息公开力度进一步加大,政府姿态有所放低,这对于政府工作的改善是非常重要的一步。

但是,这些努力和尝试依然无法解决现实中的需求。零点研究咨询集团在2006年中国公共服务公众评价指数报告中指出,再就业体系中,技能、信息、培训和政策环境是支持良好的人才市场的四大支柱,而目前我国就业信息交流和场所的不足、就业培训的缺乏和工作机会的缺乏是就业服务领域的主要瓶颈。调查显示,全国48.5%的受访者表示,当地没有开办任何可供他们利用的职业介绍和招聘信息交流机构或场所,而在那些得到了就业培训的受访者中,依然有24.5%的人认为培训效果不太好或者非常不好。并且,调查发现,就业信息的传播十分不通畅,虽然互联网已经在中国逐渐普及,但是,以网络为平台的就业服务网普及率仅为4.8%。培训服务和就业信息的双重匮乏在农村地区尤其突出。①

四、残疾人员就业率

残疾人是社会的弱势群体,其就业率的高低及其变化,在一定程

---

① 根据零点研究咨询集团发布的《2006年中国公共服务公众评价指数手册》显示的数据,城市中的蓝领务工人员、下岗无业人员以及农村中的农业劳动者、农村务工人员、无业人员这五类人群享受到的就业服务均处于较低水平,评分分别为(100分制):52.93分、47.39分、38.07分、40.43分和38.59分。

度上反映了国家对弱势群体的保护力度，折射出社会公平的实现程度和经济发展水平。

早在1990年《中华人民共和国残疾人保障法》颁布之时，我国就以法律形式对残疾人就业规定了“集中与分散相结合的方针，采取优惠政策和扶持保护措施，通过多渠道、多层次、多种形式，使残疾人劳动就业逐步普及、稳定、合理”的指导原则，综合运用行政、经济和法律等保护性手段，通过集中就业、分散就业和个体就业三种渠道，大力扶持残疾人就业。2007年，《残疾人就业条例》颁布，对促进残疾人就业的各项政策有了更加明确的规定，而2008年7月份起施行的修订版《中华人民共和国残疾人保障法》首次与《残疾人权利国际公约》接轨，禁止一切基于残疾的歧视，保证残疾人获得平等和有效的法律保护。同时明确了歧视残疾人的个人、企业和相关部门的法律责任，确保残疾人的权益受到侵害时能够得到有效的法律救济。更为重要的是，修订版中加入了更多与残疾人就业保障相关的内容，为残疾人就业提供了坚实的法律基础。例如，规定各用人单位应当按照规定的比例安排残疾人就业，并为其选择适当的工种和岗位，如果达不到规定比例的话，将按照国家规定，履行保障残疾人就业的义务。此外，自1991年以来，国家连续制定和实施了三个中国残疾人事业五年计划。2009年1月16日，人力资源和社会保障部、中国残联、北京市残联在京举办“全国残疾人就业援助系列活动启动仪式”，号召帮助更多的残疾人实现稳定的就业。

2000年底，全国城镇残疾人就业率就已达到80%，农村残疾人就业率达到84%。① 相比其他城市而言，在一些国有企业和国有经济主体较多的城市，残疾人就业显现了较为良好的局面。例如，在过

---

① 原劳动和社会保障部：《我国就业与社会保障的历史性成就》，《劳动保障通讯》，2002年第11期。

去10年间,吉林省的残疾人就业率从1997年前的60%提高到目前的85%左右,城镇有劳动能力残疾人就业率达到了85.2%。① 但是,从总体而言,近年来我国残疾人就业状况依然不容乐观。从表7－8中可以看出,2003至2007年,我国城镇残疾人就业状况基本维持在70%至80%之间的水平,仅2003年超过了80%。2006年开始,我国残疾人就业率不管是农村还是城镇,均有一个明显的下降。2007年,城镇残疾人员就业率为74.81%,也就是说,还有25.19%的残疾人员未就业,相对于2007年城镇4.0%的失业率,未就业的残疾人比率是其6倍多。

表7－8　2003—2007年我国残疾人就业状况　（单位:万人）

	2003年	2004年	2005年	2006年	2007年
城镇	503.5	549.8	579.5	575.2	579.7
已就业	403.1	430.4	463.6	435.6	433.7
未就业	100.4	119.4	115.9	139.6	146.0
就业率(%)	80.06	78.28	80	75.73	74.81
农村	2 055.4	2 094.1	2 141.0	2 105.7	2 141.5
已就业	1 685.2	1 763.2	1 803.4	1 672.0	1 696.6
未就业	370.2	330.9	337.6	433.7	444.9
就业率(%)	81.99	84.20	84.23	79.40	79.22

资料来源:中国残疾人联合会:《中国残疾人事业主要业务发展情况(2003—2007)》。

虽然世界上大多数国家残疾人就业率都不高,即使是经济发展水平较高、社会保障体系较为完善的美国,残疾人就业率也只有65%,日本只有53%。② 但是,不容否认的是,这些国家残疾人就业

① 曾毅:《吉林省就业新模式惠及万千百姓——经济发展与推动就业良性互动》,《光明日报》,2007年5月17日。

② 许永奇:《启智学校劳动与职业教育课程改革的实践与探索》,《中国特殊教育》,1995年第1期。

质量远远超过我国残疾人的就业质量。我国残疾人就业往往为非正规就业，形式多为临时工和短期合同工，缺乏就业保障，不能享受企业所提供的社会保险，不能获得与正常人平等的工资水平。根据赵林对北京市东城区 82 例社区通过是否具有固定的职业、是否具有稳定的劳动所得及医疗费用来源 3 项作为衡量指标对残疾人生活质量进行的分析，在一共 82 例残疾人案例中，在职人员 21 例，离退休人员 33 例(65.9%)；无业待业人员 22 例(26.8%)；不明者 4 例；具有稳定收入能够自给者 55 例(67.1%)，缺乏稳定收入需他人或社会资助者(家庭供养 13 例，低保者 14 例)27 例(32.9%)；享受公费医疗和医疗保险者共 56 例(68.3%)，低保救助和自费者 26 例(31.7%)。残疾人群的经济生活处于中低水平，他们的生存现状及生活质量令人担忧。①

在社会保障制度发展比较完善的西方国家，没有就业的残疾人员依然能够生计无忧。例如，在美国，凡经州政府残疾鉴定服务办公室鉴定为残疾人的，根据致残年龄及工作年限，给予残疾福利金。残疾人工作累计赚取 6 个积分点就可领取退休金，得到终身福利，配偶和孩子也可得到同样福利。并且，美国除社会保障体系对残疾人有保障措施外，还在住房、出行、公交服务和无障碍环境方面给予特殊照顾。美国联邦住房与城市发展部设立为贫困残疾人提供房租补贴的服务计划，政府无息贷款给非营利机构，让他们建造房子租给贫困残疾人住，贫困残疾人只支付收入的 30%作为租金，其余部分由政府资助解决。同时实行住房代用券，对申请入住福利机构的残疾人和低收入老年人，只付其收入的 30%，其余部分由政府承担。

可见，我国残疾人的生活质量与国外相比依然有一定差距。虽然我国已经在法律上明确了残疾人的地位，但是现实生活中某些针

① 赵林：《82 例社区残疾人生活质量调查分析》，《中国社区医师》，2008 年第 10 期。

对残疾人的政策未得到很好的贯彻，并且完善的弱势群体社会保障体系未建立，导致残疾人基本权益未得到有效的保障。

五、农村剩余劳动力转移率

农村剩余劳动力转移率指的是农村剩余劳动力实现对外区域和对本区域非农产业转移的程度。对于农村剩余劳动力这个概念，缺乏官方的定义。比较公认的说法，认为农村剩余劳动力是相对于特定国家、特定历史条件下和特定的生产力水平而言，农村劳动力的供给超过需求的多余部分。从经济学的角度而言，就是指边际收益为零甚至为负数的那部分劳动力，这部分劳动力从农业中转移出来，亦不增减投入也不至于影响农业产品的总量。而这部分人员的转移率，即为农村剩余劳动力转移率。农村剩余劳动力转移率缺乏统一的统计数据，只能在学者的研究报告和一些官方的政府工作报告中找到一些零散的数据。这些统计数据因统计口径的差别和数据来源的差异，可信度值得商榷，仅供参考。

从现有的关于农村剩余劳动力转移情况的数据可以看出，中国农村剩余劳动力转移呈现以下特点：

首先，农村剩余劳动力转移率近年来有大幅度提高。韩俊在其《二元规模结构初探》①一文中提到，1986 年东部沿海 10 个省市(北京、天津、河北、辽宁、上海、江苏、浙江、福建、山东、广东)只有 27.6%。其中，农村经济发达程度较高的京、津、沪、苏、浙 5 个省、市也只有 38.5%，而西部边缘地区(内蒙古、云南、贵州、西藏、甘肃、青海、宁夏、新疆)则只有 11.4%。但是，近年来，我国农村剩余劳动力转移率有了显著提高。据马晓河和马建蕾的估算，2006 年，我国农

① 韩俊：《二元规模结构初探》，《农村经济问题》，1988 年第 3 期。

村剩余劳动力约 1.1 亿。① 而据农业部的有关资料,2007 年我国农村外出就业劳动力达 1.26 亿人,乡镇企业从业人员为 1.5 亿,扣除重复计算部分,2007 年农民工达到 2.26 亿人。② 由此,我们估算,目前我国农村剩余劳动力转移率约为 67%。以东部地区的江苏省常州市为例(见表 7-9),2004 年全市劳动力转移率达到了 67.5%,其中转移率最低的溧阳市也达到了 52.4%;同 1986 年东部沿海城市的平均水平相比翻了一番。

表 7-9　2004 年我国常州市农村剩余劳动力转移率

	常州市	武进区	新北区	天宁区	钟楼区	戚区	金坛市	溧阳市
劳动力人数(万人)	123.2	43.0	16.4	3.9	4.7	1.4	21.3	32.5
转移劳动力(万人)	83.2	33.2	12.6	3.6	4.1	1.2	11.5	17.0
劳动力转移率(%)	67.5	77.1	76.8	93.4	86.4	85.3	53.9	52.4

资料来源:《常州市农村剩余劳动力转移情况报告》,常州统计信息网,网址:www.cztjj.gov.cn。

其次,农村剩余劳动力转移率与劳动力受教育程度有密切关系。根据邱建新等人 2004 年对于江苏农村劳动力转移与教育的关系的研究,认为教育有助于农村劳动力的转移。调查表明:中专以上农村劳动力转移率为 76.8%,高中以上为 59.1%,初中文化为 49.2%,小学文化为 28.2%,文盲半文盲劳动力转移率为 13.5%,③可见教育水平越高,劳动力转移越是顺利。而民盟中央委员会 2005 年的《农村职业教育和农民培训调研报告》④也指出,教育水平增加一年,农

① 马晓河、马建蕾:《中国农村劳动力到底剩余多少?》,《中国农村经济》,2007 年第 12 期。

② 《这个冬天,他们急需"御寒棉衣"——关注金融风暴中农民工就业问题》,《人口导报》,2009 年 1 月 12 日。

③ 邱建新、马成荣、顾柳贞:《江苏农村劳动力转移与教育的关系及对策》,《中国职业技术教育》,2004 年第 7 期。

④ 中国民主同盟会:《农村职业教育和农民培训调研报告》,《中国职业技术教育》,2005 年第 32 期。

民到工业部门工作的机会增加1.5%至3.2%。可见,加强农村劳动力文化素质培养和职业技术教育,可以有效促进我国农村剩余劳动力转移,并且进一步提高我国农村劳动力转移就业的质量。

再次,农村剩余劳动力转移年轻化趋势越来越明显。江西调查总队依据农住户数据推算,2006年,该省农村外出务工劳动力665.92万人,占农村劳动力总数的40.28%。其中,30岁以下的占76%,初中文化程度的所占比重为69%,高中以上文化程度的比重为16.5%;农村留守在种植业的劳动力中,40岁以上的占67.8%,其中50岁以上的占36.51%,小学文化程度以下的占74.2%。这种现象在湖北、湖南、重庆等西部省(市)的农村同样存在。例如,湖北调查总队等对全省监测结果显示:2007年,湖北农村劳动力在省外务工人数超过500万人,占全省外出从业人数的73.8%。全省各年龄段农村劳动力转移率为:16至20岁为78.1%、21至25岁为75.1%、26至30岁为68.2%、31至35岁为49.7%、36至40岁为31.8%。①青壮劳动力都涌向了城市和工业部门,农业部门劳动力老化和低素质现象可见一斑,这种现象对于我国农业部门的可持续发展是极为不利的。

农村剩余劳动力的转移就业,不但可以促进农村人口向城市的转移,加快我国城市化进程,而且有助于解决农村存在的地少人多的矛盾,将土地尽可能从小农手里释放出来,促进农业规模化、集成化、产业化的发展,意义十分重大。为此,我国政府近年来采取了一些措施促进农村劳动力的有效转移。自2004年始,中国农业部、财政部、劳动和社会保障部、教育部、科技部、建设部及全国各省市区政府投资5.5亿元共同实施了“农村劳动力转移培训阳光工程”,在全国建立了农村劳动力职业培训基地5 512个,截至2007年1月,“农村劳动力转移培训阳光工程”已培训各类农村富余劳动力150万人,并使

---

① 王景新:《农村土地和劳动力不宜过度转移》,《中国改革报》,2008年11月27日。

其中120万人在城市找到了工作。① 可以说,这是一个良好的开端。

六、城镇居民基尼系数和农村居民基尼系数

基尼系数(Gini Coefficient),又译基尼指数或坚尼系数,是20世纪初意大利经济学家基尼根据洛伦茨曲线找出的判断分配平等程度的指标。经济学家们通常用基尼系数来表现一个国家和地区的财富分配状况。这个指数在0和1之间,数值越低,表明财富在社会成员之间的分配越均匀;反之则越不均匀。因此,基尼系数可用来研究收入分配制度和如何规范收入分配秩序。按照联合国有关组织规定,该系数若低于0.2表示收入绝对平均;介于0.2至0.3之间表示比较平均;介于0.3至0.4表示相对合理;介于0.4至0.5表示收入差距较大;0.6以上表示收入差距悬殊。一些发达国家的财富分配显现得比较均匀,如北欧的丹麦、芬兰和瑞典等国的基尼系数都控制在0.2左右。绝大多数的欧洲发达国家和日本,都控制在0.3以下。在发达国家中财富分配最为不均的美国,基尼指数大约为0.35。我国基尼系数计算分为3种,即:全国居民基尼系数、城镇居民基尼系数、农村居民基尼系数。

我国20世纪90年代以来基尼系数呈现持续上升的状态。据国家统计局的资料,1995至1999年全国居民的基尼系数分别为:0.389、0.375、0.379、0.386、0.397,已经接近了国际公认的警戒线;2000年全国居民的基尼系数达到0.417,②2001年达0.45,③开始超过警戒线。世界银行估算2001年中国的基尼系数为0.447,2002年则达到0.454,2003年

---

① 摘自安徽省黄山市徽州区政府在该区2007年2月6日在第六届人民代表大会上所做的《2007年政府工作报告》。

② 资料来源:《南方都市报》,2003年3月12日。

③ 资料来源:《中国青年报》,2003年5月18日。

已经至 0.458,2004 年我国基尼系数已超过 0.465。[①] 联合国开发计划署(UNDP)委托中国发展研究基金会组织撰写的《中国人类发展报告 2005》显示,2005 年中国的基尼系数已超过 0.4,甚至可能达到 0.45[②]。2006 年世界银行《世界发展报告 2006》中公布的数据显示,2006 年中国的基尼系数已经达到了 0.47;而中国社科院 2006 年对 7 140 个家庭进行抽样调查后所撰写的《中国社会发展年度报告》则显示,2006 年我国基尼系数为 0.496。[③]虽然各机构统计数据各有差异,但是均超过 0.4 的警戒线。相比 20 世纪 90 年代世界其他国家的基尼系数(东欧 0.289;高收入国家[④] 0.328;南亚 0.318;东亚和太平洋 0.381;中东和北非 0.380;拉美和加勒比 0.493),[⑤]我国的基尼系数明显处于偏高的状态。

表 7-10 1995—2006 年我国基尼系数

	基尼系数	年 份	基尼系数
1995 年	0.389	2001 年	0.447
1996 年	0.375	2002 年	0.454
1997 年	0.379	2003 年	0.458
1998 年	0.386	2004 年	0.465
1999 年	0.397	2005 年	0.45
2000 年	0.417	2006 年	0.496

资料来源:《中国统计年鉴》(1996—2006);联合国开发计划署:《中国人类发展报告 2005》;世界银行发展指标数据库及《世界发展报告 2006》;中国社科院《中国社会发展年度报告》。

① 来源于世界银行发展指标数据库(World Development Indicators database. World Bank,2007)中关于基尼系数(Gini Coefficient)的指标。

② 李全兴:《综述如何认识我国的基尼系数》,《学说连线》,2006 年 7 月。

③ 转引自 2006 年中国社会科学院发布的《中国社会发展年度报告》。

④ 根据世界银行的划分方法,按照 2007 年的数据,人均国内生产总值在 11 456 美元及以上的国家为高收入国家,3 706—11 455 美元之间为中高收入国家,936—3 705 美元之间为中低收入国家,935 美元及以下为低收入国家。

⑤ 资料来源:《国际统计年鉴》历年数据。

表 7-11　我国基尼系数与各代表地区基尼系数比较

	基尼系数
中　国	0.46
东　欧	0.289
南　亚	0.318
东亚和太平洋	0.381
中东和北非	0.38
拉美和加勒比	0.493
高收入国家	0.328

资料来源：《国际统计年鉴》(2007)。

但是，有学者认为，由于城乡二元结构长期存在，我国城镇与农村之间经济发展水平有着极大差别，城乡生活水平差距十分明显，导致整体的收入差距很大。因此，在我国，计算全国居民基尼系数并不具有很大的意义。因而，在实际操作中，学者们通常用城镇居民基尼系数和农村居民基尼系数作为衡量我国社会分配公平程度的依据。从表 7-12 可以明显看出，在改革开放以后的前 20 年，我国城镇居民和农村居民的基尼系数均呈现上升趋势，到 20 世纪最后一年，更是分别达到了 0.30 和 0.3361，已经从改革开放初的“比较平均”转变为“相对合理”。

基尼系数的计算，要求把一个社会中的人按收入高低均分为几组(一般是 5 组)，算出每组人群的总收入在全社会总收入中所占的百分比，然后代入计算公式进行计算。鉴于其计算公式比较复杂，各国学者为此提出了各种简化公式及估算公式。其中，胡祖光的《基尼系数理论最佳值及其简易计算公式研究》(《经济研究》，2004 年第 9 期)就提出了一个计算基尼系数的简易公式：$G=P5-P1$，即基尼系数等于收入五分法中收入最高的 20%的人群的收入百分比与收入最低的 20%的收入百分比之差。本研究采用的公式即为该公式。但是该公式的前提条件是,要把农村的总户数按照城镇居民的分组方式分为低收入、次低收入、中等收入、次高收入、高收入 5 组,其中,每组户数为总户数的 20%。然而,在中国国家统计局的统计年鉴中,城镇和农村居民的收入统计调查数据的分列方法有所不同。其中,城镇居民的收入按表 7-13 中所列出的分组方式进行调查统计。

表 7-12　1979—1999 年我国城镇、农村基尼系数

	城镇居民基尼系数	农村居民基尼系数		城镇居民基尼系数	农村居民基尼系数
1979 年	0.16	0.212 4	1990 年	0.20	0.309 9
1980 年	0.16	0.240 7	1991 年	0.24	0.307 2
1985 年	0.19	0.226 7	1996 年	0.28	0.322 9
1986 年	0.19	0.304 2	1997 年	0.29	0.328 5
1987 年	0.20	0.304 5	1998 年	0.30	0.336 9
1988 年	0.20	0.302 6	1999 年	0.30	0.336 1
1989 年	0.20	0.309 9			

资料来源:国家统计局网上数据库年度资料,网址 http://www.stats.gov.cn/tjsj/ndsj/。

表 7-13　2007 年我国城镇居民家庭户按收入分组表

收入分组	在城镇居民户中的比重(%)	该组平均收入(元)
最低收入户	10%	4 210.06
低收入户	10%	6 504.60
中等偏下收入户	20%	8 900.51
中等收入户	20%	12 042.32
中等偏上收入户	20%	16 385.80
高收入户	10%	22 233.56
最高收入户	10%	36 784.51

资料来源:《中国统计年鉴》(2008)。

按表 7－13 的分类方法对各年的数据进行整理和推算，便可得出 2001 至 2007 年城镇居民基尼系数，如图 7－3 所示。

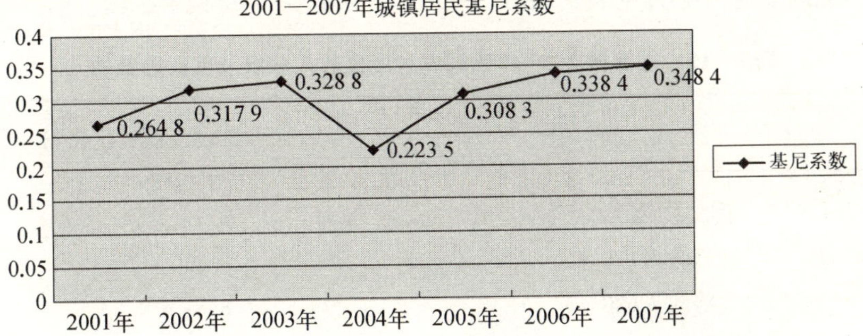

资料来源：城镇居民收入分组及各分组人均纯收入数据均来自《中国统计年鉴》(2002—2008)。基尼系数由该数据结合基尼系数简易公式 G＝P5－P1 计算获得。

图 7－3　2001—2007 年我国城镇居民基尼系数

各统计年鉴中对于农村居民的收入统计则按表 7－14 的分组方法进行调查统计。

表 7－14　2007 年我国农村居民按纯收入分组的户数占调查户比重

收入分组(元)	按纯收入分组户数占调查户比重(％)	收入分组(元)	按纯收入分组户数占调查户比重(％)
100 以下	0.53	1 300—1 500	2.64
100—200	—	1 500—1 700	3.16
200—300	0.13	1 700—2 000	5.21
300—400	0.19	2 000—2 500	9.73
400—500	0.25	2 500—3 000	9.89
500—600	0.34	3 000—3 500	9.17
600—800	1.18	3 500—4 000	8.34
800—1 000	1.65	4 000—4 500	7.40
1 000—1 200	1.97	4 500—5 000	5.98
1 200—1 300	1.18	5 000 以上	30.94

资料来源：《中国统计年鉴》(2008)。

按照上述分组所占比重，将其重新分为5组；其收入取组中值，①乘以其原始比重作为权数，最后分别得出5组家庭户收入百分比占全部收入百分比，见表7-15。

表7-15 推算得2007年我国农村居民收入分组及其比重数据

收入分组	该组收入占总收入百分比(%)
低收入(20%)	3.65
次低收入(20%)	8.35
中等收入(20%)	8.81
次高收入(20%)	43.21
高收入(20%)	35.97

由此可以得出，2007年我国农村居民基尼系数为0.323 2。同理，推算得2001至2007年我国农村居民基尼系数，如图7-4所示。

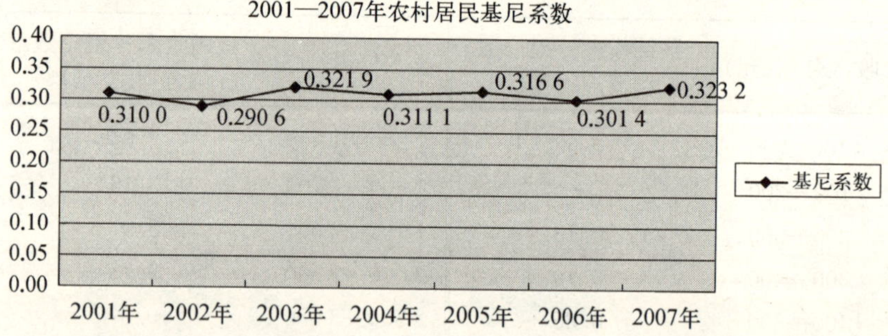

资料来源：农村居民收入分组及人均纯收入均来自《中国统计年鉴》(2002—2008)，基尼系数由该数据结合基尼系数简易公式G=P5−P1计算获得。

图7-4 2001—2007年我国农村居民基尼系数

① 最后一组"5 000元以上"取根据该年农村人均纯收入推算得的"11 524.11元"作为其组中值。

从图 7－3 和图 7－4 可以看出，跨入新世纪以来，我国城镇居民基尼系数基本处于 0.2 至 0.35 之间，而农村居民基尼系数则在 0.3 左右徘徊波动，即两者均保持在相对合理的范围内。可见在城镇居民和农村居民两个团体内部收入分配做到了基本公平。但是，对比近些年来高居 0.4 以上的全国居民基尼系数，可以明显地推测，城镇居民收入和农村居民收入之间的差距是十分巨大的，而打破城乡二元经济结构，缩小城乡居民之间的收入差距应是今后政府的主要职责。

七、城乡之间收入差距

城乡之间收入差距，一般情况下用“城乡居民收入差距指数”来进行衡量。该指数以农村居民家庭人均纯收入为 1，采用城镇居民可支配收入①和农村居民人均纯收入②的比率来进行测算，其计算公式为：

$$\text{城乡居民收入差距指数}=\frac{\text{城镇居民人均可支配收入}}{\text{农村居民人均纯收入}}$$

国际经验表明，在人均 GDP 达到 800 至 1 000 美元时，城乡居民收入的正常差距指数为 1.5—2.0。根据我国国家统计局《中国统计年鉴 2008》，我国 2002 年人均 GDP 就已经达到了人民币 8 622 元，折算后超过 1 000 美元。③ 而按照 2003 年的汇率计算，2003 年我国人均 GDP 达到 1 090 美元。④ 而我国城乡居民收入差距指数逐步上升，由最低时期 1985 年的 1.85，到 1990 年的 2.20、1995 年的 2.71、

---

① 城镇家庭可支配收入指家庭成员得到可用于最终消费支出和其他非义务性支出以及储蓄的总和，即居民家庭可以用来自由支配的收入。它是家庭总收入扣除交纳的所得税、个人交纳的社会保障支出以及记账补贴后的收入。计算公式为：可支配收入＝家庭总收入－交纳所得税－个人交纳的社会保障支出－记账补贴。

② 农村居民纯收入指农村住户当年从各个来源得到的总收入相应地扣除所发生的费用后的收入总和。计算方法：纯收入＝总收入－税费支出－家庭经营费用支出－生产性固定资产折旧－赠送农村亲友支出。

③ 2002 年美元对人民币的汇率为 8.26—8.27。

④ 资料来源：《中国统计年鉴》(2008)。

2000 年的 2.79，再扩大到 2006 年的 3.28 和 2007 年的 3.33（见图 7-5）。2007 年农村居民人均纯收入仅相当于该年城镇居民人均可支配收入的三分之一，城乡二元经济差距进一步拉大，这与近年来城市经济的快速发展有一定的关系，但主因是农村居民的收入增长缓慢。从表 7-16 可以看出，1978 至 2000 年，我国农村居民收入的增幅大于城镇居民收入。而 2001 年始，我国农村居民收入增长却有所放缓，增长率远远低于城镇居民。因此，虽然在改革开放初期我国农村居民家庭人均纯收入增长相对指数大幅高于城镇居民，但至 2006 年已与城镇居民基本持平。据农业部部长孙政才 2008 年在十一届全国人大常委会第四次会议上做的《国务院关于促进农民稳定增收情况的报告》中指出，2007 年农村居民人均收入实现了 1985 年以来的最高增幅，但这也是改革开放以来，城乡居民收入差距最大的一年。城乡居民收入相对比值达到 3.33∶1，而绝对差额更是达到了 9 646 元，这两个数字均属改革开放以来的"最大"。农民收入提高过慢，除了历史和体制的因素外，主要是农业生产效率低下、教育和基础设施落后、农村劳动力市场僵化、贫困人口比重大以及近年来城乡贸易条件恶化造成的。①

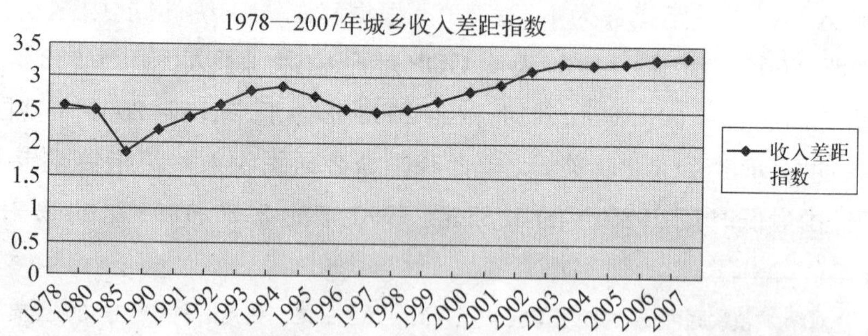

资料来源：根据《中国统计年鉴》各年的数据按公式推算而成。

图 7-5　1978—2007 年我国城乡居民收入差距对比图

① 陈永清：《中国城乡居民收入差距演变的路径及原因分析》，《经济评论》，2006 年第 4 期。

表 7－16　1978—2007 年我国城镇与农村居民家庭人均收入对比表

	城镇居民家庭人均可支配收入		农村居民家庭人均纯收入	
	绝对数(元)	指数(1978＝100)	绝对数(元)	指数(1978＝100)
1978 年	343.4	100.0	133.6	100.0
1980 年	477.6	127.0	191.3	139.0
1990 年	1 510.2	198.1	686.3	311.2
2000 年	6 280.0	383.7	2 253.4	483.4
2001 年	6 859.6	416.3	2 366.4	503.7
2002 年	7 702.8	472.1	2 475.6	527.9
2003 年	8 472.2	514.6	2 622.2	550.6
2004 年	9 421.6	554.2	2 936.4	588.0
2005 年	10 493.0	607.4	3 254.9	624.5
2006 年	11 759.5	670.7	3 587.0	670.7
2007 年	13 785.8	752.3	4 140.4	734.4

资料来源:《中国统计年鉴》(2008)。

本研究试图将中国与其他国家的城乡居民收入差距进行一个比较,但是中国的收入标准与国外的标准并不统一。我国对收入的定义仅包括“工资单”上的收入,不包括工资单外的其他待遇、医疗补贴、过节福利等。而国外,医疗补贴等是计算到收入中的。因此,单纯收入之间的比较没有很大意义。按国际劳工组织公布的 1995 年 36 个国家的资料显示,绝大多数国家的城乡人均收入比都小于 1.6,只有 3 个国家超过了 2,中国是其中之一。① 一些专家指出,中国与其他国家相比,如果仅仅看货币收入差距,或者说名义收入的差距,非洲的津巴布韦的城乡收入差距比中国稍微高一点,但是如果把非货币因素考虑进去,中国的城乡收入差距是世界上最高

① 转引自刘文勇:《中国城乡收入差距扩大的程度、原因与政策调整》,《农村经济问题》,2004 年第 3 期。

的。并且,市场经济条件下其他国家的收入分配差距扩大通常是在较长的经济发展过程中形成的,而我国的收入分配差距几乎是在不到一代人的时间内迅速拉大的,说明了我们所面临的严峻形势。①

八、地区之间收入差距

中国地域辽阔,人口众多、各地区地理条件不同,自古以来各地区间经济发展就存在着一定的差距。因此,要衡量中国国民收入分配的公平性,还必须对地区之间收入分配的差异进行讨论。有调查表明,近年来地区间经济发展水平的差距在不断加剧之中。据世界银行测算,我国地区间差距对全国居民收入差距的贡献率,1995 年达到 33.7%,②中国已成为世界上经济发展和社会发展差距最大的国家之一。胡联合和胡鞍钢曾经对中国 30 个省、市、自治区的人均 GDP 美元值及其人类发展指标进行比较,发现这些省之间的"相对差异系数"要高于世界各国的相对差异系数,进而指出,中国国情的基本特征是各地区条件差异显著、发展极不均衡。③

本研究采用各地区居民实际收入(城镇居民人均可支配收入及农村居民人均纯收入)作为衡量地区收入差距水平的主要指标。如果用胡联合和胡鞍钢计算的地区居民收入"差距变异系数"(即"相对差异系数")来衡量的话,改革开放后,我国居民收入差距经历 1978—1983 年的短暂几年相对缩小期,此后差距就开始一直扩大,1985 年

① 转引自关锐捷:《消除城乡国民待遇差异构建社会主义和谐社会》,中国网,2005 年 7 月 15 日。

② World Bank, *Income Distribution in China*, Report No: 16685 - CHA, 1997.

③ 胡联合、胡鞍钢:《我国地区间收入差距的两极化趋势》,《社会观察》,2005 年第 6 期。

地区居民收入差距变异系数(0.335)开始超过了1981年的0.309,到1994年变异系数扩大到0.52,此后变异系数就一直维持在超出1981年变异系数50%的相对差距较大的状态上(如1997年为0.464,1999年为0.474)。这说明,自改革开放以来,我国地区居民收入差距总体上一直高于改革前的水平,同时也说明落后地区人均GDP的增长未能与居民实际收入的增长同步。①

事实上,1978年以来,无论是在不同省份的农村地区居民收入之间,还是在不同省份的城市地区居民收入之间,差距都呈扩大之势。从表7-17可以看出,2007年,我国东部地区城镇居民人均可支配收入是西部地区城镇居民人均可支配收入的1.50倍;而农村之间的差距更是几乎达到了2倍。根据《中国统计年鉴》(2008)的数据显示,2007年我国城镇居民人均可支配收入最高的上海市为23 622.73元,而最低的黑龙江为10 245.28元;前者是后者的2.3倍。而2007年我国农村居民人均纯收入最高的上海市为10 144.62元,而收入最低的甘肃省仅为2 328.92元,是上海的1/5。可见,虽然近年来国家加大了开发西部地区的人力、物力投入,但是依然未能缩小地区之间经济和社会发展的差距,反而使其不断扩大。

表7-17　2007年我国各地区居民实际收入比较

项　　目	东部地区	中部地区	西部地区	东北地区
城镇居民人均可支配收入(元)	16 974.22	11 634.37	11 309.45	11 463.31
收入指数(西部地区为1)	1.50	1.03	1.00	1.01
农村居民人均纯收入(元)	5 854.98	3 844.37	3 028.38	4 348.27
收入指数(西部地区为1)	1.93	1.27	1.00	1.44

资料来源:城镇居民人均可支配收入与农村居民人均纯收入来自《中国统计年鉴》(2008),该指数为按公式推算值。

① 胡联合、胡鞍钢:《我国地区间收入差距的两极化趋势》,《社会观察》,2005年第6期。

第二节　中国就业与分配公平总体绩效描述

一、主要成就

（一）促进就业取得了较大的成就

20 世纪 90 年代以来，我国政府出台了一系列促进就业的政策和措施，从而使全国就业总人数稳步上升，2007 年比 2003 年新增加了 2 558 万人，增幅为 3.32%。并且，随着我国城市化进程的发展，城镇就业人员总数处于上升态势，城镇就业人员占就业总人数的比重每年以 1%左右的速度增长。这些说明，我国就业人数总量和结构处于一个较为平稳增长和良性调整的状态。多年来我国城镇登记失业率控制在 4%左右的水平，考虑到我国属于一个发展中国家，就业人群巨大，每年新增加的需要就业的人数就达几百万之多，在这样的就业压力下，我们仍然能取得这样的成绩，实属不易。

（二）城乡居民的收入大幅增加，我国总体上进入了小康生活水平阶段

改革开放以来，随着我国经济的快速发展，城乡居民收入也迅速增加。城镇居民人均可支配收入由 1978 年的 343.4 元增加到 2007 年的 13 785.8 元，增加了 39 倍；农村居民人均可支配收入由 1978 年的 133.6 元增加到 2007 年的 4 140.4 元，增加了近 30 倍。目前，我国已总体上进入了小康生活水平阶段，在经济发展的同时，人们的物质生活水平得到很大的提高。

（三）各地政府越来越重视加强就业与收入分配领域的职能

改革开放初期，由于我国各级各地政府对“以经济建设为中心”方针的片面理解，导致在政府管理实践中过于强调 GDP 取向，弱化了政府的公共服务职能，出现了政府职能的错位，其中的一个表现即

是对就业问题的轻视。20 世纪 90 年代，随着我国就业人口高潮的到来，再加上市场化进程的推进和国有企业改制等因素的影响，使各地面临着严峻的就业形势，它制约了各地的经济发展和社会稳定，迫使政府适应形势进行职能的转变。现在，促进就业已成为各级政府的一项非常重要的职能，并通过各种措施保证这些职能的落实，如建立和健全公共就业服务体系等，在一些地方政府的绩效考核方案中出现了城镇登记失业率、居民基尼系数、城乡收入差距等涉及就业和收入分配公平方面的指标，这对于进一步扩大就业，促进社会公平无疑是有积极意义的。

二、主要问题

(一) 居民之间、城乡之间和地区之间收入差距大，收入分配的不公平性明显

从 2000 年开始，中国居民基尼系数超过了 0.4，这一表明居民之间收入差距较大的国际公认线，并且此后几年中基本呈上升态势，说明收入差距在进一步拉大。而 1990 年，城乡之间的居民收入差距指数达到了 2.2，超过了 1.5 至 2.0 这一较为合理的数值区间范围。到 2007 年，城乡居民收入相对比值高达到 3.33∶1，而绝对差额更是达到了 9 646 元，城乡居民收入差距达到历史之最。此外，地区之间居民的收入差距同样不能令人乐观，2007 年，我国东部地区城镇居民人均可支配收入是西部地区城镇居民人均可支配收入的 1.5 倍；而农村之间的差距更是几乎达到了 2 倍。这三组反映居民收入差距的数字清楚地告诉人们，中国居民的收入分配存在明显的不公平现象，需要引起我们足够的重视。

(二) 就业形势依然严峻

虽然改革开放以来，中国的就业工作取得了较大的成绩，但是，我们应该看到，城镇登记失业率维持在 4%左右的水平并不是一种理

想的状态，特别是广大农村地区存在着大量尚未转移的剩余劳动力和处于半就业状态的劳动力，如果把这部分人算进去，中国的失业率就远不止 4%的水平。如果再考虑到每年新增的几百万需要就业的劳动人口，那么，摆在我们面前的是巨大的就业压力和很多需要克服的困难。

（三）农村劳动力转移不平衡，转移劳动力素质低，转移的组织化程度不高

根据国家统计局农民工统计监测调查，截至 2008 年 12 月 31 日，全国农民工总量为 22 542 万人，其中外出务工的农民有 14 041 万人。外出务工的农民工中，按输出地分，来自中部、西部和东部地区外出农民工数量比例分别为 37.6%、32.7%、29.7%。按输入地分，东部地区吸纳外出农民工占外出农民工总数的 71%，中部占 13.2%、西部占 15.4%。在本地就业的 8 501 万农民工主要集中在东部地区，占 62.1%，中部地区占 22.8%，西部地区占 15.1%。① 由此可以看出，东部发达地区成为吸引农村劳动力转移的主要地区，这种不平衡性最终将会成为制约劳动力进一步转移的障碍。此外，目前中国农村和欠发达地区的劳动力转移存在以下问题：一是劳动力素质相对较低。据统计，2008 年返乡农民工中，文化程度为不识字或识字很少、小学、初中、高中、中专、大专及以上的返乡农民工分别占2.4%、14.8%、65.8%、11.1%、4%和 2%，其中，初中及以下的农民工占到 82.9%。② 由于受教育水平低，转移劳动力所从事的工作大多集中于服装制造、建筑业等劳动密集型的产业，或者是保姆、售货员等一些简单的服务业中，他们工资水平低，并且往往不能享受医疗、工伤等基本的社会保障。二是劳动力转移组织化程度不高，信息不灵。欠发达地区农村劳动力转移基本上是自发的，主要靠一些“人缘”因素实现就业，具有一定的盲目性，还容易被不法分子利用和欺

①② 转引自中国人口信息网(http://www.cpirc.org.cn)。

骗，权益难以保障。三是转移劳动力往往在身份、就业、劳动保障、福利等方面不能得到与当地居民平等的待遇。据国家统计局 2006 年在全国范围内进行的《农民工生活质量调查》显示，有接近 40％的农民工未与用人单位签订任何形式的劳动协议，有一半的农民不享受加班补贴，57％的农民工得不到工伤补偿，74.81％的农民工未参加任何保险。①

（四）就业歧视影响就业公平的实现

弱势就业群体如下岗失业人员、农民工、残疾人员、女性等在就业过程中容易受到歧视。下岗失业人员相对于其他劳动力而言，往往存在着“三高二低”的现象，即年龄高、女性比例高、学历低、技能低、竞争能力低，这些特点限制了失业人员再就业的实现。尤其是“4050”下岗人员，更有可能成为歧视对象。残疾人就业目前存在着就业总量不多、质量不高、结构不合理等问题，歧视残疾人和侵犯残疾人平等就业权益的现象时有发生。此外，农民工和女性在就业过程中也可能因户籍、工种等因素而受歧视。

（五）公共就业服务体系建设不健全

虽然近年来，各级政府强化了公共就业服务职能，开始重视公共就业服务体系建设，但总体来看，力度明显不足，这从政府在就业与再就业的财政投入水平中可见一斑。而且在有限的就业服务中还存在着城乡之间的差别问题，即农村地区的公共就业服务体系建设比城市更加薄弱。根据零点研究咨询集团的调查数据显示，2007 年和 2008 年，农村居民对就业服务的评价得分只有 45.7 分和 47.2 分，低于城市的 62.5 分和 61.3 分（满分为 100 分）。2008 年，农村就业服务在各项指标上均落后于城镇，尤其是在就业信息交流（33.0 分和 54.2 分）和就业培训（44.3 分和 59.7 分）方面。②

---

① 参见中国统计信息网，2006 年 10 月 25 日。
② 零点研究咨询集团：《2008 年中国公共服务公众评价指数手册》。

第三节　相关对策建议

一、发挥政府宏观调控职能，促进收入分配公平

政府在调节居民收入差距方面是可以有所作为的，至少可以从以下几个方面发挥作用：第一，改革收入分配制度，保障最低工资，强化合同法执行，打破行业垄断，以行政手段调节高收入行业和人群的收入水平，从而保证初次收入分配的公平；第二，通过税收政策和社会保障制度的完善，促进二次分配的公平；第三，通过发展慈善事业促进三次分配的公平；第四，通过产业政策促进产业结构的转移，通过税收等优惠政策促进落后地区的经济发展，实现西部大开发和“中部崛起”，提高中西部居民的收入水平；第五，通过均等化的义务教育政策等提高中西部地区和农村地区的教育水平和居民素质，进而促进他们更好的就业机会而实现收入水平的提高。

二、完善市场投资环境，拓宽就业渠道，进一步扩大就业规模

应继续转变政府职能，进一步发挥市场的资源配置功能，创造一个更加宽松的市场投资环境，吸引各类资金投资办实业，这是扩大就业的根本保证。虽然改革开放已经30年了，但政府职能转变仍然任重道远，一些政府部门仍然管了很多不该管的事，而在公共物品和公共服务的提供方面却存在明显的不足，企业和民众到政府部门办事仍然存在“门难进、脸难看、话难听、事难办”的现象，这些最终都会成为经济发展和扩大就业的障碍。因此，需要进一步降低创业门槛，改进政府工作作风，降低社会资本投资办实业的交易成本。此外，应继

续通过信贷政策和税收政策等鼓励下岗工人和其他弱势群体从事一些经营活动，大力发展第三产业，鼓励一些社区的非正规就业，创造一个宽松的经营和就业环境，从而促进经济活动的繁荣和活跃，持续扩大就业的规模和范围。

三、加快发展农业集约经济和规模经济，进一步促进农村剩余劳动力转移

在发达国家，通常农业劳动力占总劳动力的比重要低于 5%，有的国家如英国只有 2%，高一点的日本也不到 6%，而我国仍然有 20%至 30%。① 因此，我国农村剩余劳动力转移的任务远未完成。中共十七届三中全会审议通过了《中共中央关于推进农村改革发展若干重大问题的决定》，明确了我国政府对农村土地流转制度改革的支持态度，“以家庭承包经营为基础、统分结合的双层经营体制”是符合中国农业生产特点的农村基本经营制度。“赋予农民更加充分而有保障的土地承包经营权，现有土地承包关系要保持稳定并长久不变”，并允许农民以多种形式流转土地承包经营权，发展适度规模经营。这一政策有利于有效提高土地利用效率、提升农产品的产量和质量，为农业规模化、产业化和资本化发展奠定基础，也有利于进一步促进农村劳动力从土地中释放出来，加快我国现代化的进程和农村剩余劳动力的转移。现在的一个重要工作是把这一政策落到实处，着力点在于切实保护农民的土地经营管理权，政府部门除了对土地用途进行严格管制外，应对农地流转进行有效的监控，使农民在外出务工时没有后顾之忧。

---

① 中国社会科学院人口与劳动经济研究所所长蔡昉在接受《光明日报》记者采访时所言。参见《我国农村还有多少剩余劳动力——对话经济学专家蔡昉》，《光明日报》，2008年4月30日。

四、增加政府财政投入，建立和完善公共就业服务体系

从本章第一节的指标分析中我们可以看到，我国财政用于就业和再就业方面的支出严重不足，因此，今后迫切需要增加这一领域的财政投入，建立和完善包括职业介绍、就业训练、创业扶持、失业保险等内容的公共就业服务体系，尤其是在一些小城镇、边远地区和农村地区，公共就业服务体系的建设显得更为迫切，这是解决公平就业、农民工有序流动的关键。

五、促进就业公平

对弱势群体的公平就业问题，目前的重要工作，一是进一步细化相关的法律法规和政策规定，使其具有可操作性；二是各级政府和相关政府职能部门应强化法律和政策的执行，加强监管和处置力度，做到有法必依，执法必严，防止法律和政策流于形式。

第八章
中国社会建设绩效公民满意度调查报告

社会建设的很多领域与普通民众的日常生活密切相关,他们对此最有发言权,了解他们的真实感受是应有之举。本研究通过问卷调查了解他们对中国社会建设绩效的主观满意水平。本章主要介绍问卷调查的实施过程,并对调查结果进行统计和分析,从中获得普通民众对社会建设绩效的主观评价结果。

第一节 研究背景

一般来说,对绩效的测量有两个途径,即客观测量和主观测量。客观测量主要是运用统计数据和相关的事实衡量实际绩效水平与预期绩效水平之间的差距,而主观测量则是通过了解利益相关者对绩效的满意程度而获得所需要的绩效评估结果,其常用的方法是满意度问卷调查。社会建设的多数领域具有公共物品或公共服务的特性(如义务教育、社会保障、公共安全、医疗卫生、公共就业服务等),其绩效的好坏与政府职能的履行程度直接相关,因此,其测量也属于政府绩效评估的范畴。当代政府绩效评估是一种以民为本的价值取向的管理工具,对此,学术界具有广泛的共识。① 政府绩效与民众满意度具有很强的内在逻辑关系。② 普通民众作为公共物品和公共服务的最重要消费者，对其质量和服务水平具有最大的发言权。这样，由公民评价政府绩效就成了一件再自然不过的事情了。学术界对此展开了不少研究，其中，最有代表性的当数美国密歇根大学 Fornell 教授开发的顾客满意度指数（ACSI）。③ 但由于它涉及公众感知质量、公众期望、公众满意度、顾客抱怨、公众对政府的信任等多个变量，④受进入条件的限制，很难在实践中加以直接运用。因此，目前有关中国政府绩效的公众满意度调查一般采用类似于民意测验的方式，获得相关的数据，分析得出结论。较有代表性的成果有 3 个：一是郑方辉等对广东 21 个地级以上市所做的调查，⑤但它有明显的缺陷，指标内涵指向宽泛，易产生不确定性，如“自然生活环境”指标、“政府部门服务态度”指标等。二是由 Tony Saich 所做的调查，比较了公民对不同层级政府绩效的满意程度以及农村和城市居民对政府的满意程度的差别，⑥但它只是让被试者对政府的整体满意程度进行评价。三是零点研究咨询集团所做的中国公共服务评价，其优势表现在指标比较具体，针对性较强，⑦缺点

---

① 彭国甫：《价值取向是地方政府绩效评估的深层结构》，《中国行政管理》，2004 年第 7 期；蒋意桥：《地方政府绩效考核价值取向及评价标准的完善》，《哈尔滨商业大学学报》（社会科学版），2006 年第 3 期；马宝成：《试论政府绩效评估的价值取向》，《中国行政管理》，2001 年第 5 期。

② 闫章荟：《民众满意度在政府绩效评估中的运用》，《湖南农业大学学报》（社会科学版），2008 年第 4 期。

③ Claes Fornell, Michael D. Johnson, Eugene W. Anderson, Jaesung Cha, & Barbara Everitt Bryant. *The American Customer Satisfaction Index: Nature, Purpose, and Finding*. Journal of Marketing, 1996, 60, (Oct.) pp. 7 - 18.

④ 吴建南、庄秋爽：《测量公众心中的绩效：顾客满意度指数在公共部门的分析运用》，《管理评论》，2005 年第 5 期。

⑤ 郑方辉等：《地方政府整体绩效评价中的公众满意度研究——以 2007 年广东 21 个地级以上市为例》，《广东社会科学》，2008 年第 1 期。

⑥ Tony Saich：《对政府绩效的满意度：中国农村和城市的民意调查》，《公共管理评论》第 5 卷，清华大学出版社，2006 年。

⑦ 零点研究咨询集团：《2008 年中国公共服务公众评价指数手册》。

是看不到分析过程，也缺乏不同地区、人群之间的比较，从而无法判断其学术价值。在政府绩效评估实践领域，公民满意度调查的典型代表是“万人评议政府”活动，但同样存在指标宽泛、针对性不强等问题。

因此，本研究拟从以下两方面尝试突破：一是就政府管理的某一领域展开满意度调查，而不是泛泛了解民众对政府管理和服务水平的看法，从而增加调查的针对性。政府在社会建设领域提供的服务与普通百姓的日常生活息息相关，普通百姓有较好的亲身感受，因此，最有发言权，围绕普通百姓进行调查可以提高资料和结论的质量。二是呈现完整的分析过程，提升学术价值。

第二节　问卷设计与调查的实施

一、问卷设计和内容

本次社会建设绩效公民满意度调查采用书面问卷的形式。问卷设计在第一章所构建指标体系的框架下，围绕公共安全与社会管理、医疗卫生、教育发展与教育公平、社会保障、就业与分配公平领域设计相关的问题。问卷的设计坚持了以下原则：问题指向应是被试者能够感受到并不易产生歧义和容易理解；尽量使问题简单明了并确保各题的提问方式趋于标准化，具有一致性；对问卷进行合理编排，从易于回答的问题开始，逐渐过渡到较为复杂的问题。

设计过程中，征求了相关专家对问卷内容、结构和形式等方面的意见，形成问卷初稿。为了检验问卷的有效性和可行性，在拟参加此次调查活动的调查员和一般民众（共计 135 人）中进行试调查，剔除那些表述不清、语义含糊、难以回答、不符合实际情况或容易产生歧义的问题，最终形成调查所用的《社会建设绩效公民满意度调查问卷》。它由三部分组成：第一部分为样本基本情况调查，主要涉及被试者的一般人口学特征。第二部分为满意度调查，共 10 道题目(见表 8－1)。第三部分设计了一道开放式问题，用于收集被试者对我国社会建设方面的建议和意见。

表 8－1　满意度调查部分测量领域及相应问项

题号	测量领域	问　题	选　项
1	公共安全与社会管理	您对自己居住所在地当前的社会治安状况(即人身、财产的安全性)感到	① 很不满意 ② 不满意 ③ 一般 ④ 满意 ⑤ 很满意
2		您对自己居住所在地的公共交通服务感到	
3	医疗卫生	您对自己居住所在地的医疗服务质量感到	
4		您对自己居住所在地医疗收费标准感到	
5		您对自己居住所在地环境的卫生状况感到	
6	教育发展与教育公平	您对自己居住所在地政府提供的 9 年义务教育感到	
7	社会保障	您对自己居住所在地的基本医疗保障(或新型农村合作医疗)状况感到	
8		您对自己居住所在地政府对贫困家庭或贫困人口的救助措施感到	
9	就业与分配公平	您对现阶段不同人群之间的收入公平性感到	
10		您对现阶段不同人群之间的就业或务工机会的公平性感到	

满意度调查部分所有题目的选项分值的计算方法：选择“很满意”计 5 分，选择“满意”计 4 分，选择“一般”计 3 分，选择“不满意”计

2分，选择“很不满意”计1分。每位被试者对社会建设的综合满意度由10道题目得分累加再除以10得出。

满意度调查每题测出的结果分为5个水平，其中“一般”被赋予3分，处于5个分数档的中间位置，其代表了每项满意度认知感的中间水平，因此，本研究将3分设定为单项满意度的理论平均分。公民的社会建设满意度综合得分由10道题目分值累加后除以10计算出，也取3分为理论平均分。

二、调查过程和样本情况

受研究条件的限制，本次调查无法采取先随机抽样确定调查地的办法，而是从大学本科生中选取一个生源地域代表性较好的班级，从中挑选调查员71人，[①]分赴各自家庭常住地展开调查，调查时间从2009年1至3月，共在我国内地23个省(自治区、直辖市)的71个市、县(区)采取定点拦截和入户调查两种方法对年满16周岁以上的城乡居民进行了面对面问卷读录法访问。共发放调查问卷8 200份，回收有效问卷6 089份，有效问卷回收率74.26%。

回收的有效问卷样本特征、地域分布如表8-2和表8-3所示。

表8-2　有效问卷样本基本情况统计(N=6 089)

样本特征		人数(人)	百分比(%)
性　别	男	3 195	52.47
	女	2 894	47.53
年　龄	16—30岁	2 607	42.81
	31—45岁	1 827	30.01

① 感谢中山大学行政管理专业2006级参加问卷调查的于宏、杨美芬等70多位同学。

续 表

样本特征		人数(人)	百分比(%)
年　龄	46—60 岁	1 221	20.05
	61 岁以上	434	7.13
文化程度	低于小学文化程度	264	4.34
	小学毕业	474	7.78
	初中毕业	1 195	19.63
	高中或中专毕业	1 577	25.90
	大专毕业	1 059	17.39
	本科及本科以上	1 520	24.96
职　业	公务员	397	6.52
	事业单位人员	873	14.34
	国有企业人员	473	7.77
	私营企业人员	650	10.68
	外资或合资企业人员	199	3.27
	个体劳动者	740	12.15
	农　民	860	14.12
	学　生	1 406	23.09
	其　他	491	8.06
居住地	城　镇	3 949	64.85
	农　村	2 140	35.15

表 8－3　有效问卷样本地域分布情况

区　域	省份	样本量(份)	占所属区域样本量百分比(%)	占总体样本量百分比(%)	样本量(份)	占总体样本量百分比(%)
东部地区	福建	225	9.90	3.70	2 271	37.70
	广东	703	30.96	11.55		
	河北	272	11.98	4.47		
	山东	229	10.08	3.76		
	天津	91	4.01	1.49		
	浙江	483	21.27	7.93		
	江苏	268	11.80	4.40		
中部地区	安徽	276	13.90	4.53	1 986	32.62
	河南	744	37.46	12.22		
	湖北	247	12.44	4.06		
	湖南	245	12.34	4.02		
	江西	235	11.83	3.86		
	山西	239	12.03	3.93		
西部地区	广西	102	8.96	1.68	1 139	18.70
	贵州	252	22.12	4.14		
	云南	337	29.59	5.53		
	四川	130	11.41	2.13		
	重庆	118	10.36	1.94		

续 表

区 域	省 份	样本量(份)	占所属区域样本量百分比(%)	占总体样本量百分比(%)	样本量(份)	占总体样本量百分比(%)
西部地区	宁 夏	103	9.04	1.69	1 139	18.70
	新 疆	97	8.52	1.59		
东北地区	黑龙江	283	40.84	4.65	693	11.38
	吉 林	148	21.35	2.43		
	辽 宁	262	37.81	4.30		
合 计	23	6 089		100	6 089	100

本调查对4大区域的划分遵循了国务院发展研究中心在《地区协调发展的战略和政策》报告中提出的“十一五”期间内地划分为4大板块的基本思路,对区域的具体划分则是对上述报告中明确提出的八大经济区域进行了归纳,形成了东、中、西、东北部4大板块。从样本在4大板块的分布来看,基本与人口数量的比例大体相当,样本有较好的区域代表性。

第三节 数 据 处 理

采用SPSS17.0统计软件对数据进行了录入和核对,并复制导入EXCELL软件,然后进行数据分析。

一、统计分析方法

信度、效度检验:信度检验使用一致性检验(Cronbach α 系数),

效度检验运用因子分析方法来评价量表的结构效度。

描述性统计分析：对各题选项被选频数的分布情况、单项满意度及综合满意度分值进行描述性统计，通过比较平均分值的高低以及与理论平均分的差异，在总体上初步形成对社会建设绩效公民单项满意度、综合满意度的直观认识。

方差分析：在城乡公民满意度均值差异分析部分，为检验两组数据均值是否存在显著性差异，引入单因素方差分析。

非参数统计检验及方差不齐情况下的多重比较：不同于城乡差异的检验，区域公民满意度均值差异的显著性检验运用非参数统计的 Kruskal-Wallis 检验法，此法适用于对总体分布类型未知且方差不齐的分组数据进行差异显著性检验。四组数据经总体检验后，应用 SPSS 软件方差分析中 POST HOC 提供的 Tamhane's T2 检验法进行方差不齐条件下的多重比较，分析各组均数间更详细的信息。

二、信度和效度检验

量表的信度，是研究中使用该量表进行测量时所得到的被测特征数据真实程度的指标，也即所谓量表测量的可靠性和准确性。对于量表的内部一致性信度(Internal Consistent Reliability)的评价是主流且效果较好的信度评定方法，可以用 Cronbach 内部一致性系数(α 系数)来衡量。一般认为，一个量表的 α 系数如果大于 0.7，则说明该量表的内部一致性程度较好。也有人认为 α 系数要大于 0.8，还有一些学者则认为 α 系数大于 0.6 量表就可以勉强使用。本研究采用 α 系数进行量表的信度检验结果为：$\alpha=0.805$，显示问卷的信度较高(见表 8－4)：

表 8-4 量表信度检验结果

可靠性统计量

Cronbach's Alpha	项　　数
0.805	10

项总计统计量

	Scale Mean if Item Deleted	Scale Variance if Item Deleted	Corrected Item-Total Correlation	Cronbach's Alpha if Item Deleted
1	26.55	25.496	0.399	0.797
2	26.52	24.774	0.461	0.790
3	26.76	24.016	0.589	0.776
4	27.10	24.415	0.519	0.784
5	26.78	24.293	0.472	0.789
6	26.09	25.704	0.376	0.799
7	26.53	24.665	0.494	0.786
8	26.76	24.420	0.506	0.785
9	27.22	24.456	0.497	0.786
10	27.15	24.492	0.494	0.786

结构效度是指对于一个理论假设能得到调查中测量数据的支持，即测验能够测量到理论上结构或特质的程度，也就是问卷所要测量的概念能显示有科学的意义并符合理论上的设想。而因子分析的主要作用是可以找出事物特质，找出影响变量、支配变量的本质因子，即共性因子，因此是检验结构效度最为常用的方法。

本研究采用了因子分析法来检验问卷所包含的满意度量表的结构效度。结果显示，抽样适度测定值（Kaiser-Meyer-Olkin Measure of Sampling Adequacy）KMO＝0.83＞0.70，可以认为对其进行因子分析的效果比较好；Battlet 球型检验统计量×2 =14 914.56，$P=0.000<0.05$，显示各变量的独立性假设不成立。两项因子分析的适用性检验均通过，说明样本数据适合进行因子分析。

采用主成分因子分析法，取特征根大于 1 的因子，得到 3 个公因子，其累计解释变异量为 58.699%，即 58.699%的总方差可由 3 个公因子解释。然后采用最大方差正交旋转法，得到量表中各项指标最大方差正交旋转后的因子负荷。表 8－5 是《社会建设绩效公民满意度调查问卷》量表的因子分析摘要表，列出了各项指标在相应公因子上的负荷值。

由表 8－5 可见，每项指标在其中一个公因子上都有较高负荷值，即由 0.435 至 0.830，均高于结构效度检验的最低标准 0.4，同时在其他公因子上的负荷值较低。这样，可以认为该量表有较好的结构效度。其中，"您对自己居住所在地医疗服务质量感到"一项在第一个公因子和第二个公因子上的负荷值均大于 0.4，无特异性，意义不够明确。

表 8－5　量表的满意度因子分析摘要表

题　目	公因子			解释变异量(%)	累积解释变异量(%)
	1	2	3		
您对现阶段不同人群之间的收入公平性感到	0.830	0.097	0.103	21.473	21.473
您对现阶段不同人群之间的就业或务工机会的公平性感到	0.821	0.095	0.107		
您对自己居住所在地医疗收费标准感到	0.582	0.353	0.171		
您对自己居住所在地的公共交通服务感到	0.149	0.763	0.084	19.377	40.850
您对自己居住所在地当前的社会治安状况(即人身、财产的安全性)感到	0.053	0.746	0.089		
您对自己居住所在地环境的卫生状况感到	0.177	0.593	0.256		
您对自己居住所在地医疗服务质量感到	0.435	0.476	0.318		

续　表

题　目	公因子			解释变异量(%)	累积解释变异量(%)
	1	2	3		
您对自己居住所在地的基本医疗保障(或农村新型合作医疗)状况感到	0.218	0.137	0.756		
您对自己居住所在地政府提供的9年义务制教育感到	−0.077	0.229	0.749	17.849	58.699
您对自己居住所在地政府对贫困家庭或贫困人口的救助措施感到	0.383	0.082	0.648		
采取方法：主成分分析法。　旋转法：具有 Kaiser 标准化的正交旋转法。					

然而，因子分析结果中的公因子与设计时假设的量表的结构也有不相符之处，因子分析结果将测量医疗收费标准满意度一项和就业与分配公平维度归入一个公因子，将测量环境卫生状况满意度一项和公共安全与社会管理维度归入一个公因子，针对教育满意度进行测量的项目与对社会保障的测量项目被合并为一个公因子之下。

虽然测量结果与所设计的量表结构有不符之处，但该量表基本符合最重要的两项要求，所以总体而言是具有较好结构效度的，可以应用于测量我国社会建设绩效公民满意度，只是在运用时需要根据研究的具体要求对量表进行一定的调整，使其更合理。

第四节　调查结果分析

一、社会建设绩效公民满意度总体分析

运用5级量表赋分方法求取均值，得出了在全国范围内公民对其居住所在地社会建设绩效单项满意度及综合满意度的平均得分，并通过将实际得分的平均分与理论平均分进行比较，获得被试满意

度的总体认知状况(见表 8-6)。该表显示,公民对社会建设绩效的综合满意度得分为 2.97 分,低于理论平均分,这表明我国公民对当前社会建设绩效的满意度总体水平较低。其中,被调查者对其居住所在地当前的医疗服务质量、医疗收费标准、环境卫生状况、政府对贫困家庭或贫困人口的救助措施、不同人群收入的公平性、不同人群就业或务工机会的公平性 6 项的满意度平均得分分别低于理论平均分 0.05 分、0.38 分、0.06 分、0.04 分、0.5 分、0.43 分,表明调查对象对这几项的满意度水平较低。其中,明显低于理论平均分的是被调查者对医疗收费标准、不同人群收入的公平性、不同人群就业或务工机会的公平性的满意度 3 项,其他 3 项的满意程度则与理论平均分差值较小;此外,被调查者对其居住所在地当前的社会治安状况、公共交通服务、基本医疗保障状况、政府提供的 9 年义务制教育 4 项的满意度平均得分分别为 3.17 分、3.20 分、3.18 分、3.63 分,高于理论平均分,但除了公民对政府提供的 9 年义务制教育的满意度得分高于理论平均分 0.63 分以外,其他 3 项仅略微高出理论平均分。这表明调查对象对这 4 个方面的满意度的认知感高于前述几项,对九年义务制教育的满意情况较为突出,但总体来看,这 4 项的满意度整体水平仍然不高。

表 8-6　我国社会建设绩效公民满意度均值总体情况

题 项	1	2	3	4	5	6	7	8	9	10	综合得分
平均分值	3.17	3.20	2.95	2.62	2.94	3.63	3.18	2.96	2.50	2.57	2.97
与理论平均分的差值	+0.17	+0.20	−0.05	−0.38	−0.06	+0.63	+0.18	−0.04	−0.5	−0.43	−0.03

注:题项栏目中的数字为满意度调查问题的序号,下同。

二、社会建设绩效公民满意度城乡差异分析

经描述性统计,得出城乡居民社会建设绩效单项满意度及综合满意度的平均分值,其对比情况见表 8-7。

表 8-7　城乡社会建设绩效公民单项及综合满意度均值比较

题项	1	2	3	4	5	6	7	8	9	10	综合得分
城镇	3.19	3.25	2.99	2.66	2.94	3.59	3.17	3.00	2.51	2.61	2.99
农村	3.14	3.12	2.89	2.54	2.94	3.69	3.21	2.88	2.47	2.49	2.94
总体	3.17	3.20	2.95	2.62	2.94	3.63	3.18	2.96	2.50	2.57	2.97

由表 8-7 可知，城镇的综合满意度得分高出农村 0.05 分。各项得分与全国范围的总体情况较为一致，城乡被调查者对其居住所在地当前的社会治安状况、公共交通服务、政府提供的 9 年义务制教育、基本医疗保障状况 4 项两组的满意度平均得分均在理论平均分之上；城乡被调查者对其居住所在地当前的医疗服务质量、医疗收费标准、环境卫生状况、政府对贫困家庭或贫困人口的救助措施、不同人群收入的公平性、不同人群就业或务工机会的公平性 6 项两组的满意度平均得分则基本上低于理论平均分，仅政府对贫困家庭或贫困人口的救助措施一项中，城镇居民满意度达到理论平均分 3 分。此外，前 4 项及最后 3 项的满意度得分情况均为城镇高于农村；被调查者对其居住所在地当前的环境卫生状况一项城乡得分一致，均为 2.94 分；而在政府提供的 9 年义务教育、基本医疗保障状况两项上则是农村得分高于城镇，分别高出 0.1 分和 0.04 分。

将两组数据进行进一步的对比分析需要检验城乡两组数据是否具有显著性差异。鉴于本调查样本量足够大，且影响两组数据的仅有“居住地”一个因素，因素包含的两个变量“城镇”、“农村”也均属于类别变量，因此，城乡两组数据的差异显著性检验采用单因素方差分析。它可用于检验由单一因素影响的一个或几个相互独立因变量的各因素水平分组的均值之间的差异是否具有统计意义。

方差分析的 F 检验中，是以各个组内数据的总体方差齐性为前提的，因此，应该在方差分析之前，对各个数据组内的总体方差进行齐性检验。若城乡两组数据组内总体方差齐性，且经过方差检验所得两个样本所属总体平均数差异显著，则可以说明两组均值比较具有统计学意义；若两个总体方差不齐，那么经方差检验所得两个样本所属总体平均数差异显著的结果，可能有一部分归因于各组内总体方差不同所致，不能说明差异有统计学意义。本调查此部分运用Levene方差齐性检验，其用于检验两个及两个以上样本间的方差是否齐性，既可用于正态分布的资料，也可用于非正态分布或分布不明的资料，样本含量较大或较小时均适用，检验效果较好。

本调查以"居住地"为影响因素，10项满意度调查问题所得单项满意度分值、综合满意度分值为因变量，利用SPSS软件在Levene方差齐性检验的前提下，做出了单因素方差分析，结果见表8-8。

表8-8　城乡满意度均值的方差分析结果

Levene方差齐性检验				
题　项	Levene统计量	df1	df2	显著性
1	6.951	1	6 087	0.008
2	1.139	1	6 087	0.286
3	66.354	1	6 087	0.000
4	38.884	1	6 087	0.000
5	0.023	1	6 087	0.879
6	1.126	1	6 087	0.289
7	70.435	1	6 087	0.000
8	58.018	1	6 087	0.000
9	1.046	1	6 087	0.306
10	0.426	1	6 087	0.514
11*	0.523	1	6 087	0.470

* 此项为城、乡居民综合满意度的方差齐性检验结果。

ANOVA

题 项		平方和	df	均方	F	显著性
1	组 间	3.136	1	3.136	4.055	0.044
	组 内	4 707.833	6 087	0.773		
	总 数	4 710.969	6 088			
2	组 间	20.190	1	20.190	24.169	0.000
	组 内	5 084.916	6 087	0.835		
	总 数	5 105.106	6 088			
3	组 间	14.313	1	14.313	18.859	0.000
	组 内	4 619.903	6 087	0.759		
	总 数	4 634.216	6 088			
4	组 间	18.816	1	18.816	23.518	0.000
	组 内	4 869.923	6 087	0.800		
	总 数	4 888.739	6 088			
5	组 间	0.065	1	0.065	0.068	0.794
	组 内	5 852.004	6 087	0.961		
	总 数	5 852.069	6 088			
6	组 间	14.476	1	14.476	18.859	0.000
	组 内	4 672.495	6 087	0.768		
	总 数	4 686.972	6 088			

续　表

ANOVA

题　项		平方和	df	均方	F	显著性
7	组　间	1.711	1	1.711	2.168	0.141
	组　内	4 801.646	6 087	0.789		
	总　数	4 803.357	6 088			
8	组　间	21.706	1	21.706	26.226	0.000
	组　内	5 037.934	6 087	0.828		
	总　数	5 059.640	6 088			
9	组　间	2.680	1	2.680	3.175	0.075
	组　内	5 137.437	6 087	0.844		
	总　数	5 140.117	6 088			
10	组　间	18.546	1	18.546	22.123	0.000
	组　内	5 102.803	6 087	0.838		
	总　数	5 121.349	6 088			
11*	组　间	4.052	1	4.052	13.620	0.000
	组　内	1 811.078	6 087	0.298		
	总　数	1 815.131	6 088			

* 此项为城、乡居民综合满意度的单因素方差检验结果。均值差的显著性水平为 0.05。

首先观察城、乡不同地域的各项满意度分值的方差齐性检验结果，仅第 2、5、6、9、10、11 项的显著性值大于 0.05，分别为 0.286、0.879、0.289、0.306、0.514、0.470，不拒绝原方差齐性的假设，即满足同方差的条件。

在此基础上，观察第2、5、6、9、10、11项的单因素方差检验的结果。结果显示，第2、6、10、11项的显著性值小于0.05，拒绝城、乡两组满意度平均分值没有差别的原假设，即第2项——被调查者对其居住所在地当前的公共交通服务的满意度均值，第6项——对政府提供的9年义务教育的满意度均值，第10项——对不同人群就业或务工机会的满意度均值，第11项——综合满意度均值这4项是具有城乡比较的统计学意义的。以下分别对这几项进行比较分析：

公共交通服务的满意度均值城镇为3.25分，农村为3.12分，农村低于城镇0.13分。城、乡居民对该题选项进行选择的频数分布见表8-9。农村居民选择“不满意”、“很不满意”的比例高过城镇居民，结合得分情况说明农村居民对其居住所在地公共交通服务的满意度低于城镇居民。分析其原因，主要是长期以来农村交通并未被摆在与城市交通同等重要的位置上，农村公共交通服务存在着供给与需求的矛盾，道路建设资金、技术管理力量不足。虽然近年来，在社会主义新农村建设的大背景下，农村公共交通条件有了较大的改善，但尚难以消除公共交通服务的城乡差别。

表8-9　城乡居民公共交通服务满意度测量题目选项被选频数分布

题　项	选　项	分布	城镇	农村	合计
您对自己居住所在地的公共交通服务感到	很不满意	频数(人)	126	86	212
		百分比(%)	3.2%	4.0%	3.5%
	不满意	频数(人)	633	429	1 062
		百分比(%)	16.0%	20.0%	17.4%
	一　般	频数(人)	1 582	873	2 455
		百分比(%)	40.1%	40.8%	40.3%

续　表

题　项	选　项	分布	城镇	农村	合计
您对自己居住所在地的公共交通服务感到	满　意	频数(人)	1 362	636	1 998
		百分比(%)	34.5%	29.7%	32.8%
	很满意	频数(人)	246	116	362
		百分比(%)	6.2%	5.4%	5.9%

另一项满意度农村低于城镇的是针对不同人群就业或务工机会的公平性，城镇得分 2.61 分，农村为 2.49 分，频数分布见表 8－10。

表 8－10　城乡居民就业或务工机会公平性满意度测量题目选项被选频数分布

题　项	选　项	分布	城镇	农村	合计
您对现阶段不同人群之间的就业或务工机会的公平性感到	很不满意	频数(人)	464	313	777
		百分比(%)	11.7%	14.6%	12.8%
	不满意	频数(人)	1 263	736	1 999
		百分比(%)	32.0%	34.4%	32.8%
	一　般	频数(人)	1 654	840	2 494
		百分比(%)	41.9%	39.3%	41.0%
	满　意	频数(人)	487	223	710
		百分比(%)	12.3%	10.4%	11.7%
	很满意	频数(人)	81	28	109
		百分比(%)	2.1%	1.3%	1.8%

频数分布和得分情况显示,公民对不同人群就业或务工机会公平性的满意度总体都很低,农村更是低于城镇。这种情况与农村剩余劳动力转移的困境有紧密的关系。近年来,随着城市就业压力的增大,再加上受学历、技能、身份等因素的影响,农村剩余劳动力外出务工和进城就业的难度越来越大。2008 年,受全球金融危机等因素的影响,大量农民工暂时失去了在城市的工作,农民工的就业供求矛盾更加突出,这也在一定程度上加重了农村人口对就业、务工机会的不公平感。此外,政府提供的就业服务在城乡之间也存在着明显的不公平性。根据零点研究咨询集团的调查显示,农村就业服务在就业信息交流和就业培训等各个指标上均落后于城镇。①

政府提供的 9 年义务制教育满意度这一项,农村得分 3.69 分,高于城镇 0.1 分。城、乡居民对该题选项进行选择的频数分布见表 8－11。

表 8－11 城乡居民义务教育满意度测量题目选项被选频数分布

题　项	选　项	分 布	城 镇	农 村	合 计
您对自己居住所在地政府提供的九年义务教育感到	很不满意	频数(人)	61	36	97
		百分比(%)	1.5%	1.7%	1.6%
	不满意	频数(人)	328	180	508
		百分比(%)	8.3%	8.4%	8.3%
	一　般	频数(人)	1 274	519	1 793
		百分比(%)	32.3%	24.3%	29.4%
	满　意	频数(人)	1 785	1 073	2 858
		百分比(%)	45.2%	50.1%	46.9%
	很满意	频数(人)	501	332	833
		百分比(%)	12.7%	15.5%	13.7%

① 零点研究咨询集团:《2008 年中国公共服务公众评价指数手册》,第 69 页。

此项中，城镇、农村居民选择“满意”一项的比例最大，且农村居民选择“满意”、“很满意”两项的比重高于城镇，说明在政府提供的9年义务制教育问题上，农村居民满意度高于城镇。这是由于我国免费义务教育首先在农村实行，其后推广到城市。且由于农业人口的收入依然是较低的，义务教育阶段学生免除学杂费的举措在较大程度上减轻了农村家庭的子女教育负担，农村居民的受益感较突出，因此满意度高于城市。

最后，从整体上分析城乡居民社会建设绩效综合满意度情况。综合满意度平均得分，城镇为2.99分，农村为2.94分，农村低于城镇，差值为0.05分。总体来看，城乡居民的满意程度差异是有限的。这种情况大致可以归因于近年来中央提出以城带乡、以工哺农，对农村地区实施了一系列惠农、益农政策，使农村获得了较快的发展。政府对农村转移支付大量增加，切实缓解了农民在各方面的生活压力，大大提升了农业人口在感知上的认可程度。

三、社会建设绩效公民满意度区域差异分析

4大区域公民对当前社会建设绩效的分项及综合得分均值见表8－12。

表8－12　4大区域公民社会建设绩效分项及综合得分均值比较

题项	1	2	3	4	5	6	7	8	9	10	综合得分
东部地区	3.16	3.16	2.98	2.62	2.95	3.59	3.15	3.00	2.53	2.61	2.98
中部地区	3.10	3.19	3.00	2.65	2.79	3.59	3.18	2.92	2.48	2.57	2.95
西部地区	3.20	3.14	2.92	2.68	3.05	3.60	3.34	3.02	2.52	2.54	3.00
东北地区	3.37	3.49	2.78	2.40	3.15	3.89	3.06	2.82	2.37	2.48	2.98
总体	3.17	3.20	2.95	2.62	2.94	3.63	3.18	2.96	2.50	2.57	2.97

为检验 4 大区域公民社会建设绩效满意度得分均值的差异显著性，本调查原本计划将“区域”作为单一影响因素进行方差分析，然而，方差分析模型属于一般线性模型，要求所分析数据正态分布，相互独立，方差具有齐性。本调查 4 组数据在置信水平为 95%的方差齐性检验中，不满足方差齐性的前提，每项的显著性值均小于 0.05，检验结果见表 8-13。

表 8-13　方差齐性检验结果

题项	Levene 统计量	df1	df2	显著性
1	40.675	3	6 085	0.000
2	49.639	3	6 085	0.000
3	29.383	3	6 085	0.000
4	14.794	3	6 085	0.000
5	31.960	3	6 085	0.000
6	7.549	3	6 085	0.000
7	26.261	3	6 085	0.000
8	38.562	3	6 085	0.000
9	13.831	3	6 085	0.000
10	11.245	3	6 085	0.000
11*	10.931	3	6 085	0.000

* 此项为 4 大区域居民综合满意度的方差齐性检验结果。

对于资料的总体分布类型未知且方差不齐的分组数据可改做非参数统计的检验，非参数统计是不考虑总体分布类型是否已知，不比较总体参数，只比较总体分布的位置是否相同的统计方法，其常用的显著性检验方法是秩和检验。本调查选用 Kruskal-Wallis 检验，设定 99%为置信水平。检验结果显示，前 10 项的显著性值均小于 0.01，4 大区域公民社会建设绩效 10 项分项满意度具有区域比较的统计学意义，拒绝原各组均值相等的假设。然而，第 11 项的检验结果未拒绝原假设，显著性值为 0.244，大于 0.01，这说明综合满意度均值差异无区域比较的统计学意义，检验结果见表8－14。

表 8－14　Kruskal-Wallis 检验结果

题项	1	2	3	4	5	6	7	8	9	10	11*
卡方	59.869	71.073	32.542	41.562	76.113	80.901	57.101	25.067	18.359	13.171	4.171
df	3	3	3	3	3	3	3	3	3	3	3
渐近显著性	0.000	0.000	0.000	0.000	0.000	0.000	0.000	0.000	0.000	0.004	0.244

*　此项为 4 大区域居民综合满意度的 Kruskal-Wallis 检验结果。均值差的显著性水平为 0.01。

Kruskal-Wallis 检验拒绝了检验假设，只能说明 4 组样本总体均数不相等或不全相等。若要得到各组均数间更详细的信息，判别出哪一组与其他各组均值间具有显著性差异，则需要进行 4 组样本均数的两两比较，即均值的多重比较。在方差不具有齐性的情况下，本调查选用方差分析中 POST HOC 提供的方差不齐的方法：Tamhane's T2 检验，实质是 t 检验进行配对比较。显著性概率临界值定为 0.05（受篇幅限制，这里省略了检验结果列表）。

多重比较的结果显示，第 1、2、3、4、6 项东北地区的样本均值与其他 3 个地区的差异比较大；第 8、9 项东北地区样本均值与东部、西部两个地区分别有比较意义；第 8 项中部与东部、中部与西部的差异性也显著；第 10 项仅东北部与东部比较有统计学依据；第 5 项除了东北部与西部的差异不显著，其他均可两两比较；第 7 项西部地区与其他 3 个地区的比较具有统计学意义。

综合以上各项的检验结果可见，东北部的样本均值与其他地区的样本均值差异性最显著。然而，结合区域样本量的分布情况来看，东北地区的样本量远远小于其他 3 个地区，因此将 4 个区域的样本数据进行比较时，东北地区样本的代表性在一定程度上存在不足。此外，比较图 8－1 中 4 区域各项满意度均值折线的变化趋势，可明显看到代表东北地区公民各项满意度均值折线的高低变化幅度最大。这点在 4 区域各项的得分情况中也得到证明，即第 3、4、7、8、9、10 项，东北地区的满意度得分最低，而第 1、2、5、6 项，东北地区的满意度得分则明显高于其他 3 个区域。对此，本研究从人口的性格差异角度进行推断，认为东北地区各项满意度分值差距较大的情况与东北人直爽、善恶分明、敢于表达是非判断的性格因素有关。且满意度调查是对被调查对象内心感受的测量，因此，本研究认为东北地区样本的满意度分值有高于或低于实际情况的可能性。

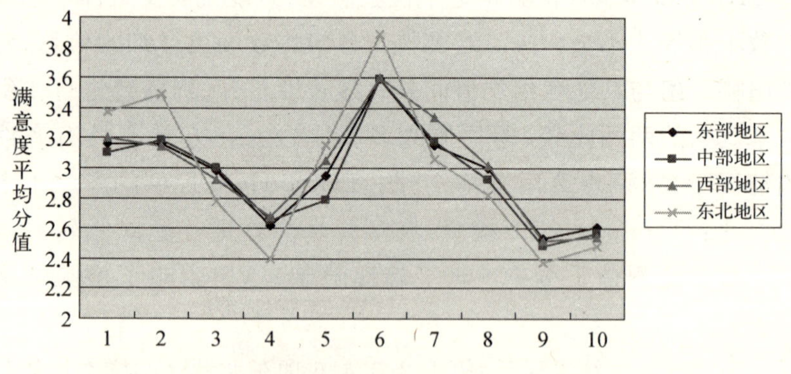

图 8－1　4 大区域公民社会建设绩效单项满意度均值比较

第 5 项，即被调查者对其居住所在地当前的环境卫生状况满意度的区域多重比较结果显示，中部与其他 3 个地区的差异较为显著。中部居民对环境卫生状况的满意度最低，为 2.79 分，低于理论平均分，而其他 3 个区域均接近或高于平均水平。分析其原因，一是中部地区地处内陆，对外开放不足，由于自然资源尤其是煤炭等资源丰富，传统产业比重较高，导致环境污染较为严重。二是中部地区人口特别稠密，人们的环境保护意识不高，也导致了环境卫生状况的不理想。

第 7 项调查了公民对基本医疗保障的满意程度。多重比较结果显示,西部地区满意度与其他 3 个区域的差异显著,且高于全国总体满意度分值 0.16 分。这一结果与笔者所做的另一研究的结论看似矛盾,即从数据来看,东部地区的医疗保障要明显好于其他地区,而公众在这一方面的满意度则是西部地区高于其他地区。对此,本研究的解释:一是可能抽样调查本身的误差所致;二是近年来,我国大力实施"西部开发"战略,西部地区包括社会保障在内的各项公共服务水平得到快速提高,使得长期难以享受公平公共服务的西部民众,尤其是农民受益感更为强烈,从而直接体现为对此项的满意度较高。

第 8 项同样是社会保障维度的测量,测量了政府对贫困家庭或贫困人口救助措施方面的公民满意度。多重比较结果显示,与东部、西部相比,中部得分最低,低于理论平均分,西部略高于东部 0.02 分,但两者不具有比较的统计学意义。可见,中部居民对此项的满意度最低。这一现象与一些学者的研究结论相呼应,即中部地区社会保障整体水平低于东部和西部地区,①进而导致居民的满意度也最低。

最后对 4 大区域公民社会建设绩效综合满意度均值进行比较分析。Kruskal-Wallis 检验结果显示 4 大区域公民综合满意度得分均值差异不显著。然而,本调查认为该项虽然在统计结果中不具备比较意义,但是得分情况不一定不具有从实际角度进行分析的意义,4 大区域满意度综合得分仍值得关注。其中,中部综合满意度平均分值为 2.95 分,在 4 大区域中得分最低,低于东部 0.03 分,低于西部 0.05 分,低于东北部 0.03 分。中部民众对社会建设绩效较低的综合满意度得分与当前我国区域发展进程中"中部凹陷"的实际情况密切

---

① 李雪萍、刘志昌:《基本公共服务均等化的区域对比与城乡比较——以社会保障为例》,《华中师范大学学报》(人文社会科学版),2008 年第 3 期。

相关。中部地区 30 年来与国家经济发展的重点战略屡次失之交臂，经济综合实力、发展水平与东部地区差距拉大，增长速度还落后于一些西部省份。由于人口稠密，对外开放程度低，产业转型压力大，经济发展受阻，增长缓慢。近年来，国家实施西部大开发战略，政策向西部地区倾斜，在一定程度上促进了西部的发展，使其在社会建设的一些方面好于中部地区。

本研究根据中国社会建设的特点，设计了包含 10 个问项的调查问卷，内容涵盖公共安全与社会管理、医疗卫生服务、义务教育、基本社会保障、就业服务与收入公平等社会建设领域，在全国 23 个省(市、区)共计 71 个市(县、区)展开调查，共回收有效问卷 6 089 份。然后，采用 SPSS17.0 统计软件对数据进行了录入和核对，并复制导入 EXCELL 软件，然后进行数据分析，显示出量表的信度和效度较佳。通过分析显示，公民对社会建设绩效的综合满意度得分为 2.97 分，低于理论平均分(3 分)，除义务教育一项的满意度获得较高的 3.63 分外，其他各项的得分都较低，表明我国公民对社会建设绩效的满意度总体水平较低。从城乡对比来看，农村居民的满意度低于城镇居民，但差距不大。从各个项目来看，城乡居民之间对公共交通服务的满意度均值、政府提供的 9 年义务教育的满意度均值、不同人群就业或务工机会的满意度均值 3 个项目的比较具有统计学意义。其中，农村居民对公共交通服务的满意度和就业或务工机会的满意度低于城市居民的满意度，而农村居民对政府提供的 9 年义务教育的满意度则高于城市居民的满意度。从 4 大区域(即东部地区、东北地区、中部地区和西部地区)的比较来看，中部地区的满意度最低，从另一个角度证明了“中部凹陷”的现象。差异显著性的多重比较检验结果显示，在多个项目中，东北部的样本均值与其他地区的样本均值之间差异性最显著，本研究从人口的性格差异角度推断认为，东北地区样本的满意度分值有高于或低于实际情况的可能性。此外，不同区域居民之间对当前的环境卫生状况满意度、基本医疗保障的满意度、政府对贫困家庭或贫困人口救助措施的满意度 3 个项目的比较具有统计学意义。其中,中部地区居民对环境卫生状况的满意度最低,为 2.79 分,低于理论平均分,而其他 3 个区域均接近或高于平均分;西部地区居民对基本医疗保障的满意度与其他 3 个区域之间的差异显著,且高于全国总体满意度分值 0.16 分;在政府对贫困家庭或贫困人口救助措施的公民满意度方面,与东部、西部地区相比,中部地区得分最低,低于理论平均分,西部略高于东部 0.02 分,但两者不具有比较的统计学意义,由此可见,中部地区居民对此项的满意度最低。

第三编

中国社会建设分项绩效评估研究

本编选择从5个社会建设的典型领域绩效评估的视角加以探讨,寻找改进社会建设的有效途径。5个典型均是近年来政府社会建设的重要工作,也是热点社会问题。它们是:(1) 城市外来务工人员子女义务教育问题,对应于社会建设的教育发展与教育公平领域;(2) 新型农村合作医疗问题,对应于社会建设的社会保障和医疗卫生领域;(3) 政府煤炭生产安全监管问题,对应于社会建设的公共安全领域;(4) 城管综合执法问题,对应于社会建设的社会管理领域;(5) 公共就业服务问题,对应于社会建设中的就业领域。

根据对现有文献检索,本研究发现,上述5个典型领域方面的研究成果存在着两个较大的缺陷,一是除了新型农村合作医疗领域外,很少有从绩效评估的视角加以探讨的成果;二是极少有人深入具体的实践,运用实地调查的方法搜集第一手材料去探讨相关的问题,寻找对应的措施。这两个缺陷正好为本研究提供了广阔的研究空间。因此,本研究的基本取向是,深入具体的社会建设实践进行调研,综合运用问卷调查、访问调查、直接观察和体验、文献研究等方法,掌握丰富的实践素材,进而运用政府绩效评估的相关原理探讨城市外来务工人员子女义务教育问题、新型农村合作医疗问题、政府煤炭生产安全监管问题、城管综合执法问题和政府公共就业服务问题,探讨相应的绩效评估指标体系和其他绩效评估措施及其配套措施,寻找改进这些社会建设领域绩效的有效途径。

第九章
城市外来务工人员子女义务教育绩效评估研究

——以厦门市思明区为例[①]

义务教育作为政府公共服务和社会建设的重要领域，是人们近年来讨论的一个热点话题，尤其是进城务工人员随迁子女的义务教育问题更是引起社会各界的广泛关注。本章选择厦门市思明区为案例，探讨通过引入政府绩效评估的方法改善城市外来务工人员随迁子女义务教育的有效途径。

第一节　研究背景、研究思路和资料获取方法

一、研究背景

改革开放以来，随着中国城市化进程和农村产业结构的调整，大批农民由农村涌入城市，形成了声势浩大的“民工潮”。农业部的有关资料显示，2007 年我国农村外出就业劳动力达 1.26 亿人，乡镇企

① 本部分成稿于 2009 年 4 月 25 日。

业从业人员为1.5亿，扣除重复计算部分，农民工达到2.26亿人①，其中，随同父母进入城市的6至14岁义务教育适龄儿童约有766万人，②他们已构成了一个庞大的受教育群体，其教育需求对现行的教育体制提出了严峻的挑战。我国义务教育法规定，义务教育由地方负责，分级管理。适龄儿童接受义务教育主要由其户籍所在地政府负责，教育经费则按照户籍学生数下拨。这样，当儿童随父母来到城镇，原户籍所在地政府不可能再负责他们的教育，而城市政府又没有这方面的义务，因此，他们就可能失去享受政府提供的义务教育的权利。

2003年11月6日，国务院妇女儿童工作委员会和全国妇联公布了我国9个城市流动儿童状况调查报告，结果显示，流动儿童中的在学者占90.7%，一直未上学者占6.85%，失学者占2.45%，后二者合计显示的流动儿童失学率高达9.3%。农民工子女的义务教育问题受到社会各界的关注，并越来越成为一个突出的社会问题。

2006年6月重新修订的《中华人民共和国义务教育法》将解决农民工子女义务教育问题纳入其中。2008年7月30日，温家宝总理主持召开国务院常务会议，研究部署全面免除城市义务教育阶段学生学杂费工作，特别指出要切实解决好进城务工人员随迁子女就学问题；进城务工人员随迁子女接受义务教育以流入地为主、公办学校为主解决；对符合当地政府规定接收条件的随迁子女，要统筹安排在就近的公办学校就读，免除学杂费，不收借读费。按照教育部的要求，从2008年9月起，各地政府纷纷采取措施，落实进城务工人员随迁子女的免费义务教育工作。

受教育经费和其他办学条件（如校舍、师资）等因素的制约，各地

---

① 《这个冬天，他们急需“御寒棉衣”——关注金融风暴中农民工就业问题》，《人口导报》，2009年1月12日。

② 黄卉：《落实平等教育权　保障进城务工人员随迁子女就学》，法制网（http://www.legaldaily.com.cn），2008年8月31日。

在落实国家政策力度方面参差不齐，使流入地公办学校的容量与需要接受义务教育的农民工子女数量之间存在较大的供求矛盾，很多外来农民工子女仍然无法进入流入地公办学校，而只能就读于条件简陋、师资薄弱的民办学校，导致农民工子女义务教育起点的不平等，城市外来工子女义务教育问题仍然较为严峻。

目前，我国很少有关于教育公平绩效评估的专门研究，特别是关于外来务工人员子女义务教育公平政策的执行效果方面的评估研究更是空白，因此，本研究尝试运用绩效评估这一当代政府管理的有效工具探讨促进城市外来务工人员子女义务教育政策落实的有效途径和方法。选择厦门市思明区为样本展开研究，有以下几个原因：(1) 厦门市及其思明区外来务工人员子女义务教育阶段的就读人数多。厦门作为我国最早设立的 4 个经济特区之一，经济较为发达，吸引了大量的外来务工人员，随他们进城的未成年子女 7.92 万多人，占全市未成年人总数的五分之一，目前全市外来务工人员子女在本市义务教育阶段学校就读人数大约占到全市义务教育阶段在校生总数的 1/3，其中，大约有 4 万左右的外来工子女在思明区就读。① 因此，选择厦门市思明区为案例有较好的代表性。(2) 思明区政府较早启动了解决外来务工人员子女义务教育问题的相关工作，取得了较大成效。(3) 选择厦门市思明区对笔者有利，资料具有可获得性。

二、研究思路

本文首先对厦门市思明区外来务工人员子女的义务教育现状进行描述，并对免费义务教育政策的执行绩效进行基本的评价，然后探讨引入政府绩效评估体系以促进该政策的有效落实的途径，包括运

① 数据由厦门市思明区教育局提供。外来务工人员子女主要就读于公办学校和民办学校，极少部分就读于私立的高收费学校。

用平衡计分卡构建绩效评估的指标体系，以及评估体系的其他环节，如选择评估主体、绩效信息的收集与沟通以及相关的配套措施等，基本思路如图 9－1 所示。

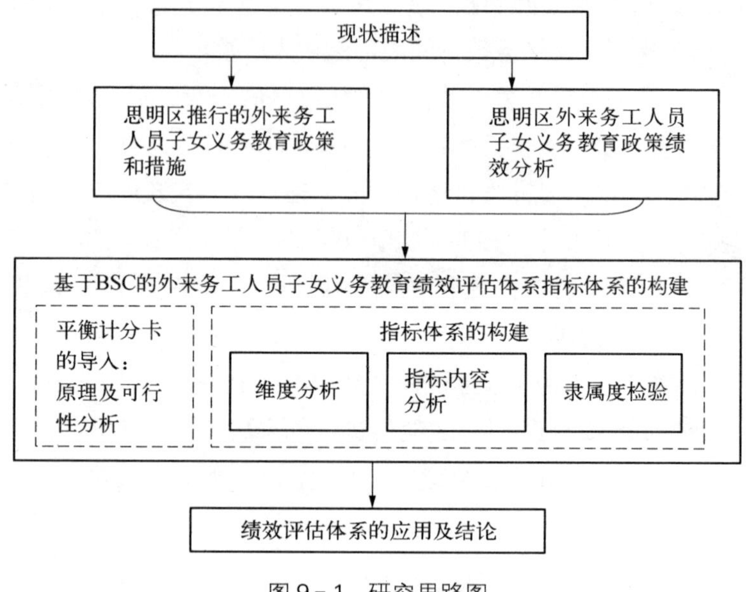

图 9－1　研究思路图

三、资料获取方法

本研究是一个案例研究，相关资料主要通过以下方法获得：

（一）文献法。目的在于通过查阅书籍和学术杂志等相关研究成果，掌握政府绩效评估的相关原理和方法，以及掌握相关的政府职能和政策动态，为研究提供基本的框架依据。

（二）问卷法。主要采用结构化问卷调查的方法，问卷调查的对象主要包括各公、民办学校校长、教务主任、教师、学生家长和部分高年级的学生，获取思明区外来务工人员子女就学的有关信息，教师和家长等对义务教育的期望以及对绩效评估指标体系和模型建构的主观意见等。调查采用整群随机抽样的方法，选择了思明区外来务工人员子女比较多的 4 个学校发放调查问卷，其中 3 所小学 1 所初中，分别是瑞景小学、莲前小学、前埔小学和厦门成功学校。在这几所学校中，外来工人员子女的人数均占学生总人数的 1/3 以上。调查的年级为小学四、五、六年级和初中一、二年级。每个年级均抽取 2 个班作为样本，共 10 个班级，随机向家长和学生发放问卷 150 份(包括家长卷和学生卷两部分，详见附录 3、4)，回收有效问卷 144 份。向教师发放问卷 80 份(见附录 5)，回收有效问卷 76 份。调查时间为 2009 年 1 月 15 日至 2 月 18 日。

(三) 访谈法和观察法。对厦门市教育局、思明区教育部门有关负责人以及与教育相关的各职能部门负责人就各自不同的职能范围和业务性质进行访谈和实地观察管理运作过程，获得第一手资料和数据，为寻找绩效评估指标元素提供素材。调查时间分 3 个阶段，第一阶段为 2008 年 7 月 22 日至 8 月 25 日，第二阶段为 2009 年 1 月 15 日至 2 月 18 日，第三阶段为 2009 年 4 月 6 日至 4 月 15 日。

第二节　厦门市思明区外来务工人员子女义务教育政策及其绩效分析

一、思明区政府针对外来务工人员随迁子女的义务教育政策和措施

近年来，思明区政府重视公共基础教育工作，特别重视解决外来务工人员随迁子女的义务教育问题，主要采取了如下的政策和措施：

第一，根据厦门市政府《关于进一步做好进城务工就业农民子女义务教育工作的实施意见》等文件精神，扩大公办义务教育的规模。2007 年和 2008 年，仅区一级财政就投入资金 2 多亿元，计划新建、扩

建、改建学校 18 所，新增学位 2 万个。到目前为止，思明区政府已完成 11 个项目，还有 4 个项目正在加紧建设，大大提高了接收进城务工人员子女入学的能力。此外，思明区将外来务工人员子女义务教育经费纳入财政预算，以义务教育减免卡的方式，为 3 万名农民工子女减免借读费 2 400 多万元，①该政策使来厦务工人员子女享受到了与厦门本地学生同样的免费义务教育的权利。

第二，在小学招生政策上，区政府借鉴“小升初”派位方法，根据就近就便原则，采取电脑派位方式，“四公开”招收农民工子女，即公开报名、公开招生计划、公开招生方法和公开录取结果。在对学生的管理上，思明区政府义教办统一为外来务工人员子女建立义务教育登记制度和学籍卡，加强对转出转入的外来学生的管理，防止无故辍学流失。对于无法安置到公办学校的学生，政府按照公办学校学费的标准（小学生每人 450 元/年，初中生每人 750 元/年），给予农民工子女每人发放一张义务教育减免卡，学生凭卡到民办学校就学的，政府将款项拨转到民办学校，由学校返还给学生或者直接按额扣减费用。

第三，加大对民办学校的扶持力度。市、区采取按公办学校定额标准给予补助，设立专项扶持资金，用于改善民办学校的办学条件，提高民办学校的办学水平。自 2005 年以来，政府每年拨款 150 万专项资金定向补助区 13 所民办学校，用于购置校园设备和校园建设。为了缩小公办学校与民办学校之间的办学差距，思明区制定了公办学校与民办学校之间的结对帮扶计划，实行公办学校教师到民办学校支教制度，并制定了全区统一考核制度，每个学期任意抽取同一个年级，由区进修学校统一命题出卷，公办、民办学校互派教师监考，全区同一年级统一进行考试，对全区公办民办教学水平进行统一的考核，以鼓励先进鞭策后进，树立标杆，推进公办与民办教育之间的均

---

① 数据来源于思明区教育局教育一科访谈记录。

衡发展。同时，加强对民办学校教职工的管理，统一安排民办教师和公办教师一起参加区进修学校组织的教师培训，并为民办教师承担一定的培训经费，定期进行教学质量和办学水平评估，对不合格的民办学校予以停办。

第四，培养外来务工人员子女的“主人翁”意识，使其尽快融入厦门城市生活。如实行“一体化教育”，在全体未成年人中开展丰富多彩的主题教育和道德实践活动，如“弘扬民族精神月”、创建和谐校园、“红领巾读书读报奖章”和 18 岁成人宣誓等，使进城务工人同子女与当地青少年融为一体。通过这些活动，提高了外来务工人员子女的“主人翁意识”。针对外来务工人员家庭信息化落后的状况，厦门市政府从 2005 年开始先后投入 800 多万元，为外来务工人员子女建立“绿色网吧”，外来务工人员子女得到家长的同意后，可以领取上网卡，免费上网。同时，厦门市政府还利用中小学校的网络教室资源建设了 23 所“爱心网校”和若干个青少年科学工作室，进一步丰富了外来务工人员子女的精神文化生活。还在社区、中小学设立“谈心室”、“悄悄话室”以及“辰星论坛”等工作室和网站，对外来务工人员子女开展心理健康教育和咨询，帮助外来务工人员子女解决心理障碍和环境不适应等问题。

第五，广泛发动社会力量参与，营造关爱外来务工人员子女的社会氛围。在厦门市政府的牵头下，市关工委联合市委文明办、市教育局和工、青、妇等 12 个单位，推出“百项关爱行动”，举办“关爱助学大会”，筹集资金用于资助贫困务工人员子女，设立“来厦务工子女基金”，向中国青少年发展基金会争取了“金龙鱼”农民工子女助学金项目等。从 2004 年起，每年为 600 名农民工子女每人发放 600 元助学金，已累计发放 144 万元。2005 年 5 月，由市科技局牵头，启动“科普希望快车”活动，专门到城区及周边民办学校，对进城务工人员子女进行流动电脑培训。市少儿图书馆在进城务工人员集中区域设立流动图书馆，方便家长和子女借阅。外资企业戴尔公司在外来工子弟学校设立“戴尔学习中心”,投资 30 多万元配备学习设施,普及电脑知识。市工会、妇联和市台商协会等单位经常为民办学校提供教学用品、捐资捐物。团市委、少工委针对暑期学生安全事故多发的问题,组织开展“阳光暑期—青少年自护教育”活动,每期 2 000 多人次参加。全市 173 个社区已连续 5 年开展“心手相连”社区志愿者与未成年人结对活动,参与活动的志愿者 580 多人, 2 400 多名进城务工人员子女直接受益。①

二、思明区政府针对外来务工人员子女义务教育政策的绩效分析

(一) 政府各职能部门职责清晰、明确

思明区《关于进一步做好进城务工就业人员子女义务教育工作的意见》规定,区政府负责统筹进城务工就业人员子女接受义务教育工作,组织协调有关部门为进城务工就业人员子女接受义务教育创造条件,协调解决实际问题,明确各相关部门责任,制定具体实施办法,形成齐抓共管的机制。其他职能部门各司其职,各负其责,其中:教育行政部门要将外来务工人员子女的义务教育工作纳入义务教育工作范畴,指导并督促中小学校做好接收就学工作;与接收学校共同负责学生学籍档案管理,做好转入转出等登记和统计上报工作。公安部门负责登记进城务工就业人员子女的有关情况,并及时向教育行政部门提供相关数据。发改部门负责做好将进城务工就业人员子女接受基础教育纳入城市社会事业发展规划。财政部门负责拟定针对进城务工人员子女基础教育的学校安排必要的经费保障计划。机构编制部门负责根据进城务工就业人员子女入学的数量,合理核定接受学校的教职工编制。劳动保障部门负责对《禁止使用童工规定》

① 数据主要由厦门市、思明区等教育局提供,部分根据访谈资料整理而成。

有关规定的落实情况的监督检查工作，依法查处使用童工行为。物价部门负责对进城务工就业人员子女接受教育的收费情况进行监督和检查。新闻部门负责宣传引导，营造全社会关心和支持进城务工就业人员子女接受义务教育的良好社会氛围。正是由于政府各有关部门的重视和相互配合，使外来务工人员子女的义务教育工作能够得到顺利的动员和开展。

（二）公办学校容纳能力显著提高

为提高外来务工人员子女就近入读公办学校的比例，厦门市政府、思明区政府增加对基础教育的投入，扩大公办学校的吸纳容量，以满足不断增长的学位需求。从思明区统计局获得的数据显示，2007 年全年区财政投入 1.3 亿元用于义务教育基础项目建设，占当年区财政收入 17.23 亿元的 8%左右。各种基础设施的完善，扩大了公共教育的辐射范围，思明区公办学校接收进城务工人员子女的能力已从 2005 年的近 1/3 提高到目前的 2/3 以上，①同时，优化了教育发展布局，推动了教育的均衡发展。

（三）公共教育资源分配较公平合理

由于各种因素的制约，短期内新增的学位数量仍然赶不上外来务工人员子女就学需求的增长。为保证稀缺的学位资源分配过程中的公平性，思明区采取了“电脑派位”和“四公开”的做法，2008 年秋全区共有 1 933 名外来务工人员子女参加电脑派位，其中 1 813 名安排到公办小学就读，占申请电脑派位总数的 94%。②这一做法受到广大外来务工人员的欢迎，提高了政府的公信力。

对于那些无法派入公办学校的外来子女而言，政府提供的公共教育资源主要体现在义务教育减免卡的发放上。思明区政府规定，持有非本市户口的农民工子女，可凭暂住证原件和相关材料到所居住社区居委会领取《义务教育收费减免卡申请表》，符合条件者可以

①② 数据由思明区教育局提供。

获得义务教育减免卡，农民工子女凭此卡到民办学校入学可获得学费减免。义务教育减免卡的标准化管理，较好地体现了进城务工人员子女接收义务教育的相对公平性。

(四) 公众的满意程度较高

由于思明区在推进外来务工人员子女义务教育政策方面做了大量的工作，取得了较好的成效，因此，公众的满意程度也是较高的。在对家长的问卷调查中，对“您是否满意厦门市思明区的外来务工人员子女义务教育政策”一题的回答中，选择“很满意”和“满意”的比例达73%。在笔者走访的几家接纳外来务工人员子女的公办学校和民办学校，访谈对象包括这些学校的校长、教务负责人和普通教师，他们对思明区政府的外来务工人员子女的义务教育政策及其做法形容最多的词就是“公平”二字。

尽管厦门市政府、思明区政府对外来务工人员子女义务教育做出大量的努力，取得了上述种种成绩，但调查中，我们依然可以发现存在一些不足之处：

第一，信息传达不充分，造成部分外来务工人员子女失去公平选择就学的机会。思明区于2007年秋季首次根据就近入学原则划定公办学校招收外来务工人员子女的服务片区，片区将公办小学全部纳入，采用电脑随机抽签的办法决定入学名额，此方法受到广大外来工的欢迎。然而，政府扩建和新建公办学校的进程不可能一蹴而就，因此，现有公办小学一年级能提供给外来务工人员子女的学位仍然有限，每年尚有2 000多名符合条件的外来务工人员子女未能派到公办学校，只能去民办学校就读。访谈中笔者发现，在谁能上公办学校这个敏感问题上，能否获得更多入学信息至关重要。然而，目前电脑派位的信息传播主要是通过新闻媒体和人际关系渠道，一些外来工的工作性质和生活特点使其难以快速获得这一招生信息，从而使其子女失去选择公办学校的权利，只能选择民办学校就读。

第二,管理过程不规范使人对公平性产生疑虑。在2008年的秋季招生中,由于经验不足和各片区的学位与生源分布不均衡,首次电脑派位后还剩余497个学位,不得不进行第二次随机派位,而政府却缺少准确的动态管理和统一的信息发布机制,从而影响了招生指标及学位变动的透明性。对此,部分家长认为存在暗箱操作的可能。另外,当民办学校的一些学生获取学位信息后自行通过考试进入公办学校并转学时,不仅让事先没有心理准备的民办学校措手不及,影响了民办学校的招生工作和日常管理,也给其他外来务工人员子女的学习心理状态带来一定的消极影响。另外,"条子生"的存在也影响了义务教育的公平性,一定程度上损害了政府的公信力,也是政府对招生指标监管的一大漏洞。

第三,公办学校与民办学校之间办学条件的不公平。目前,思明区民办学校特别是民工子弟学校的办学条件明显不如公办学校,主要表现在:校舍简陋,有的学校的校舍是租赁来的厂房、仓库或民房,甚至没有操场和实验室等基础设施;卫生状况和免疫预防工作差,存在安全隐患;部分民办学校教师文化程度不高,一般以高中、中师为主,大专以上文化程度的教师不多,且流动性强;在管理上,一些民办学校内部组织结构简单,权责不分,尤其是财务管理和监督机制不健全;民办教师的报酬待遇较差,不利于激励他们的工作积极性,学校对教师队伍建设缺乏长远规划,"重使用,轻培养"的现象较为严重,大部分民办学校教师满负荷甚至超负荷工作。此外,地方政府对民办学校在诸如土地、能源供给、税收等方面存在着隐性的歧视政策。

第四,生源地差异带来学习基础的不公平。思明区的外来务工人员子女来自全国四面八方,以落后的农村地区居多。由于各地教学内容和教学水平存在差异而导致了外来务工人员子女与本地学生学习基础方面的差异。例如,厦门开设英语学科的时间早于其他地区,外来务工人员子女刚进入学校就读时的英语基础比本地学生落后很多，在问卷调查中很多孩子把英语成绩不理想列为他们现在主要的烦恼之一。在综合素质方面，许多外来子女原来缺乏机会接触美术、音乐等人文素质课程和电脑等技能型课程，而厦门作为钢琴之岛，本地许多孩子从小就开始接受音乐熏陶，起点相对较高。问卷调查发现，音乐课是除英语课之外最不受外来学生欢迎的课程之一，其次是电脑课程。此外，一些小学教师抱怨，一些外来务工人员子女由于没有接受学前教育，缺乏良好的学习习惯、卫生习惯和行为规范等方面的培养。瑞景小学某班主任说："许多外来孩子的书写习惯是错误的，很难矫正。家里父母因为没有时间或者是能力有限，缺乏对孩子的督导和监管。有些孩子晚上看电视看到很晚，第二天上课的时候就会打瞌睡。"①

第五，家庭环境之间的不公平。相对于本地生源学生而言，外来务工人员子女的家庭环境存在着明显的劣势。对家长的问卷调查发现，外来务工人员来自全国二十几个省(市、自治区)，以江西、四川、安徽3省居多。他们从事的工作主要分为两大类：一是个体经商，主要从事饭馆经营、贩卖水果和蔬菜、维修等各种小生意；二是以体力劳动为主的务工者，如饭馆服务员、保洁员、保姆、建筑工人、快递员和驾驶员等。外来务工人员所受的教育程度大都不高，以初中毕业为主，一部分连小学都没毕业，个别甚至从未接受过学校教育(如图9-2所示)。

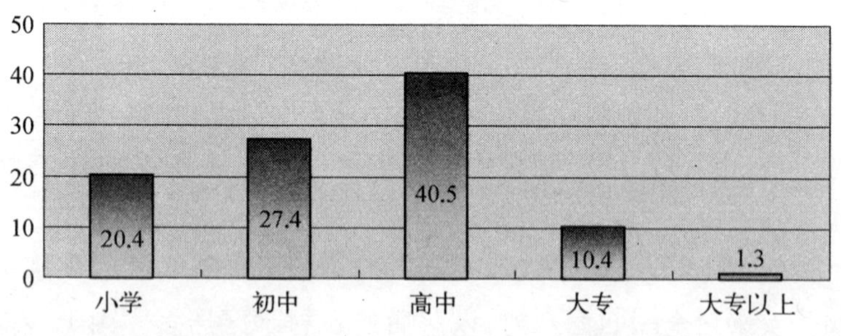

图9-2 外来务工家长学历分布图(单位：%)

① 资料源于笔者的访谈记录。

外来务工人员的上述家庭环境容易给子女造成以下后果：(1) 家长工作岗位频繁变动，孩子转学率高，不利于他们安心学习。问卷调查显示，68％的孩子认为变换教学环境让他们不能安心学习。一个孩子对笔者说；“刚刚适应了这里的生活、老师、同学，爸爸妈妈就要带着我去别的地方，我很不习惯，影响了我的学习成绩。”① (2) 缺乏沟通，教育方式简单生硬。很多外来务工人员因为生活忙碌而无暇顾及孩子的教育，他们几乎把教育小孩的责任全部推到学校和老师身上。调查显示，50％的外来学生家长不能经常和孩子交谈，17％的家长没有时间管教孩子，1/3 以上的家长表示对自己的孩子不太了解。在家长问卷中，当问及家长对学校的看法和建议时，有相当多的家长都要求学校“对学生再严格一点，对学生的学习再抓紧一点，对孩子再多辅导一点”。在访谈中，有些校长反映，“很多外来学生放学回来后，家里没人，连周六周日也没人看管”。② 调查还发现，有一部分外来务工人员对孩子的打骂现象比较严重。当孩子的成绩不理想时，有 10％的家长选择打骂一顿。(3) 与学校联系少，家校合作不够。在问卷调查中，当问到“您在一个学期中一般和学校有多少次联系”时，有 18％的家长回答“没有联系”。在学生问卷中，当问及“家长是否常和老师联系”时，其中选择“从来不联系”和“不清楚”的外来学生达到了 1/4。在教师问卷中，我们也得到了相似的结果，有 61％的教师都认为外来工家长与教师的联系比厦门本地学生的家长要少。虽然一些家长与教师有联系，但在一个学期中联系一两次的居多，而有近 90％的教师认为，每学期家长与学校的联系次数应在 3 次以上比较合适。而且，在家长与学校的联系过程中，家长很少会主动向学校通报孩子在校外的活动情况，在通常情况下，是由学校和教师主动联系他们，讨论孩子的成长情况，或通知他们召开家长会等。访谈中，很多老师抱怨，一些学生家长不但不愿主动与老师联

①② 资料源于笔者的访谈记录。

系，即使老师主动沟通，也很难找到他们，因为家长没有固定电话，而住址和手机号码又经常更换。有时即使联系上了，家长又推托很忙，迟迟不来学校。家校合作不足会使教师的付出事倍功半，不利于学生良好行为规范的培养。(4) 缺乏家庭辅导，家庭环境差，对学习干扰大。外来学生家长主要从事小本生意经营和体力劳动的工作，他们往往没有双休日和固定的上下班时间，难有较多的时间教育孩子，而文化水平较低也使他们无力辅导孩子学习，因此，外来务工人员子女的家庭辅导普遍较缺乏。此外，外来务工人员大多靠租房子居住，住房大都较陈旧、狭小、卫生条件较差，既不利于给孩子创造良好的学习环境，也不利他们的健康成长和身心发育。还有，拮据的经济条件也限制了子女涉猎课外读物和知识的范围，不利于他们素质的全面发展。

第三节　引入政府绩效评估体系，改进外来务工人员子女义务教育绩效

针对思明区外来务工人员子女义务教育中存在的问题，本章尝试运用政府绩效评估探讨改进外来务工人员子女义务教育绩效的现实途径，并着重运用平衡计分卡原理探索构建评估体系的有关问题。

一、运用平衡计分卡的可行性

1992 年美国著名的管理大师卡普兰和复兴方案国际咨询企业总裁诺顿提出平衡计分卡这一划时代的业绩评价工具。它为组织绩效管理提供了一个全面的框架，把组织的使命和战略转变为目标和衡量方法，包括财务、客户、内部经营过程和学习与成长 4 个方面(如图 9－3 所示)。

平衡计分卡与传统的绩效管理系统相比，其本质特征主要体现

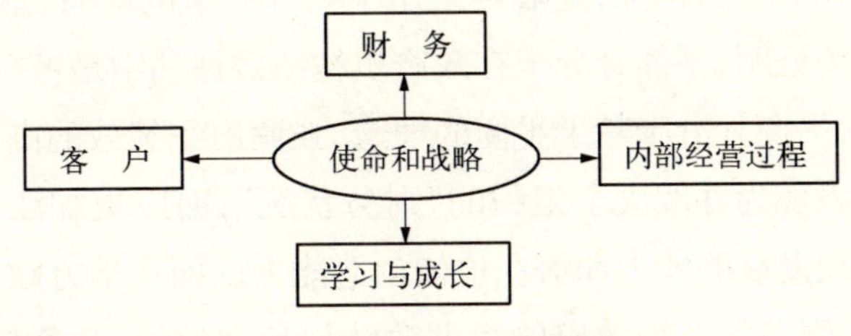

图 9-3　平衡计分卡模型

在以下 4 个方面。

1. 强调战略性。将组织的战略目标作为核心目标,在规划业绩指标时就将员工的努力方向和组织整体的战略目标紧密结合在一起，有利于员工更好地理解组织目标,使整个组织行动一致,落实组织战略。

2. 强调动态性。把组织的战略目标与实现的过程联系起来，把组织当前的业绩与未来的获利能力联系起来，通过评价体系使组织行为与组织战略目标保持一致。当组织战略或结构变更的时候,平衡计分卡随之进行调整。

3. 强调统筹性。通过对组织各要素的组合,让管理者能同时考虑组织的各项职能，促使管理部门决策时要从全局出发,慎重选择可行方案。

4. 强调激励性。强调目标管理,鼓励下属创造性地而非被动地完成任务,它把经营战略执行、能力发展与浮动薪酬体系等结合起来,从而激励每一位员工为实现组织目标而努力。

平衡计分卡最初是针对企业组织设计开发的,但它并不是企业的专利,还可以应用于各类政府组织和第三部门的战略管理和绩效评价。卡普兰和诺顿认为,“虽然平衡计分卡最初的焦点和运用是改善营利性企业的管理,但是平衡计分卡在改善政府部门和非营利性组织的管理上,效果更好”。① 1996 年,美国交通运输部(DOT)的一

① Robert S. Kaplan and David P. Norton. *Using the Balanced Scorecard as a Strategic Management System*. Boston: Harvard Business Review, 74(1), 1996, pp. 75-85.

个下属机构——采购部，是最早采用平衡计分卡的政府机构之一。①大量的事实证明，平衡计分卡在政府机构绩效评估中是可行的。

首先，平衡计分卡基于平衡的理念，强调组织绩效的高低和优势并不直接表现为并取决于组织的“财务状况”，而应更加注重组织自身的可持续发展的能力和潜在价值创造能力。而在地方政府绩效评估体系中，强调的是把政府的短期政绩与长期政绩、竞争与协作、公平与效率、发展与稳定之间结合起来，更注重“平衡”理念，与平衡计分卡的精神相吻合。

其次，平衡计分卡把发展置于中心地位，将组织战略目标转化为绩效评估指标，然后通过具体的制度设计将组织及其成员的行为与这些目标联系起来，从而实现组织战略，提高组织绩效。因此，平衡计分卡运用于政府绩效评估之中，有利于更好地将政府的战略转化为实践行动而得到落实。

最后，平衡计分卡为政府绩效评估提供了定性分析与定量分析两种不同的途径，并从技术上把二者结合起来，实现了技术上的突破。

二、外来务工人员子女义务教育绩效评价指标体系构建

地方政府绩效评估指标体系的构建是一个系统过程，包括地方政府绩效的影响因素分析、绩效评估特征分析、绩效评估目标的分解、绩效评估指标的筛选、指标权重的确定等基本环节。在本研究中，对外来务工人员子女义务教育的绩效评价指标体系也沿着此思路展开。第一，明确政府绩效评估的价值取向，指导指标体系的设计；第二，界定政府在外来务工人员子女义务教育监管工作中的职能

① Robert S. Kaplan and David P. Norton. *The Balanced Scorecard: Translating Strategy into Action*. Boston: Harvard Business School Press, 1995, p. 181.

定位,确定绩效评估的战略目标;第三,政府提供的公共教育作为一种公共产品,产出具有无形性和多元性,要求我们对指标进行逐层分解,形成可以测量的指标;第四,地方政府绩效评估指标要符合实际需要,既体现全面性又保持关键性。过多的指标会降低评估的效率,减弱评估结果的效用。因此,必须对初次设计的众多的指标进行筛选;第五,根据管理实际,设计各指标的目标值,形成最终的评估指标体系。设计思路如图 9-4 所示。

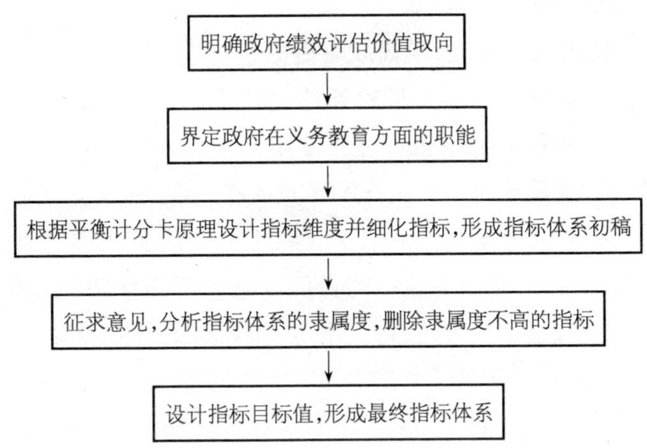

图 9-4　外来务工人员子女义务教育绩效评估指标体系设计思路图

(一) 明确政府绩效评估的价值取向

价值取向是地方政府绩效评价的灵魂,是构成地方政府绩效评价行为的深层结构,[①]决定着政府行为的方向。一般说来,政府绩效评估的价值取向包括两层意思。一是指目的取向,即地方政府绩效评估目的层面价值目标的理性行为取向,主要包括全面、协调、可持续发展取向和民众本位取向;二是指工具取向,即地方政府绩效评价工具层面价值目标的理性行为取向,它主要包括了有限政府的价值

① 彭国甫:《价值取向是地方政府绩效评估的深层结构》,《中国行政管理》,2004 年第 7 期。

取向、效益标准价值取向和系统评价价值取向等。

当代政府绩效评估是一种民主行政的手段，体现民众本位的价值观。公民的义务教育权是公民的基本权利之一，能否保障教育公平权的实现，关系到民众的切身利益，也考验着政府的公信力。外来务工人员子女义务教育是一个不仅涉及当代人的“代内平等”，而且涉及“代际公平”的大问题。因此，在设计外来务工人员子女义务教育绩效评估指标体系的时候，应紧紧围绕民众本位价值，重视公民的基本教育权利和公平教育权利的实现。

（二）界定政府职能，明确战略目标

无论是政府还是企业，战略始终是平衡计分卡的核心。在三级教育中，小学和初中阶段教育旨在使不同地区不同类型的学生获得相似的知识，这是政府教育工作的重点所在，属于应完全由政府提供的公共产品，即使外来务工人员子女离开了原籍，但是流入地政府对其接受义务教育仍然负有直接的责任。这些责任包括：出资兴建必要的基础设施，包括校舍、教育设备等；规划和筹备教师等人力资源；承担接收外来务工人员子女的各项教育经费开支；监管各学校接收外来学生的工作，规范对外来学生的学籍管理和教学管理；扶持民办学校的建设和发展，把公、民办学校纳入统一的管理规划中；了解外来务工人员子女的流向状况，做好相关统计工作，为学位管理提供依据等等。

目前，解决外来务工人员子女义务教育的战略重点应放在如果落实“两个为主”（流入地为主、公办学校为主）方面，保障教育资源公平地分配给外来务工人员子女，保证外来务工人员子女教育过程的优化，缩短本地学生与外来务工人员子女之间的教育差距。

（三）维度确定与指标细分

根据平衡计分卡的模型，对外来务工人员子女义务教育的绩效评估从公众视角、财务、管理过程和创新与成长这 4 个方面确定指标

维度,并对各维度指标进行细分,将这些指标分解为若干个子指标体系从而形成结构合理的递阶结构,实现指标的操作化。我们把细分过程分为三级:第一层即目标层指标,为综合评价指标;第二层即因素层指标,为分类评价指标;第三层即子指标层,为单项实测评价指标(如图 9-5 所示)。

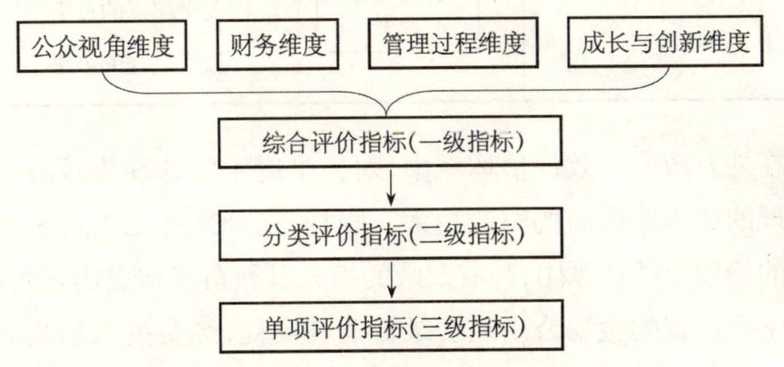

图 9-5　指标体系总体结构与层次

1. 二级指标的设计

在本研究中,笔者通过文献研究和实地访谈等形式,以关键绩效指标的形式定义出指标体系的第二层,即分类评价指标。

地方政府的首要职能是提供优质的公共产品和公共服务,因此,衡量这一职能的实现程度是看其满足社会需求的程度,体现在外来务工人员子女的义务教育绩效评估体系中,即是教育发展水平和教育公平程度,相当于平衡计分卡中的公众视角维度。笔者通过访谈发现,义务教育因其产出的特殊性,其效益更具有多元性和无形性,教育发展水平是否满足了公众的需求,可以从教育投入的显性发展成果来辨别,包括教育发展规模、教育发展质量和教育发展效益 3 个方面。而对教育公平程度的衡量可以从入学的起点和教育过程的公平入手(如表 9-1 所示)。

表 9－1　公众视角关键绩效指标设计

战略主题	综合评价指标	关键绩效指标
满足公众的需求	提高教育发展水平	教育发展规模
		教育发展质量
		教育发展效益
	实现教育公平	入学起点的公平
		教育过程的公平

在地方政府绩效评估体系中，财务维度主要体现为政府公共事业管理的成本即政府的财政投入。同样，在外来务工人员子女义务教育的绩效评估体系中，政府财政的投入以教育经费支出来衡量，为外来学生设置的生均公用经费是否落到实处，经费投入形成的结果即为教育建设水平，因此，可以用教育建设水平维度来代表政府的财政投入，主要包括教育经费和教学设施两个方面。教育经费反映了教育建设的增量水平，教学设施则反映了教育建设的存量水平。在调研中，我们了解到，对外来务工人员子女义务教育的投入不仅包括政府直接的预算投资也包括政府倡导和发动的社会投资。财务维度的另一个方面就是成本的控制，这是一项逆向的指标，成本越低，说明政府的行政效率越高。财务维度关键绩效指标设计如表 9－2 所示。

表 9－2　财务维度关键绩效指标设计

战略主题	综合评价指标	关键绩效指标
提高财政支出的收益率	教育建设水平	教育经费
		教学设施
	行政管理成本	内部成本
		外部成本

良好的政府管理,规范化的流程是实现政府高绩效的关键。因此,从管理过程维度出发,应该设计一些指标用于反映政府对公共服务管理的绩效水平,把政府组织的运作状况与顾客反馈、动态运行评价与静态结构评价有机地结合起来,并根据笔者对义务教育规律及其公平性的理解,管理过程维度从两方面进行设计,即教育管理过程和政府内部管理过程。教育管理过程主要从基础教育、素质教育和安全教育的角度出发设计指标。政府内部管理过程主要从政策规划、制度建设和日常工作等方向来设计指标(如表 9-3 所示)。

表 9-3　管理过程维度关键绩效指标设计

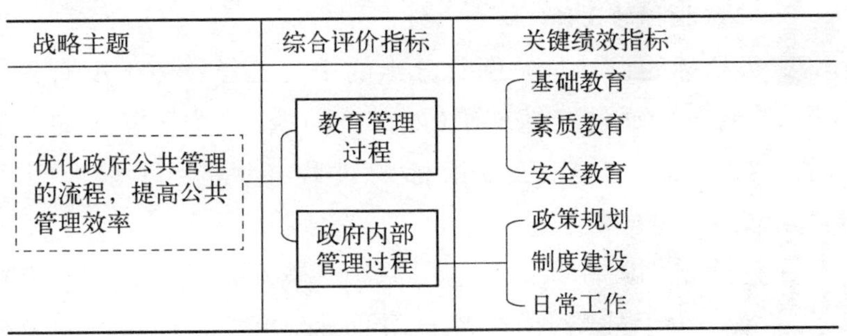

要实现扩大教育总量和提高教育质量,实现外来务工人员子女教育真正意义上的公平,就要不断推进教育创新,推动教育可持续、健康地发展,缩小公办与民办学校之间的差距,让更多的外来子女享受到社会进步带来的成果。参照企业平衡计分卡的“学习与成长维度”并结合本研究的特点,创建一项“成长与创新维度”,主要着眼于发展,旨在通过这一指标挖掘民办学校潜力。目前,单纯依靠公办学校来吸收所有的外来务工人员子女是不现实的也是没有效率的,因此,应充分发挥社会办学的力量,发展办学质量高、管理规范的民办学校,创民办学校的品牌,让民办学校协助政府承接义务教育的责任,分担提供义务教育的任务,让外来务工人员子女无需择校,真正实现就近入学。该维度主要从民办学校师资队伍的建设、信息资本准备、民办学校社会力量组织资本准备等考虑指标设计方向(见表9-4)。

表9-4　成长与创新维度关键绩效指标设计

战略主题	综合评价指标	关键绩效指标
缩小公办与民办教育之间的差距，储备优秀教师，推动教育信息化的发展，实现教育发展的可持续性	教育成长与创新	师资队伍建设 信息资本准备 组织资本准备

2. 三级指标的设计

三级指标的设计是平衡计分卡的中心工作。由于没有先例可循,笔者主要通过实地调研(如深度访谈等)构建初步的指标体系。在选取和提炼三级指标的过程中,遵循了以下几个原则:

一是战略相关性原则。这一原则包含两层含义:(1) 指标体系必须产生于战略,由战略推导而来,并能随着战略的改变而改变。(2) 指标体系应该能够对战略目标的影响因素进行评价和计量,即它们不仅仅扮演将战略目标予以展开的角色,还要能为后来的业绩评价奠定基础。地方政府的主要工作是提供公共服务,因此应从公众需求出发,以满足公众的利益为最终目标,在设计外来务工人员子女义务教育评估的绩效指标中,也应该强调这一点,将服务提供过程的公平性、公众的受益状况、公众的满意水平等纳入其中,也有利于促使政府向"服务型政府"的转型。

二是成本与效益原则。确定指标数量应遵循用最少的指标控制最大的绩效结果的成本效益原则。指标的过分细化,造成较大的计算工作量,指标数据不容易全部获得,指标体系也显得较为臃肿、复杂；相反，指标过少，则无法全面反映指标分层的科学性，无法达到评估所包含的全部内容。因此，指标数量选择方面，能够全面反映评估内容为宜。卡普兰和诺顿总结出在平衡计分卡的每一方面包含 4 至 7 个指标，但总指标数应稳定在 20 至 25 个之间。①

三是突出主次。进行指标选择时，应当突出那些最为关键的绩效关注点，切忌面面俱到。尽量去选择那些与地方政府公共服务关联度大，与部门或职位职责结合紧密的指标。一个指标体系的容量是有限的，不可能包含政府工作的所有细微方面，而应该遵循主成分的原则，从中选取比较有代表性的一些指标作为衡量的标准，过多的指标也会使指标体系的整体效果受到影响。

四是可操作性。首先，指标体系应该结合本地实际，具有一定的现实性，根据地方政府的实际工作能力制定。对每一指标都必须给予明确的定义，确保容易被执行人所理解和接受。其次，指标应易量化。能选用定量指标进行测量的地方尽量采用定量指标，其他则采用定性指标，以增强测量结果的准确性和客观性，便于操作。最后，建立完善的信息收集渠道。为确保每一指标都能及时采集数据，必须理顺信息收集渠道，确保指标数据的实时采集。

五是具有前瞻性。平衡计分卡是科学的管理工具，内含许多前瞻性的管理理念、技术与方法。政府组织引入平衡计分卡的根本目的在于提高为经济社会发展服务、为人民服务的能力，因此，在构建政府绩效管理体系时要严格遵循这一先进工具的核心理念，切忌将平衡计分卡直接套用在现有管理格局上，以免失去其促进管理水平

---

① Robert S. Kaplan and David P. Norton. *The Balanced Scorecard-Measures that Drive Performance*. Boston: Harvard Business Review, 1992, pp. 71 - 79.

的作用。

根据上述原则,本研究构建了如附录6所示的外来务工人员子女义务教育绩效评估指标体系初稿。

(四) 指标的筛选

指标体系初稿是笔者在对思明区访谈和调研的基础上遴选形成的,含有一定的主观臆断性,因此,指标的最终确定还要经过科学的筛选。为此,笔者通过问卷调查法征求专家的意见,进行隶属度检验。

本研究采取电子邮件和现场发放的形式向厦门市教育局、团委,思明区教育局、团委以及几个公办学校和民办学校的校长和资深教师发放调查问卷(附录6),请他们根据自己的知识和经验选择能反映外来务工人员子女义务教育绩效的评估指标。虽然专家的选择也具有主观成分,但是集众多专家的知识和经验,可以极大地增强评价指标的合理性。笔者共发放60份问卷,回收56份,其中有效问卷46份,占发放总数的76.67%。然后根据调查结果,对所构建的指标进行隶属度分析。隶属度概念来自模糊数学。模糊数学认为,社会经济生活中存在着大量模糊现象,其概念的外延不是很清楚,无法用经典集合论来描述。某个元素对于某个集合概念说,不能说是否属于,只能说在多大程度上属于。元素属于某个集合的程度称之为隶属度。因此,可以把外来务工人员子女义务教育绩效评价指标体系$\{X\}$视为一个模糊集合,把每个指标视为一个元素,对每个指标进行隶属度分析。假设在第i个评价指标X_i上,专家选择总次数为M_i,即总共有M_i位专家认为X_i是测度外来务工人员子女义务教育绩效的重要评价指标,该评价指标的隶属度为$R=\frac{M_i}{46}$,如果R_i值很大,表明该指标很大程度上属于该模糊集合,即评价指标X_i在评价体系中很重要,有必要保留它;反之,该评价指标则有必要予以删除。通过对回收的

46份有效问卷的统计分析,得到了50个评价指标的隶属度,删除隶属度低于0.6的21个评估指标,保留了其中的29个评估指标(见表9-5)。①

表9-5　经隶属度分析后保留的义务教育绩效评估指标体系

维度	二级指标	三级指标	隶属度
公众视角维度	教育发展水平	1. 外来务工人员子女就读公办学校比例	0.70
		2. 外来务工人员子女义务教育就学率	0.63
		3. 公共资源向外来务工人员子女的开放程度	0.70
		4. 外来务工人员子女转学率	0.63
	教育公平水平	5. 公办小学学位信息公开程度	0.70
		6. 外来务工人员子女减免费用比例	0.67
		7. 外来子女获取贫困助学金比例	0.67
		8. 公众满意度	0.72
财务维度	教育建设水平	1. 教育经费总支出	0.76
		2. 财政性教育经费占地方GDP的比重	0.60
		3. 外来务工人员子女生均教育事业费	0.60
		4. 外来务工人员子女生均固定资产值	0.60
		5. 政府对民办学校的扶持经费增长率	0.65
	行政管理成本	6. 行政管理费用占财政教育支出的比例	0.72
		7. 关爱外来务工人员子女社会实践活动支出	0.60

① 本部分的隶属度分析参考了范柏乃的《政府绩效评估：理论与实务》(人民出版社,2005年)一书,书中把隶属度值高于0.3的指标保留,然后再对剩余的指标进行相关性和鉴别力分析。由于本研究只是对义务教育绩效评估指标进行尝试性探讨,不准备构建一个实操性的评估方案,因此,省略了相关性和鉴别力分析。并且,由于本研究用于隶属度分析的问卷调查对象均是专业人士,他们具有义务教育方面的丰富经验,因此,其判断较有参考价值,取隶属度值0.6以上更说明了这些指标的较大代表性。

续 表

维度	二级指标	三 级 指 标	隶属度
内部管理过程维度	教育管理过程	1. 外来务工家长学校联系次数	0.63
		2. 外来务工人员子女信息技术必修课通过率	0.60
		3. 对教育乱收费行为的投诉次数	0.65
		4. 外来学生思想教育及实践活动开展次数	0.67
		5. 同级外来务工人员子女与本地学生知识水平差距	0.72
	政府内部管理	6. 外来务工人员子女教育公平目标具体程度	0.63
		7. 教育公平目标任务完成率	0.67
		8. 政府主管部门的重视程度	0.76
成长和创新维度	教育创新与成长	1. 民办中小学教师继续教育参培率	0.65
		2. 民办学校教师学历资历合格率	0.65
		3. 外来子女生均电脑学习时间	0.70
		4. 民办学校网络教学资源使用率	0.67
		5. 教师信息化水平	0.65
		6. 民办学校的规范化水平	0.63

(五)绩效管理目标值的设定

在进行指标权重分配后,就可以开始为每个指标设定目标值了。目标值是指某项指标应达到的、最基本的完成标准。目标值的确定,一般可根据组织的年度计划、财务预算及部门工作计划来确定。确定目标值时首先可参考过去相类似指标完成的平均水平,并根据情况的变化予以调整;其次可参照一些行业、国家及国际标准来确定,还可参考上级设定的目标值,保证下级单位对上级单位目标值的分解;最后应结合组织战略的侧重点,服务于组织关键目标的实现。目标值是组织对未来绩效的期望,通过设置绩效评估指标的目标值,可以推动组织政策的有效落实和执行。

绩效指标的目标值设定有两个重点工作：一是在考评期前，被考核部门要将本期工作计划和工作目标报送考核小组，明确规定本年度将达到的教育绩效目标，如外来务工人员子女就读公办学校将达到的百分比，并以地方政府的中心工作和重大项目为重点，不断深化和完善目标体系，确保目标体系既有先进性又有可行性。二是目标的制定要获取广泛的论证，避免目标值设定的盲目性，出现偏高或偏低的现象。上级给下级下达考核目标值时，如果没有经过科学论证，容易造成高目标高任务的情况，脱离实际，导致下属机构失去完成目标的积极性；而如果由评估对象提出目标值，又容易从部门利益的角度出发，把指标值设置得过低，最终损害公众享受公共教育的权利。因此，指标目标值的制定要经过充分的论证，进行上下之间的多次沟通和反馈循环，尽量形成统一的认识。

经过上述 5 个步骤后，形成了一个完整的外来务工人员子女绩效评估指标体系，如表 9－6 所示。

表 9－6　外来务工子女义务教育绩效评估指标体系

维度	二级指标	三级指标	权重	目标值	得分
公众视角维度	教育发展水平	1. 外来务工人员子女就读公办学校比例 2. 外来务工人员子女义务教育就学率 3. 公共资源向外来务工人员子女的开放程度 4. 外来务工人员子女转学率			
	教育公平水平	5. 公办小学学位信息公开程度 6. 外来务工人员子女减免费用比例 7. 外来务工人员子女获取贫困助学金比例 8. 公众满意度			

续　表

维度	二级指标	三　级　指　标	权重	目标值	得分
财务维度	教育建设水平	1. 教育经费总支出 2. 财政性教育经费占地方 GDP 的比重 3. 外来务工人员子女生均教育事业费 4. 外来务工人员子女生均固定资产值 5. 政府对民办学校的扶持经费增长率			
	行政管理成本	6. 行政管理费用占财政教育支出的比例 7. 关爱外来务工人员子女社会实践活动支出			
管理过程维度	教育管理过程	1. 外来务工家长家校联系次数 2. 外来务工人员子女信息技术必修课通过率 3. 对教育乱收费行为的投诉次数 4. 外来学生思想教育及实践活动开展次数 5. 同级外来务工人员子女与本地学生知识水平差距			
	政府内部管理	6. 外来务工人员子女教育公平目标具体程度 7. 教育公平目标任务完成率 8. 政府主管部门的重视程度			
成长与创新维度	教育创新与成长	1. 民办中小学教师继续教育参培率 2. 民办学校教师学历资历合格率 3. 外来务工人员子女生均电脑学习时间 4. 民办学校网络教学资源使用率 5. 教师信息化水平 6. 民办学校的规范化水平			

三、多元评估主体选择

评估主体指的是直接从事评估活动的组织或个人。政府作为义务教育责任的直接承担者,决定了不能由其作为唯一的主体对自己的绩效进行评估,因此,引用360度多元主体评估的机制是一个较好的选择方向。360度评估的机制改变了过去只注重上级部门评估的做法,而把上级部门、同级机关、下属部门以及社会的方方面面"利益相关者"的评估综合起来,更能体现公共责任的理念。

内部评估主体,主要包括上级政府的评估、政府部门自我评估、下级政府和中小学校评估4部分。内部评估最大的优点就在于评估的主体本身就是公共决策者、管理者和政策执行者,他们对于教育职能和专项政策有更详尽的了解,因而对绩效信息的识别方面具有较大的优势,但运用时要注意,评估人不能是绩效的直接承担者,即不能"既当运动员又当裁判员"。如:上级政府可以评估下级政府对义务教育政策和目标的执行和完成情况;下级政府对上级政府和学校对政府决策的合理性和管理过程具有发言权;被评估者自身可以提供一些绩效数据并进行自我评估但不应该占权重,其评估仅作为一种参考。

外部评估可以由公众、被服务对象、研究机构、专业性的咨询公司、大专院校的专家学者和新闻媒体构成。Wray 和 Hauser 指出绩效评估设计的3个首要群体是:"政治官员(selected officials)、公共管理者(public managers)、公民(citizens)"①。其中,公民是第一位的。公民在绩效评估中的角色有:顾客、服务的合作者、评估者、所

① Lyle Wray, Jody Hauser. *Performance Measurement to Achieve Quality of Life: Adding Value Through Citizens* [J]. Public Management, 1997(8), pp. 89-95.

有者①。因此,公民特别是接受公共服务的顾客作为评估主体,可以最直观地体现评估的满意特征,明确评估的价值取向,通过这样一种“使用者介入”机制,将事实与价值取向结合起来,可以增加评估模式的社会相关性。政府的服务态度、服务质量、服务水平如何,政府的绩效怎样,政府的服务对象——社会公众对此有着最直接、最真切的感受,因而最有发言权。具体到外来务工人员子女义务教育领域的绩效评估,接受义务教育的外来务工人员子女的家长是一个主要的评估主体。运用公众评估时主要应注意三点:一是要有足够的评估数量。一般说来,至少要有 50 个以上个体,这样样本才具有代表性。二是选择适当的形式。如采用座谈会的形式进行评估,也可以采用问卷调查的形式进行评估,评估时间可以选择在召开家长会之时。三是为保证公众有足够的评估能力,相关管理过程和数据要公开透明。

现在,在政府绩效评估实践中,运用第三方评估的趋势越来越明显,如研究机构和专家等。在公众评估操作难度较大的情况下,它是一种较好的评估主体选择方案。大众媒体作为民众利益表达的工具,应把其纳入评估主体之中。应善于运用媒体的监督力量,推动政府管理创新、提高政府工作的效率、改进政府的工作效果,促进政府更好地落实外来务工人员子女的教育公平工作。

四、绩效信息的收集和沟通

绩效评估实际上是一种信息的交流,获得全面而真实的绩效信息至关重要。绩效信息主要来源于政府部门和学校的各种统计报表、专门机构的鉴定结论、评估者所进行的调查和听证、社会公众的主观感受和评价等。由于信息收集手段的缺陷和信息传播渠道的不

① [美] 马克·霍哲:《公共部门业绩评估与改善》,《中国行政管理》,2000 年第 3 期。

健全等客观因素的制约，绩效信息的收集是目前绩效评估体系建设中的难点。另外，由于评估结果会对相关政府部门及其工作人员的利益产生直接或间接的影响，被评估对象有可能试图通过自身的行为来影响评估结果，如提供虚假信息等，导致评估结果与实际绩效之间的偏差。因此，在评估时，应对搜集的资料进行认真审核和查对，必要时可将数据与审计部门的审计报告进行认真核对以及不同来源渠道信息之间的互相验证。

随着电子政务的发展，政府的大量公共事务和公共服务通过网络进行传递，它为我们收集准确而全面的绩效信息提供了极大的便利。因此，应充分利用这一新的信息技术手段改进绩效评估工作，在实施绩效评估时，可以将方案开发成系统软件，实现对一些信息的自动存储和标准化处理，从而减少绩效信息的失真程度，也有利于大大减少评估的时间和成本。

任何一个有效运转的组织都需要良好的自上而下和自下而上的沟通[①]。在实施外来务工人员子女义务教育的绩效评估方案时，也要加强政府与社会公众的沟通工作，逐步建立公共政策和政府业绩的公开评议制度，让社会公众能够充分讨论甚至质疑政府政策规划，交流对政府业绩的看法，这不仅是克服信息不对称性形成客观准确的评价意见的基础，也是消除理性无知的良方。政府天生具有垄断的倾向，而且公共管理越来越趋向于“专家行政”，社会公众处于信息上的弱势。在信息不对称的情况下公众作出的判断，无法作为政府改进工作的科学依据，从而降低了绩效评估体系的意义。此外，充分的交流和讨论还有利于增强外来务工人员对政府义务教育政策的理解，缩小不同利益群体因不同诉求而产生的偏见，疏导矛盾，凝聚社会主流价值。这样的绩效评估过程就不仅仅是为评估而评估，而是

---

① ［美］约翰·克莱顿·托马斯：《公共决策中的公民参与：公共管理者的新技能与新策略》，中国人民大学出版社，2005 年，第 27 页。

促进社会公众理性表达意志、影响政府议程的政治参与过程，也是政府展现业绩过程以及存在的困难、获取公众支持和理解、消除社会误解的公开渠道，进而达到改进政府形象、实现政府与社会良性互动乃至善治的有效途径。

五、评估结果的运用

绩效评估作为上级政府对所管辖的下级政府的一种管理手段，属于一种有别于选民与政治家之间或政治家与行政官员之间的委托代理关系，具有更直接和更快捷的责任机制，评估者（上级政府）通过评估拥有制衡被评估者的手段，从而贯彻自己的施政意图。在实施外来务工人员子女的义务教育绩效评估方案时，要本着奖优、治庸、罚劣的原则，建立和完善政府绩效评估结果运用制度，将绩效评估结果与全面问责有机结合起来。问责的目的，不仅在于一种事后的责任追究，更重要的是注重工作的过程和效果的监督、督促，使政府部门主动承担义务教育均等化的责任，保证外来务工人员子女就学过程的公平。

为此，在实施绩效评估过程中，首先要实现评估结果与政府人事制度的有机统一。要将评估结果与相关责任人（如政府部门负责人、公务员和公办学校负责人等）的选拔任用、职务升降、奖惩等有机结合起来；要认真分析和查找政府在外来务工人员子女义务教育管理中的薄弱环节，不断改进政府工作；按照权责对等的原则，以问责为手段，对违规决策、执行不力、疏于管理和行政不作为等现象，责令相关部门和人员限期改正，并视情节轻重依据有关规定追究相关人员的责任；要将评估结果与政府财政预算安排统一起来，教育部门、发改部门、财政部门应根据绩效评估结果来编制和安排财政预算，及时调整和优化预算支出的方向和结构，更合理地配置资源，使公共教育资源向外来务工人员子女等弱势群体倾斜，提高财政资金的使用效率和效益，争取用有限的资金投入让更多的外来务工人员子女得到更优质的公共教育服务。

第四节　运用平衡计分卡可能存在的障碍、解决方法和相关配套措施

一、运用平衡计分卡可能存在的障碍

(一) 战略的制定十分困难

平衡计分卡以组织战略为核心,而教育部门战略的制定又是以变动的环境分析为前提的。外来务工人员子女义务教育战略规划的制定受诸多因素的制约,如外来务工人员的流向、经济发展趋势、财政能力、人口政策、不同地区之间经济社会发展的差异等客观因素,还包括领导人的施政理念等主观因素,而这些因素又存在太多的不稳定性,因此,要制定一个科学合理并具有稳定性的战略构想是一件非常困难的事情,而一个科学合理的战略设计却是运用平衡计分卡的一个重要基础和前提。

(二) 目标设置的不确定性

运用平衡计分卡时要求在战略的指导下形成清晰的目标,而如果战略本身缺乏科学性,在此基础上设计的目标就有可能脱离实际。过高的目标无法实现时,会挫伤被评估部门的积极性,而过低的目标容易实现,却起不到激励的效果。教育公平只是一个宏观的理念,不同的人可能会对其有不同的理解,难免带有一些主观痕迹,进而出现指标的设置过程中意见之间的偏差,增加了最终指标的设置难度。一些指标很难量化,如公众满意度,或即使能够量化,却很难估计得分后的实际绩效水平,此外,还存在信息的信度和效度难以保证等问题。

(三) 人为的阻力

外来务工人员子女义务教育绩效评估涉及很多政府部门,而不

同的部门及其工作人员对此会有不同的理解。首先,要不要评估本身就是一个问题。不少人认为,政府与企业不一样,其绩效很多时候无法衡量。即使能够衡量,但因政府是对程序负责的组织,按程序去办事,结果便是一个水到渠成的事情。如果片面追求结果,会损害程序公正,进而损害公共利益。其次,谁应该对绩效负责也是一个问题。义务教育的发展涉及教育、财政等不同政府职能部门,而这些部门又不具有决策权,它们只是主要领导的参谋机构,因此,评估时就会出现谁应对义务教育负责的问题,是政府领导决策班子还是职能部门,还是所有相关的政府职能部门?再次,即使厘定了责任部门,但不同部门之间具体的责任分担又是一个问题。因为,评估必然会涉及很多指标,而不同指标的责任者是不同的。复次,因评估结果关系到相关责任者的利益,多少会引起他们的抵触情绪,如果没有他们的配合,评估的很多工作就无法开展。最后,很多人认为,评估工作是一件吃力不讨好的事情。上述诸多因素的作用就决定了评估的相关人员可能对评估工作设置人为障碍,使评估系统难以建立和健全。

(四)实施的成本较高

平衡计分卡要求从组织的财务、客户、内部流程、学习与成长4个方面全方位地衡量组织绩效,并为每个方面制定详细明确的目标和指标,它需要全体成员的参与,需要各个部门之间的密切配合,因此,需要付出很大的设计成本。另外,评估的实施过程,如对各种目标的跟踪和反馈,信息的积累、收集和处理等也需要投入很多的人力、物力和财力。

二、解决方法

(一)强化政府公共服务职能,推进公共服务的均等化战略

长期以来,在片面的经济政绩观的支配下,中国政府职能的重心存在着较大的偏差,不少公共物品和公共服务的供给严重不足,也带

来了一系列的社会矛盾和问题。进入21世纪后，新一届中央领导集体适时地提出科学发展观的理念，强调经济与社会的均衡发展，加强政府对公共物品和公共服务的供给能力。近年来，又提出了城乡统筹发展，实现公共服务均等化的施政方向。在这样的背景下，义务教育的超前发展便提到了议事日程上来。在中央的强力推动下，各地纷纷着手解决进城务工人员子女的免费义务教育问题。在这一过程中，最重要的一点是真正转变执政理念，把政府工作的重心转到公共服务和公共物品的提供方面来，并把它作为政府工作的最重要战略基点，调整政府支出结构，从组织、编制和人员等方面增加投入。因此，各地需要根据自己的发展实际，借助战略分析的一些工具，如SWOT分析等，必要时还可以借助社会的研究和咨询机构的力量辅助决策，大兴调查研究之风，深入了解社会各界的建议和意见，制定切实可行的义务教育发展战略规划。战略规划一旦制定出来后，就必须严格执行，保持相对的稳定性，切忌因领导人员的更换而朝令夕改，使其成为引领政府工作的重要指南。

（二）成立权威的绩效评估领导机构，形成以绩效为本的组织氛围

在中国的国情背景下，主管领导的重视和参与是很多重要政策和措施得以落实的保证。因此，要做到以下几点：（1）成立主要领导挂帅的绩效评估领导小组，小组成员应包括各政府主要职能部门的负责人，做好绩效评估的基本制度安排。（2）主管领导应利用各种场合宣传绩效评估制度，并承诺严格按制度办事，坚决贯彻绩效与奖惩挂钩的问责机制。（3）把绩效评估工作贯穿到日常的工作之中，不断对绩效的推进情况进行跟踪、反馈和辅导，从而形成以绩效为本的组织文化氛围。（4）形成纵向之间和横向之间绩效评估联动机制。绩效评估工作不能仅停留于某一个组织层面或某一个政府部门，而应该围绕政府的战略部署，在条条之间、块块之间以及条块之间逐层逐次地进行目标分解，形成责任的连带机制，这样才能将不同的部门和机构拧成一股绳,围绕战略和目标而一起行动,保证整体绩效的最终落实。

(三)全员参与,建设学习型组织

在前面两点的基础上,实现绩效评估的全员参与,做到事事有落实,人人有责任,进而构建学习型组织。在很大程度上,这是决定绩效评估能否成功的关键。领导层是全员参与的核心,他们确立绩效评估的正确方针,建立评估体系,正确地进行有关问题的决策。领导层的参与有利于消除人们对绩效评估的错误认识,强化组织的绩效意识,培养全体员工关注绩效改进的自觉性,从而有利于找到减少阻力的办法。而管理一线人员和普通人员的参与也很重要。当代政府绩效评估特别重视过程的日常管理工作,如:如何使流程更加精简和透明、绩效的标准更加明确等。一线人员往往对这些事务有最深刻的体会和认识,也最清楚应该从何着力。但他们又往往在处理工作事务时处于服从的地位,因此,如果不改变传统的上下之间的严格的等级关系,领导人员没有养成民主的作风,要想使组织全体成员全身心参与到绩效评估中来是不可能的。因此,领导人员要养成民主的工作作风,善于听取基层人员的意见,这样才能消除员工对变革和参与的恐惧心理,使他们全力支持这一工作,积极投身于变革过程之中。如果这些人员的积极性被充分调动起来了,那么,绩效评估的设计、实施以及绩效的持续改进就指日可待。除了形成全员参与变革和学习的氛围之外,组织还需要通过培训和激励等措施强化员工参与行为。

(四)加强成本费用控制

成本控制有多种途径,包括严格控制预算、简化评估流程、将评估工作贯穿于日常工作之中等。另外,前面说过的利用现代信息技术构建电子政务系统,并把绩效评估系统嵌入政府信息平台,从而减少信息的收集和处理成本。还有,现在不少地方利用外部的咨询力量推进评估工作,应该注意的是,要善于利用市场竞争的优势,如竞争性招投标方法选择相关机构,也非常有利于成本的控制。

三、相关配套措施

(一)构建公平合理的制度环境

外来务工人员子女的教育问题产生的原因有政策导向、经济水平、文化习俗、价值观等多方面,而这些因素又受制于制度的发育和完善程度。因此,必须及时创新制度,构建一个合理的制度环境,从而切实保障外来务工人员子女的平等受教育权。外来务工人员子女之所以无法与城市学生享受到平等的教育权利,很大程度上是因为城乡户籍之间的壁垒。为此,需要加快城乡二元户籍制度的改革。一是逐步取消农业户口与非农业户口的二元户籍制度,实行城乡统一的一元化户籍制,使户籍管理制度恢复人口统计与治安需要的原本功能,弱化城镇与乡村的社会、经济、心理界限,从而形成公民在社会地位与福利待遇上的平等。二是消除户口的附加社会功能。目前,我国将户籍与福利待遇和社会保障相挂钩的制度安排,使得户籍异化为利益分配的工具。因此,应逐步将户籍与公民待遇剥离开来,实行人口异地居住、登记的动态和弹性管理制度,从而保证公民在异地享受包括子女义务教育在内的基本人权。

(二)调整义务教育格局,合理配置公共教育资源

教育政策应以公平为首要的价值目标,消除社会排斥、促进社会融合,全方位地把外来务工人员子女义务教育纳入体制之内,使其完全融入社会主流的教育秩序之中。解决的途径应该以公办中小学为主,民办教育为辅,适当调整和合理配置现有的公共教育资源,实现资源利用的最大化。流入地政府要根据现有的公办中小学的生源规模和外来务工人员子女的流动状况进行教育资源的重新规划和布局。以厦门市思明区为例,一方面一些外来务工人员子女无法在当地公办学校就读,另一方面却因家庭人口结构的变化使本地生源减

少，一些中小学校因为招生（指本地生源）数量不足而被撤销建制。因此，流入地政府应转移配置这部分空闲的资源，用来支援外来务工人员比较集中的公办中小学，以提高这些学校为外来务工人员子女服务的能力，或者将其改造成为以招收外来务工人员子女为主的学校，以更好地满足他们的就学需求。此外，还应挖掘公办中小学的潜力，让闲置的教育资源充分发挥作用，如鼓励附近城市的大、中专毕业生、待岗教师加入外来务工人员子女的教学行列；帮助改善民办学校的办学条件，积极培训民办学校教师，提高其教学质量等等。

（三）实现绩效评估的制度化

为了使政府绩效评估具有权威性、稳定性和连续性，避免因领导人的个人主观意志所左右，应以法律的形式将其固定下来，促使其朝规范化和日常化的方向发展。一是从立法上确立绩效评估的地位，使其成为公共部门组织运作的基本环节；二是从法律上树立绩效评估的权威性，确保评估机构享有在调查、评估政府活动的过程中不受任何组织或个人干扰的权利；三是确保评估结果能够得到有效的传递和反馈，评估活动能够引起公众的关注，有充分的可信度和透明度。

第十章
新型农村合作医疗绩效评估研究

——以湖北省钟祥市为例①

近年来,新型农村合作医疗在我国广大的农村地区得到了快速发展,它是农村地区最重要的医疗卫生和社会保障制度之一,事关广大农民的身体健康和生活质量。本章以湖北省钟祥市为例,描述新型农村合作医疗制度(简称新农合)的基本内容,分析其绩效和存在的问题,进而通过探讨引入政府绩效评估体系寻求改进新型农村合作医疗的途径和方法。

第一节　研究背景、研究目的、资料获取方法

一、研究背景

农村合作医疗制度是中国农村医疗卫生的基本制度之一,它发端于1952年,东北地区的一些农民以合伙集资的方式举办了农村保健站,被认为是合作医疗制度的雏形。1955年农业合作化时期,这

① 本部分成稿于2009年4月23日。

一制度得以确立,"文化大革命"时期得到普及。到 1980 年,全国农村约有 90%的行政村(生产大队)实行合作医疗制度。在农村医疗资源缺乏、卫生投入不高的情况下,合作医疗制度和数量庞大的赤脚医生队伍成为解决我国农村缺医少药问题的法宝。20 世纪 80 年代以后,随着家庭联产承包责任制的实行,农村合作医疗失去了依托,逐渐在绝大部分农村地区衰退。90 年代初期,"仅存的合作医疗主要分布在上海和苏南地区",被世界卫生组织誉为"发展中国家解决卫生经费唯一范例"的中国农村合作医疗制度面临解体的危险。①

90 年代以来,国家为了扭转这种局面,在加大投资改造公共卫生保健设施和整顿医药市场的同时,寄希望于改革和重建农村合作医疗制度。1993 年,中共中央在《关于建立社会主义市场经济体制若干问题的决定》中提出,要"发展和完善农村合作医疗制度"。1994 年,国家开始了"中国农村合作医疗制度改革"的试点和跟踪研究工作。1997 年 1 月,中共中央、国务院在《关于卫生改革与发展的决定》中提出要"积极稳妥地发展和完善合作医疗制度";3 月,卫生部等部门向国务院提交了《关于发展和完善农村合作医疗若干意见》,国务院于 5 月批转了这个《意见》。这一系列的政策文件促进了农村合作医疗的恢复和发展。但是,由于没有制定有力的财政支持政策,加上当时还不能确定适应农村新环境的基本制度模式,仅靠农民来筹集资金,在很大程度上影响了合作医疗的发展。

2002 年,中共中央、国务院发布了《关于进一步加强农村卫生工作的决定》,要求到 2010 年新型农村合作医疗制度要基本覆盖农村居民。2003 年,国务院办公厅转发了卫生部、财政部和农业部的《关于建立新型农村合作医疗制度的意见》,规定了政府在发展新型农村合作医疗制度中的主导责任和相关的财政补助政策,明确了新型农村合作医疗是政府组织、引导和支持,农民自愿参加,个人、集体和政

---

① 乔益洁:《中国农村合作医疗制度的历史变迁》,《青海社会科学》,2004 年第 3 期。

府多方筹资,以大病统筹为主的农民互助共济制度。从 2003 年开始,国家决定扩大试点范围,确定了 333 个县作为新型农村合作医疗的试点,其中,浙江、吉林、云南、湖北和四川 5 省的试点县由卫生部直接指导,分别代表东、中、西、南、北部地区,以期取得具有区域特点的经验,提供给本区的其他试点县借鉴。目前,新型农村合作医疗制度已在全国大多数地区得到推广。与改革以前的农村合作医疗制度相比,新型农村合作医疗制度最重要的创新之处在于补偿模式方面,主要有大病统筹(住院、住院和门诊大额费用)和大病、小病兼顾(既补住院又补门诊费用)两种类型,它有利于减少农村居民日常医疗费用,尤其是减轻"大病、重病"所带来的家庭经济负担。

2004 年,钟祥市被湖北省政府纳入全省新型农村合作医疗试点扩大县(市),截至 2007 年 12 月底,全市共有 66.17 万农民参加了新型农村合作医疗,农民参合率为 93.6%。[①] 通过 3 年多的实践,钟祥市积极探索新型农村合作医疗的管理体制,并努力实现新农合制度与农村贫困人口医疗救助制度有机结合的模式,依托合作医疗,采用了合作医疗报销、医院补助和民政医疗救助三方结合的医疗互助救助模式,取得了良好效果。钟祥市先后被卫生部、国家发改委、民政部等八部委联合评为"全国新型农村合作医疗试点工作先进县(市)",被卫生部新型农村合作医疗研究中心确定为全国三个"未来卫生体系示范项目"研究基地县(市)之一。

二、研究目的

目前,国内学者对农村合作医疗方面的研究主要集中在以下几方面:一是对传统农村合作医疗制度的研究;二是对建立新型农村

① 参合数据由钟祥市合管办提供。

合作医疗的必要性和可行性的研究；三是对新型农村合作医疗运行过程中出现的问题进行研究，探讨相应的对策措施；四是对农村新型合作医疗模式的研究；五是对新型农村合作医疗的绩效评价研究，探讨了绩效评价的方法、指标体系设计等方面的问题。这些研究对于人们认识其发展历史、制度内容、实施状况和存在的问题等是有积极意义的。尤其是一些学者开始了对新型农村合作医疗实施绩效问题的研究，尝试性地探讨了评价指标体系和评价方法等，并运用它们分析新型农村合作医疗的绩效，为我们进一步探讨其绩效评估问题提供了一定的基础。但是，已有的研究存在着理论与实践相脱节的缺陷，它们均没有深入具体的实践之中，探讨新型农村合作医疗的运行状况，所构建的评估指标体系和评估方法也存在不切实际之处。基于此，本研究将深入到具体的新型农村合作医疗实践之中，以湖北省钟祥市为例，通过大量的实地调查，获得第一手资料，分析新型农村合作医疗制度的运行绩效和存在的问题，最后提出引入政府绩效评估探讨改进新型农村合作医疗制度的途径和方法。

三、资料获取方法

（一）文献法。通过收集和阅读政府文件、中国期刊全文数据库、学术专著、报纸和统计资料等掌握以下方面的信息：传统农村合作医疗的历史发展、国家有关新型农村合作医疗方面的政策、新型农村合作医疗的制度内容、荆门市及钟祥市有关新型农村合作医疗的具体政策和措施以及相关的统计数据、新型农村合作医疗绩效评估指标体系的已有研究成果。

（二）访谈法。通过实地访谈，了解钟祥市新型农村合作医疗的基本政策、实施效果和存在的问题等。主要采用无结构式访谈方法（含实地访谈和电话访谈），访谈对象为政府职能部门工作人员、定点医疗机构工作人员和参合农民等。访谈时间主要分为两个阶段：第一阶段为 2008 年 7 月 20 日至 8 月 16 日，第二阶段为 2009 年 1 月 15 日至 2 月 18 日。

（三）问卷法。在钟祥市 18 个乡镇中采用简单随机抽样方法抽取 3 个乡镇，在 3 个乡镇中采取入户调查方法进行问卷调查，了解参合农民对新型农村合作医疗的满意度（时间为 2009 年 1 月 15 日至 2 月 19 日，问卷见附录 8）。另外，借助问卷调查方法筛选新型农村合作医疗绩效评估指标体系（见附录 9）。

第二节　钟祥市新型农村合作医疗运行绩效分析

一、钟祥市新型农村合作医疗的基本情况

钟祥市是荆门市下辖的一个县级市，地处鄂中江汉平原北部，是国家历史文化名城、中国优秀旅游城市、中国长寿之乡、世界文化遗产明显陵所在地，也是国家可持续发展试验区，是全国科技、教育、文化先进县（市）。其面积 4 488 平方公里，辖 18 个乡镇（街道办事处、管理区）、499 个行政村，是一个以农业为主的县级市。截至 2007 年 12 月，全市总人口 103.5 万，其中，农业人口 71.1 万。全市现有农村困难农民 4.96 万人，其中，农村低保对象 2 万人、农村五保对象 0.3 万人、农村低保对象之外的常年困难农民 2.2 万人、重点优抚对象 0.46 万人。

2007 年，全市国内生产总值（GDP）为 113.08 亿元，人均 GDP 为 10 926 元，农民人均纯收入为 4 722 元。财政总收入为 4.6 亿，全年财政支出为 8.5 亿。[①]

① 钟祥市统计局：《钟祥市 2007 年国民经济和社会发展统计公报》。

2007年末，全市卫生机构643个，其中，医院、卫生院46个，门诊部、诊所、卫生所、医务室99个，妇幼保健院1个，专科疾病防治院1个，计划生育服务站1个，农村卫生室493个。卫生机构专业技术人员2 876人，执业医师892人，注册护士1 005人，卫生机构床位数1 925张。①

钟祥市新型农村合作医疗试点自2004年启动以来，坚持政府引导、部门协调、农民自愿的原则，紧紧围绕群众“看病难、看病贵”问题，规范管理，强化监督，推动了新型农村合作医疗试点工作可持续发展。其基本做法如下：

第一，建立和完善新型农村合作医疗制度建设。在经过基线调查、结合当地实际水平、并借鉴其他地方经验的基础上，钟祥市出台了《新型农村合作医疗制度实施办法》(试行)，并根据运行中出现的问题和新情况不断加以完善。此外，钟祥市卫生行政主管部门还先后出台了《钟祥市新型农村合作医疗部分慢性病门诊医药费限额补助规定》、《钟祥市新型农村合作医疗大病补助实施方案》等补充性政策规定，还对民政部门确认的特困户、五保户、特困优抚对象予以特殊的照顾，取消了他们参加新型农村合作医疗的起付线，为他们享受“新农合”开辟了“绿色通道”。②

第二，强化服务，提高办事效率。在吸引农民参加新型农村合作医疗的具体做法方面，筹资工作一般由乡镇政府和村委会负责，成立由基层干部、卫生院、财管所工作人员组成的联合工作组，逐村逐户上门，实行边宣传、边登记、边签合同、边收费、边发证的方法。其中，政府组织基层干部负责对农户进行宣传发动和入户登记，卫生院负责签订服务合同与发证，财管所负责资金征收与转存，从而保证了宣传、登记、签合同、收费、发证在同一时限内完成，农民参加新型农村

---

① 钟祥市统计局：《钟祥市2007年国民经济和社会发展统计公报》。

② 郑德慧、罗先荣、张淑：《钟祥市创新医疗救助机制，化解困难群众就医难》，《荆门政务信息特刊》，2007年第5期。

合作医疗一次办成,从而大大提高了办事效率。

第三,强化监管工作。严格按基金分配的各个比例关系监督基金使用,让每一位参合农民都能够得到新型农村合作医疗实实在在的补偿,保证利益的最大化,同时,加强对新型农村合作医疗定点医疗机构的监督和管理,坚持卫生服务行为的公平性,监督定点医疗机构的服务价格,控制不合理的增长。为了便于监管,钟祥市要求市、乡(镇)新型农村合作医疗经办机构和各定点医院建立医患对话平台,加强与病人沟通。目前,全市共设立主任(院长)专线 15 部,举报电话 26 部,24 小时接待投诉。此外,还采取召开监督员、病人及家属恳谈会和明信片回访等形式,广泛收集农民群众的意见和建议,完善了新型农村合作医疗管理办法。加强考核也是强化监管工作的重要措施,钟祥市合管办建立了新型农村合作医疗工作目标管理责任制,对定点医疗机构进行严格考核,定期检查。

第四,完善救助机制。在认真贯彻国家民政部、卫生部、财政部《关于实施农村医疗救助的意见》和省民政厅、卫生厅、财政厅下发的《湖北省城乡贫困群众医疗救助实施方案》等精神的同时,钟祥市因地制宜地出台了《钟祥市城乡特困群众医疗救助暂行办法》(钟政发[2004]45 号),一方面资助五保户、农村特困救助对象和特困优抚对象等贫困农民参加新型农村合作医疗,帮助他们支付参合个人缴费部分,使其享受合作医疗待遇;另一方面对因患大病住院经合作医疗补助后个人负担医疗费用过高、影响家庭基本生活的,再给予适当医疗救助。截至 2008 年,钟祥市贫困人口参合率达到 100%,大大减轻了贫困农民的医疗负担。

同时,为方便农民就医,各医疗救助定点医院尽可能地简化相关手续,实行城镇医保办、新农合办、医疗救助办“三办合一”的运行管理模式,确保农村贫困群众在定点医院看病就医时实现新农合补助、医疗救助、医院减免“一步到位”,参合农民只需要缴纳个人自付部分,其余费用一律由定点医院预先垫付结算。

二、钟祥市新型农村合作医疗绩效分析

（一）钟祥市新型农村合作医疗所取得的成绩

1. 农民参合率快速提高

2008 年，钟祥全市参合农民达到 66.17 万人，参合率达到 93.6%（高于荆门市平均 90.8%参合率的水平），贫困人口参合率达到 100%。表 10-1 是钟祥市参合率与全国水平的对照表。

表 10-1　钟祥市与全国农民参合率对照表

	全国农民参合情况			钟祥市农民参合情况		
	参合人数（亿人）	参合率（%）	参合率增长幅度（%）	参合人数（万人）	参合率（%）	参合率增长幅度（%）
2005 年	1.79	75.66	—	39.2	55.3	—
2006 年	4.10	80.66	5	46.03	64.29	8.99
2007 年	7.26	86.20	5.54	51.35	73.60	9.31
2008 年	8.14	91.5	5.3	66.17	93.6	20

资料来源：钟祥市参合数据由市合管办提供，全国参合数据来源于《2008 中国卫生统计年鉴》和政府工作报告。

2005 至 2007 年，钟祥市参合率均低于全国平均参合率，但到 2008 年，钟祥市参合率略高于全国参合率，从参合率的增长幅度来看，钟祥市的每年增长幅度均高于全国同期增长幅度，表明钟祥市参合工作的进展速度较快。

2. 较好的农民满意度

本研究通过问卷调查了解参合农民对新型农村合作医疗的满意程度，共向参合农民发放问卷 240 份，回收有效问卷为 218 份，对新型农村合作医疗总体评价满意的有 15 人，占被调查对象的 6.88%，基本满意的有 167 人，占被调查对象的 76.61%，表示满意和基本满

意的共占被调查对象的 83.49%。对新型合作医疗总体评价表示不满意的有 36 人,仅占被调查对象的 16.51%。① 这些数据说明了参合农民对新型农村合作医疗有较高的满意度。

各分项满意度调查结果也显示参合农民对新型农村合作医疗有较好的满意度:(1) 对政府对新型农村合作医疗的补助水平满意的有 5 人,占被调查对象的 2.29%;基本满意的 143 人,占 65.6%;表示满意的和基本满意的合占被调查对象的 67.89%。(2) 对新型农村合作医疗的就医环境满意的 18 人,占被调查对象的 8.26%;基本满意的 146 人,占被调查对象的 66.97%;表示满意的和基本满意的合占被调查对象的 75.23%。(3) 对新型农村合作医疗个人缴费额度满意的 14 人,占被调查对象的 6.42%;基本满意的 160 人,占被调查对象的 73.39%;表示满意和基本满意的合占被调查对象的 79.81%。(4) 对新型农村合作医疗的管理与组织工作满意的 20 人,占被调查对象的 9.17%;基本满意的 170 人,占被调查对象的 77.98%;表示满意的和基本满意的合占被调查对象的 87.15%。

3. 筹资水平不断提高

新型农村合作医疗制度是以县为单位统筹,实行个人缴费、集体扶持、政府补助(地方财政和中央转移支付)相结合的筹资机制,农民以户为单位自愿参加。目前,各地大都采取循序渐进的方式逐渐提高筹资水平。2005 年,钟祥市人均筹资总额为 35

---

① 参合农民的不满主要表现在报销费用太低(有 25 人选此项,占不满意人数的近 70%)、程序复杂(有 22 人选此项,占不满意人数的 60%多)和医疗机构设置不方便(也有 22 人选此项,占不满意人数的 60%多)3 个方面,此外,定点医疗机构用药不合理和价格偏高也引起部分参合农民不满。在报销程序方面,本研究在访谈中了解到,一些农民是由于报销时忘携带或少带证件而不能报销。由于在农村不经常使用身份证,容易造成遗失现象,对一些年纪大的参合农民来说,让他们去补办身份证是一件非常麻烦的事。另外,一些农民抱怨在市外医院看病,需要办理转诊手续才能报销,要耗费大量时间。

元,其中,农民个人缴费 15 元,以后逐年提高。2008 年 5 月 1 日起,人均筹资总额提高到 95 元,其中,农民缴费 15 元,其余部分由地方财政和中央财政补助。2009 年,人均筹资总额将进一步提高,达到 100 元,其中,农民个人缴费 20 元。随着人均筹资总额的提高,钟祥市总筹资额也逐年提高,基金不断充实。2005 年,筹资总额约 1 232.47 万元,参合农民 39.2 万多人;2006 年筹资总额约 1 985 万元,参合农民 46.03 万人;2007 年筹资总额约 2 824.25 万元 ,参合农民约 51.35 万人;到 2008 年,参合农民约 66.17 万人,总额也将进一步提高。

新型农村合作医疗的运行年度周期为每年公历 1 月 1 日至 12 月 31 日,每年 12 月 20 日以前为个人缴纳下一年度参加新型农村合作医疗基金截止时间,可以提前缴纳,但不得逾期补交。钟祥市人均筹资额见表 10-2。

表 10-2　钟祥市新型农村合作医疗筹资标准　(单位:元)*

	个人缴费	地方财政补助		中央财政补助	合计
		省财政补助	钟祥市财政补助		
2005 年	15	5	5	10	35
2006 年	15	10	5	20	50
2007 年	15	15	5	20	55
2008 年	15	30	10	40	95
2009 年	20	30	10	40	100

* 2008 年各级政府补助标准由原来的 40 元提高到 80 元,新的实施办法从 2008 年 5 月 1 日起实施。

资料来源:根据《钟祥市新型农村合作医疗制度实施办法(试行)》、第二次修订稿、第三次修订稿和第四次修订稿中的内容整理而成。

4. 有效的资金管理机制

新型农村合作医疗资金采取大病(住院)统筹加门诊家庭账户运

作模式，家庭账户基金用于定点村卫生室和乡镇卫生院医药费用报销，每户年报(核)销门诊医疗费额不得超过家庭账户余额，若年末有结余的可转下年度使用，但不得抵缴下年度个人应缴基金，也不得退返现金。门诊报销不设起付线，住院医疗费补偿设立起付线和封顶线。

在基金分配方面，2006 年的基金分配比例分别为：门诊医疗基金占 18%，住院医疗基金占 74%，健康体检基金占 4%，风险基金占 4%；2007 年的基金分配比例为门诊医疗基金占 16%，住院医疗基金占 79%，健康体检基金占 4%，风险基金占 1%，提高了住院基金的比例。从中可看出，新型农村合作医疗基金主要用于住院费用补偿，充分体现“以大病统筹为主”，重点缓解农民“因病致贫、因病返贫”的互相救济制度这一宗旨。其基金分配情况如表 10－3 所示。

表 10－3　钟祥市合作医疗基金分配情况

	筹资总额(万元)	门诊家庭账户医疗基金		住院医疗基金		健康体检基金		风险基金	
		总资金(万元)	比例(%)	总资金(万元)	比例(%)	总资金(万元)	比例(%)	总资金(万元)	比例(%)
2005 年	1 612.6	409.38	25	1 056.32	66	99.16	6	47.74	3
2006 年	2 301.5	414.27	18	1 703.11	74	92.06	4	92.06	4
2007 年	2 824.25	451.88	16	2 231.16	79	113	4	28.24	1

资料来源：《钟祥市新型农村合作医疗制度实施办法》；钟祥市卫生局供稿：《钟祥市积极探索大胆实践，努力实现新型农村合作医疗与医疗救助制度的有机结合》，2006 年；湖北省新型农村合作医疗年度统计报表。

在做好基线调查的基础上，合理制定补偿比例，并根据每年的实际情况调整补偿方案，从而不断完善新型农村合作医疗制度。补偿方案的具体情况如表 10－4 所示。

表 10－4　钟祥市新型农村合作医疗补偿方案

	住院医疗费补偿起付线标准	封顶线	住院医疗基金补偿标准
2005 年	乡镇卫生院 50 元； 本市市属医院 150 元； 市外医院 500 元。	15 000 元	(1) 本市内乡镇卫生院：50—1 000 元，40%；1 001—2 000 元，45%；2 001—4 000 元，50%；4 000 元以上，60% (2) 市人民医院：150—1 000 元，30%；1 001—2 000 元，35%；2 001—4 000 元，40%；4 000元以上，50%（其他机构略） (3) 本市以外三级医疗机构或其他医疗机构：500—1 000 元，20%；1 001—2 000 元，25%；2 001—4 000 元，30%；4 000元以上，35%
2006 年	乡镇卫生院 100 元； 本市市属医院 300 元； 市外医院 800 元。	20 000 元	(1) 本市内乡镇卫生院住院：100 元以上，55% (2) 本市内市属医疗机构：301—2 000 元，45%；2 001—4 000 元，50%；4 000 元以上，55% (3) 本市以外三级医疗机构或其他医疗机构：801—2 000 元，20%；2 001—4 000 元，25%；4 000 元以上，35%
2007 年	乡镇卫生院 100 元； 本市市属医院 300 元； 市外医院 800 元。	20 000 元	(1) 本市内乡镇卫生院：100 元以上，60% (2) 本市市属医疗机构：301—2 000 元，45%，2 001—4 000 元，50%；4 000 元以上，55% (3) 本市以外三级医疗机构或其他医疗机构：801—2 000 元，20%；2 001—4 000 元，25%；4 000 元以上，35%

续　表

	住院医疗费补偿起付线标准	封顶线	住院医疗基金补偿标准
2008 年(5 月 1 日起)	乡镇卫生院 80 元；本市市属医院 300 元；市外医院 600 元。	30 000 元	(1) 本市内乡镇卫生院：80 元以上,75％ (2) 本市市属医疗机构：301—5 000 元,50％;5 000 元以上,60％ (3) 本市以外三级医疗机构或其他医疗机构：601—5 000 元,35％;5 001—10 000 元,40％;10 000 元以上,50％

资料来源：根据《钟祥市新型农村合作医疗制度实施办法(试行)》、第二次修订稿、第三次修订稿和第四次修订稿中医疗费用补助部分的内容整理而成。

通过改进补偿方案,简化和合理制定补偿标准,新型农村合作医疗补偿门槛较低,补偿标准不断提高,农民的受益水平也相应地不断提高。

新型农村合作医疗基金实行全市统筹,由市财政在市农业银行设立新型农村合作医疗基金账户,专户储存管理,专款专用。市合管办按照“以收定支、收支平衡、略有节余”的原则负责编制新型农村合作医疗基金年度预算和决算方案。同时,市审计、财政部门定期检查新型农村合作医疗资金的使用情况,公开《新型农村合作医疗基本用药目录》、《基本医疗服务项目结算标准、手术项目结算标准》等,每月对基金补偿情况进行公示,做到公开、公平和公正,服务于广大农民,使他们真正受益。

5. **较好的基金使用和农民受益效果**

由于合理确定补偿标准和比例关系,基金的使用没有出现过度透支或沉淀的现象,2007 年,基金使用率达到 87.80％,基金使用率稳步增长,发挥了基金的实际效用。其中,门诊家庭账户基金使用率较之住院基金使用率普遍较低,家庭账户基金沉淀较多,但大病统筹的住院基金的使用率较高，解决了农民看大病的困难，有效缓解了农民有病看不起和因病致贫的现象。总体上看，基金的使用效果较好。各项基金的使用情况见表 10－5 和表 10－6。

表 10－5　钟祥市年度基金收支及使用情况

	支出金额(万元)	到位筹资总额(万元)	基金使用率(%)
2005 年	1 332	1 612.6	82.60
2006 年	1 985	2 301.5	86.25
2007 年	2 479.79	2 824.25	87.80

资料来源：湖北省新型农村合作医疗各年度统计报表；钟祥市卫生局供稿：《钟祥市积极探索大胆实践，努力实现新型农村合作医疗与医疗救助制度的有机结合》，2006 年。

表 10－6　门诊和住院基金使用率

	门诊补偿费用(万元)	门诊家庭账户基金(万元)	使用率(%)	住院补偿费用(万元)	住院基金(万元)	使用率(%)
2005 年	232.58	409.38	56.81	1 011.6	1 056.32	95.77
2006 年	291.12	414.27	70.27	1 621.3	1 703.11	95.20
2007 年	263.52	451.88	58.32	1 990.94	2 231.16	89.23

资料来源：湖北省新型农村合作医疗各年度统计报表；钟祥市卫生局供稿：《钟祥市积极探索大胆实践，努力实现新型农村合作医疗与医疗救助制度的有机结合》，2006 年。

表 10－7 和表 10－8 是钟祥市农民在新型农村合作医疗中受益情况的纵向和横向对照表。从纵向比较来看，2005 至 2007 年，门诊和住院次均补偿费用都有不同程度的增长，门诊次均补偿费用由 2005 年的 15.51 元上升到 2007 年 18.91 元，增加了 21.92%，总体增长幅度不大；住院次均补偿费用由 2005 年的 554.27 元上升到 2007 年的 758.28 元，增加了 36.81%，增长幅度稍大，有利于进一步

减轻参合农民的医药费用负担。

表 10－7　钟祥市新农合门诊和住院受益情况

	门诊受益人次及补偿				住院受益人次及补偿			
	门诊受益(人次)	补偿金额(万元)	次均补偿(元)	次均补偿年增长率(%)	住院受益(人次)	住院补偿(万元)	次均补偿(元)	次均补偿年增长率(%)
2005 年	150 002	232.58	15.51	—	18 251	1 011.6	554.27	—
2006 年	170 136	291.12	17.11	10.32	23 705	1 621.3	683.95	23.40
2007 年	139 294	263.52	18.91	10.52	26 256	1 990.94	758.28	10.87

资料来源：《钟祥市新型农村合作医疗政策资讯》，2007 年第 1 期；钟祥市卫生局供稿：《钟祥市积极探索大胆实践，努力实现新型农村合作医疗与医疗救助制度的有机结合》，2006 年；湖北省新型农村合作医疗各年度统计报表。

表 10－8　2007 年钟祥市与荆门市其他同级县区的住院补偿比较

	住院费用情况	住院补偿情况				
	住院总费用(万元)	住院补偿(人次)	次均费用(元)	住院补偿费用(万元)	次均补偿(元)	住院基金平均补偿比(%)
钟祥市	5 503.86	26 256	2 096.23	1 990.90	758.26	36.08
东宝区	1 909.93	9 247	2 065.46	454.09	491.07	23.78
掇刀区	846.94	2 954	2 867.10	130.88	443.06	15.45
京山县	4 222.45	20 731	2 036.78	1 429.50	689.55	33.85
沙洋县	4 711.24	25 540	1 844.65	1 438.40	563.19	30.53

资料来源：湖北省新型农村合作医疗各年度统计报表。

从横向对比来看，相对于荆门市的其他同级县区，钟祥市的住院补偿比例是最高的，说明在以大病统筹为主的运作模式中，钟祥市较充分地运用了住院基金，有效缓解了农民的住院医药费用负担。

免费健康体检是新型农村合作医疗制度中提高参合农民受益面的又一项重要举措，它有利于对参合农民早发现、早诊断、早治疗。2005 年，钟祥市体检受益 30 万人，为农民家庭免费建立健康档案 92 071份；2006 年，健康体检受益 39.52 万人，为农民家庭免费建立健康档案 119 139 份；2007 年体检受益率达到 100%。① 通过开展健康体检活动，加强了对新型农村合作医疗和健康知识的宣传，增强了农民的健康意识，降低了疾病发生的风险。

6. 实行"救"、"合"之间的衔接，创新了医疗救助机制

新型农村合作医疗虽然起点低，受益面广，但一些农村困难群众仍然负担不起，影响了他们参加的积极性。为此，钟祥市进行积极大胆的探索，实行新型农村合作医疗与农村贫困人口医疗救助相结合的管理模式。依托合作医疗，采用了合作医疗报销、医院补助和民政部门三方结合的医疗救助制度。通过"两种制度"的衔接，实现"三方共赢"，即农民得到实惠，救助得到落实，新农合得到发展，取得了良好效果。钟祥市先后被卫生部、发改委、民政部等八部委联合表彰为"全国新型农村合作医疗试点工作先进县(市)"；被卫生部新型农村合作医疗研究中心确定为全国三个"未来卫生体系示范项目"研究基地县(市)之一。2005 年，农村五保户、特困户、特困优抚等贫困人口参加合作医疗超过 90%，2008 年，贫困人口参合率达到 100%。

2005 年和 2006 年，钟祥市共拿出 25.7 万元累计资助 17 123 人次参加新型合作医疗。在定点医疗机构减免相关费用和新型农村合作医疗补助的基础之上，2006 年，从新型农村合作医疗住院节余基金和大病救助基金中抽出 51.54 万元，对住院费用超过 2 万元，慢性病、病症特殊患者、特困户、五保户、特困优抚对象等 572 名住院患者

① 钟祥市卫生局供稿：《钟祥市积极探索大胆实践，努力实现新型农村合作医疗与医疗救助制度的有机结合》，2006 年。

分别给予了大病救助；抽出 20.59 万元对 398 名参合农民给予了门诊大病（慢性病）定额补助，增强了参合农民抵御大病经济风险的能力，[①]受到中央和省相关部门的赞扬。例如，旧口镇特困农民田某某因“尿毒症”于 2005 年 12 月入住市人民医院，住院共花费医药费用 9 981.35元，新农合为其报销 3 644.32 元，医疗救助 3 000 元，医院减免医药费用 1 257.01 元，年底新农合大病两次补助 1 500 元，个人支付费用为 580.02 元，个人支付仅占总费用的 5.81%。[②]

7. 硬件设施和软件环境建设逐渐完善，增强了服务能力

硬件设施建设方面，2004 至 2007 年，初步建立了以 3 所市级医疗机构为龙头，18 所乡（镇）卫生院为枢纽和 481 个村卫生室、9 个社区卫生服务室为农村三级医疗卫生服务网络；筹集资金 1 000 万元，完成了 18 个乡（镇）卫生院的标准化建设，改建、扩建业务用房 45 万平方米，投入资金 120 万元开展农村三级卫生三项建设（指乡镇卫生院、县级卫生防疫站和妇幼保健所建设）。[③] 同时，2007 年，省财政按每个 5 000 元标准，协助建设村卫生室。[④] 这些措施使农村的医疗卫生硬件设施条件大大改善，为新型农村合作医疗提供了有力的物质保障。

在软件环境方面，钟祥市从健全相关管理和运行机制入手，加强医疗管理和监督，服务参合农民。例如，实行全市“一证通”制度，参合农民凭《合作医疗证》在全市范围内有“自主择医”权；实行单病种限额付费和例均住院费用警戒线报告等制度，严格控制不合理的价差和超标准收费，严格目录用药管理；在住院结算上，实行“电算化管

① 臧顺德：《荆门市新型农村合作医疗运行情况调查与思考》，湖北省卫生厅门户网站。

② 岳金平、曹缄：《农民看病，政府买单——来自钟祥市新型农村合作医疗制度试点工作的调查》，钟祥市新闻中心，2007 年 3 月 19 日。

③ 数据来源于安徽政协网《新型农村合作医疗撑起健康“保护伞”》一文（该文介绍的是钟祥市政协对该市新农合所做的调研——引者注），2007 年 12 月 10 日。

④ 刘长松、张洁：《钟祥新农村的“赤脚医生”》，《湖北日报》，2008 年 1 月 3 日。

理”，市、乡(镇)新型农村合作医疗经办机构和市直定点医院建立了新型农村合作医疗电脑管理系统，将所有参合农民信息、住院医疗费用情况等录入电脑，医院补偿实行电脑结算，既减少了人工结算的失误，又提高了工作效率。

(二) 钟祥市新型农村合作医疗存在的问题

1. 保障水平较低

虽然新型农村合作医疗改善了农民“小病躺、大病扛、重病拖”的现象，在一定程度上增强了农民抵御大病所带来的经济风险的能力，但由于筹资水平不高，因而补偿水平也不高，造成农民实际保障水平偏低。目前，平均36%左右的住院费用补助率和相对较低的补偿封顶线，对于帮助农民抵御重大疾病风险的作用仍然有限，再加上相当部分医疗服务项目和药品未被列入新型农村合作医疗报销范围之内，难以保证农民得到优良的基本医疗服务，许多参合农民一旦患了大病仍然会因为无力支付数千甚至上万的医疗费用而得不到应有的医疗保障。因此，现有的新型农村合作医疗保障水平距离帮助农村摆脱因病致贫的目标仍有相当大的差距，这不仅影响了农民参合的积极性，而且影响新型农村合作医疗的运行质量和效果。

2. 筹资成本较大，缺乏稳定的长效筹资机制

农民个人缴费仍是筹资工作中的艰难环节，虽然强调自愿参合，但为了提高参合率，在一年一度农民个人缴费征集过程中，主要靠村干部上门收取(钟祥市以奖金的形式激励村干部参与筹资工作的积极性)，要运用大量的人力和物力等，社会参与动力不足，这就增加了新型农村合作医疗的筹资成本。另外，政府补贴比例以及划拨时间具有很大的随意性，政府资金流程的复杂性也影响了资金的及时到位，因此，政府资金筹集缺乏相应的制度保障。

3. 补偿模式不太完善

门诊家庭账户加住院大病统筹的补偿模式使农民缴纳的大部分资金成为门诊家庭账户基金，由于门诊家庭账户基金使用率偏低，致

使家庭账户资金沉淀较多。但沉淀的家庭账户基金只能转到下年度，既不能提取现金，也不可转入住院大病统筹基金，所以，它既不能发挥分担疾病经济风险的功能，也没产生经济价值，一些农民还误认为他们缴纳的钱用不上，而影响了继续筹资的意愿；同时，以大病统筹为主将不可避免地带来过高的起付线，使轻病、小病得不到补偿，而对于大多数人来说患大病的几率很小，从而影响了参合者的受益权利。

4. 管理资源短缺，管理能力不强

一是管理经费和管理人员严重不足，不得不将部分管理费用"转嫁"给卫生局或者定点医院。在人员编制上，钟祥市合管办的编制和人员均迟迟未足额落实到位，大多数乡镇合作医疗管理办公室缺乏正式编制，其工作人员多从乡镇卫生院临时抽调而来，合管办的工作对他们而言只不过是兼职工作，其工作积极性不高。二是工作人员缺乏专门训练，专业素质不高，管理能力不强。

5. 存在监管薄弱环节

一些定点医疗服务机构仍然存在着不合理用药、不合理检查和不合理治疗的现象，有的变相涨价、提供不必要服务和过度服务、截留病人等违规行为。在一些乡镇卫生院小病大治的现象较突出，导致一些农民参合后医疗费用不降反升。造成监管乏力的根本原因是管办不分，即农村合作医疗管理委员会未从卫生系统真正分离出来，相关职能部门对定点医疗机构的监督停留在表面上。此外，农民作为参合的主体，未能发挥真正的监督作用，一些热线电话或投诉机制流于形式。

6. 基层服务能力不强，农民健康需求得不到有效满足

在乡镇地区，新型农村合作医疗的网络化建设相对滞后，加上管理人员编制不到位和管理水平不高，存在着管理不规范的现象。农民看病报销手续烦琐，速度慢，让农民觉得参加新农合后看病反而没

有以前方便了。虽然在乡镇卫生院就诊后费用报销比例是最高的，但由于基层卫生服务机构的基础设施陈旧，医疗设备老化，医疗人才匮乏，技术力量薄弱等问题较突出，很难满足农民的就医需求，而使部分农民前往市属医疗机构就诊或回避就诊，从而限制了基层医疗资源的有效利用。

第三节　引入政府绩效评估体系，推进新型农村合作医疗建设

一、新型农村合作医疗绩效评估指标体系的构建

目前，有关新型农村合作医疗评估指标体系的研究成果主要有：一是霍振国等人运用平衡计分卡原理，从财务、客户、内部运行(管理)业务、学习与成长 4 个方面构建了一套绩效评价指标体系；①二是李颖琰等从结构—过程—结果—影响 4 个方面构建了一种混合的指标体系；②三是冯晓构建的由定性指标与定量指标相结合的指标体系。③这些研究成果为新型农村合作医疗绩效评估指标体系的运用提供了较好的基础性工作，有利于对政府绩效评估的研究向纵深发展。但是，由于新型农村合作医疗本身还是一个新事物，对绩效评估指标体系的研究才刚刚开始，还存在不成熟和不尽如人意之处，主要表现在：一是因缺乏理论的指导而使评估指标的总体框架和主线不清晰；二是简单运用平衡计分卡原理而使指标的分类很勉强，不同类别之间分布不均衡，不太符合政府管理实际；三是指标的设计过于琐

① 霍振国等：《新型农村合作医疗绩效平衡计分卡法评价》，《中国公共卫生》，2008 年第 7 期。

② 李颖琰等：《农村合作医疗评价指标体系初探》，《中国卫生经济》，2004 年第 3 期。

③ 冯晓：《新型农村合作医疗绩效评价研究》，《经济管理》，2007 年第 16 期。

碎化,重心不突出;四是没有从政府有关部门的职责出发去设计评估指标;五是混淆了政府职能与医疗机构职能之间的关系,使指标的指向不明,即不知是用来考核政府部门的还是考核医疗机构的;六是不同指标之间内涵的重叠现象较多;七是有的指标不具有可操作性;八是没有恰当处理好定性指标与定量指标之间的关系,或者过于侧重定量指标,或者过于侧重定性指标;九是从研究方法来看,不是缺乏规范的研究方法(如缺少对指标的效度检验等),就是对方法的介绍语焉不详。有鉴于此,本研究力图构建一个强调适用性的新型指标体系,并强调理论指导、简单易行和便于操作,也强调研究方法的规范化,使构建的指标体系经得起检验。

要设计政府新型农村合作医疗绩效评估指标体系,首先必须弄清楚政府有关职能部门在新农合方面的职能。目前,钟祥市政府有关新型农村合作医疗方面的职能机构主要有:

一是新型农村合作医疗管理委员会(下称市合管会),负责全市新型农村合作医疗的组织、协调、管理和指导工作。市合管会成员由市政府领导和市政府办公室、卫生、财政、审计、监察、民政、农业、宣传等部门负责人组成。市合管会下设办公室(下称市合管办),为新型农村合作医疗经办机构,负责全市新型农村合作医疗的业务管理和日常工作。

二是各乡镇(含郢中街道、官庄湖管理区)设立新型农村合作医疗管理办公室(下称乡镇合管办),配备一名专职管理员和一名兼职管理员,在全市卫生系统内公开招聘录用,为市合管办委托独立经办机构。

三是乡镇政府和村委会,负责做好当地新型农村合作医疗的筹资、宣传和监督管理工作。

在上述三类机构中,市合管会是最高管理机构,但不是一个常设性机构,其日常运作由市合管办负责,实际上合管办才是一个核心机构,其主要职责如下:贯彻落实党和国家有关建立新型农村合作医疗制度的方针、政策，结合本市实际拟定推行新型农村合作医疗制度的具体规定和措施，经批准后组织实施；负责新型农村合作医疗信息的收集、管理、分析、利用及上传；负责新型农村合作医疗定点医疗机构的资格审查、确认；依照有关规定加强对新型农村合作医疗定点医疗机构医疗服务质量和费用水平的审查和监管，同时加强对参与新型农村合作医疗人员的监管；负责新型农村合作医疗证的核发；负责对新型农村合作医疗制度运行中发生的争议、纠纷进行调解；负责新型农村合作医疗基金的使用和管理；编制新型农村合作医疗基金的预决算；为新型农村合作医疗参与者提供咨询服务。

乡镇合管办的主要职责：负责组织本乡镇参加新型农村合作医疗农民的调查登记和新型农村合作医疗政策宣传；负责本乡镇新型农村合作医疗证的发放和辖区内参加新型农村合作医疗异地居住人员的登记；协助乡镇定点医疗机构对参加新型农村合作医疗患者的身份认证，监督定点医疗机构对参加合作医疗患者药品、手术、治疗、检查等费用的登记、过录、传送；负责新型农村合作医疗门诊医疗费用的审核与报销；按照本实施办法的补偿标准，负责参加新型农村合作医疗患者住院费用结算资料的核对和初审；负责本乡镇新型农村合作医疗费用补偿情况的公示；负责参加新型农村合作医疗患者住院转诊转院的审批；为参加新型农村合作医疗的农民提供咨询服务。

因此，在设计指标体系时必须以上述政府有关部门的职责为依据，针对上一节中所阐述过的目前钟祥市新型农村合作医疗运行过程中存在的问题，并通过文献调查从相关的研究成果和新型农村合作医疗实践案例中搜集能够衡量新型农村合作医疗绩效水平的指标元素，以社会公平原则（如政府有义务对贫困人口进行救济）和顾客导向这一政府绩效评估理论为指导，设计相应的指标，使选择的指标集合全面和饱满。

上述步骤完成后，所获得的只是一堆凌乱和无规律的指标集合，因此，下一步的工作是使其变得有序化，具有内在的逻辑性。本研究根据政府治理过程的规律，即由投入——管理——产出——效果 4 个环节构成的角度考虑指标体系的设计，借鉴倪星提出的指标体系设计方法，把它分为 3 个方面，即投入、管理过程、产出及结果，①从这 3 个方面筛选新型农村合作医疗绩效评估指标体系，形成指标体系初稿。

然后，征求从事新型农村合作医疗相关领域的研究学者和政府管理人员(共 20 人)对我们拟定的指标的意见，让他们填写《新型农村合作医疗绩效评估指标体系征询意见表》，进行指标体系的效度检验。征求意见结束后，计算出各个指标的内容效度比值 CVR，保留比值在 0.6 以上的指标(见图 10－1)，②最终形成有效的指标体系(见表 10－9)。

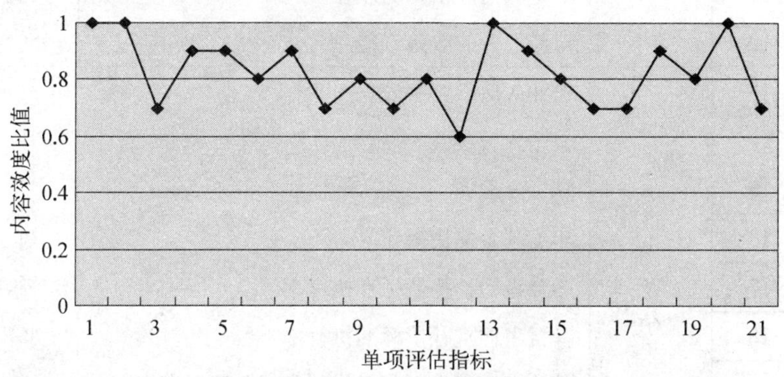

图 10－1　各评估指标的内容效度比值

① 倪星：《地方政府绩效评估指标的设计与筛选》，《武汉大学学报》(哲社版)，2007 年第 2 期。

② 删除了内容效度比值小于 0.6 的指标，它们是：每年对定点医疗机构的检查次数、基金剩余率、农民对新农合的知晓率、管理费用占总筹资额比、年度次均补偿增长率、住院基金平均补偿比 6 个指标。

表 10－9　新型农村合作医疗绩效评估指标体系

序号	维　度	评　估　指　标	单位
1	投　入	参合者基金人均实有额	元
2		政府补助金占筹资总额比重	%
3		定点医疗机构建设政府财政投入到位率	%
4		政府新农合相关职能机构和人员编制合格率	%
5	管理过程	新农合相关制度的建立和完善	分值
6		对贫困人口参加新农合的扶持政策	分值
7		新农合定点医疗机构资格确认的规范性	分值
8		新农合信息管理工作	分值
9		新农合基金使用和管理的规范性	分值
10		新农合医疗基金预决算的编制和执行	分值
11		对定点医疗机构的监管	分值
12		对新农合的政策宣传	分值
13	产出及结果	农业人口参合率	%
14		贫困人口参合率	%
15		基金分配率	%
16		年度基金使用率	%
17		参合者门诊补偿标准执行率	%
18		参合者住院补偿标准执行率	%
19		就诊者对定点医疗机构医疗服务质量满意度	分值
20		就诊者对定点医疗机构服务价格满意度	分值
21		参合者对报销过程的满意度	分值

需要注意的是，本研究所构建的上述指标体系只是一种研究探索，并不意味着在评估过程中可以直接拿来使用。有的指标还需要做进一步加工，如政府新农合相关职能机构和人员编制合格率，可以

根据制度规定明确判断合格的标准，而使其具有可操作性。管理过程领域的各项指标也可以再进行细化处理。另外，本研究认为，这一指标体系不一定符合所有实行新型农村合作医疗地区的实际，各地应有重点有选择地予以借鉴，对其进行修改和调整，也应该根据工作的轻重缓急确定指标的权重。尤其是要根据本地的政府发展规划和对新型农村合作医疗制度推广和运行中的要求，贯彻目标管理，多采用一些增量方面的指标，使评估过程更能准确反映被评估对象在某一时期里所获得的绩效成果，更好地激励相关机构和人员的工作热情和积极性。

二、新型农村合作医疗绩效评估体系建设中应注意的其他问题

（一）确定被评估机构

从前述钟祥市有关政府在新型农村合作医疗方面的职能描述中可以看出，相关职能机构包括市合管会、市合管办、乡镇合管办等。根据上级有关机构下管一级的层级原则，在确定被评估机构时，如果以市为单位实施新型农村合作医疗绩效评估，可以将市和乡镇两级合管办（连带乡镇政府）作为被评估机构。由于市合管会成员来自多个政府职能部门，也就是说，凡是承担了新型农村合作医疗职能的部门都应纳入评估范围。在设计评估方案的时候，除了考核市合管办和乡镇合管办整体绩效情况外，对其他只涉及部分新农合职能的部门，则应就其承担的职责进行考核。对村委会的考核由各乡镇根据实际情况制定考核方法，市考核领导机构只提供原则性意见和进行相关的技术指导工作。因此，本研究所设计的评估指标不适合于所有具新农合职能的部门的考核，应有选择地加以运用。

（二）做好新型农村合作医疗发展规划，贯彻目标管理

为了避免绩效评估陷于对一些日常事务性工作的琐碎评判之

中，发挥评估落实政府施政意图的战略功能，一个重要的做法是使评估紧紧围绕政府的发展规划做文章。因此，20 世纪末兴起的西方政府绩效评估纷纷把企业绩效管理中的目标管理和 KPI 指标法，乃至 20 世纪 90 年代兴起的平衡计分卡等运用于实践，落实政府的管理意图。引入新型农村合作医疗绩效评估时，也应该借鉴这一经验，紧紧围绕政府的发展规划，并贯彻目标管理，将规划一一落到实处。目标的来源有三：一是上级政府的要求，二是本级政府根据自身的实际和能力确定的任务，三是农民的要求和意见。目标形成后应将目标逐级向下分解，如从市分解到各职能局、乡镇、村(居)等，形成目标的纵向和横向之间的联动机制。所设计的目标应具体可行，如参合率提高的百分比、筹资额度、投诉处理率、新农合相关信息的公开内容及形式、具体的监管措施和方法等。然后，根据这些目标生成绩效评估的具体指标。此外，政府规划应有轻重之分。例如，在新型农村合作医疗实施的初期，可以把工作重点放在提高参合率、政府筹资渠道和定点医疗机构的硬件设施建设等方面；等新型农村合作医疗制度走上轨道后，可以把工作重点放在对定点医疗机构的监管方面。这样，做到年年有规划、年年有重点、年年有进步，从而使新型农村合作医疗工作循序渐进，一步一个台阶，日益走上健康发展的轨道。

(三) 评估主体选择及其职责界定

新型农村合作医疗绩效评估主体由两部分组成，即政府内部评估主体和外部评估主体。

1. 政府内部评估主体

政府内部评估主体主要有 3 个类型：新型农村合作医疗绩效评估领导小组、新型农村合作医疗绩效评估专门机构、其他政府职能部门。

由于绩效评估工作直接关系到政府规划的落实，评估结果直接影响相关责任人的利益，因此，需要成立一个具有较高权威性的领导机构，才能保证其公信力，使相关决策得到实施。这个机构可以称为市新型农村合作医疗绩效评估领导小组，属于非常设机构，成员主要由市主管领导和其他相关政府职能部门负责人组成（如财政、统计、人事等），其主要职责是：(1) 根据政府在新型农村合作医疗方面的规划，制定绩效计划和绩效目标；(2) 审议和批准绩效评估方案；(3) 组织绩效评估专门机构（如评估小组），提供评估的人力、物力和财力等方面的支持；(4) 审批评估结果；(5) 受理被评估部门的绩效申诉。(6) 总结绩效评估工作，促使其日益规范化制度化。

新型农村合作医疗绩效评估专门机构可以是常设机构，也可以是非常设机构。在全面实行政府绩效评估的地区，可以作为政府绩效评估专门机构中的一个分支机构，专门负责新型农村合作医疗领域的评估职能。在没有全面实行政府绩效评估的地区，它可以作为一个非常设机构，负责新型农村合作医疗绩效评估工作，其成员由医疗卫生和绩效评估专业人士组成。无论是常设机构还是非常设机构，它都应该是绩效评估的核心机构，负责绩效评估的组织和实施工作，其主要职责是：(1) 与相关职能部门和被评估的政府部门一起分解政府在新型农村合作医疗方面的监管绩效目标；(2) 拟定新型农村合作医疗绩效评估方案并报送新型农村合作医疗绩效评估领导小组讨论和审批；(3) 组织实施绩效评估方案；(4) 跟踪和辅导绩效推进过程，即深入基层一线，督查政府各项新型农村合作医疗政策和措施的落实情况，发现存在的问题，提供解决问题的意见和建议，并注意收集新型农村合作医疗方面的绩效信息，为评估工作做好准备；(5) 组织专家组或其他评估人员对被评估单位进行评估，拟定绩效等级；(6) 根据绩效评估结果拟定奖惩措施；(7) 新型农村合作医疗绩效评估领导小组要求的其他工作。

其他政府职能部门，即与新型农村合作医疗有关的职能部门，如卫生主管部门、财政部门、统计部门、乡镇政府等，其主要职责是：(1) 提出新型农村合作医疗领域的初步绩效目标；(2) 拟定和实施完成这些绩效的相关措施；(3) 提供新型农村合作医疗绩效完成情况的相关数据、事实等信息;(4) 配合绩效评估过程的其他工作;(5) 如果对绩效评估结果不服,可以向新型农村合作医疗绩效评估领导小组提出申诉。

2. 政府外部评估主体

政府外部评估主体主要包括外部评估机构和专家、参合农民等。

在进行新农合满意度调查时,最好由作为“第三方”的外部机构和专家负责实施,这样可以保证调查结果的客观性和公正性。但在进行调查外包时要约束“第三方”所使用的方法,如入户调查和电话调查等。参合农民的责任主要是如实填写调查问卷,此外,在平常的就医过程或者其他时候,参合农民均可以以自己的亲身体会或所了解到的情况向绩效评估专门机构或其他政府部门反映。

(四) 绩效信息的收集

绩效信息的真实性和准确性直接影响到绩效结果的等级划分,而这主要取决于信息来源渠道的可靠性。这些渠道主要有 4 个:一是统计报表,二是评估者亲自观察得来的材料,三是经过抽样调查所得来的满意度主观信息,四是由别人反馈(如投诉、媒体报道等)。为了核实统计报表中的信息的真实性和准确性,一个可行的办法是对不同报表的数据之间、各种数据的纵向和横向之间进行比较,从中去除一些“水分”。对一些人为制造的不实数据,必须对相关责任人追究责任。评估者亲自观察时,主要应该注意两点,即所选取观察对象的代表性和使被观察者不受到干扰。现在,一些地方政府在效能建设中广泛采用明察暗访的方法,不易引起被评估者的注意,所得的信息较为真实,是一个值得推广的尝试。在进行满意度调查时,除了前面提到的事先约定调查机构使用的调查方式外,还应该注意样本数量要足够多,以保证其代表性,并且样本是按规范的抽样方法获得的。别人反馈法所得的资料一般不能直接采用,应通过其他途径进行核实,如查看单据、现场核实、证人证言等。此外,对上述不同渠道得来的信息要互相验证,评估人员可以通过开座谈会的方式,对所得来的信息进行讨论，使最后进入评估的信息得到进一步的核实。

（五）绩效责任承担机制

考核的最终目的是要通过绩效与奖惩挂钩的机制达到激励的目的。如果仅评出绩效等级而没有相应的奖惩，再完善的评估都不能发挥应有的作用。常用的奖惩措施有评优评先、授予荣誉称号、奖金、等级排名、管理权限的收放等。这里着重提出应注意的几点：一是绩效结果应与个人的业绩考核挂钩，并作为个人年终考核的重要依据，严重者还应让其承担其他责任，如行政处分等。如果绩效责任仅由被评估机构整体承担，其激励效果较差，可能会使责任机制流于形式。二是公开责任承担结果，打破政府绩效评估的封闭性，让评估置于"阳光"的照晒之下，这是对结果和病人负责这两个当代政府绩效评估理念的必然要求。三是形成责任的连带机制，当出现监管者失责时，被监管者同样应承担相应的责任，如处以罚款、取消定点医疗机构资格、限期整改、公开道歉等。

三、新型农村合作医疗绩效评估的配套措施

当代政府绩效评估蕴涵着治理过程的重大变革，①任何希冀仅通过评估而忽视过程管理而获得绩效大幅提升的简单想法都是不切实际的。因此，在引入评估这一手段时，我们还必须从以下几个方面入手，完善新型农村合作医疗制度及其运作过程，共同促进它的健康和良性持续发展。

（一）简化报销手续，调整补偿模式

繁琐的报销手续特别是市外就医的报销手续是参合农民抱怨较多的问题，它挫伤了农民的参合积极性，因此，今后新型农村合作医

① 陈天祥：《基于治理过程变革的政府绩效管理框架——以福建省永定县为例》，《中国人民大学学报》，2009 年第 5 期。

疗制度的一个重要改进方向是尽可能地简化农民医疗费用的报销程序。在这方面,运用现代信息技术系统和电子政务平台是一个必然的趋势。此外,在完善大病统筹的基础上,积极发挥家庭门诊账户基金的作用,避免基金大量沉淀,兼顾不同群体的利益,使农民不再因为受益面小而影响参合的积极性,这也是一个亟待解决的问题。

(二)完善"救"、"合"衔接机制,提高医疗救助水平

虽然目前钟祥市农村贫困人口的参合费用已由政府承担,还对农村特困群众采取了一些补助措施,但在实际运行中,仍然有一些贫困农民无力支付医疗费用中的自付费用部分,他们即使"参合",但有病依然拖着不看,其就医和健康状况并没有得到改善和保障。因此,应进一步完善新型农村合作医疗与医疗救助相结合的政策,提高医疗救助水平,真正解决这一部分农民的"病有所医"问题。

(三)加强监管,增强工作透明度

农民是新型农村合作医疗的直接参与者和受益者,他们最关心这一制度的运作过程和实际绩效。应发挥广大参合农民的监督积极性,扩大他们的监督权,完善相关的监督机制,从而使对政府部门和定点医疗机构的监管更加有效。为了使农民具有监督能力,必须进一步增加政府工作的透明度,在有关定点医疗机构的资质、基金分配率、基金使用率、各类补偿标准、医疗服务价格和服务标准等方面都应充分地实现透明化。

(四)健全管理体系,提高管理效率

加大新型农村合作医疗的规范化管理力度,实行"管办分离",将新型农村合作医疗管理委员会从卫生系统中分离出来。要保证合管办人员编制、经费和运行监管资金的及时到位,这是新型农村合作医疗制度运行的基本保证。加强网络管理建设,特别是要进一步加大对乡镇基层卫生系统建设方面的投入,建立信息化管理制度,精简管理流程,提高管理水平,保证服务的高效。同时,加强对合管办人员在医疗和专业管理方面的培训,提高管理人员的政策水平和业务管理能力。

(五)加强医疗机构基层服务能力,完善农村健康服务体系

在现行的农村三级医疗服务体系中,市医院由于医疗设备和医疗技术都比较先进,其作用十分明显,乡镇卫生院的医疗条件也因新型农村合作医疗的推广而得到了较大幅度的改善,但最底层的村级卫生室却相对薄弱。因此,应加大对村卫生室的财政投入,完善必要的硬件设施建设,并加强对村级卫生服务的管理,进而吸引广大农民就近方便就医,既可以减轻成本,减轻医院和卫生院的压力,也有利于新型农村合作医疗的精神贯穿和渗透到服务体系的每个角落,提高制度的整体效益。

第十一章
政府煤炭安全生产监管绩效评估研究

——以山西省晋中市为例①

煤炭安全生产是近年来我国公共安全领域的一个重要热点问题，严峻的形势引起了社会各界的极大忧虑。本章以山西省晋中市为例，介绍目前我国煤炭安全生产方面的考核制度，分析存在的问题，探讨构建科学的政府煤炭安全生产监管绩效评估体系的相关问题。

第一节　研究背景、资料获取方法

一、研究背景

有关数据显示，我国煤炭产量约占世界总产量的33%至35%，但煤炭生产事故死亡人数却占世界的80%以上。2004年，我国每百万吨煤炭生产死亡人数为3.08人(而美国是0.039人)，是美国的近100倍。② 我国部分煤炭开采企业在高额经济利益的驱动下，在缺乏生产安全保障或

---

① 本章成稿于2009年4月25日。

② 杨光、梁美健：《试论煤炭企业安全生产保障机制》，《矿业安全与环保》，2005年第4期；2005年8月12日CCTV《东方时空》报道。

不具备安全生产资质的条件下超负荷、超能力违法开采，导致煤矿特大事故频繁发生。煤矿安全生产已成为我国一个亟待解决的社会问题。

国家为了扭转煤矿特大事故频繁发生的严峻形势，在法律法规的制定与完善、监察监管职能机构的建设与健全等方面作出了极大的努力。2001 年以来，国家先后颁布实施了《国务院关于特大安全事故行政责任追究的规定》、《安全生产法》、《煤矿生产安全事故报告和调查处理规定》等一系列安全生产法律法规，并采取了一系列重大举措加强煤矿安全生产工作。2004 年，国务院安全生产委员会确定在全国建立控制指标体系，将煤炭安全生产纳入到安全生产控制指标考核制度中；从 2005 年开始，煤矿百万吨死亡率被首次纳入《中华人民共和国国民经济和社会发展统计公报》；2007 年，国务院安全生产委员会结合前几年控制考核指标的执行情况，对控制考核指标体系又作了修正和完善，建立了系统的全国安全生产控制考核指标体系。此外，党和国家领导人利用不同的场合反复强调安全生产的重要性。煤矿安全生产问题不仅直接关系到人民群众生命财产安全，也成为衡量执政能力和政府管理水平的重要标志。

山西省是我国产煤大省，政府在煤矿安全生产方面的监管作用体现得更为突出，特别是近年来山西省各种矿难事故频发，如何强化煤炭安全生产监管，确实减少甚至杜绝重大安全生产事故的发生，成为社会的强大呼声，也是政府义不容辞的重任。目前，我国学术界基本没有关于政府煤矿安全生产监管绩效评估方面的专门研究。笔者对中国期刊全文数据库进行了检索，当输入“政府安全生产监管绩效评估”进行主题检索和篇名检索时，没有得到一篇论文，说明了该领域研究的严重缺失。实践方面，虽然国家作出了种种尝试，力图建立一个有效的安全生产考核机制，落实煤矿安全生产责任，减少事故的发生。但是，这些措施的效果并不明显，煤炭安全生产事故仍然频繁发生。政府对煤炭安全生产的监管往往难于在事前发挥作用，总是在事后将几个领导干部免职了事。因此，有必要探讨科学的政府煤炭安全生产监管绩效评估体系，引导政府工作向科学化、规范化方向发展。基于此，本文拟首先对已有的政府煤炭安全生产监管考核机制进行描述和评价，然后根据政府绩效评估的相关原理，探讨政府煤炭安全生产监管绩效评估体系构建的有关问题，包括开发评估指标体系、评估的实施机制和相关配套措施等。

本研究之所以选择晋中市作为实地调查的样本地，是因为晋中市作为山西省的一个产煤市，其煤炭储量大、煤种全、品质优，是全国十大煤炭基地之一。同时，煤炭产业也是晋中市的重要支柱产业。下属的灵石县为全国 100 个重点产煤县之一，介休市为全省最主要的焦炭生产基地。近年来，晋中市与其他煤炭生产基地一样，按照国家的统一部署，实行了安全生产目标责任制，特别是在 2006 年灵石县发生两起重特大安全事故后，引起了各相关部门的高度重视，从制度建设到日常监管都有了较大的改善，监管工作相对比较规范和有序，成效较明显，其做法具有一定的代表性。此外，选择晋中市对笔者调研的进行具有优势，资料具有可获得性。

二、资料获取方法

（一）文献法

通过图书馆、互联网、报纸杂志和数据库等各种途径搜索国内外政府安全生产监管、煤矿安全生产、绩效评估等相关研究成果，并进行归纳、对比和提炼，获取对本研究的基本理论认识和假设。同时，通过对国家相关法律法规的研究，了解国家的相关政策与管理规范。

（二）问卷法

本研究在政府工作人员、煤矿从业人员和其他公众中进行问卷调查，共发放问卷 200 份，其中，向政府机关工作人员发放 60 份、煤矿从业人员发放 60 份、其他公众发放 80 份，共回收有效问卷 182 份，了解他们对煤矿安全生产现状的认识和期望以及对政府煤矿安全生产监管的一些看法(调查问卷见附录9)。此外,为了筛选政府煤炭安全生产监管绩效评估指标体系,还在晋中市煤炭安全生产监管相关政府部门人员中进行问卷调查,共发放问卷50份,回收有效问卷46份(问卷见附录10)。问卷调查的时间为2009年1月18日至2月21日。

(三) 访谈法

本研究对晋中市对煤炭安全生产负有监管责任的一些政府部门,如安监局、煤管局、国土资源局、监察分局、下属某县煤管局、某乡政府的工作人员等进行非结构式访谈,了解晋中市政府各部门煤炭安全生产监管的职责范围和存在的问题,同时,了解该市政府煤矿安全生产监管绩效评估的现状。另外,笔者还就煤炭安全生产的相关问题访谈了煤炭从业人员和其他社会公众共10人,了解他们对政府的看法以及期望。集中访谈时间为2009年1月18日至2月21日,此外,还进行了一些补充性的电话访谈。

第二节　政府煤炭安全生产监管绩效评估现状及问题分析

一、政府煤炭安全生产监管绩效评估现状

我国目前对政府煤炭安全生产监管绩效的考核主要是将其纳入到安全生产控制指标考核制度之中。新中国成立后,随着经济总量的增加,事故的起数和死亡人数不断上升,到2002年达到高峰,全国共发生各类事故107.3万起,其中,煤炭事故死亡3 210人,安全生产形势十分严峻。① 而且,组建时间不长的国家安监总局还面临一个重大难题:

① 叶贤林、林荣昌、阐源虹:《安全生产控制指标体系的调查与思考》,湖北省安全生产监督管理局门户网站(http://www.hubeisafety.gov.cn),2009年2月3日。

对各地安全生产工作绩效缺乏定量的考核评价依据。经过调查研究，2004年国务院安全生产委员会(简称安委会)决定在全国建立控制指标体系，确定由工矿事故死亡人数、煤矿事故死亡人数和煤矿百万吨死亡率为考核指标，亿元GDP死亡率、10万人死亡率和工矿企业10万人死亡率为备案指标的安全生产控制指标体系，要求全国各类事故死亡人数在上年度基础上下降2.5%。2007年，国务院安委会结合前几年控制考核指标的执行情况，对控制考核指标体系又作了修正和完善，下达了安全生产控制考核指标，形成了系统的全国安全生产控制考核指标体系，由总体控制考核指标、绝对控制考核指标、相对控制考核指标、较大事故起数控制考核指标4类27个指标构成，如表11-1所示。

表11-1 全国安全生产控制考核指标体系

指标类型	一级指标	二级指标	三级指标
总体控制考核指标	全国各类事故死亡总人数		
绝对控制考核指标	工矿商贸死亡总人数	煤矿事故死亡人数	
		金属与非金属矿死亡人数	
		建筑施工事故死亡人数	房屋建筑事故死亡人数
			市政工程事故死亡人数
			城市燃气事故死亡人数
			风景名胜区事故死亡人数
		特种设备事故死亡人数	
		烟花爆竹事故死亡人数	
		危险化学品事故死亡人数	

续　表

指标类型	一级指标	二级指标	三级指标
绝对控制考核指标	道路交通死亡人数		
	火灾事故死亡人数		
	铁路交通死亡人数		
	农业机械死亡人数		
	水上交通死亡人数	渔业船舶死亡人数	
	其他企业事故死亡人数		
相对控制考核指标	亿元国内生产总值生产安全事故死亡率		
	工矿商贸企业就业人员 10 万人生产安全事故死亡率		
	道路交通万车死亡率		
	煤矿百万吨死亡率(产煤地区)		
较大事故起数控制考核指标	一次死亡 10 人以上重特大事故起数		
	一次死亡 3—9 人较大事故起数		
	煤矿一次死亡 10 人以上重特大事故起数		
	煤矿一次死亡 3—9 人较大事故起数		

资料来源：根据《国务院安委会办公室关于 2008 年全国安全生产控制考核指标落实进展情况的通报》及《山西省人民政府办公厅关于下达 2009 年全省安全生产考核指标和考核办法的通知》整理而成。

其中,比较突出的,一是将各类事故总死亡人数设置为总体控制考核指标,以区别其他绝对指标,突出总体指标的重要性;二是设立较大事故起数控制考核指标,增设全国重特大事故起数、煤矿重特大事故起数控制考核指标,并分解到各地区。各地区、各部门对照国家设立的指标,建立与其相一致的安全生产控制指标体系。

本文以山西省晋中市为例,介绍政府煤矿安全生产绩效评估情况。

晋中市政府主要是通过设立安全生产委员会(以下简称市安委会)对全市煤矿安全生产进行监管。根据晋中市人民政府颁发(市政办发[2008]95 号)的《晋中市人民政府办公厅关于印发晋中市安全生产监督管理工作制度的通知》,市安委会主任由市委常委、副市长担任,副主任由市政府副秘书长和市安监局局长担任,另外,政府还从市煤炭局、市工商局、市国土局等 32 个单位分别任命一名干部为安委会组成成员(不过其中有些单位是负责非煤矿安全生产监管的),负责煤矿安全生产的主要包括市安监局、市煤炭局、市国土资源局、市公安消防支队、市公安交警支队等。市政府安委会下设办公室,办公室设在市安监局。同时,《通知》还规定了安委会主要成员单位的职责,制定了 7 项安全生产制度,分别是晋中市安全生产局际联席会议制度、晋中市安全生产联合执法工作制度、晋中市安全生产责任事故和重大隐患整改约谈制度、晋中市安全生产举报奖励制度、晋中市重大危险源监控管理办法、晋中市安全生产工作专项督察制度、晋中市安全生产行政问责暂行办法。

晋中市对各县(区、市)人民政府安全生产考核指标体系的主要内容包括安全生产控制指标和安全生产工作目标。其中,安全生产控制指标如表 11 - 2 所示。

从表中可以看出,安全生产控制指标涉及煤矿行业的主要包括煤矿企业事故死亡人数和煤矿百万吨死亡率两项。安全生产工作目标则包括健全制度、召开例会、安全生产专项资金、应急救援预案、

表 11－2　晋中市安全生产控制指标

指标类型	一 级 指 标	二 级 指 标
总体控制考核指标	各类事故死亡人数(包括工矿商贸、道路交通、火灾、铁路交通、农机 5 项合计)	
绝对控制考核指标	工矿商贸企业事故死亡人数(不包括所辖区域内的驻市煤炭企业的煤矿死亡人数)	煤矿企业事故死亡人数(不包括所辖区域内的驻市煤炭企业的煤矿死亡人数)
		金属与非金属矿事故死亡人数
		建筑业事故死亡人数
		危险化学品事故死亡人数
		烟花爆竹事故死亡人数
	道路交通事故死亡人数	
	火灾(不含森林、草原)事故死亡人数	
	铁路交通事故死亡人数	
	农业机械事故死亡人数	
	较大、重大事故起数	
相对控制考核指标	亿元地区生产总值生产安全事故死亡率	
	工矿商贸企业就业人员 10 万人生产安全事故死亡率	
	道路交通万车死亡率	
	地方煤矿百万吨死亡率	

资料来源：根据《晋中市人民政府办公厅关于下达全市 2008 年度安全生产考核指标和奖惩办法的通知》整理而成。

事故统计等方面。市人民政府与各县(区、市)人民政府签订年度安全生产工作目标责任书,各县(区、市)人民政府必须按照责任书承诺认真履行工作职责,强化工作措施,并将考核指标落实到乡、村及企业、班组、个人，形成横向到边、纵向到底的安全生产责任体系，确保全市各项安全生产工作目标和控制指标的完成。具体措施包括：一是市政府安委会办公室负责对各县(区、市)人民政府安全生产控制指标和工作目标完成情况实行跟踪检查和监督考核，每季度定期向社会公布，每半年进行一次督查。二是年底由市人民政府安委会办公室组织考核组，对本年度各责任单位完成安全生产考核指标情况进行全面考核。考核依据为伤亡事故统计报表，采取查阅有关资料、纪要和深入企业抽查等多种形式。三是考核采用百分制，控制指标70分，工作目标30分。考核得分在85分以上(包括85分)的县(区、市)人民政府评为先进单位，得分在60分以上(包括60分)84分以下(包括84分)的为完成安全生产考核指标单位，得分在59分以下(包括59分)的为未完成安全生产考核指标单位。四是凡年内煤矿发生一起一次死亡3人以上(包括3人)较大生产安全事故的县(区、市)人民政府为未完成安全生产考核指标单位，实行一票否决，本年度不得评先进，并对政府主要领导和分管领导诫勉谈话。发生死亡且造成较大影响的生产安全事故的县(区、市)人民政府经市政府和市安委会集体研究后给予主管领导降低一级职务的行政处分。五是凡未设立乡(镇、街道办事处)安全监管机构和村(居委会)未明确专人负责安全生产工作的县(区、市)人民政府为未完成安全生产考核指标单位，实行一票否决，取消评优资格。六是凡未按照国家和省、市要求建立隐患排查治理工作制度和未全面落实的县(区、市)人民政府为未完成安全生产考核指标单位，实行一票否决，同样在本年度不得被评为先进单位。

市政府对完成年度安全生产考核指标以及在安全生产工作中做出突出贡献的单位和个人给予奖励，同时，加大惩处力度。奖励内容包括：(1) 对完成年度安全生产考核指标并评为先进单位的县(区、市)人民政府奖励产煤县(区、市)人民政府10万元[其中县(区、市)长、分管安全的副县(区、市)长每人奖励2万元]。(2) 对完成年度安全生产考核指标的县(区、市)人民政府奖励产煤县(区、市)人民政府5万元[其中县(区、市)长、分管安全的副县(区、市)长每人奖励1万元]。(3) 对各产煤县(区、市)当年未发生一次死亡3人以上煤矿事故,且死亡人数未突破市政府下达的年度煤矿死亡控制指标的,按上述(1)、(2)条奖励标准加倍奖励。(4) 对本年度在安全生产监管监察、安全生产创新和抢险救灾等方面做出显著成绩的优秀单位奖励2万元。以上奖金纳入财政预算。处罚内容包括:(1) 对未完成年度安全生产考核指标的县(区、市)人民政府予以通报批评,单位和负责人不能评为先进。(2) 对本年度内煤矿发生一起一次死亡3人以上(含3人)较大生产安全事故的产煤县(区、市)人民政府罚款5万元,该县(区、市)长、分管副县(区、市)长各罚5 000元。以上罚款由市财政负责收缴入库。

国内其他地方的考核办法与晋中市的考核办法大同小异,均按照国务院安委会的统一部署,将指标层层分解,实行目标责任制进行考核。在实施安全生产控制指标考核后,我国煤矿事故死亡人数大幅下降,煤矿安全生产形势稳定好转。2008年与2004年相比,煤炭百万吨死亡率由3.08降到1.182。① 笔者对晋中市政府煤矿安全生产监管基本情况的问卷调查也显示,晋中市煤矿安全生产状况良好,在回收的182份问卷中共有170名被调查者反映最近3个月内未听说发生过煤矿事故。同时,考核办法也对地方政府监管工作的改进起到了积极作用:一是强化了抓安全生产也是政绩的理念。2006年,国家将亿元GDP死亡率、工矿10万人死亡率纳入国家的“十一五规划”,并与道路交通万车死亡率和煤矿百万吨死亡率一起纳入国家经济和社会发展统计指标体系,中组部在《体现科学发展观要求的地方党政领导班子和领导干部综合考核评价试行办法》中将亿元

---

① 数据来源于范维唐在全国煤矿瓦斯防治工作现场会闭幕式上的讲话,国家安全生产监督管理总局门户网站(http://www.chinasafety.gov.cn)2005年4月26日,以及《中华人民共和国2008年国民经济和社会发展统计公报》。

GDP死亡率作为考察干部政绩的重要依据之一，这些措施引导各级政府把安全生产控制指标纳入地方经济社会发展的总体规划，使政府官员不仅追求经济发展速度和GDP总量，同时还注意尽可能减少各类安全生产事故数和死亡人数，逐渐树立“发展经济是政绩，安全生产也是政绩”的正确政绩观。二是增强了政府和企业的责任感。从企业层面来说，有利于明确企业主体责任，落实企业法定代表人负责制，减少违法现象。从政府层面讲，每年通过层层签订责任状、逐级分解控制指标，把责任量化到基层，然后严格地实施考核，引起了各级政府及其负责人的重视。三是向社会定期公布安全生产控制指标进展情况，便于接受社会监督。

二、现有政府煤炭安全生产监管绩效评估存在的问题

（一）评估指标体系单一

1. 指标设置重视结果指标，忽视过程和管理指标，容易导致管理近视性、失允性、困难性和无因性等弊端，①难以保证绩效的可持续性。它在一定程度上造成地方政府对安全生产资金投入和人力投入、监管制度建设、人员培训等管理过程的轻视。我国很多煤矿开采条件比较恶劣，埋藏深且瓦斯含量高，极易发生事故，只注重结果的考核使一些基层政府为了通过考核，或者瞒报事故在统计数字上弄虚作假，或者在国家严查之时暂时停止煤矿生产。事实表明，虽然近年来我国煤矿百万吨死亡率和煤矿事故死亡人数都有明显下降，但死亡基数仍然很大，重特大事故也没有得到有效遏制。如2009年2月22日山西焦煤集团西山煤电集团公司所属的屯兰矿发生特别重大瓦斯爆炸事故，共造成78人死亡。屯兰矿自2004年以来一直保持零的百万吨死亡率，西山煤电集团也于2008年安全检查排名第

---

① 陈志勇：《政府绩效管理应兼顾程序和结果》，《行政与法》，2005年第1期。

一,被称为“没有一块煤是带血的”,这样一个安全生产条件相对较好的国有大矿,瓦斯爆炸事故死亡人数之多令人震惊。这说明煤矿安全事故并不会因实施简单的控制指标考核而消失,关键是要综合考虑投入、管理过程和产出三方面因素,强化监督管理,才能保障煤矿生产的安全。

2. 指标设置重视“硬指标”,忽视“软指标”。目前的评估主要以死亡率、死亡人数等硬性数量指标为主,而诸如公众满意度等软性指标则比较少。群众的主观要求、愿望、动机是确定政府部门工作目标的前提,那么群众对政府工作效果的评估即满意度也应该是政府总结工作得失的标准。因此,缺乏公众满意度的指标是不全面的指标,它不利于对政府工作进行自下而上的监督。

(二)评估主体单一,缺乏公众参与

现有政府煤矿安全生产监管绩效评估是自上而下实施的,由上级政府评估下级政府,从绩效评估指标的选定到具体的评估过程以及评估结果的运用,都是政府的内部行为。上级政府评估的优点在于评估主体对被评估的下级政府的工作情况比较了解、信息采集方便、权威性强、效率也较高,易于评估活动的开展,缺点是缺乏独立于政府的第三方评估,社会公众对政府部门绩效评估的程序和内容等各种信息一无所知,根本就无法给政府带来足够的压力,达不到通过评估转变政府工作作风的目的,往往成为形式主义的代名词,其公正性遭到社会公众的质疑。尤其是一发生重大煤矿事故,社会反应强烈时,各地政府就开展“安全生产一百天”、“煤矿停产整顿”、“安全评比大检查”等类似的活动,表面看来政府非常重视煤矿安全生产,而实际上只是为了塑造形象,应付上级政府的检查,等事故带来的紧张感一过,活动随即消失,被关停的不合法煤矿又死灰复燃,继续投入生产。

(三)绩效承担机制不健全,难于产生有效的激励

评估结果的公布和运用对于绩效评估的监督和安全措施的整改

具有非常重要的作用。现有政府煤矿安全生产绩效评估结果的运用主要体现在问责和奖优罚劣等若干形式上。几年来，山西省针对政府官员在安全生产上的各种问责风暴一直未停止过，3 年(2005—2008)内换了 4 任省长(张宝顺、于幼军、孟学农、王君)。最典型的则是临汾市，从黑砖窑到洪洞矿难，市县领导多有落马，市长也换了 4 任。由于利益的驱使，煤老板往往寻求与地方官员结成利益同盟，如 2008 年临汾市副市长苗元礼一案，被立案调查的官员就多达 14 名；曾与记者侃侃而谈，大骂煤老板“唯利是图”的临汾煤管局局长杨吉春，后亦因受贿及巨额财产来源不明罪而沦为阶下囚。2005 年，时任市长王国正升任市委书记后，李天太继任市长一职。李天太虽获好评，但最终还是因“12·5”洪洞矿难去职。临危受命的刘志杰接手临汾，“襄汾溃坝”也使其难逃被免职的命运。官员走马灯似的轮换，并不是正常工作调动，而是因重大责任事故问责被撤。① 实际上，煤矿发生事故几乎都是长年积累的顽疾，他们刚刚上任，对相关工作情况还未完全熟悉，就已经被免职，因此，频繁更换领导人并不能从根本上解决问题，也不利于当地社会经济的发展。

同样，奖优罚劣也起不到很好的激励作用。如晋中市昔阳县公布的 2008 年度安全生产目标责任制考核兑现情况，其中，对完成考核指标的两个产煤乡(镇)各奖励 15 000 元，乡(镇)长各奖励 3 000 元，分管安全的副乡(镇)长各奖励 2 000 元。② 这种金钱奖励的激励作用非常有限，因为数目不多，激发不了相关监管人员的工作积极性。一些监管部门的工作人员，尤其是基层执法人员在执法时会遇到很多“诱惑”，煤矿主的贿赂远远超过上述奖金数额。在惩罚方面，主要是通报批评、罚款和取消评优资格等形式，但在笔者采访过程中

---

① 《山西临汾自溃坝事故以来半年无人任市委书记》，青岛新闻网(http://www.qingdaonews.com)，2009 年 3 月 31 日。

② 昔阳县人民政府办公室关于对完成二〇〇八年度安全生产目标责任制考核兑现情况的通报，昔政办发[2009]15 号。

了解到，这些惩罚并未完全落到实处，如通报批评仅限于政府内部，对事故相关政府责任人的追究往往不了了之。

（四）评估透明度低，缺乏监督

当代政府绩效评估的一个重点特点是公开化和透明化，①它不仅包括评估内容和评估标准的公开，也包括评估过程和评估结果的公开。但是目前的煤炭安全生产监管绩效评估实践的封闭性和神秘性却比较严重。首先，大多数地方政府对评估内容和标准都未对公众公开。在笔者采访过程中，某部门工作人员甚至以国家机密为由拒绝介绍评估的相关情况。其次，评估过程以组织内部的自我循环为主。以晋中市为例，评估前从不同政府部门抽调人员组成 3 个考核小组，每个小组分别负责对几个市（县）进行考核。对具体的评估过程则没有加以说明，也没有相应的监督措施。最后，有限度地公开评估结果。虽然现有的考核规定考核结果要向社会公开，但在实际操作中却只在政府内部公布考评结果，而未在相关媒体上公布。② 这种封闭性和神秘性的内部评估行为，缺乏社会各界监督，难以满足民众的需求。在笔者回收的 182 份有效问卷中，有 90 人认为政府煤矿安全生产监管工作中做得最不好的是在信息公开方面。

（五）绩效信息缺乏真实性

绩效评估的过程，在很大程度上就是一个信息的收集、加工和处理的过程。评估信息的真实，是政府绩效评估的生命线。如果评估信息失真，就不能得到客观、公正的评估结论，不仅会打击被评估者的工作积极性，还会损害政府的信誉和形象。然而，在目前的政府煤

① 陈天祥：《政府绩效评估的经济、政治和组织功能》，《中山大学学报》（社科版），2005 年第 6 期。

② 笔者在国家安全生产监督管理总局的门户网站上浏览发现，直至 2009 年 3 月，关于特大事故调查处理结果也只更新到 2008 年 7 月 29 日，对事故处理的结果公布距事故发生时间往往长达近一年之久。

矿安全生产监管绩效评估中，常常出现统计信息、会计信息失真的现象，原因在于评估方法过于简单，除了只重结果不重过程而容易使被评估者急功近利和弄虚作假外，在对评估信息的处理方面，主要依靠评估人员的自律和职业道德这些软性约束机制，从而易受一些主观因素的影响。

第三节　新型政府煤炭安全生产监管绩效评估体系的构建

一、构建新型政府煤炭安全生产监管绩效评估体系的前提

（一）明确政府煤炭安全生产监管绩效评估的目的

政府不仅要关注投入产出也即效率的问题，更应该关注社会的长远利益和公平正义的实现。在实践中，政府绩效评估深受主要领导者的主观意志的影响，评估的重点常因领导人的更迭而变换。有的决策者出于某种需要，或者不愿受绩效评估的限制，把目标表述得模糊不清，给评估测度标准的选择造成很大的混乱，也给被评估部门的工作带来困扰，使他们无所适从，穷于应付，非常不利于政府管理工作的稳定性、连续性和绩效的可持续性。因此，在构建政府煤炭安全生产监管绩效评估体系时，首先必须明确评估的目的。

煤炭工业是晋中市的支柱产业，在全市国民经济和社会发展中具有举足轻重的作用。全市含煤面积 12 582 平方公里，占全市总面积的 76.6%，占全省含煤面积的 20.5%。煤炭地质储量 1 082.15 亿吨，占全省储量的 16.32%。探明储量 200 亿吨，占全省探明储量的 9.77%。全市辖 12 个县(区、市)，其中，产煤县(区、市)8 个。截至 2008 年 12 月 3 日，全市公布的合法煤矿共有 209 个，年生产能力为

5 732 万吨(参见表 11－3)。①

表 11－3　晋中市合法煤矿基本情况

县(区、市)	煤矿数量(个)	年生产能力(万吨)
灵石县	74	1 770
介休市	27	789
平遥县	10	176
榆次区	13	321
寿阳县	22	792
昔阳县	20	603
和顺县	26	867
左权县	17	414
合 计	209	4 732

除了表中的煤矿外,在晋中市范围内还有省属煤炭国有企业及其子公司,由省级安监部门进行监管,不受煤矿所在地政府管理,也不受当地监察分局(站)管理。这是目前国家对煤炭行业安全生产管理的一个指导思想,即加大煤矿企业兼并重组力度,鼓励有实力的大企业并购生产能力低、技术水平低的中小企业,改变煤炭开采"多、小、散、乱"的局面。2008 年,山西省国有煤炭企业集团共收购兼并 186 座地方煤矿。②

所以,对晋中市政府煤矿安全生产监管进行绩效评估的目的主要是保证晋中市区域内地方煤矿企业,尤其是中小煤矿的生产安全,降低事故发生率,确保煤矿从业人员的身体健康和生命安全;打击煤矿生产企业乱采滥挖,避免可能引起的地质地震灾害;在社会中树立

① 数据来源于晋中市煤炭工业局官方网站(http://www.jzcoal.gov.cn),2008 年 12 月 3 日。

② 数据来源于《2008 年山西煤炭产量和销售收入》,中商情报网(http://www.askci.com),2009 年 3 月 27 日。

一个良好的政府形象，消除公众对政府煤矿安全生产监管不力的误解，增强包括煤矿从业人员在内的公众对政府的信任，促进“服务政府”和“责任政府”建设。

（二）界定政府煤炭安全生产监管的职能范围

政府绩效从本质上看就是政府职能履行的程度和质量。要确定政府煤炭安全生产监管绩效评估的内容，就必须立足于政府煤炭安全生产监管的职能。不同的职能内容和结构，决定不同的指标内容和结构。因此，在构建政府煤炭安全生产监管绩效评估指标体系时，应全面、准确地把握政府煤炭安全生产监管职能的基本内容。

2004 年 11 月，国务院办公厅颁发《关于完善煤矿安全监察体制的意见》，确立了“国家监察、地方监管、企业负责”的煤矿安全工作格局，明确了煤矿安全监察、监管的职责，要求建立健全煤矿安全监察监管协调机制，同时决定在监察任务繁重的地方适当增设煤矿安全监察机构。“国家监察、地方监管、企业负责”的原则，确定了煤矿企业是预防事故的责任主体；安全生产监管部门、煤矿安全监察机构履行监督检查和查处职责。同时，确立了地方政府统一负责、政府各部门联合执法的机制，为充分发挥各部门互补优势和综合运用政府行政资源提供了有力保障。

具体来说，晋中市政府的煤矿安全生产监管职责主要是：加强对煤矿安全生产工作的领导，将煤矿安全生产工作纳入国民经济和社会发展总体规划，制定安全生产中长期规划；宣传贯彻执行国家煤矿安全生产法律、法规和方针、政策，研究制定煤矿安全生产重大政策及措施；组织、督促、支持各有关部门、单位依法履行煤矿安全生产监督管理职责，督促落实安全生产目标责任制和行政责任追究制度，及时协调解决煤矿安全生产工作中的重大问题；加强煤矿安全生产基础设施建设，加大政府对应急救援装备、事故隐患治理的投入；鼓励和支持煤矿安全生产科学技术研究和安全生产先进技术的推广应用，加强产业政策引导，调整和优化产业结构，逐步淘汰不符合产业政策和不具备安全生产条件的生产经营单位；组织煤矿安全生产专项整治及隐患排查治理工作，及时消除事故隐患，依法关闭不符合安全生产条件的生产经营单位；建立健全省、市、县、乡四级安全生产监督管理组织体系，建立健全执法体系；健全煤矿生产安全应急救援体系，建立应急救援指挥机构，制定和完善生产安全事故应急救援预案，定期组织应急救援演练，领导和组织指挥事故应急救援；负责或授权、委托有关部门组织事故调查，对调查报告作出批复，并督促有关部门落实处理意见；加强安全生产宣传教育，提高公民的安全生产意识，对在改善安全生产条件、防止生产安全事故、参加抢险救护等方面取得显著成绩的单位和个人给予奖励；法律、法规和上级政府规定的其他安全生产职责应及时下发到各有关部门。

晋中市安委会在晋中市政府领导下开展工作，研究部署、指导协调和督促检查本行政区域内的安全生产工作；提出安全生产工作的重大方针政策；分析安全生产形势，研究解决安全生产工作中的重大问题；指导协调监督安全生产事故应急救援工作；督促检查下级人民政府和本级人民政府有关部门落实安全生产工作情况并进行预警通报；对安全生产工作进行年度考核，向政府提出奖惩建议。

山西煤矿安全监察局晋中监察分局原名为晋中煤矿安全监察站，是根据国办发[1999]104 号文要求，煤矿安全监察体制实行三级垂直管理而设立在产煤地区的一级行政执法机构，依照《安全生产法》、《煤矿安全监察条例》等法律法规的规定对晋中行政区域内各类煤矿实施安全监察。2004 年，《国务院办公厅关于完善煤矿监察体制的意见》又进一步明确了煤矿监察机构行使国家煤矿安全监察的职能，并将煤矿监察站更名为监察分局。

依照《安全生产法》、《煤矿安全监察条例》等法律法规及国办发

[2004]79 号文件规定，山西煤矿安全监察局晋中监察分局的主要职责是：对煤矿安全实施重点监察、专项监察和定期监察，对煤矿违法违规行为依法做出现场处理或实施行政处罚；对地方煤矿安全监管工作进行检查指导；负责煤矿安全生产许可证颁发前的现场核查工作和煤矿特种作业人员的培训发证工作；负责煤矿建设工程安全设施的设计审查和竣工验收；组织煤矿事故的调查处理。

煤矿监察分局设立的最大特点就是将国家监察与地方监管分开，实行垂直管理，所有的煤矿安全监察人员，不论在哪里工作，都是由国家煤矿安全监察局总部直接任命，所有的省局和地方办公室的财政支持也都来自总局，这就使监察人员能较好地抵制来自地方政府的干涉，忠于职守，独立行使其执法监督权。而且，煤矿安全监察机构的唯一职责就是规范和保证煤矿的安全和职业健康，不需要考虑煤炭生产方面的问题，与煤矿企业没有任何经济或体制上的联系，成为独立的第三方监管人。①

晋中市政府和晋中市监察分局的煤矿安全生产监管职能各有侧重，前者承担的责任较为重大，但执法权却稍显不足，而后者权力则较大，但承担的责任却相对较少。两者的职能设置存在一些相似之处，比如它们都负责督促检查煤矿企业贯彻落实国家有关安全生产法律法规、规程标准和重大方针政策的情况，依法对煤矿生产和建设中有关安全生产的违法行为进行查处。总的来说，晋中市政府与监察分局之间需要进一步明确分工，避免职能重叠和交叉，地方政府要严格按照国家相关法律法规的规定在完成自身职责的同时，密切配合监察分局，实现煤矿安全生产监管工作与安全监察和行业管理的有机统一。

---

① 这样，实际上在安全生产综合监督管理系统内就分成煤矿安全监察垂直管理，其他安全生产分级管理，形成了两个系统、两种体制和两类财政，较难在全国上下形成统一、协调的运行机制。在调研过程中，笔者感受到这种从国外照搬过来的做法运行效果值得质疑。

（三）明确政府煤炭安全生产监管绩效评估的价值取向

绩效评估的价值取向是政府对其行为终极目的所做的基本判断、选择和确认，是整个评估体系的核心和灵魂，它决定着评估主体、评估内容和评估方式方法的选择。因此，我们在构建政府煤炭安全生产监管绩效评估体系之前，必须先确定评估的价值取向。

政府行为以提供公共服务或公共物品为主旨，它强调“公共性”，以公共利益为导向，追求社会利益的最大化，为此，政府绩效评估必须重视对政府行为的社会效果的评估，也必须注重公众的利益诉求。党的十六届三中全会关于《中共中央关于完善社会主义市场经济体制若干问题的决定》明确指出，坚持以人为本，树立全面、协调、可持续的发展观，促进经济社会和人的全面发展。这标志着我国政府的发展目标已经从单纯追求经济增长转向全面、协调、可持续发展，清晰地凸显出以人为本的新政绩观。

倪星等提出政府绩效评估的价值标准应该是效率和公平并重、效率与民主兼顾、经济增长和社会发展同步。① 这三大方面的价值标准是互相融合的，贯彻效率价值可以促进经济增长，加快社会发展的进程；提倡公平和民主价值可以全方位调动公众参加经济建设的积极性，也可以有效地促进社会发展。上述三者共同作为政府绩效评估的价值标准，有利于充分体现政府存在的意义，更好地履行政府职能，提高公众对政府的认同感和满意度。

在实践方面，近年来我国不少地方政府开始了以公众为导向的绩效评估模式的探索，比如，烟台市率先试行的社会服务承诺制，珠海市、南京市等地开展的“万人评政府”活动，这些都可以被看做是注重社会效果、公共利益和以人为本价值在政府绩效评估中的一种积极尝试。

---

①　倪星、李晓庆：《试论政府绩效评估的价值标准与指标体系》，《科技进步与对策》，2004 年 9 月号。

具体到政府煤炭安全生产监管绩效评估领域，贯彻以公共利益为导向和以人为本的价值理念，可以把政府与煤矿之间的关系由过去管理者与被管理者之间的关系变为公共服务的提供者与顾客之间的关系。地方政府为煤矿及其从业人员提供安全生产保障，为他们的生命财产安全提供服务，这体现了以人为本的执政理念和价值取向。同时，要求政府必须倾听顾客（煤矿从业人员等）的声音，对顾客的正当要求及时做出回应，以顾客的满意作为最大的价值选择。

二、政府煤炭安全生产监管绩效评估主体的选择

长期以来，我国政府绩效评估强调的是控制作用，即把它视为上级政府控制下级政府的工具，往往由上级政府实施对下级政府的考核和反馈，但这种单向评估的做法已无法有效回应社会和公众的要求。我国社会现正日益朝多元化的方向发展，而且各利益主体的诉求越来越强烈，其表达能力也逐步加强，同时，由于绩效本身的多维性和复杂性，单一主体的评估会使评估结果与客观绩效水平之间存在较大的误差，因此，在设计绩效评估系统时应考虑建立一个网络化、多元化的评估主体结构。

我们可以借鉴企业常用的 360 度绩效考核法来确定政府煤炭安全生产监管绩效评估主体。360 度绩效评估法是一种科学的确定评估主体的方法，它以组织内外部成员的满意度和全面质量管理为基础，良好地体现了对多元性的考虑与回应。①它有助于在评估中接收多方信息，凝聚各方面力量，促进政府内外部人员的合作互动，不断发现问题并能够快速的对问题作出反应，有效引导政府内外部力量的整合。

根据 360 度绩效评估模型及政府部门的实际情况，政府煤炭安

---

① 黄维德、董临萍：《人力资源管理》，高等教育出版社，2001 年，第 113—115 页。

全生产绩效评估活动的主体可以分为内部评估主体与外部评估主体两个方面。前者包括上级政府、下级政府、同级政府和政府自身的评估，后者包括外部评估机构或专家、社会公众、新闻媒体评估等。

（一）内部评估主体

上级政府部门是我国政府绩效评估中最常用的评估主体，其权威性是不容置疑的，评估的内容应以年度重点工作目标的完成情况为主。下级政府评估主要以被评估政府或部门的直属下一级政府或部门的评估为主，主要评估政府管理过程是否规范、是否严格按相关的法律法规等办事，以及主动承担责任等方面。同级政府评估主要是与被评估者存在业务关系的部门，评估的内容主要应围绕是否按业务规程办事、是否圆满完成了部门的职责以及彼此之间的沟通与合作。地方政府自评的结果往往不能反映出政府的真实绩效，因此，为了避免自我评估可能产生的某些误区，其评估只能作为一种参考，不应占权重，仅在评估结果确定后让其与其他主体的评估结论进行对照，以培养它们的自我认识能力，反省绩效进程中存在的不足。

（二）外部评估主体

政府部门主导的绩效评估，往往是从自身的需要出发，例如从有利于其管理的便利性和实现部门甚至个人的价值追求为目的，从而使评估背离初衷；而参与评估的人员又往往带有一定的随机性，他们对评估重要性和绩效标准的认知，以及个人判断能力和与被评估者之间难以言明的正式或非正式关系等因素都可能影响评估结果，进而影响评估的公信力；另外，仅局限于政府内部的评估不利于政府部门广开言路，广泛地吸纳群众意见。因此，需要引入外部主体参与政府绩效评估。

社会公众是公共服务和公共产品的消费者，他们对于政府工作的实际成果感受最为深切，也最有发言权。具体到政府煤炭安全生产监管绩效评估，笔者认为，社会公众主体应以煤炭从事人员为主。在笔者所做的问卷调查中，182 位调查对象中有 171 人认为应该让煤炭从业人员参与绩效评估工作。他们在评估中的主要责任是配合政府、外部评估机构或专家所做的煤炭安全生产监管满意度调查,如实填写有关问卷或接受访谈。而外部评估机构或专家学者等民间力量参与评估活动,带有一定的“第三方”意味,因而比“官办”的政府绩效评估具有较为广泛的民间基础;其评估过程也具有更高的透明度和公信力,因而更容易反映全面的意见和得到公众的认同;专家学者具有人才、理论和学术优势,能给评估提供指导性意见;这些民间评估力量的参与,将大大减少政府部门在绩效评估中的工作量,使其有更多的精力用作正常行政,提升政府效能。[①] 有人把这些政府外部智力资源的优势概括为专业性、公正性和可行性3个方面。[②] 从国外和我国近年来的政府实践来看,借助专业评估机构和专业学者参与政府绩效评估已经是一个很普遍的趋势。

新闻媒体作为政府绩效评估主体的一个重要组成部分正受到人们越来越多的关注。新闻媒体作为政府与公众进行沟通的桥梁,通过对一些煤炭安全生产监管中存在的问题进行曝光而发挥其评估的功能。

三、政府煤炭安全生产监管绩效评估指标体系设计

评估指标是对政府目标的具体化,指标体系的合理化和科学化程度不仅在很大程度上制约着政府绩效评估的质量,而且还有助于清晰地界定政府的职能和活动范围,确保政府绩效的真实有效,促进政府绩效的公益本位。

政府绩效评估指标体系的构建是一个系统过程,本研究主要从指标维度的构建、指标体系的主要内容、指标体系的筛选3个方面加

① 刘利军:《政府绩效评估——期待“官办”变“民办”》,见正义网(http://www.jcrb.com/zyw/n460/ca329040.htm)。

② 周凯主编:《政府绩效评估导论》,中国人民大学出版社,2006年,第102—103页。

以阐述。

（一）煤矿安全生产监管绩效评估指标体系的维度

在政府实践中，政府运行过程是由投入——管理——产出——结果4个环节组成的。投入是指政府为社会提供管理与服务所需的资源消耗，包括人力、财力和物力；管理是指政府通过内部结构重组和流程优化而获得的管理与服务能力，表现为政府的行政能力、服务能力、廉洁程度、政策制定与执行状况；产出是指政府活动所产生的所有输出和提供的服务；结果则是指这些输出对公众产生的影响。① 政府煤炭安全生产监管绩效评估指标体系的维度设计也可以从此角度出发加以探讨。在本研究中，为了尽可能简化和便于操作，笔者将评估指标划分为投入、管理过程、产出及结果3个维度。这样就能按照政府煤矿安全生产监管活动的逻辑顺序，逐一考察各个环节中政府的工作状况，遴选最合理的绩效指标，确保全面、有效地考察政府的工作绩效。

（二）指标体系的主要内容

在确定了指标体系的上述3个维度以后，笔者通过实地访谈和观察，并通过查阅相关的研究成果，然后进行逻辑辨识和提炼，归纳总结了政府煤炭安全生产监管绩效评估指标集合，然后按照投入、管理过程、产出及结果3个方面进行分类，形成初步的能够反映政府煤矿安全生产监管绩效水平的完整的指标体系。

1. 投入指标体系的构成

笔者通过对政府相关工作人员和煤矿管理人员的访谈发现，大部分人都认为，资金、技术和设备投入方面的不足是影响目前煤矿安全生产的主要原因。一位煤管局副局长说："其实政府对煤矿安全生产非常重视，一票否决制的压力很大，我们也想把工作做好，但一是

① 倪星：《地方政府绩效评估指标的设计与筛选》，《武汉大学学报》（哲社版），2007年第2期。

权力有限，二是企业要更换新的安全设备，资金投入太大，企业出于利益目的不愿支付，政府财政也有限，杯水车薪解决不了实际问题。所以，常常在发现隐患事故时就责令停产，不生产就不会有危险，但实际上并不能根本解决问题。”①还有一位乡镇煤矿技术员也提出："煤矿安全设备一次性投入成本太高，我们在安全技术上投入不起。比如采煤中使用的综合采煤机，价值 7 000 多万元，这只是一台机器的价钱，而煤矿里的瓦斯抽放系统、皮带运输系统等设施，不管哪一种，动辄都是上千万。对于私人煤矿来说，由于煤矿的承包期短，一般是 3 至 5 年，使得煤主在投入上有所顾虑，害怕在承包期内不能收回成本。所以，只好少投入，多挖煤。”②

针对煤矿安全生产投入不足的问题，国家有关部门于 2005 年出台了分类对煤矿提取安全费用标准的有关规定。其中，大中型煤矿中，高瓦斯、煤与瓦斯突出、自然发火严重和涌水量大的矿井吨煤不低于 8 元；低瓦斯矿井吨煤不低于 5 元；露天矿吨煤不低于 3 元。针对小型煤矿，高瓦斯矿井、煤与瓦斯突出、自然发火严重和涌水量大的矿井吨煤不低于 10 元；低瓦斯矿井吨煤不低于 6 元。并要求煤炭生产企业应在上述标准的基础上，根据安全生产实际需要，科学合理地确定安全费用具体提取标准，并报当地主管税务机关、财政部门、煤炭行业管理部门、煤矿安全监管机构和各级煤矿安全监察机构备案。③ 因此，相关政府部门的一个重要职责是检查督促经费的落实到位情况，还要防止针对这些资金的挪用和贪污行为。目前，在晋中市主要由煤炭工业局财务科负责监督、指导全市煤矿企业安全费用和维持简单再生产费用等其他专项资金的提取、使用和管理工作，同时负责全市煤炭安全资金及其他专项资金的收缴与管理，拟定资金

---

①② 笔者访谈记录。

③ 财政部、国家发展改革委、国家安全生产监督管理总局、国家煤矿安全监察局：《关于调整煤炭生产安全费用提取标准，加强煤炭生产安全费用使用管理与监督的通知》，财建[2005]168 号。

的投资计划,并对实施情况进行监督检查。

宣传教育有助于强化人们的安全意识,有助于各项安全制度的落实和执行,虽然其效果难以衡量,但却是一种必不可少的安全监管投入,因此,笔者选取安全生产活动宣传次数和订阅安全生产报刊份数两个可以量化的指标作为评估依据之一。

在实地调查中,笔者发现政府监管人员数量严重不足,很多基层监管机构只能雇用临时工和合同工,很多时候监管人员只是通过电话质询的形式实施监管。如果对一些大型矿井进行全面检查,依靠现有的监察人员数量及其专业结构是很难胜任的。因此,笔者选取监管人员数量、政府监管人员与煤矿数目之比、专业技术人员 3 项作为绩效评估的具体指标。

经过对上述监管投入领域的分析,形成了包括是否设立煤矿安全生产专项经费、经费落实到位情况、煤矿安全生产活动宣传次数、订阅安全生产报刊份数、监管人员数量、政府监管人员/煤矿数、监管专业技术人员数 7 个指标。

2. 管理过程指标体系的构成

一般来说,政府安全生产方面的监管主要包括 3 个方面:市场准入的控制、日常的监督检查以及发生伤亡事故后的责任追究。也即为了预防煤矿企业发生伤亡事故的风险,政府分别从事先、事中和事后 3 个阶段进行了控制和预防,如图 11－1 所示。

这 3 个方面反映了政府对煤矿安全生产监管的一个管理过程,从市场准入到日常监察,再到事故追究,实际上体现了一种危机管理的思想。美国著名安全工程师海因里希提出的 300∶29∶1 法则说,当一个企业有 300 个隐患或违章,必然要发生 29 起轻伤或故障,在这 29 起轻伤事故或故障当中,必然包含有一起重伤、死亡或重大事故。这一法则完全可以用于煤矿企业的安全管理上,即在一件重大的事故背后必有 29 件“轻度”的事故,还有 300 件潜在的隐患。海因

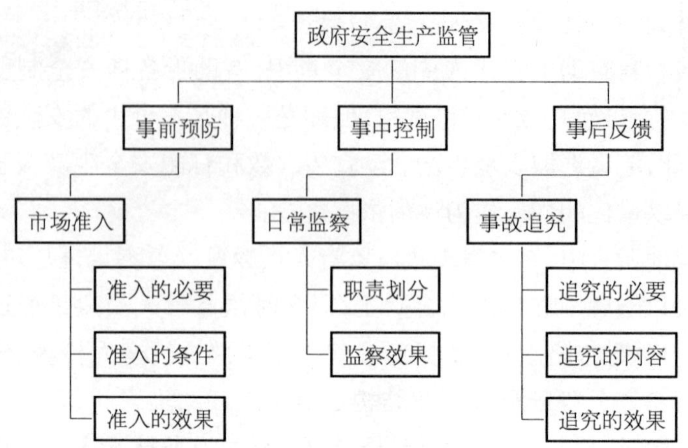

图 11－1　政府安全生产监管框架图

里希还提出了事故因果连锁论，用以阐明导致伤亡事故的各种原因及与事故间的关系。该理论认为，伤亡事故的发生不是一个孤立的事件，尽管伤害可能在某瞬间突然发生，却是一系列事件相继发生的结果。海因里希把工业伤害事故的发生、发展过程描述为具有一定因果关系的事件的连锁发生过程，即：人员伤亡的发生是事故的结果。事故的发生是由于人的不安全行为和物的不安全状态；人的不安全行为或物的不安全状态是由于人的缺点造成的；人的缺点是由于不良环境诱发的，或者是由先天的遗传因素造成的。[①] 因此，为了有效地防止煤矿安全事故发生，必须采取措施消除人的不安全行为和物的不安全状态。

那么，从管理过程维度出发设计安全生产监管绩效评估指标时，就要充分考虑到政府对人和物的监管，消除潜在性事故隐患。比如，市场准入制度就要求一个合法的煤矿必须具有“六证”，即采矿许可证、矿长资格证、矿长安全生产资格证、安全生产许可证、煤炭生产许可证和工商营业执照。其中，采矿许可证由省国土资源厅颁发，矿长

① 钟茂华等：《事故致因理论综述》，《火灾科学》，1999 年第 3 期。

资格证与矿长安全生产资格证由省煤炭工业局颁发，安全生产许可证由省煤炭安全监察局颁发，煤炭生产许可证由省煤炭工业局颁发，工商营业执照由省工商局颁发。这些证件的颁发看似都由省级政府颁发，但实际上一个省内大小煤矿众多，而政府各部门的工作人员数量有限，不可能都对所有资料进行一一认真审核，很多审核工作由下级政府部门完成。当一个煤矿获得了生产许可后，下一个安全监管的环节是日常的安全制度建设，然后是日常的监督检查即隐患排查，最后是相关的文化建设形成安全生产的良好氛围。因此，管理过程的指标设计应围绕这 4 个方面展开。

在依法行政方面，各单位职责互不相同，煤炭工业局物业管理科负责全市地方煤炭企业《煤炭生产许可证》的审查、上报、年检和煤炭经营企业《煤炭经营许可证》的初审工作，参与煤炭企业《安全生产许可证》的审核；协调行业内部关系，维护公平竞争秩序，组织、协调煤矿安全生产专项整顿；负责生产矿井的地质工作。技术装备科负责分析和预测全市煤炭安全生产形势，发布全市煤炭生产信息和伤亡事故综合统计的具体工作；监督管理煤炭安全技术措施经费提取、使用及安技工程的施工进展情况；组织推广应用煤矿安全新技术、新工艺、新产品和科技成果鉴定；实施对煤炭企业安全生产条件和有关设备进行检测检验并进行监督检查；管理劳动防护用品工作，对特种防护用品实行发证。而安监局则是进行具体的行政执法工作，并要与监察分局密切配合。

在制度建设方面，目标责任制是目前考察政府煤矿安全生产监管绩效的一个通用方法，各地方政府和上级政府签订目标责任状，在年底进行考核并实施相应的奖惩。同时，各地也建立了相应的煤矿安全事故应急预案，但在落实方面稍显不足，因为平时缺乏演习，在真正遇到事故时却不能很好地按照预案实施救援。因此，对救援预案的演习也应纳入考核范围。

重视隐患排查是危机管理的重要原则，可以有效地防范各类潜在危险因素，把隐患消灭在萌芽状态。目前，晋中市政府建立了联网在线统一管理各个煤矿，及时将各类隐患信息进行统计分析上报，并快速做出反应。例如，晋中市煤炭工业局监控中心对 2008 年 12 月份安全监控系统监测监控记录进行综合分析，发生各类安全隐患报警持续时间在 360 秒以上的共 40 次，其中，瓦斯类隐患 16 次，通风类隐患 8 次，其他隐患 16 次。市局监控中心针对发现的安全隐患的类型及性质，及时给县局监控中心下达了相应的网络监管指令，由县局监控中心立即传达到矿，查明报警原因，采取措施落实处理，同时通过电话口头监管 245 次（报警持续时间在 360 秒以下）确保了隐患的及时排查，有效防止了煤矿事故的发生。表 11－4、11－5 和 11－6 是晋中市 2008 年 12 月份的安全监控简报①。

表 11－4　各县（区、市）网络监控报警统计表

隐患类型	寿阳	昔阳	榆次	和顺	平遥	介休	灵石	左权	合计
瓦斯报警矿（次）	2	4	2	1	2	2	1	9	23
主扇停风报警矿（次）									0
其他隐患矿（次）	3	6	3	1	0	1	2	1	17
合计	5	10	5	2	2	3	3	10	40
占总隐患的比例（%）	12.5	25.0	12.5	5.0	5.0	7.5	7.5	25.0	100

表 11－5　网络监管指令分类下达情况表

市局下达监管指令	寿阳	昔阳	榆次	和顺	平遥	介休	灵石	左权	合计
通知书质询（次）	5	10	5	2	2	3	3	10	40
处理决定书（件）	0	0	0	0	0	0	0	0	0

① 资料来源于晋中市煤炭工业局煤矿安全信息中心，2009 年 1 月 5 日。

表 11－6　各县(区、市)网络情况表

县(区、市)	寿阳	昔阳	榆次	和顺	平遥	介休	灵石	左权	合计
稳定上传的矿数	15	15	13	22	9	25	39	13	149
不上传矿数	7	6	3	0	0	5	41	7	71
总计	22	21	16	22	9	30	80	20	220
在线率(%)	59.1	71.4	81.3	100	100	83.3	48.8	65.0	67.7

晋中市在日常的监管中不仅重视对不同类型的隐患的统计，还积极运用电子网络技术及时对煤矿安全生产情况进行跟踪、了解和汇总，节省了一定的人力、物力和财力。这也说明了在设计政府煤矿安全生产监管绩效评估指标体系时，要注意对隐患监控工作的考察，包括隐患的内容、发现情况和处理结果等方面，同时要注意区分不同类型的隐患，并对瓦斯隐患进行重点监控考核。但从表中我们也可以看出，仍有一些煤矿未上传数据，很多煤矿长期不在线，对于这部分煤矿的安全生产情况，政府相关监管部门并未做出统计。对此，要通过指标体系的设计使其日常的管理逐渐规范化。

在文化建设方面，笔者通过访谈了解到国有重点煤矿和国有地方煤矿有关安全生产方面的培训工作较为丰富，经常组织各类学习和考试，一些培训还包括矿工家属。但在一些乡镇煤矿中，工人多为农民工，文化水平低，缺乏专业的培训，给煤矿安全生产带来了不稳定因素。目前，全市煤炭行业教育培训计划、煤矿专业人才的培养、煤矿矿长资格证的审核发放和全市煤炭行业培训管理工作都由煤炭工业局办公室负责。

在综合考察了管理过程的 4 个方面的因素后，本研究设计了包括 21 个相关的指标体系初稿。

3. 产出及结果指标体系的构成

目前,考核地方政府煤矿安全生产监管绩效最重要的指标就是煤矿百万吨死亡率,其次,还要综合考虑公众满意度等因素,注意绝对指标与相对指标的结合。本研究设计了包括煤矿事故起数、重特大煤矿事故起数、煤矿百万吨死亡率、煤矿事故伤亡人数为绝对指标,煤矿从业人员满意度、投诉率为相对指标。

绝对指标之所以要区分煤矿事故起数和重特大煤矿事故起数,是因为重特大事故伤亡造成的后果比较严重,所以要单列。但重特大煤矿事故发生毕竟是少数①,重特大事故少并不代表当地具有良好的煤矿生产安全形势,小的伤亡事故的频繁发生同样可以说明安全绩效不高。因此,有必要将这两项都纳入指标体系之中。相对指标中,煤矿从业人员满意度和投诉率可以直接反映行政相对人的看法,体现了他们作为评估主体的应有地位。

(三)指标的筛选

上述指标体系初稿是笔者主观设计出来的,带有一定的主观性,为此,还需要进行指标的筛选。本研究设计了调查问卷(见附录 9),征求政府煤矿安全生产监管工作人员对指标体系的看法。调查问卷采用较为简便的指标等级分析方法——李克特量表法,分别将每个指标分为非常重要、重要、一般、不重要、非常不重要 5 个等级。本研究共发出 50 份问卷,回收有效问卷 46 份。随后,根据问卷调查结果进行指标的隶属度分析,删除隶属度低的指标,保留隶属度高的指标。笔者采用了主观赋值法,对非常重要、重要、一般、不重要、非常不重要 5 个等级依次赋予 5、4、3、2、1 分,依据调查对象的选择情况,求出各项指标的总得分和算术平均数,从而推断被调查者对各项指标重要程度的判定。其中,订阅安全生产报刊份数、安全生产工作执行力、组织事故救援演习次数、市级以上新闻媒体负面报道次数、

① 近年来晋中市只有灵石县(2006)发生过两起重特大事故。

市级以上新闻媒体正面报道次数 5 项指标得分较低,其算术平均数均在 3 分以下,表明它们的重要性程度较低,因此被淘汰。经过筛选后的指标体系如表 11 - 7 所示。

表 11 - 7　筛选后的指标体系表

维　度	一　级　指　标	二　级　指　标
投　入	煤矿安全生产专项经费	是否设立煤矿安全生产专项经费
		经费落实到位情况
	宣传教育	煤矿安全生产活动宣传次数
	人力投入	监管人员数量
		政府监管人员/煤矿数
		专业技术人员
管理过程	依法行政	行政执法统计报表
		报告制度执行情况
		行政审批规范化
		执法文书规范化
		打击非法违法次数
		投诉受理情况
	制度建设	是否签订责任状
		责任状的兑现落实情况
		是否编制应急预案
	隐患排查	发现煤矿隐患次数
		隐患排查工作上报率
		隐患排查整改率
		事故上报率
		事故调查规范化
		事故调查结案率

续 表

维 度	一 级 指 标	二 级 指 标
管理过程	文化建设	组织企业法人和安全管理人员培训次数和形式
		日常安全教育
产出及结果	绝对指标	煤矿事故起数
		重特大煤矿事故起数
		煤矿百万吨死亡率
		煤矿事故伤亡人数
	相对指标	煤矿从业人员满意度
		投诉率

在投入维度中，是否设立煤矿安全生产专项经费和经费落实到位情况指地方政府是否按规定设立了安全生产专项经费且足额拨款到位用于煤矿安全生产工作。煤矿安全生产活动宣传次数是指开展“安全生产月”等相关煤矿安全生产活动的次数，并且保证开展这些活动所需经费。监管人员数量是指政府部门中涉及煤矿安全生产监管的工作人员数目，政府监管人员/煤矿数则是指地方政府辖区内煤矿安全生产监管人员与煤矿数量之比，也可以理解为平均一个煤矿有多少名政府监管人员。专业技术人员是指在政府煤矿安全生产监管人员中具有煤矿生产专业技术资格的人员数目。

在管理过程维度中，是否签订责任状和责任状的兑现落实情况反映了目前我国政府在煤矿安全生产管理中推行的目标责任制的考核方法，具体是指下级政府是否与上级政府签订当年度的煤矿安全生产目标责任状，以及目标责任状内容的完成情况。是否编制应急预案是指地方政府是否编制了一套用于发生煤矿安全事故的应急救援预案，这套预案的完备性、科学性和可行性情况如何。行政执法统计报表主要指安监部门制作的行政执法统计报表内容真实充分，上交上级是否及时准确。报告制度执行情况是指按要求上报安全生产工作情况，在发生事故时要及时上报，不得瞒报、误报和延报，并以书面材料为准。行政审批规范化主要针对国土资源局、工商局等具有行政审批职能的政府部门，严格考核他们在办理煤矿安全生产所需证件时的审批流程是否规范。执法文书规范化是针对政府煤矿安全生产监管人员在执法过程中下达的通知整改书等各项文书的规范性。打击违法非法次数是指政府各相关监管部门在平时的工作中发现的煤矿安全生产违法非法次数，并按要求及时向上级汇报。投诉受理情况指政府是否建立煤矿安全生产投诉制度，在接到群众对煤矿安全生产方面的举报和投诉时如何进行处理，要对解决过程有详细的记录，并以一定的书面材料为据。发现煤矿隐患次数、隐患排查工作上报率、隐患排查整改率 3 项指标反映了政府在监管过程中隐患排查治理工作的开展情况，对隐患排查工作方案的制订，材料的汇总及上报都应列入考核范围。事故调查率、事故调查规范化和事故调查结案率 3 项指标与隐患排查 3 项指标的考核方式相类似，不同的是它们针对的是煤矿安全生产事故发生后的政府监管行为。组织企业法人和安全管理人员培训主要指政府开展相关培训活动的形式、次数和内容，同时还包括对特种作业人员持证上岗的培训。日常安全教育指除特殊培训之外的常规教育是否制度化和规范化。

在产出及结果维度中，煤矿事故起数、重特大煤矿事故起数、煤矿百万吨死亡率和煤矿事故伤亡人数是关键绩效指标。煤矿从业人员满意度是指地方政府辖区内煤矿从业人员对政府各项煤矿安全生产监管工作的满意情况。投诉率主要指地方政府辖区内煤矿从业人员的投诉情况，反映了监管部门与煤矿从业人员的双向交流，可以显示出政府煤矿安全生产监管执法中存在的不足之处。如果一定时期内投诉率比较高，就说明了执法中出现的问题比较多，可用某时期投诉的行政相对人与该时期行政相对人总数之比来计算。

由于政府绩效是一个动态的过程，不同时期政府的工作重心会不同,不同时期煤炭安全生产监管的形势也会不一样,因此,评估指标不能固定不变,而应根据情况的变化适时进行调整和修改。比如,在美国,早期曾使用煤矿百万吨死亡率,后来随着安全形势的好转这一指标变更为百吨死亡率。另外,即使指标不变,不同指标之间的权重比例也应随政府管理实际的变化而变化。

四、绩效信息的收集

绩效评估主体对评估对象的认识和判断都是建立在对相关信息的了解的基础上,所产生的评估误差与绩效信息收集不全面、不真实和不准确有着十分紧密的关系。为避免评估者与被评估者之间的信息不对称性,可以考虑采用查阅统计报表、实地考察、听取汇报、个别访谈、座谈会、专题调查和问卷调查等多种方法,并注意不同方法之间的相互印证和补充。① 但是,由于煤矿安全生产涉及的部门众多,各部门职责各不相同,很多评估指标的统计需要专业知识支持,这就有可能造成评估对象隐瞒或曲解事实而评估者又无法识别的局面。因此,政府要做好平时的调度统计管理工作,并有选择性地对社会公开。比如,建立全国统一并和国际接轨的伤亡事故统计分析标准,建立完善的安全生产调度统计信息体系,保证各类安全生产部门、各级安全生产监管机构、各类企业都要有负责此项工作的机构和人员,形成纵横交错、覆盖全国的调度统计网络。同时,要充分利用和发挥电子技术和互联网的优势,在一定范围内建立起统计信息交流网络,实现各企业内部,企业与当地安全生产监管机构和安全监管机构之间互联互通,及时准确地向各级安全监管机构提供安全生产信息。这样,既可以减少绩效信息的收集成本,又可以减少信息不对称性,进

---

① 陈天祥:《政府绩效合同的设计与实施:交易费用理论的视角——来自广东省J市的调研》,《公共行政评论》,2008年第3期。

而提高绩效信息的质量和评估结果的准确性和客观性。此外，可以从社会上聘请一些专业、德高望重并具公正严明精神的人士作为政府绩效评估的专职人员，他们的主要日常工作就是到各地明察暗访，了解和掌握煤炭安全生产监管方面的有关情况，做好日常的绩效信息收集工作，从而避免了评估时集中收集绩效信息可能导致的因时效和人为因素引起的信息误差。

在一些地方，政府工作人员与煤矿主之间的"寻租"问题是导致煤炭安全生产事故的原因之一，而行政执法过程的不透明、信息不公开则为"寻租"提供了土壤。在笔者所做的问卷调查中，超过一半的调查对象认为政府煤炭安全生产监管工作存在不公开和不透明的问题。因此，要利用各种媒介公布政府煤矿安全生产监管的工作内容、目标和标准，以便于民众特别是煤炭从业人员的监督，也使他们真正地理解、掌握和辨别绩效信息，从而提高评估能力，为其参与评估工作奠定基础。

在进行从业人员满意度调查时，最好委托政府外部的咨询机构组织实施，可以增强主观绩效信息的客观性和公信力，只不过在调查实施时需要约束这些机构所使用的调查方式。不少实践证明，入户调查和电话调查是一种较好的调查方式选择。①

五、评估监督

建立健全评估监督机制、加强评估监督，是预防评估权力腐败的必然要求。评估监督是指监督主体依照一定的法律法规和其他规定，对评估主体的评估行为进行监察、制约、监控的社会活动。② 在监督过程中，既要对评估主体的评估行为进行监督，也要对评估对象

---

① 陈天祥：《政府社会建设绩效评估框架体系探讨》，《中山大学学报》（社科版），2009 年第 2 期。

② 杨洪：《政府绩效评估 200 问》，人民出版社，2007 年，第 92 页。

接受评估的行为进行监督。为此，与评估对象有利益关系的人应尽量回避评估，评估指标要尽量公开，评估过程要尽量透明，评估形式要保持民主，评估对象所提供的各种数据、各种资料都要接受公开审查和民主监督。具体到政府煤矿安全生产监管绩效评估领域，可以考虑开展社会监督。

煤矿安全生产工作涉及很多单位和个人，这就决定了对政府安全监管绩效评估的监督工作需要动员社会力量的参与。很多经验证明，新闻舆论是一条监督政府工作的重要途径，可以借助一些公共媒体如电视、电台和报纸等披露煤炭安全生产监管绩效、评估主体和评估过程等方面的信息，从而使绩效评估工作置于大众的视野之下而提高评估工作的客观性。随着互联网的不断发展，中国网民的数量和素质都有了很大提高，加之公众参与意识的提高，因此，近年来网络监督正在成为一种新的监督渠道，并发挥着越来越重要的作用。在政府煤炭安全生产监管绩效评估方面，我们也要学会利用网络监督的力量来改进评估工作。例如，可以在政府门户网站设立投诉监督专区，负责受理相关投诉，并公布投诉处理的情况。

此外，还应该利用工会的力量加强评估监督工作。各种类型的煤炭生产企业要按照我国的相关法律，通过民主选举的形式组建基层工会组织，并通过它们发动广大职工通过评议、建议、揭发、控告等手段监督企业执行安全生产政策、法律法规和标准，对政府监管工作提出意见和建议，通过建立投诉制度对政府的评估工作实行监督。

六、评估结果的公布和运用

评估结果的公布和运用对于激励被评估对象和整改工作具有非常重要的作用。评估结果应该通过政府网站、新闻媒体等渠道发布，既有利于产生“见贤思齐,见不贤而内自省”的激励心理效应,又便于接受社会监督而发挥进一步的强化作用。要建立和完善相应的奖惩机制,将评估结果与行政问责相结合。按照权责对等的原则,对违规决策、执行不力、疏于管理和行政不作为等问题,要责令相关单位和人员限期整改,并视情节轻重,依据有关规定追究相关人员的责任。同时,充分利用评估结果,认真分析和查找管理中的薄弱环节,不断改进政府工作,促进煤炭安全生产监管绩效的持续提高。

目前,各地在政府煤矿安全生产监管考核结果的运用上存在一些误区,如重视运用考核结果实施奖惩,轻视通过考核改进政府运作过程,这一方面是由于考核只重视绝对指标和相对指标而无视过程指标,使政府忽略了对投入和管理过程的重视,另一方面是考核重形式、轻内容的传统管理惯性造成的。此外,存在急功近利的倾向,滥用“一票否决”和“末位淘汰”,这种强化利益刺激机制的做法使考核对象因压力过大而产生逆反作用,如临汾市因煤矿安全生产问题严峻致使长期无人敢接任市长一职就是一个例子。有的时候,停产整顿后并没有经过严格的验收又重新开工了,隐患没有根本消除。因此,必须改变这种简单的“大棒”式管理模式,把绩效评估当做是一种“治理过程的变革”,[①]立足于管理过程的改进。例如,通过规范审批程序,从源头上消除隐患;通过日常的跟踪反馈和辅导,及时发现问题和解决问题,把隐患消灭在萌芽状态等。

七、新政绩观和安全生产绩效观的培育

长期以来,我国各级政府多自囿于片面的经济政绩观之中,GDP、税利增长、招商引资数、固定资产投资增速等是一个不变的追

---

① 陈天祥:《基于治理过程变革的政府绩效管理框架——以福建省永定县为例》,《中国人民大学学报》,2009 年第 5 期。

求，这种政绩观虽然使经济获得了高速的发展，但教育、文化、卫生、安全、环保等诸多社会建设领域则备受冷落。具体到煤矿生产方面，只关注煤炭产量和经济效益，忽视了煤矿的安全生产和矿工的生命安全，其直接后果便是前文所列举的矿难事故频繁，给人民的生命健康和国家的财产造成巨大损失，惨痛的教训让人们警醒，经济与社会均衡发展的科学政绩观才是新时代应有的价值追求。但是，观念的转变非一时之功，时至今日仍有部分政府官员仍停留于片面的政绩观之中，因此，除了通过各级政权机关的宣传和教育等方式外，还应通过发扬民主，完善公众诉求参与机制，如完善人民代表大会制度，重大决策的听证、咨询和公开论证制度，政府运作过程的规范化、公开化和透明化等，提高政府对社会公众的回应性，使民众本位的执政价值深入人心，形成政府与社会公众之间的良性互动，进而更好地培育全面的科学的政绩观。只有在健康的政绩观的支配下，煤炭安全生产监管的各项措施才能得到真正的落实，从而真正提高安全生产监管绩效。

前面谈到，对于煤炭安全生产，除了地方政府负有监管责任外，最重要的责任主体是生产企业，为此，企业也需要树立科学的绩效观，形成良好的安全生产文化，从而保证各种安全生产措施的落实。而地方政府的安全生产监管部门在培育这种文化中又负有不可推卸的责任。但遗憾的是，很长时期以来，地方政府在煤矿安全生产文化的建设方面都比较薄弱，根据笔者的调查，除了每年 6 月的"安全生产月"活动开展集中宣传外，其余时间很少有此类活动。因此，可以考虑由政府安监部门组织成立协会组织或培训机构，给予一定的资金或政策扶持，开展各种形式的安全生产宣传和培训活动，并依靠新闻媒体的力量加强煤矿安全生产文化的宣传和渗透，从而扭转重经济效益轻安全的企业绩效观。同时，应坚持长期面向普通矿工和社区居民倡导安全文化，理顺安全与效益、生命与金钱之间的关系。具体内容包括：加强安全心理文化建设，提高矿工的安全心理素质，营造矿工“不愿违章”的安全文化氛围;加强安全环境和行为文化建设,提高矿工的安全行为素质,营造矿工“不能违章”的安全文化氛围;加强安全规范文化建设,提高矿工的安全技术素质,营造矿工“不敢违章”的安全文化氛围。此外,政府还可以借助工会组织培养工人的安全意识,宣传相关的法律法规和政策,帮助解决煤矿工人的维权问题。

第十二章
基于平衡计分卡的城管综合执法绩效评估研究[①]

——来自广州市的调研

城市管理综合行政执法是近年来城市行政执法体制的一个改革之举，它直接关系到城市管理秩序，深深影响到城市生活的很多领域，引起了社会的广泛关注，也引来了不少的争议。本章首先介绍城市管理综合行政执法原有绩效评估的基本做法，分析其中存在的问题，然后运用平衡计分卡的原理探讨改进的途径和方法。

第一节　研究背景、资料获取方法

一、研究背景

我国城市管理（简称城管）综合行政执法的出现，旨在破解原有城市管理领域多头执法、执法机构职能重叠、人员膨胀、执法扰民、执法不公等诸多困境，是对建立“精简、统一、效能”的行政执法体制的尝试，它在一定程度上保证了市容整洁、道路畅通、良好的城市生活

① 本部分内容完稿于2008年4月25日。

程序。但随着市场经济向纵深发展，社会和公民法制意识的增强，对城市管理的要求也越来越高，加上行政执法体制本身的缺陷，城管执法实践暴露了不少问题。当初的城市管理行政执法改革，不单是调整、解决城管行政执法领域中出现的问题，更深层次的考虑是希望通过局部试点，构建行政权相互监督制约、社会多元主体广泛参与的体制。但是，各地的实践显示，当前城管执法体制的焦点多集中在解决职能交叉、减少多头执法等方面，而忽视了监督的刚性和参与的民主化要求。而且，城管的工作关系着民众生活的方方面面，是与民众打交道最多的部门，城管的工作作风好坏，工作效率高低在很大程度上影响着民众对政府的信任。目前，行政执法部门普遍存在的绩效意识淡薄、监督机制缺乏等，导致了行政权力的扩张，同时，也使得城管部门成为民众心中最受争议的执法部门之一。因此，有必要在城管执法部门中开展绩效评估，一方面，以此作为契机，改善城管执法部门的绩效，提升城管执法部门的形象，另一方面，在行政执法权力的有效性与可控性之间寻求一种平衡，最大限度地保证权为民所用，利为民所谋。

目前，学术界对城管综合行政执法绩效评估方面的研究成果不多见，主要有詹国彬、陈露泉的《基于 BSC 的城管行政执法绩效评估体系的构建》①和周晓梅、谢水明的《综合行政执法改革与构建政府绩效评估制度》②，它们主要就城管行政执法部门实施绩效评估的必要性、指标体系的构建和评估体系的若干问题进行了探讨，而且主要是运用文献研究法，主观定性地提出一些看法，并没有深入到具体的城管综合执法实践之中，从而使结论难以反映管理实际。鉴于此，本研究将以案例的形式深入具体的城管综合执法实践之中，去发现其

---

① 詹国彬、陈露泉：《基于 BSC 的城管行政执法绩效评估体系的构建》，《上海城市管理职业技术学院学报》，2007 年第 3 期。

② 周晓梅、谢水明：《综合行政执法改革与构建政府绩效评估制度》，《四川行政学院学报》，2005 年第 2 期。

中存在的问题，探讨构建绩效评估体系的有效途径和方法，以期实现和谐执法，在维护城市秩序与促进民生之间寻求一个平衡点，进而实现城市管理的可持续性。

二、资料获取方法

（一）文献法

通过期刊网和学校图书馆查阅关于公共部门绩效评估和平衡计分卡在公共部门应用的文献资料，掌握政府绩效评估的相关理论和方法。笔者还利用在广州市城管执法部门实习之便，查阅了关于广州市开展城管综合执法试点和推行执法责任制的相关文件、城管支队的职能范围、最近几年的工作业绩以及绩效评估的制度文件。另外，从中国城市管理行政执法网和广州城管网获得了众多关于各地城管的职能、执法程序、绩效考核等方面的文本资料，为探讨城管综合执法部门的绩效评估体系提供了充足的素材。

（二）访谈法

为使研究更具实用价值和针对性，笔者在广州市进行了大量的访问调查（以非结构式访谈为主），访谈对象包括城管部门高层领导和一些执法人员，了解他们对城管执法绩效评估的建议和看法。另外，还就城管的相关问题访谈了社会公众和执法对象，了解他们对城管执法的看法以及期望。这些第一手资料为本文探讨城管综合执法绩效评估体系的构建提供了丰富的实践素材。此外，还通过座谈会的形式对城管综合执法绩效评估指标体系进行筛选。

（三）观察法

笔者利用在广州市城管综合执法部门的实习机会，有幸参与了一些执法过程，亲身体会其中的环节、手段和方法，这些体验有利于更好地了解执法过程中的内幕，进而探讨如何更好地完善执法的措施。

第二节　城管综合执法部门绩效评估现状

由于城管系统没有在全国范围内设立统一的行业行政主管部门,即通常说的“国家无部委,省里无厅局”,所以没有规定统一的绩效评估方法。各个城市的城管部门根据国务院的指导意见,结合地方城管工作的实际,各自开展绩效评估活动。

城管执法部门的绩效评估主要围绕着落实行政执法责任制而展开。行政执法责任制是规范和监督行政机关行政执法活动的一项重要制度,是将行政执法单位对外行使的法定职责权限确定为内部考评目标,通过逐级分解落实、采取层级监督、跟踪检查考评并严格兑现奖惩,推进依法行政的一项基本工作制度。《国务院全面推进依法行政实施纲要》中明确指出,在推行行政执法责任制的过程中要积极探索建立行政执法绩效评估体系。所以,可以认为,行政执法责任制其实是“行政执法责任制和评议考核制”的统称,通过明确执法主体、确定责任目标、分解岗位职责、量化考评指标、逐级监督奖惩的方式,达到执法与服务的统一性、权力与责任的一致性的基本要求。为了建立和完善行政执法责任制度体系,各级地方政府纷纷建立了行政执法评议考核制度,评议考核的主要内容是行政执法部门和行政执法人员行使职权和履行职责的情况,包括执法主体资格、执法行为、执法程序合法性、执法部门履行法定职能情况、行政执法责任制落实情况等。评议考核主要分两个层次进行:第一层由政府授权有关部门评议考核各行政执法机关;第二层由各级行政执法机关评议考核其内设机构和执法人员。

除了开展执法责任制评议考核外,各地城管执法部门还会根据实际情况,开展绩效考核活动。从目前的情况来看,虽然由于地域、层级、管理水平的不同,不同城管部门之间的绩效评估存在着一定的差异,但总的来看,城管部门的绩效评估体系大体还是相同的。笔者总结了多个城市的城管执法部门绩效考核办法，它们主要有如下特征：

一是评估主体主要来自政府组织内部，多采用的是层级评估和内部评估。层级评估由各级党委、政府对当地的城管执法部门进行年终考评，有些地方还由人大、政协等部门组织行风评议，内容主要包括领导班子抓行风建设的情况、推行政务公开、规范执法的情况、廉洁从政和廉洁执法的情况、履行职责及完成各项执法任务的情况等。内部评估由城管执法部门内设的直属督察大队，定期对下属各大队的绩效进行考核，包括办案情况、规范执法的情况、队伍建设的情况等。考核一般采取自行上报材料与巡查相结合的方式。

二是评估方法主要有目标管理、行政执法责任制、社会服务承诺制、效能监察等。即事先确定若干执法的目标和标准，然后定期进行考核，考核结果与奖惩挂钩。

三是评估指标主要是一些结果指标，强调城管部门在城市管理中所取得的成绩，着重考核业务工作、工作作风和队伍建设三方面。业务工作主要包括整治“六乱”、控制违法建设、工地管理等，如办案数、结案率等定量指标。工作作风主要考察依法行政、规范执法等情况，多采用定性指标。队伍建设包括廉政建设、领导班子建设、学习教育培训及后勤保障工作，也主要选择一些定性指标。

第三节　现有城管执法部门绩效评估存在的问题

一、评估的“政府本位”价值取向

绩效评估具有强烈的导向功能，绩效评估的价值取向可以引导人们对工作资源的分配以及行为的选择。价值取向是绩效评估的基础，决定了绩效标准的取舍，因此，只有寻求合理的价值取向，才能建立科学的绩效评估体系，更好地引导人们的行为。当前，在着力构建"服务政府"和"责任政府"的背景下，城管作为执法部门之一，其价值选择应该是提供良好的公共服务，营造一个秩序良好的城市环境，使人们在城市里安居乐业。因此，城管工作的重点应该是对社会和公民需求的满足，以公民的满意作为衡量其工作的最高标准。正如托马斯·阿圭那认为的那样，"政府的价值在于殚精竭虑地增进公共福利"。① 而我国目前的城管执法的绩效评估价值导向却与此相背离，绩效评估在很大程度上还是自上而下的行为模式，以完成上级下达的任务、指标作为最高目标。

还有，一些城管部门把绩效评估作为消极防御的手段，当某一方面成为热点、难点问题时，才采取诸如大检查、专项检查、大评比等手段谋求改正，如"执法大竞赛活动"、"行政效能建设"等。这些考评活动采取运动的方式，只能解决一时的问题，并不能达到长期的效果。有些部门甚至把这些考评活动作为获取政绩的手段，玩弄数字游戏，甚至干脆将其作为应付上级领导检查的摆设，以此获得更多的政府支持和更多的其他资源，从而使这种评比事实上成为"一种奖励失败的机制"。② 而且，阶段性突击取得的成果越大，所暴露的日常管理的失败也就越严重。

二、评估指标、程序和结果运用不合理

由于城管系统没有一个统一的主管机构，对绩效评估没有明确的制度要求，所以，各地城管部门开展的绩效评估活动多处于自发和半自发状态，很容易出现"想评就评，想什么时间评就什么时间评、想怎么评就怎么评"的现象。所以，目前的城管绩效评估在实际操作中普遍存在盲目性和不合理之处。

---

① ［意］托马斯·阿奎那：《阿奎那政治著作选》，商务印书馆，1963年，第34页。

② 周志忍：《绩效评估，如何保证不"走样"》，《半月谈》内部版，2005年第5期。

首先,绩效评估指标体系不全面、不合理。主要表现在:(1) 重视“硬指标”,忽视“软指标”。主要以办案数、结案率等数量指标为主,而诸如公众满意度、队员的执法态度等“软指标”的应用比较少。(2) 指标的有效性差。在有关城管粗暴执法的新闻不绝于耳的情况下,有必要把队员的文明执法程度列为考核指标。但是在有些地方的考核中,判断一个执法队员是否文明执法,主要是以其是否被有效投诉为依据。其实,队员是否文明执法,公众和行政相对人最有发言权。笔者向很多执法对象了解过,他们当中的很多人即使遭遇到粗暴执法,也很少去投诉,一是因为不知道怎么投诉,二是觉得多一事不如少一事。① 所以,以是否遭到投诉判断执法队员的文明执法程度有欠妥当。(3) 注重滞后指标,忽视前置指标。现有的评估指标多是从产出和执行层面来评价绩效,而对产出和执行的动因未予考虑。也就是说,忽视了影响组织整体绩效的若干潜在因素,例如,内部流程的优化、执法人员的学习与成长能力等。(4) 片面追求数量指标,不利于公平执法。如设置“人均办案数”指标,如果达不到相应标准就要扣分。执法领域具有特殊性,是针对违法行为进行的,执法者职权的行使完全是由被执法者引起的,是执法者难以人为控制的。因此,设定这样的数量指标就会使执法者为了追求指标,出现“凑数”、“拼数”等不正常现象,严重损害执法的质量和公正,甚至滋生执法腐败。

其次,评估的程序欠缺完整性。绩效评估的完整流程应该包括:确定绩效评估的目的、要求与任务;确定可量化的绩效目标和评估指标;建立各种评价标准和计量方法;根据评价标准跟踪与衡量绩效;划分绩效等级,进行结果与绩效目标的比较;分析、报告与公布绩效评估结果;运用绩效评估结果来改善预算、部门间合作、公共政策、公共服务和公共责任。②绩效评估的各个环节既相互联系又彼此独立,构成不断循环的有机

① 资料来源于笔者对行政相对人的访谈记录。

② 蔡立辉:《政府绩效评估:理论、方法与应用》,中国教育文化出版社,2006年,第50页。

整体。评估程序中的每一环节都对评估活动产生影响,少了任何一个环节都可能造成评估结果的失真和评估功能的弱化。但是,在城管绩效评估中往往不注重评估的系统循环,程序残缺不全,甚至虎头蛇尾。

最后,缺乏对绩效评估结果的合理运用。绩效评估无论是用于内部管理还是外部监督,其结果都应该公开,并且将评估结果运用于管理实践,否则就失去了评估的意义,也会使其丧失公信力。但是,目前城管综合执法评估结果在现实中还没有得到应有的重视和恰当的运用,让人产生"为评估而评估"的印象。还有一种情况是,只奖优不罚劣。有些城管部门会根据评估结果的等级,对绩效好的相关单位和领导实行奖励,或作为领导干部提升、任职的依据,但是对绩效不佳的部门或领导就不敢追究有关责任,只做淡化处理。

三、评估主体单一,缺乏公众参与

评估主体对行政行为具有引导作用,被评估单位往往会着重考虑评估主体对其工作的期望与需求,并努力使自己的工作令他们满意。但是,我国当前的城管综合执法绩效评估,主要是通过工作汇报、工作视察、自我鉴定、督察检查等形式的"自上而下"的评价,存在单向性和不平衡性。"多元、公开是公正性的重要保证。"①城管绩效评估缺乏公众的参与,评估难免失之于"偏"。而且,公众不作为评估主体,就使得城管部门在开展执法活动时,重视具有评估权的上级领导的满意度,而不是社会公众的满意度,也没有动力去采取措施满足公众的期望和要求。

正如罗勃贝拉指出,一个公正、平等的社会,必须靠老百姓有理智的参与公共事务,以及不断地提供建设性的意见。② 城管部门是最直

① 周志忍:《绩效评估,如何保证不"走样"》,《半月谈》内部版,2005 年第 5 期。

② Robert B. Denhardt & Janet Vinzant Denhart, *the New Public Service: Serving Rather than the Steering*, Public Administration Review, November/ December 2000, Vol. 60, No. 6, pp. 549 - 559.

接面对群众的,城管的工作关系到人们生活的方方面面,但是绩效评估却脱离群众,导致城管工作与群众需求的脱节,这就是为什么城管队员为城市管理问题疲于奔命的同时,人民群众依然怨声载道的原因之一。

四、绩效评估缺乏监督,信息透明度低

一个科学的绩效评估体系应该具有公开性,这既包括评估内容和标准的公开,也包括评估过程的公开,还应该包括评估结果的公开。但是,目前很多城管部门绩效评估的结果是不公开的,只是作为内部材料向上级报送,甚至连本部门的一般成员都很难知道结果。绩效评估结果的不透明,一方面会影响绩效评估的客观性和真实性。因为城管工作与群众的生活密切相关,对于城管的绩效好坏,公众是最有发言权的。可是,他们不但无法参与评估,甚至连评估过程和评估结果都无法了解,这就等于剥夺了公众的知情权和监督权,最终造成公众对城管绩效评估的冷漠。另一方面,它也不利于城管绩效的提高。由于城管评估的结果只掌握在少数领导手中,因此一般的执法人员无法通过评估发现工作的不足,也就难以进行绩效的改进。

第四节　平衡计分卡原理及其应用于城管执法部门绩效评估中的可行性分析

一、平衡计分卡应用于城管部门绩效评估的可行性

虽然平衡计分卡产生的时候主要应用于私人组织,但其提出者同时也声明平衡计分卡也可以用于政府等公共部门的绩效考评之中。尤其是平衡计分卡在私人组织中所取得的巨大成功,使得很多政府部门都希望借鉴私人领域里运用平衡计分卡的经验以改进政府的绩效。

(一) 平衡计分卡应用于城管部门绩效评估的政治和社会环境正在形成

首先,政府高度重视建立科学的政府绩效评估体系。温家宝总理在十届全国人大会议所做的政府报告中强调,要弘扬求真务实的精神,树立科学的发展观和正确的政绩观,抓紧研究建立科学的政府绩效评估体系。这就为建立科学的绩效评估体系以便正确地评价公共部门及其领导干部的绩效提供了良好的政治环境。科学的政绩观就是要摒弃传统的以 GDP 为主的考核方法,而要考虑短期政绩与长远政绩、竞争与协作、公平与效率、发展与稳定等之间的有机协调。而平衡计分卡强调组织绩效的高低和优劣并不直接取决于"财务",更应注重组织自身的可持续发展能力和潜在价值创造能力。平衡计分卡的"平衡"、"统筹"的理念与政府的绩效评估理念相吻合。其次,公民的权利意识日渐增强,迫切希望参与到公共事务的管理中来,并通过各种途径表达自己的利益诉求。这就要求政府部门要改变以往的"只唯上不唯下"的工作作风,更加关注公众的利益,尤其是一些弱势群体的诉求。平衡计分卡的最大特点就是追求财务指标与非财务指标之间的平衡,与政府寻求公平与效率的平衡理念是契合的。这些政治与社会环境因素都为平衡计分卡引入公共领域提供了良好的契机。城管综合执法部门作为政府职能实现的载体,从理论角度上看,将平衡计分卡引入其绩效评估之中是可行的。

(二) 平衡计分卡与城管综合行政执法改革的理念相契合

综合行政执法改革的显性动因就是要解决多头执法、职责交叉、重复处罚、执法扰民和行政执法机构膨胀等问题,潜在的动因是要构建行政权相互监督制约、社会多元主体广泛参与的行政体制,实现决策与执行两者的相对分离,在政府的有效性与可控性之间寻求一种平衡,最大限度地实现权为民所用,利为民所谋,最终构建现代、民主、高效的行政体制。而平衡计分卡重视影响组织发展的各个因素之间的平衡、使各因素与组织战略相衔接的精神十分符合城市综合行政执法改革的理念，因此，运用平衡计分卡对城管部门进行绩效评估，是促进城管综合执法改革的有效途径。

（三）平衡计分卡的“平衡”理念有助于化解城管执法的难题

城管执法的目的无疑就是维护城市公共秩序和良好的市容，给人们一个舒适良好的生活环境，其动机和出发点都是好的。但是，由于一些不可避免的问题的存在，使得城管的动机在执法的过程中有点“变味”，好像就是为了执法而执法，表现为执法方式简单、执法手段粗暴等，使得不少群众对城管执法不理解、不支持，碰到大的创建活动就认为政府在“作秀”，产生执法纠纷时往往站在违法者一边围观起哄，暴力抗法事件也时有发生。平衡计分卡最大的特点就是“平衡”的理念，不但是主观评估与客观评估之间的平衡，将实质性的成果和业绩与顾客满意结合起来，以便找到两者之间的平衡，而且是动机、过程和结果之间的平衡，包括了组织的驱动力量、过程评估和结果评估诸方面。所以，把平衡计分卡运用于城管绩效评估体系中，可以引导城管执法人员注重公众的需求，体谅执法对象的困难，努力实现动机、过程和结果之间的和谐。

二、平衡计分卡应用于城管执法部门绩效评估的条件

一些组织通过运用平衡计分卡，效果立竿见影，但也有一些组织运用平衡计分卡不仅未能解决组织绩效考核的难题，反而使考核变得更加无序。所以，平衡计分卡不完全都是成功的案例，欲使其在城管部门绩效评估中发挥作用，就必须满足以下几个条件：

（一）明确的组织战略

我国各城市的城管执法部门总体上战略成熟度不足，要么是战略不清晰，要么只有战略没有战略管理体系，使城管执法部门在运作中较难真正以战略为导向。如果组织在战略目标不清或者对自身所处的环境不甚了解的情况下运用平衡计分卡，那么组织的整体战略目标以及

通过逐层分解到员工个人目标的设定就是一个难以解决的问题。

战略就是组织的长远目标，一个组织只有在找到正确的目标后，才能确定前进的方向。当组织树立了目标后，战略的作用就是为解决“如何才能达到这个目标”的问题提供思路。平衡计分卡主要特点之一就是将组织战略置于管理的中心，所以，城管部门要运用平衡计分卡作为绩效评估的工具，就必须以战略作为行动的指南。

(二) 创新的管理理念

平衡计分卡作为一种创新性的绩效评估和战略管理工具，它的实施要求组织上下都要具备较强的变革意识和创新精神，其中可能会涉及城管执法部门内部的结构调整、工作流程变更等方面。近年来，有关创建责任型政府、服务型政府、法制型政府、学习型政府的提法层出不穷，其实都是从不同角度去创新政府治理模式和行政管理的方式、方法和手段，说明创新的管理理念和管理方式已经深深扎根于政府部门和广大公务员心中。此外，我国一些城管执法部门还引进了私营部门的先进管理技术和方法，如ISO9000质量管理体系、标杆管理等。还有一些地方推行网格化执法，将过去传统、被动、定性和分散的管理，转变为现代、主动、定量和系统的管理，有效推进了城市管理向精细化和长效化发展，不能不说是城市管理模式的创新。管理理念的更新和先进管理方法的引进，都为平衡计分卡在城管部门中的实施提供了良好的条件。

(三) 高层领导的重视和支持

卡普兰和诺顿认为：“更重要的是高层管理人员在会议上相互之间进行争论所花的时间。这些会议培养了对战略的认同感，对作为沟通工具的平衡计分卡的认同感，以及对构建战略核心新组织的管理过程的认同感。”①高层领导首先要制定战略和组织的价值定位，

---

① 转引自[美]保罗·尼文：《平衡计分卡：战略经营时代的管理系统》，中国财政经济出版社，2003年，第47页。

然后通过分解，把组织的战略和目标具体地落实到基层，整个组织上下协同配合，让所有组织成员都能充分理解和参与战略的执行工作。所以，平衡计分卡在城管部门中是否能顺利实施，关键就是是否能得到高层领导的支持。

（四）畅通的信息沟通系统

很多组织，尤其是政府组织经常存在着部门之间信息不畅通的问题，信息难以实现共享，究其原因，在于官本位与权本位意识作祟，还有就是文化水平的差异以及较多的沟通层级造成的。而平衡计分卡的设计和实施需要得到全体员工的参与和支持，必须自始至终与组织成员沟通，让每一个人充分了解自已的工作内容和工作中心。所以，平衡计分卡的实施，要求城管内部各机构之间克服信息交流中存在的种种障碍，形成一个畅通的信息沟通系统。

第五节　基于平衡计分卡的城管综合执法部门绩效评估体系构建

一、构建城管综合执法部门平衡计分卡绩效评估体系的前提

（一）界定城管执法部门的职能范围

城管执法部门的职能就是城管部门依法进行城市管理所体现的职责和功能，对于绩效评估来说，对城管职能进行正确把握，可以了解城管部门的使命，明确工作重点的方向，从而制定战略，使得评估工作有的放矢。

城管综合执法职能的确定是否合理直接影响着综合执法改革的成效。一方面，如果城管综合执法的职能范围比较窄，就很难包括城市管理的主要方面，难以实现综合执法改革的初衷。另一方面，如果执法范围太宽泛，就增加了执法人员掌握有关法律法规的难度，也会

影响一些专业性工作的开展,最终影响执法效果。

国务院在《关于进一步推进相对集中行政处罚权工作的决定》中指出,省、自治区、直辖市人民政府在城市管理领域可以集中行政处罚权的范围,主要包括:市容环境卫生管理方面法律、法规、规章规定的行政处罚权,强制拆除不符合城市容貌标准、环境卫生标准的建筑物或者设施;城市规划管理方面法律、法规、规章规定的全部或者部分行政处罚权;城市绿化管理方面法律、法规、规章规定的行政处罚权;市政管理方面法律、法规、规章规定的行政处罚权;环境保护管理方面法律、法规、规章规定的部分行政处罚权;工商行政管理方面法律、法规、规章规定的对无照商贩的行政处罚权;公安交通管理方面法律、法规、规章规定的对侵占城市道路行为的行政处罚权;省、自治区、直辖市人民政府决定调整的城市管理领域的其他行政处罚权。[①] 国务院只是就城市管理的职能范围提出了指导性的意见,具体到各个省和各个市的职能范围又会因各地的实际情况有所不同。通过对我国各大、中城市在城市管理综合执法中的职能进行比较发现,职能内容最多的为 15 个方面,最少的为 7 个方面。我国部分大城市在城市管理综合执法的内容与范围对比如表 12－1 所示。

表 12－1　我国部分城管职能范围对比

	深圳	北京	上海	广州	杭州	青岛	大连
市容市貌	▲	▲	▲	▲	▲	▲	▲
环境卫生	▲	▲	▲	▲	▲	▲	▲
环境保护	▲		▲		▲	▲	
卫　生	▲	▲			▲		

① 《国务院关于进一步推进相对集中行政处罚权工作的决定》(国发[2002]17 号)。

续 表

	深圳	北京	上海	广州	杭州	青岛	大连
房屋土地	▲				▲		▲
经贸旅游	▲						
文化市场	▲				▲		
劳动管理	▲				▲		
计划生育	▲						
工商摊贩	▲	▲	▲	▲	▲	▲	
园林绿化	▲	▲	▲	▲	▲	▲	▲
规划建设		▲	▲	▲	▲	▲	▲
市政道路	▲	▲	▲	▲	▲	▲	▲
公安交通	▲	▲	▲		▲	▲	
农　　林	▲				▲		
民　　政					▲		
医疗机构	▲				▲		
建设市场							▲
水　　务			▲				

资料来源：秦甫编著：《城市管理行政执法手册》，中国建筑工业出版社，2004 年，第 45 页。

从表中可以看出，目前各城市的城管执法部门的职能范围虽然不完全一样，但是主要是在市容市貌、环境卫生、环境保护、工商摊贩、园林绿化、规划建设、市政道路、公安交通等几个主要方面行使行政处罚权，在日常工作中主要体现为整治“六乱”（乱扔吐、乱堆放、乱拉挂、乱张贴、乱搭建、乱摆卖）、查处“两违”（违法建设、违法用地）、工地管理等。

（二）明确城管绩效评估的价值取向

价值取向是政府绩效评估的基础，它决定了政府行为的方向。所以，我们在进行城管绩效评估之前，必须先确定评估的价值取向，只有这样才能建立科学的绩效评估标准。

亚里士多德认为,人类创造政府的宗旨就是为了个人能够过上理性的、正义的生活,政府行为的价值就在于创造和保护公民或社会的"公共幸福"。洛克认为,"政府是人们自愿通过协议联合组成的共同体,其目的是保护他们的财产"。[①] 也就是说,政府产生于人民的公意达成和公意授权。政府及其官员不是社会的主人,而是人民的公仆。一旦认识到政府的本质,就不难理解政府绩效的价值取向是满足民众的需求。在我国,随着人民民主专政国家制度的确立,民众本位这一价值取向成为我国国体的必然要求。城管部门作为执法部门之一,它存在的价值也是最大限度地实现公众利益。所以,城管绩效评估的价值取向应是"民众本位"。

(三)明确绩效评估的对象

绩效考评是有层次的,一个完整的绩效考评体系应兼顾不同的层次。对于政府部门的绩效评估而言,按对象来分,可以分为 3 个层面[②]:从微观来看,政府绩效就是指政府工作人员的绩效,即工作人员的工作业绩和贡献。从中观层面来看,是指政府的分支部门履行其职能的效果及其产生的影响。从宏观层面来看,是指所有公共部门履行其维护政治的民主与稳定、经济的健康与快速发展、人们生活水平的持续提高、国家安全和社会秩序的改变、文化的发展和精神文明的提高等方面的职能的效果。公共部门传统上一般偏重的是对个人绩效的考核,所以不论从方法、技术上,还是流程设计、指标构建方面都形成了一套比较完善的体系。而对于公共部门来说,公共性的体现更多地在于公共部门整体职能的发挥,对于组织整体绩效的评估比个人评估更为重要。所以,本文在构建绩效考评体系时也要考虑到这个问题,即所考评的对象为城管

① 转引自唐兴霖:《公共行政学:历史与思想》,中山大学出版社,2000 年,第 83 页。

② 财政部会计准则委员会编:《政府绩效评价与政府会计》,大连出版社,2005 年,第 60 页。

执法部门的整体组织及内部成员,但将考评指标体系的内容侧重于组织层面,对组织成员的考核内容和过程与对组织考核的内容和过程相结合,以便促使城管部门整体绩效、城管队员个人绩效的共同提升。

二、城管综合执法部门平衡计分卡的要素分析

平衡计分卡涉及 4 个方面的内容:财务、客户、内部经营过程、学习与成长。因此,城管综合执法平衡计分卡的建立也应从这 4 个方面进行。但是,正如平衡计分卡的创始人卡普兰和诺顿所说的那样:“4 个维度应被看做是一种模式,而不是一种束缚”。① 所以,把平衡计分卡应用到政府部门时,应该对 4 个维度的指标内容及其结构关系作适当的修正和整合。

近年来,中外学者对公共部门的平衡计分卡框架的研究无不将公共部门的使命与战略置于至高无上的地位,体现出了公共部门与企业组织在价值取向上的本质区别。而在具体维度的选择上,不同的研究又有所区别,主要表现在顾客维度和财务维度的安排上。卡普兰和诺顿将两者置于同一个层次上;彭国甫则舍弃了顾客维度,把平衡计分卡的 4 个维度变成:政府成本、政府业绩、政府管理内部流程、政府学习与发展;香港的一些实践把成本指标散落于其他维度中,将顾客维度置于平衡计分卡的重要位置。但对维度和具体指标的调整并不意味着考核内容上的厚此薄彼。没有单独设置顾客维度,并不影响在业绩维度中分解出关于顾客的战略议题;缺少成本维度,也会在流程维度或其他维度中给予应有的关注。所以,平衡计分卡结构和维度的调整关键是要围绕着公共部门本身的特点进行,充

① Robert S. Kplan and David P. Norton, *The Balanced Scorecard: Translating Strategy in to Action*. Boston: Harvard Business School Press, 1996, p. 55.

分体现其非营利性和公益性。

具体到城管部门平衡计分卡的设计，首先需要高起点的目标，说明其存在的必要性，也就是对城管部门的使命进行陈述，以便表达出组织的长期任务，引导对完成这些使命的绩效作出恰当合理的评价。然后确定城管部门的战略，以便将战略转化为日常的行动，并将这些行动统一起来进行管理。另外，基于城管部门的复杂性，提供的公共服务的特殊性和公共部门绩效评估的价值取向，在指标结构上，应把社会公众放在首位。尤其是针对目前城管较多的负面新闻来看，城管在群众心目中的形象欠佳，存在着严重的信任危机，把社会公众放在首位显得格外重要。综上所述，城管部门平衡计分卡的因素就包括使命、战略、社会公众、城管综合执法的业绩、城管综合执法的流程、学习与发展，其框架体系如图 12－1 所示。

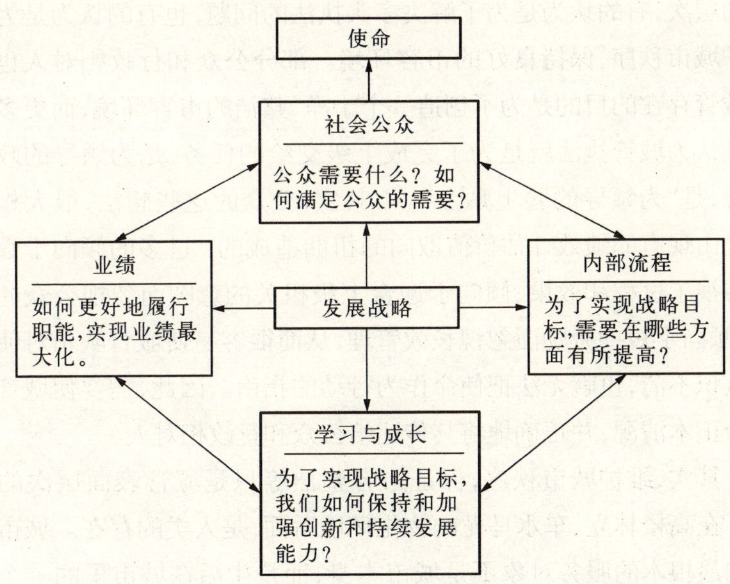

图 12－1　城管执法部门平衡计分卡的框架体系

（一）使命

在平衡计分卡模型中，所有评估指标都应该指向最终绩效的改善。在企业，获取最大利润，使股东利益最大化是最终目标。而政府部门则不同，虽然它有责任高效地配置资金，但那不是组织的最终目标。公共部门的最终目标通常表述为组织的使命，即解决"组织为什么存在的问题"。使命通常是一个比较长期的社会影响目标，对于城管部门来说，它代表城管部门对社会的责任。所以，在设计城管的平衡计分卡时，应将使命置于平衡计分卡的最突出位置，战略的制定以及 4 个维度目标的实现都是为了实现使命。使命的明确陈述，可以对社会公众、业绩、内部流程、学习与成长 4 个方面提供的短期和中期的信息进行有效的监控。

笔者就城管的使命问题访谈了一些城管执法者、公众和行政相对人，发现很多城管执法队员对于城管的使命认识都停留在比较表面的层次，有的认为是为了解决多头执法的问题，也有的认为是为了维护城市秩序，保持良好的市容环境。部分公众和行政相对人也认同城管存在的目的是为了创造一个干净、整洁的市容环境，而更多的则是认为城管执法就是为了完成上级交给的任务，是为领导的政绩服务，是"为领导的脸上贴金"。① 其实，公众的这些想法，很大程度上是由现有的绩效评估价值取向的扭曲造成的：过多的倾向于数量而忽视了过程和效果、倾向于迎合上级机关的意图而忽视公众的感受、倾向于短期激励而忽视长效管理，从而很容易使城管队员对使命的认识不清，也就无法把使命作为行动的指南。因此，需要使城管的使命正本清源，并正确地将其传达给公众和行政相对人。

其实，维护城市秩序，保证市容整洁等只是城管表面层次的追求。在高楼林立、车水马龙的物化环境后面，是人类的存在。城市管理的最根本的服务对象不是城市本身，而是生活在城市里的一个个

---

① 资料来源于笔者的访谈记录。

活生生的人。城管执法工作的价值不在于处罚了多少人，而在于通过执法管理，充分调动人的积极性和自觉性，把最活跃的人的因素同其他各种物的因素有机地结合起来，推动城市的发展，从而满足人的各种生存和发展需要，并最终实现人的全面发展。所以，城管的使命应该是通过依法行政、科学管理、文明执法、优质服务，最大限度地满足公众对城市环境的要求，并教育引导公众自觉维护城市环境，提高城市管理水平、文明程度和公众的文明素质。

（二）战略

"战略是平衡计分卡的逻辑起点和核心。"①平衡计分卡的设计必须从城管部门战略入手，根据战略制定目标而使战略具体化，再将目标转换成关键成功因素和关键绩效指标，用关键成功因素和关键绩效指标引导战略的有效实施并对战略实施效果进行评价。在为城管机构制定平衡计分卡时面临的最大挑战是要明确战略，不仅要明确他们要达到的目标，还要明确哪些目标应该排除在重点之外。一旦确定了战略，平衡计分卡就成为了有效的战略转化和执行的工具。

战略大师奎因认为："战略是将一个组织/公司的主要目的、政策和行动计划整合为一个有结合性的计划或模式。一个明确形成的战略会帮助一个组织去配置和分配它的资源，成为一个独特或可行的形态。这个形态是基于该组织的相对性内部竞争力/强处和缺点/弱处，对外部环境的变化和'聪明'的对手的行动所带来的机会和威胁的事前准备。"②在对城管执法部门内外部环境进行分析的基础上，结合城管执法部门的主要职能和通过访谈得到的信息，笔者把城管执法部门当前的战略目标定义为：落实行政执法责任制，提升执法效能，建立长效化的城市管理机制，加强队伍建设，落实依法行政、文明执法，改善队伍形象，提升社会各界的满意度。

---

① 胡玉明：《平衡计分卡是什么——一个管理工具的神话》，中国财经出版社，2004年，第80页。

② 转引自林俊杰：《平衡计分卡导向战略管理》，华夏出版社，2003年，第89页。

(三) 社会公众维度

公共部门的战略目标是为公众提供尽可能完善和高水平的服务,以提高公众的生活质量,满足公众的需求。在公共部门中,"顾客"就是其提供的公共服务和产品的接受者。对于城管部门而言,"顾客"就是接受城管执法机关行政执法服务的组织或个人,即政府机关、公民、法人或其他组织。

虽然城管综合执法注重法律的严肃性,但是其服务的本质是不变的。城管执法是为了向公众提供良好的城市秩序和干净的市容环境,因此,评估城管综合执法的绩效,除了看它投入了多少资源,做了多少工作外,还要看它的工作在多大程度上满足了公众、企业和社会的需要。

用社会公众维度来测评城管执法的绩效,首先有必要分清楚到底哪些是城管执法部门的"顾客"。正如奥斯本所说的,"界定主要顾客是关键的一步,因为这将有助于组织明白:到底他是在为谁服务,谁来界定何谓有效的服务"。①"在公共部门中,主要顾客就是你的工作主要用来帮助的个人和团体。"②城管执法部门的"顾客"也可以分为直接顾客和间接顾客。直接顾客是直接从城管的工作中得到帮助和受益的个人或团体。例如,城管部门把某地段的无证烧烤档取缔,不再受浓烟和噪音干扰的附近居民是直接受益者,也是直接顾客。间接顾客是指间接从城管执法工作中得益的其他个人和团体,也就是一般意义上的城市居民。例如,城管部门清理了占道经营的小摊档,附近的交通就能畅通无阻了,方便了出行的居民。从大的方面来说,城管致力于治理"六乱两违"现象,维护了城市良好的市容环境,提升了城市的生活质量,整个城市的居民是受益者,他们都是城管的

---

① [美]戴维·奥斯本、特德·盖布勒:《改革政府:企业精神如何改革着公营部门》,上海译文出版社,1996年,第150页。

② [美]戴维·奥斯本、彼德·普拉斯特里克:《摒弃官僚制:政府再造的五项战略》,中国人民大学出版社,2002年,第181页。

间接顾客。但是,在区分“顾客”时,不应把违法者纳入顾客的范畴。因为,公众的安全和良好的市容环境比违法者的满意要重要得多。其实,依法行政与获取顾客的满意并不矛盾,只要是违法违章的行为,就应该查处,决不能因为怕引发冲突和矛盾就放手不管。在执法的过程中,执法者可以通过大量细致的思想工作解决矛盾,实行先教育后处罚,这样才能有效地争取群众,也能获得违法者的理解,起到长效管理的作用。

(四) 城管执法业绩

之所以设计城管执法业绩维度,是因为城管部门作为地方政府的一个职能部门,其主要职能是执行城市管理的一些法律法规,属于行政执行的范畴,这与纯粹提供公共产品和公共服务的部门有所不同。也就是说,城管的执法行为不是直接为公民个人、企业和社会提供价值,而是为社会组织和个人实现价值提供良好的秩序和环境。因此,城管部门的工作成果只能靠履行职能后获得的业绩来体现,而难以衡量其社会效果。另外,之所以舍弃成本维度,是因为对于城管部门与其他公共部门一样,在一定时期内的预算资金都是比较稳定的,财务方面并不是主要目标,它只是起到了一个约束和支持的作用。然而,没有成本维度并不妨碍我们将成本考核指标分散于各个维度之中,以体现评价的全面性。

(五) 内部流程

内部执法流程是城管执法部门完成其业务工作、履行自身职能的主要过程。对内部流程的考察是深入城管内部考察绩效情况的关键,是城管绩效分析与改进的重要依据,是其区别于传统绩效评价体系的重要方面。

平衡计分卡在内部流程方面的优势在于它既重视改善现有流程,也要求确立全新的流程,并且通过内部流程将学习与成长、顾客满意与财务目标联系起来,体现在城管部门执法方面,就是要通过规范执法和文明执法,提高执法效率和执法水平,提高公众的满意度。

（六）学习与成长

学习与成长被视为是上述一切改变的源泉，是“组织在平衡计分卡前 3 个项目上取得良好分数的推动力量”。① 随着知识经济的到来，组织所需要的关键因素如技能、管理和能力等全部集中到人的能力上。因此，学习和成长方面就成了组织成长和进步的基础。

城管执法部门的学习与成长方面主要强调城管队员的能力和素质，要求为提高执法队员的能力和绩效进行培训和投资，为城管整体绩效的提高提供前提条件。目前，城管部门在公众心目中存在一些负面的形象，除了一些不可避免的因素外，与个别执法人员素质不高有关。所以，城管执法部门有必要加强对执法人员思想政治素质、职业道德和相关法律法规的教育培训，营造一个浓厚的学习氛围，进而提高队员的整体素质、执法水平和服务质量。

三、基于平衡计分卡的城管综合执法部门绩效评估指标体系设计

确定了城管执法部门的使命和战略目标后，接下来就应该从社会公众、业绩、内部流程和学习与成长 4 个维度将战略目标进行分解，详细分析每个战略目标与部门职能的关系，在此基础上为每个维度上的目标设立绩效指标。

一些组织在使用平衡计分卡时，往往将绩效评估指标数量设置得太多，力图把所有的项目囊括在内。迈克尔·波特指出，战略不仅包括哪些要完成的，还必须包括哪些是不必要做的或不用特别注重的。过多的业绩指标的存在势必产生信息过载，使每个业绩指标的重要性丧失，最后使组织有限的资源不能用到最需要的地方。而且，平衡计分卡是十分有效的沟通工具，能够向组织的每一个成员传达通向成

---

① 秦杨勇：《平衡计分卡与绩效管理》，中国经济出版社，2005 年，第 97 页。

功的关键信号。一旦绩效目标和指标太多,就会大大影响平衡计分卡沟通功能的发挥。卡普兰和诺顿认为,平衡计分卡的各个方面的指标一般应控制在 4 至 5 个比较适宜。[①]但考虑到公共部门内部管理工作的复杂性,公共部门平衡计分卡中的内部流程方面可以有相对多的目标和指标。因此,本文在城管支队平衡计分卡的指标设计上,也注意到要突出重点,指标要具体而不空泛,量化而不模糊,精简而不庞杂。

在本研究中,指标体系的设计与筛选主要有如下几个步骤:

第一,对城管执法部门的主要职能与绩效特征进行分析。以组织职能活动为基础来设计绩效指标是任何指标设计都必须遵守的原则,这样才能比较系统和全面地反映其绩效信息,体现其绩效价值,城管部门也不例外。然后,根据城管绩效评估的目的和价值取向,对城管执法部门的工作内容以及完成这些工作所具备的条件进行分析,按照平衡计分卡的 4 个维度初步确定各项主要元素。

第二,根据城管执法部门的使命,将战略目标分解到平衡计分卡的 4 个维度。然后,运用深度访谈的方式,构建各个维度的衡量指标。在公众维度,访谈对象主要是公众和行政相对人。因为,前面我们已经明确了城管执法绩效评估价值取向应该是“民众本位”,所以,在对城管评估的指标选择上,公众有一定的发言权,其意见必须得到尊重。通过这样一种“使用者介入”的机制,将事实与价值结合起来,可以增加城管绩效评估的社会相关性。对于业绩、内部流程、学习与成长 3 个维度的指标设计,主要访谈城管部门的高层领导以及各科室的干部,还有部分基层城管执法人员,并将通过访谈结果设计出的指标体系进一步反馈和讨论。

第三,指标的筛选。为了确保指标的效度,本研究采用小型研讨会的形式,请相关专家和城管部门负责人对指标的可行性进行评估,根据

---

① Robert S. Kaplan and David P. Norton, *Using the Balanced Scorecard as a Strategic Management System*, Boston: Harvard Business Review. 1996, (1). p. 59.

国际上通用的指标选择的 SMART 原则，即战略相关的(Relevant)，可获得的(Attainable)，具体的(Special)，可衡量的(Measurable)，时效性(Time-based)来对指标进行筛选，确定可采用的指标。

（一）社会公众指标体系

对于公共部门来说，其主要任务就是为社会公众提供公共产品或公共服务。就城管部门而言，其提供的公共服务就是通过依法行政、文明执法为公众提供良好的城市秩序和整洁的市容环境。在城管执法部门的平衡计分卡里，社会公众维度反映的是社会公众对城管执法部门提供的公共服务的感受以及期望看到的城管执法部门通过努力工作所取得的成果。所以，城管执法部门在社会公众维度方面的目标就是：提高社会公众的满意度和信任度。其指标体系如表 12－2 所示。

表 12－2 社会公众维度计分卡

维　度	目　标	一级指标	二　级　指　标
社会公众	提高公众满意度和信任度	普通公众	公众的总体满意度
			群众信访办复的满意率(%)
			人大、政协提案答复的满意率(%)
			公众意见被采纳的比例(%)
		行政相对人	文明执法
			公平、公正执法
			行政相对人的投诉率(%)

1. 公众总体满意度

公众的总体满意度反映了公众对城管执法部门履行其职能情况的满意度，是社会公众维度的核心指标。对公众总体满意度的调查并不容易，可能需要耗费大量的人力、物力和财力，有时也受公众判断力的制约而使其可信度受到影响。在一定程度上，通过对普通公众的投诉率的核算，可以了解到公众对城管执法部门的满意度，因为，投诉主要是由公众采取的维护自己权益的行为，其数量的多少和比例的高低，可以从一个侧面反映出城管执法的优劣。

2. 群众信访办复的满意率

群众就城市管理中的某些影响日常生活和工作的问题或城管执法过程中某些违法行为进行投诉或上访，是群众权利意识的觉醒，城管执法部门应当对群众的信访和投诉高度重视。如果群众信访办复的满意率越高，公众对城管执法工作就会越信任。

群众信访办复的满意率＝(群众满意其办复的信访案件÷总办复的信访案件)×100％

3. 人大、政协提案答复的满意率

人大、政协在提案中所提出的问题一般是比较有代表性的，反映了社会公众比较关心或重视的问题，因此，城管执法部门应予以高度重视，并在职能范围内尽快办复。

人大、政协提案答复的满意率＝(人大、政协满意其答复的提案÷总答复的提案数)×100％

4. 公众意见被采纳的比例

公众意见被采纳的比例可以反映城管执法部门是否重视公众的价值，该比率越高表明城管部门越重视公众，两者之间的交流越充分。当然，公众的建议必须是合理化的建议，这就需要首先对建议进行区分，找出合理化建议，才能确定其指标值。

公众意见被采纳的比例＝(被采纳的公众的意见数量÷公众提出的合理化意见数量)×100％

5. 执法文明

执法文明程度关系到政府在公众心目中的形象。笔者在访谈公众和行政相对人的时候发现，他们最希望城管改进的地方就是执法的方式和手段，最希望文明执法。正如某流动摊贩所说的，“我们又不是贼，没有必要这样粗鲁地对待我们”。① 可见，城管执法的文明

① 资料来源于对某流动摊贩的访谈记录。

程度直接影响着公众对城管的满意度。

6. 公平、公正执法

在城市管理综合执法领域,行政处罚自由裁量的范围比较大。而且,由于相关法律法规还不够完善,执法人员的个人意志可能会造成行政处罚的不稳定性和随意性,此外,渗透各领域的人际关系等因素也对行政处罚自由裁量的畸轻畸重产生影响。在笔者访谈过的执法人员中,有一半人认为,在执法过程中是否对行政相对人进行处罚或者处罚的轻重程度受自身主观情绪的影响。① 执法的随意性不但损害了法律的权威性和公平性,还损害了行政相对人的利益。所以,该指标要考察的是城管执法队员对自由裁量权的使用是否合理,在同样的情形下是否采取了相同的执法尺度,在执法过程中是否做到公平和公正。

7. 行政相对人的投诉率

行政相对人的投诉情况反映了城管部门与行政相对人之间的交流是否是双向的,可以显示出城管执法中还有哪些方面是需要改进的。如果一定时期内,投诉率比较高,就说明城管执法中出现的问题比较多。当然,该指标并没有一个明确的标准,城管部门可以将该指标的结果与当期工作情况进行对比,分析行政相对人投诉的原因视情况处理,并综合考虑行政复议率、行政诉讼率、出现抗法行为的案件数等指标。

行政相对人的投诉率=(某时期投诉的行政相对人÷该时期行政相对人总数)×100%

(二) 业绩维度指标体系

对城市管理行政执法来说,不管有多少职能,市容环境始终都是重中之重,是衡量其工作效果的最大因素。所以在本研究中,对城管业绩的评价也着重以市容环境为主。市容环境方面的职能主要包括整治“六乱”、严控“两违”、工地管理等。考核指标主要有:开展专项整治“六乱”行动的次数、主次干道和重点地段“六乱”现象的查处率、

① 资料来源于对城管执法人员的访谈记录。

及时制止新的违法建设和违法用地的宗数、清拆违法建设的面积、在建工地文明施工达标率。除了主要职能的指标外，还可以加入本年度的特色工作指标，促进城管执法工作的创新。本研究根据广州市城管支队的实际情况，设置其特色工作的指标，主要包括：执法网格化的落实情况、城管普法宣传次数，如表 12－3 所示。

表 12－3　业绩计分卡

<table>
<tr><th>维度</th><th>目标</th><th>一级指标</th><th>二级指标</th></tr>
<tr><td rowspan="7">业绩</td><td rowspan="7">维护城市秩序和市容环境实现精细化和长效化的城市管理</td><td rowspan="5">主要职能的履行情况</td><td>开展专项整治“六乱”行动的次数(次)</td></tr>
<tr><td>主次干道和重点地段“六乱”现象的查处率(%)</td></tr>
<tr><td>及时制止新的违法建设和违法用地的宗数(宗)</td></tr>
<tr><td>清拆违法建设的面积(平方米)</td></tr>
<tr><td>在建工地文明施工达标率(%)</td></tr>
<tr><td rowspan="2">特色工作</td><td>执法网格化的落实情况</td></tr>
<tr><td>城管普法宣传次数(次)</td></tr>
</table>

1. **开展专项整治“六乱”行动的次数**

“六乱”现象指：乱扔吐、乱堆放、乱拉挂、乱张贴、乱搭建、乱摆卖。这些违法行为具有不稳定性，难以从根本上清除，所以城管对“六乱”现象的查处多以专项整治的形式进行，用整治次数可以反映出这方面的工作力度。

2. **主次干道、重点路段“六乱”现象的查处率**

“六乱”现象中比较严重的就是乱摆卖的问题，乱摆卖的商贩主要由农村剩余劳动力进城打工人员、郊区农民、城市下岗工人等组成，他们都是城市里的弱势群体，大都没有技术和特长、文化程度较低。笔者在某农贸市场外面访谈了部分流动摊贩，了解到他们中很多人摆摊设点都是为了供小孩读书。他们也知道占道经营确实是违法了，也希望可以有个正规档铺，但是市场里的租金实在太贵了。据了解，在他们身后的农贸市场入场费就要4万，期限是5年，而且每个月还要交一千多块钱的租金。[①] 所以，在政府目前还没有办法解决这部分低收入群体的生活和就业问题的时候，就要允许他们去自谋生计。城管在处理这些乱摆卖现象时往往只能充当平衡器的作用，既不能让他们影响秩序和市容环境，也不能毁了他们的生计。因此，城管执法应着重在城市的主次干道、重点地段整治“六乱”现象。

3. 及时制止新的违法建设宗数

“两违”指违法建设和违法用地。“两违”行为违反了规划、土地等相关法律法规，影响了整个城市规划建设进程和市容市貌。而且，还会带来严重的社会问题，比如违法出租等。但是，拆除“两违”建筑又会对群众的财产造成重大的损失，所以城管支队把工作的中心放在制止新的违法建设和违法用地上。城管支队实施违法建设地段巡查制度和违法建设零报告制度，对违法建设及时发现、及时报告、及时阻止，力求把新违法建设制止在萌芽状态。这个指标反映了城管执法部门在制止新的违法建设上取得的成果。

4. 清拆违法建设的面积

为了不影响城市规划的建设进程和市容市貌，对历史遗留或既成事实的严重影响市容环境的违法建设和违法用地的建筑予以拆除，是城管的一项重要任务。该指标主要反映城管对违法建设和违法用地的查处力度。

5. 在建工地文明施工达标率

在建工地文明施工达标率能间接地反映城管对工地的管理情况。工地管理就是要控制无证施工现象，如余泥洒漏、粉尘污染和夜间施工噪音污染等。如果管理不到位，将会极大地影响城市居民的正常生活和工作。

① 资料来源于笔者对部分流动摊贩的访谈记录。

在建工地文明施工达标率＝(文明施工达标的工地÷在建工地)×100％

6. 执法网格化的落实情况

近年来,我国多个城市推行了城市管理综合执法网格化,是城市管理模式的一个创新。执法网格化是把所辖区域划分若干单元网格,对执法人员责任区域进行准确定位,由网格责任人员全面承担网格内的巡查、发现、制止、处理或上报反馈等职责,以达到精细化和长效化的执法效果。考核执法网格化的落实情况可以促进执法工作的精细化和行政执法责任的全面落实。一般来说,城管执法部门会制定相应的执法网格化评分标准,对执法网格化的落实情况的考核可以参考其评分结果。

7. 城管普法宣传次数

城管执法工作还处于初级阶段,许多市民对此不甚了解,“城管执法”远未深入人心。这就需要城管执法部门坚持舆论先导,通过各种形式,全方位、多渠道地宣传城市管理方面的法律法规和政策,使广大市民知晓城市管理的有关规定和要求,自觉守法,并积极劝阻、制止不文明行为。同时,通过加强普法宣传,培养公众自觉参与城市管理的意识,增强群众对城市管理的归属感、认同感和责任感,使城市管理具有坚实的社会基础,这是实现长效化城市管理的重要手段。该指标可以反映城管执法部门普法宣传工作的强度。

(三) 内部流程维度指标体系

卡普兰和诺顿提出,密切客户的战略要求在客户管理流程上取得优势,确保内部业务流程选择的目标、衡量指标与其战略优先顺序相匹配。[①] 我们把城管执法部门内部流程维度的战略目标定为:规范执法行为,提高执法效率,落实行政执法责任制。考核的重点包括执法的规范性、执法效率和执法的成本控制,考核指标包括:执法所

---

① [美] 罗伯特·S. 卡普兰、大卫·P. 诺顿:《战略中心型组织》(第一版),人民邮电出版社,2004 年,第 90 页。

依据的法律与制度的完备程度、执法行为规范程度、违规执法行为的比例、执法人员为公众服务的时间占总工时的比重、投诉的处理时限、单位公务成本节约率。

表 12－4　内部流程计分卡

维 度	目 标	一 级 指 标	二 级 指 标
内部流程	1. 规范执法行为 2. 提高执法效率和执法质量 3. 落实行政执法责任制	执法行为的规范性	执法所依据的法律与制度的完备程度
			执法行为规范程度
			违规执法行为的比例(%)
		执法效率	执法人员为公众服务的时间占总工时的比重(%)
			投诉的处理时限(天)
		成本控制	单位公务成本节约率(%)

1. 执法所依据的法律与制度的完善程度

相关的法律与制度的完善程度是衡量执法水平高低的基本条件。完善的法律与制度,不仅为执法行为提供了合法性依据,同时也是对执法行为的一种理论指导。但是,目前我国还没有统一的城管立法,城管行政处罚的法律依据多数是地方性法规和地方政府规章,执法流程主要散见于城管部门内部的一些制度,使得城管队员对处罚对象和行为缺乏统一的认识和衡量标准,造成各辖区内对同一行为处罚结果产生很大的差异,严重影响了执法的严肃性。

2. 执法行为规范程度

执法行为规范程度考察的是城管执法队员是否严格按照相关法律依据和执法流程的规定做出相应的行政行为,履行相应的行政执法责任。执法是否规范直接影响了公众和行政相对人对城管执法的理解和配合。笔者向一些行政相对人了解情况的时候,发现很多乱摆卖的小贩对城管的执法行为都是比较理解的,认为这是他们的职责所在，但让他们不满的是执法行为不规范，例如不穿制服执法、不开罚单、私分没收物品等。[①] 执法的不规范也使城管将自身置于社会舆论的风口浪尖之上，降低了城管队员的工作荣誉感和工作积极性，最终损害的还是公众的利益。

3. 违规执法行为的比例

目前，由于城管立法严重滞后，已有的法律、规章可操作性差，城管队员的自由裁量权范围过大，容易导致行政处罚的随意性，损害了行政相对人的利益，也影响了城管队伍在公众心目中的形象。因此，把违规执法行为的比例作为一个考核指标，直接反映了城管执法的规范程度。

违规执法行为的比例＝(违规执法的案件÷总的执法案件数)×100％

4. 执法人员为公众服务的时间占总工时的比重

城管执法人员为公众服务的时间，如巡逻检查、守点或者开展执法活动是其重要的工作内容。开展执法网格化工作，把全市区域划分成若干单元网格，对执法人员责任区域进行准确定位，通过对重点区域定点定岗值守、一般区域流动巡查，实现城管执法从粗放向精细，从静态到动态，从无序向有序的转变。这个指标可以在很大程度上反映城管执法人员执行网格化、落实行政执法责任制的情况。

执法人员为公众服务的时间占总工时的比重＝(为公众服务的工时÷总工时)×100％

5. 投诉的处理时限

在笔者的访问调查中，当问及公众会不会就城管问题进行投诉时，很多人表示想投诉，但不知道投诉的渠道，对城管能否及时解决投诉的问题没有信心。而有过投诉经历的公众则反映，城管热线投诉后，很多时候是不同部门之间互相推诿，缺乏相关的投诉跟踪机

① 资料来源于对行政相对人的访谈记录。

制。① 可见，及时有效地处理公众的投诉，关系到公众对城管执法部门的信心和满意度。

6. 单位公务成本节约率

单位公务成本节约率是指各机关当年推动各项工作的实际单位成本与预算单位成本的比较。反映了城管执法工作的投入与产出的效益。

单位公务成本节约率＝（实际单位成本－预计单位成本）÷预计单位成本×100％

（四）学习与发展维度指标体系

从学习与发展维度分解城管执法部门的战略目标，就是要建立一支依法行政、廉洁高效、务实创新、为民执法的城管队伍，为此，要着重提高执法队员的业务和学习技能，增强执法队员的服务意识，创新组织机制。笔者在访谈中发现，很多公众认为城管队员粗暴执法的重要原因是缺乏服务意识。所以，在学习与发展维度的指标体系增加服务意识一项，以激励执法队员转变观念，切切实实做到“以民为本”。考核指标包括：人均专业知识和技能培训时间、执法人员的满意度、执法人员的服务意识、队员意见被采纳的比例、与其他单位交流与学习的次数。

表 12－5　学习与成长计分卡

维度	目标	一级指标	二级指标
学习与成长	提高执法人员的业务素质和学习能力 增强为民服务的意识 促进组织学习与创新	执法队伍学习与成长	人均专业知识和技能培训时间(天)
			执法人员的满意度
			执法人员的服务意识
			队员意见被采纳的比例(％)
			与其他单位交流与学习的次数(次)

① 资料来源于对部分公众的访谈记录。

1. 人均专业知识和技能培训时间

城管执法队员的素质和能力高低直接关系到城管的绩效产出，所以对城管队员的培训是对组织未来关键性的投资。尤其是城管执法的范围非常广，所涉及的法律条文也非常多。城管执法队员要想依法行政，规范执法行为，就必须熟悉执法的法律依据，确保适用的法律准确，这对城管队员的素质提出了较高的要求，因此，加强对执法队员的专业知识和技能培训是非常必要的。这里用人均培训时间来衡量组织的培训，衡量一定时期内平均每位城管队员参与培训的时间。从长远来看，通过对人均培训时间的比较可以看出城管部门培训的效果，同时也表明城管部门用于提高队员素质所付出的努力程度。

人均专业知识和技能培训时间＝总的专业知识和技能培训时间÷队员总人数

2. 执法人员的满意度

员工感到满意是提高劳动生产率、反应速度和服务质量的一个必要前提。尤其对于城管执法部门来说，更是如此。笔者在访谈部分基层执法队员时了解到，他们在执法过程中的行为和态度很大程度上受自身情绪的影响。确实，很难想象一个怨声载道、满腹牢骚的执法人员能把本职工作做好，能让公众和行政相对人满意。对于队员满意度的测量，可以由城管部门每半年或者一年通过员工满意度调查的形式进行。提高执法队员满意度的办法很多，如：让队员参与决策、肯定队员的工作、鼓励主观能动性的发挥、提供有力的后勤保障等。

3. 执法人员的服务意识

一些城管执法者公共服务意识不强，把自己看成是管理者，没有意识到自己是一个服务者，导致粗暴执法的现象时有发生。通过考核执法人员的服务意识，有利于培养执法人员的“公仆”观念，并将之贯彻到实际的执法行为中去。对执法人员服务意识的考评是定性的，可以定期对执法对象和公众展开调查，得到评议结果。

4. 队员意见被采纳的比例

这一指标反映了城管部门与其所属队员之间的交流情况，以及城管部门内部的民主程度。被采纳的意见多表明队员积极参与城管工作，重视对工作的改进，也体现了城管部门对其执法队员的尊重程度，以及部门内的民主氛围。城管部门要通过一定的奖励措施鼓励员工提出合理化的建议，以便在组织机构和管理体制上形成对新问题进行研究和创新的管理运行机制，促进城管部门及时制定出相应的管理服务措施。

队员意见被采纳的比例＝(被采纳的意见数量÷队员所提的合理化意见的总数)×100％

5. 与其他单位交流与学习的次数

一个组织要想成长和进步，就不能故步自封，要积极走出去，学习同行的先进管理经验，有交流才会有进步。这个指标考察的是城管执法部门与其他同行单位的交流程度，交流得多，意味着城管部门重视学习，重视工作的改进。

我们将上述 4 个维度综合起来，就形成了如表 12－6 所示的城管综合执法平衡计分卡绩效评估指标体系。

表 12－6　城管综合执法平衡计分卡绩效评估指标体系

维　度	评　估　指　标
社会公众	公众的总体满意度
	群众信访办复的满意率
	人大、政协提案答复的满意率
	公众意见被采纳的比例
	文明执法
	公平、公正执法
	行政相对人的投诉率

续　表

维　度	评　估　指　标
业　绩	开展专项整治“六乱”行动的次数
	主次干道和重点地段“六乱”现象的查处率
	及时制止新的违法建设和违法用地的宗数
	清拆违法建设的面积
	在建工地文明施工达标率
	执法网格化的落实情况
	城管普法宣传次数
内部流程	执法所依据的法律与制度的完备程度
	执法行为规范程度
	违规执法行为的比例
	执法人员为公众中服务的时间占总工时的比重
	投诉的处理时限
	单位公务成本节约率
学习与成长	人均专业知识和技能培训时间
	执法人员的满意度
	执法人员的服务意识
	队员意见被采纳的比例
	与其他单位交流与学习的次数

上述指标兼顾了城管执法部门发展的核心领域，其中，既包括定性指标（如公众满意度、执法的规范程度），又包括定量指标（重点地段“六乱”现象的查处率、执法经费等）；既考虑促进性指标（如人均专

业知识和技能培训时间、与其他单位交流与学习的次数),又考虑限制性指标(如违规执法行为的比例);既有对上级的负责性指标,又兼顾了外部公众的需求满足情况和内部顾客的主动参与。

四、构建战略地图

构建战略地图就是通过因果分析,使战略的各个元素(目标)有机地联系起来并且被置于平衡计分卡相应的各方面之中。其目的在于辨别战略实现的关键驱动因素,并寻找有利于良好产出和结果的途径,以满足广大公众的需要。城管执法部门的战略地图指出了一个目标是如何依赖于另外一个目标的,并形成了作业与产出、结果之间的战略线索,如图 12-2 所示。

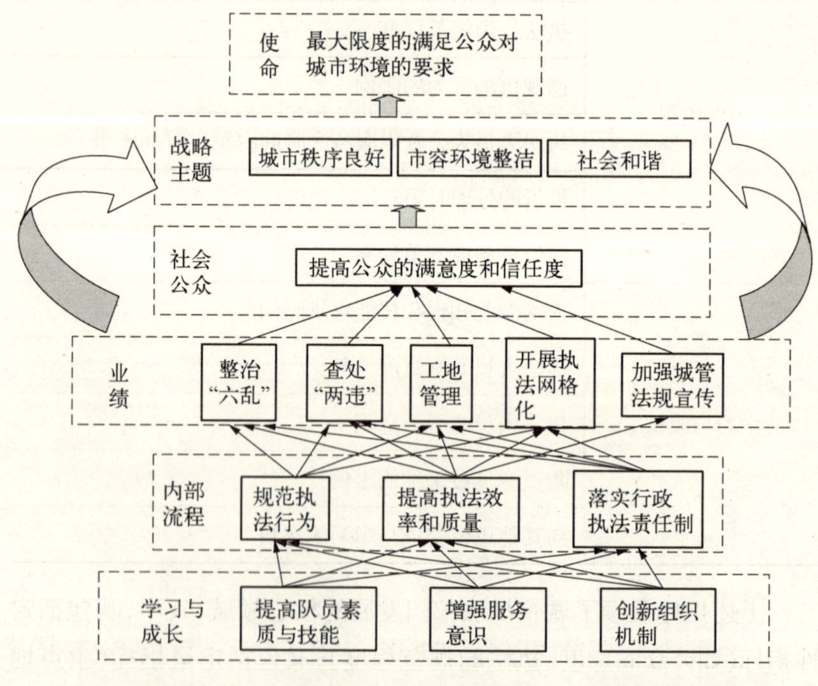

图 12-2 城管综合执法部门平衡计分卡战略地图

第六节　城管综合执法部门绩效评估的组织与实施

一、组建评估管理机构

“英国绩效评估制度所以能取得比较明显的效果，关键在于有专门的评估领导机构负责该项制度的组织实施。”①在城管支队系统实行平衡计分卡是一项复杂的系统工程，涉及各科室和下属大队各部门和机构，需要大量的组织和协调工作。因此，要想有计划、有步骤地实施评估活动，必须成立权威的评估管理机构或小组。该评估管理机构的成员应该包括部门的主要领导、各职能科室和大队的负责人，还可以邀请一定数量的专家学者和社会公众。这样，才能确保评估方案既符合城管执法的战略部署，又能确保评估具有权威性和公正性，使评估方案得到贯彻和执行。

二、确定评估主体

城管执法部门原有的绩效评估主要是内部评估，即由本级政府对城管部门以及城管部门对下属单位和执法人员进行评估。这种内部评估的自我监督力度有限，容易造成公共责任的缺失，特别是存在着对上不对下、对内不对外的责任缺位现象。平衡计分卡的基本理念就是“平衡”和“协调”，基于平衡计分卡的城管执法绩效评估也要平衡各利益相关者主体的诉求，体现公众本位的价值，应将城管执法的受益者——社会公众作为重要的评估主体，增强他们对城管绩效的发言权。

① 佟宝贵：《英国现行公务员绩效评估制度概述》，《政治与法律》，2001 年第 2 期。

不少人认为公众缺乏评估的专门技术和知识，也不了解城管执法部门的内部运作，又不掌握必要的城管绩效方面的信息，甚至会存有短视、自利动机，因而，难以胜任评估主体的工作。但是，这些局限经过一定的努力是可以得到克服的，如增加城管工作的透明度、通过各种信息网络增加公众对城管工作的认知、合理选择公众的类型、公众主体多元化、实施评估前对评估人进行有针对性的培训等。在对城管执法部门绩效进行评估的公众中，除了没有直接利益关系的普通公众外，还需要包括一些行政相对人。在现阶段，由于多种原因，城管执法中屡屡出现粗暴执法和行政相对人暴力抗法的事件，因此，让普通公众和行政相对人参与到绩效评估中来，评估结果会更加客观，也可以让他们真正体会到城管执法所做的努力，即使有些绩效结果不是很理想，公众和行政相对人也可以通过评估了解到城管执法的复杂性和艰巨性，从而更加理解和配合城管的工作。尤其是像广州这样一个经济比较发达的城市，公众的权利意识与参与愿望都比较强烈，近年来开展的公众评议政府的活动，例如行风评议、“市民评政府形象”等都取得了比较理想的效果。笔者在对普通民众和城管执法对象访谈的过程中深深了解到，只要相关配套工作做好了，让公众参与城管综合执法绩效评估完全是可行的。

受绩效信息采集渠道和专业能力等的制约，如果单纯以公众作为评估主体，不可避免会造成较大的评估误差。所以，有必要把评估对象的上级领导也纳入到评估主体中。上级领导熟悉业务、熟悉部属，了解下属部门的职能范围和运作情况，切身体察领导班子的领导能力、工作质量的好坏、政令贯通的程度，因此，适合于对其下属的城管执法部门进行全面评估。

城管执法部门自评也是有必要的，他们可以对一些可以定量考核的绩效指标进行自评和报送，例如办案数量、办案速度等客观指标。不过，为了防止自我评估中“报喜不报忧”的现象，对被评估部门报送的材料一定要经过上级部门负责人、专家和专门的评估组织审核和确认,才能作为绩效信息使用。

除此之外,还可以考虑邀请新闻媒体参与评估工作。由于新闻媒体关注民生的意识越来越强,相关的节目和报道备受各界关注,具有较好的社会信任度。好多时候,民众觉得投诉无门,就会想到求助于新闻媒体。所以,新闻媒体作为绩效评估的主体,可以在更大范围内对城管执法进行监督,确保评估的公正性和透明度,对提升城管的形象也是非常有帮助的。

三、收集绩效信息

对评估的认识和判断是建立在相关信息的基础上的,因此,取得详细丰富、具有说服力的绩效信息是保证评估有效性的关键。但是,在实际操作中,绩效信息的收集又是比较困难的,因为不少执法部门都倾向于夸大自己的绩效,以获得相应的激励回报。为此,在对城管执法部门的绩效信息收集中,就要注意并用两种方法,即采用城管部门正式的文件记录和通过访谈、问卷调查等方法。

第一,采用城管执法部门的相关文件记录。利用已有的文件记录最大的好处是成本低,因为资料是现成的,不需要花很多人力、物力去采集。这些资料包括服务承诺、工作计划和总结材料、对社会公众反馈材料的数量和相关记录、会议记录、物质投入与消耗等。对于平衡计分卡里业绩维度的绩效信息,就可以采用执法部门的上报材料,并结合评估机构的抽查验证进行处理和确认。

第二,通过访谈、问卷调查等方法收集资料。城管执法部门的平衡计分卡里涉及很多定性的指标,无法运用现成的书面材料,这时就可采用访谈法、问卷法、个案法等方法收集相关的绩效资料。例如,要采集公众的满意度的信息,可以运用民意测验、实地访问调查和电话调查等方法。有时候为了节省时间和成本,也可以采用社会上的一些民意调查成果,或者参考行风评议的结果。当然,也可以逐渐推行网上评估,提高工作效果和效率。但是需要注意的是,在网上进行评估的公众的代表性不强,需要结合其他方法。如果要了解执法人员的文明程度,一定要深入到公众之中,或者召开有代表性的行政相对人的座谈会,才能获得可靠的信息。

四、处理、分析绩效信息并报告绩效结果

根据核实后的绩效信息与已确定的绩效标准对比,进行评估打分,并在此基础上对结果进行分析。这时,除了对评估总分进行比较分析外,还应该对具体指标的分数分别进行分析评估。例如,对公众满意度指标进行分析,如果当年的公众满意度相比去年有所下降,城管执法部门就应分析其中的原因,寻找改进工作的方向。城管部门还可以将相对独立的指标得分情况与同级单位的指标得分情况进行横向对比,找出自身的优势和存在的差距。对于可以按照时间序列排序的指标,还可以根据历次评估结果进行纵向的分析比较。通过对评估结果的各种分析比较,不但可以对当前绩效作出有效判断,还可以对未来的绩效发展趋势作出预测。

五、评估结果的运用

目前,不少政府绩效评估活动之所以流于形式,是因为存在为评估而评估的情况,评估完了就万事大吉,不再过问评估的结果如何。"决策者、管理者很少去关心结果,评估不使用或使用不足是件持续发生的憾事。"①其实,结果的运用既是评估的延续,又是评估的目的所在。评估的目的在于根据评估结果,寻差距、找经验,促进城管执

① Evert Vedung: *Public Policy and Program Evaluation*, Transaction Publishers 2000, p. 273.

法的绩效提高。对于城管执法部门来说,其绩效评估的结果主要可以运用在以下几方面:

第一,作为下一步设定绩效目标、确定绩效标准的依据。在很大程度上,城管执法的绩效评估实质上就是评估城管执法部门实现预定目标的程度。通过对绩效结果的分析,可以看到城管执法部门是否达到了预定的目标,有哪些成功经验,存在的差距及其原因是什么,应采取什么具体对策和措施。然后根据战略目标,调整绩效目标、工作思路和工作举措,为下一轮绩效评估循环设定评估指标和标准。

第二,作为职务升降、奖惩的依据。如果城管执法部门的绩效评估制度缺乏相应的激励机制配合,将很难调动组织成员参与绩效评估的积极性。尤其是基于平衡计分卡的绩效评估体系,它需要组织全体成员的参与和认可才能发挥其效用。因为平衡计分卡是以战略作导向,在制定了组织的平衡计分卡后,还必须根据组织的计分卡制定相应的部门计分卡和个人计分卡来分解战略,让组织的每一位成员与组织的使命和战略相挂钩。因此,必须建立相应的激励和约束机制。对绩效优秀者,应在职务晋升和单位、个人的荣誉评比中予以倾斜。而绩效不理想的部门领导也必须承担一定的责任,如确实是因为领导的重大过失导致绩效不理想,应该作出降职或免职的处分。

第三,运用绩效评估结果,获取公众的满意和信任。基于以民为本的价值取向,要把绩效评估的结果公之于众,接受公众的监督。“绩效评估的实质是一种信息活动,其特点是评估过程的透明和信息的公开。因此,评估和公布绩效状况是公众体验服务的一种方式。把公共部门在各个方面的表现情况做出全面的、科学的描述并公之于众,无疑有助于广大群众了解、监督和参与公共部门的工作。”①由于城管执法部门的执法对象多数是社会的弱势群体,而公众又往往

① 胡宁生主编:《中国政府形象战略》,中共中央党校出版社,1998 年,第 1092 页。

倾向于同情弱者,就使得城管执法工作较难得到公众的理解和配合。城管执法部门把绩效结果公开,可以在一定程度上赢得公众的支持,提升城管的形象,因为它向公众展示了城管部门为提高绩效而作出的真诚和不懈的努力。

第十三章
政府公共就业服务绩效评估研究
——以南宁市为例①

随着市场化改革的推进，过去由政府统包统分的就业模式让位于市场调节的模式。但这并不意味着政府可以无所作为了，政府可以通过建立和完善公共就业服务体系，向需要寻求帮助的民众特别是弱势群体提供相关的服务，从而增加他们的就业机会，促进社会公平的实现。本章以广西南宁市为例，回顾现有政府公共就业服务绩效评估状况，分析存在的问题，探讨构建新型的公共就业服务绩效评估的途径和方法，以期促进公共就业服务绩效水平的提升。

第一节　研究背景、资料获取方法

一、研究背景

就业不仅与人民的生活息息相关，它还关系到社会公平的实现以及国家的稳定发展。公共就业服务致力于实现促进就业的目的，

---

① 本部分成稿于2009年4月25日。

是加快推进以民生为重点的社会建设的重要一环。但是,我国目前面临着巨大的就业压力和严峻的就业形势。2008 年 8 月 15 日,人力资源和社会保障部副部长胡晓义在“中国社会保障和社会救助”集体采访中指出,“连续几年内,每年全国新增就业人数都在 1 000 万人左右,去年达到了 1 200 万人,但每年还有 2 000 万新成长的劳动力需要就业岗位。整体上讲,劳动力供大于求的矛盾基本没有改变”。[①] 为了缓解就业压力和解决就业问题,政府采取了一系列积极的就业政策,加大力度促进就业工作。2004 年劳动和社会保障部发布了《关于加强就业服务制度化专业化和社会化工作的通知》,要求将强化就业服务纳入各级政府职责,建立公共就业服务制度。目前,我国公共就业服务制度已经基本建立并进入不断完善的阶段。2008 年 1 月 1 日,《中华人民共和国就业促进法》正式生效,明确规定了各级政府在促进就业中应该承担的责任,并要求各级人民政府和有关部门应当建立促进就业的目标责任制度以及考核、监督制度等。

所谓公共就业服务,就是以促进就业为目的,由政府主导、公共就业服务机构免费向全体劳动者提供的一系列服务性工作,主要职能包括职业介绍、信息管理、劳动力市场调整计划管理和失业补贴管理 4 个方面。

目前,促进就业已经成为地方政府的重任之一,不少地方也纷纷将就业指标纳入政府绩效评估之中。但是,在学术界,对政府公共就业服务绩效评估的探讨少之又少。根据对中国期刊全文数据库的检索结果,仅获得胡绍英的《发达国家和地区公共就业服务绩效评估的经验及对我国的启示》(《开发研究》,2008 年第 1 期)一文。论文总结了发达国家和地区公共就业服务绩效评估的主要经验,从宏观的层面指出了我国建立公共就业服务绩效评估体系的意义和一些初步构

---

① 人力资源和社会保障部:《奥运后就业形势将平稳发展》,人力资源和社会保障部门户网站,2008 年 8 月 20 日。

想,但没有深入探讨构建绩效评估体系的具体方法,也没有进行个案调研,属于探索性的研究。因此,本研究拟运用政府绩效评估的相关原理,以南宁市为例,深入实践之中,掌握第一手材料,探讨构建政府公共就业服务绩效评估体系的途径和方法。

二、资料获取方法

一是文献法。围绕政府绩效评估和公共就业服务两个方面,通过期刊网、国家人力资源和社会保障部以及全国 33 个行政区(含港澳)的劳动和社会保障厅等政府门户网站,搜集相关学术论文和政府文件资料。

二是实地调查法。本研究采用了个案研究方法。选择南宁市作为案例,主要基于以下考虑:第一,南宁市是中西部地区的省会城市以及泛珠三角区域的城市之一,其经济发展水平相对较低,但是发展速度较快。南宁市快速上升的经济发展水平有助于提升政府提供公共服务的能力,因此是我国中西部地区较有代表性的城市之一。第二,南宁市就业形势有一定的代表性。南宁市是以壮族为主的多民族聚居城市,聚居在南宁市的少数民族包括壮、瑶、回、苗、侗、京、仫佬、傣、布依等约 35 个,其中壮族约占全市总人数的 56.3%。广西壮族自治区以发展农业为主,农业人口比重较大,农村富余劳动力的转移为促进就业工作带来了很大的压力。由于人口结构复杂,公共就业服务中的就业公平问题就显得尤为突出。第三,南宁市政府目前公共就业服务领域已经实施了目标责任制。按照原国家劳动和社会保障部的要求,南宁市开展了一系列公共就业服务专项活动并对这些活动进行评估,规范公共就业服务体系的政策文件较为健全,政府公共就业服务方面的职责较清晰,其公共就业服务已有了一定基础。

笔者走访了南宁市劳动和社会保障局、就业服务管理中心和南宁市最大的公共就业服务机构“南宁市人力资源市场”,对相关负责人和工作人员进行深度访谈，了解目前南宁市公共就业服务的状况、存在的问题以及他们对实行以目标责任制为基础的就业工作评估的看法。此外，通过问卷调查探讨构建公共就业服务绩效评估指标体系的方法。另外，笔者4次前往南宁市劳动力市场进行随机抽样，访谈了30位公共就业服务的接受者，从“顾客”的角度了解政府公共就业服务体系建设。

第二节　南宁市公共就业服务绩效评估的现状及问题分析

一、我国公共就业服务绩效评估概况

笔者通过搜索期刊网、国家人力资源和社会保障部、中国劳动力市场以及全国33个行政区（包括港、澳，但台湾地区除外）的劳动和社会保障官方网站，收集和比较我国公共就业服务绩效评估的方案。按照评估目的、评估内容和评估主体的不同，我国公共就业服务绩效评估可以分为三类：

第一类是由国家劳动和社会保障部（现为人力资源和社会保障部，以下简称“劳动保障部”）牵头，在全国范围内围绕公共就业服务而开展的单项评估。1999至2008年，为建立健全公共就业服务制度和体系，我国分阶段、有计划地组织开展了多次重大的公共就业服务建设工作，主要包括1999至2000年的劳动力市场三化（科学化、规范化、现代化）建设、2004至2007年的就业服务“新三化”（制度化、专业化、社会化）建设、2006至今的统筹城乡就业试点工作和创建充分就业社区试点工作以及2007年以来的完善公共就业服务功能工作等，公共就业服务建设逐渐由基础性建设向服务功能建设迈进。其中，原劳动和社会保障部制定了详尽的评估方案对劳动力市场三化

建设、就业服务“新三化”建设的成果进行验收，并要求地方政府按照部委规定对其他公共就业服务建设工作开展评估。此外，2006 年以来，原劳动和社会保障部还制定了相关统计指标，对“再就业援助月”、“春风行动”、“民营企业招聘周”和“大中专技校毕业生就业服务周”等公共就业服务专项活动的情况进行追踪。

第二类是由各级地方政府为主导的就业再就业工作目标责任制考评，其中，涵盖了对公共就业服务情况的评估。2003 年前后，目标管理责任制不仅在横向上全面铺开，覆盖全国各省，还在纵向上不断深入，由省、市渗透到镇(区)、街道等基层政府层级。通过目标责任制考评，层层分解、落实就业工作目标和任务。

第三类是由劳动和社会保障系统开展的行风评议和机关效能建设评估。行风评议主要针对劳保系统内的行政执法部门、直接接触企业或群众的窗口服务部门、有行政审批职能的部门，考核内容主要包括行风建设责任制、政务公开、依法行政与廉洁从政、工作人员形象、办事效率、环境优美、社会监督等方面①，以评判服务水平和公共形象为主。机关效能建设主要针对某一具体部门，如各省劳动和社会保障厅、市劳动和社会保障局等，以提高工作效率、管理效益和社会效果为目的，重点放在思想、作风、制度、业务和廉政建设等方面。两项评估都涉及公共就业服务的部分内容，如服务态度、服务规范、服务效率和流程简化等，但是，由于行风评议和机关效能建设具有很强的普适性，评估中往往淹没了公共就业服务的特殊性。

二、南宁市公共就业服务绩效评估概况

笔者对南宁市进行了实地调研，走访了南宁市劳保局、就业服务

---

① 参见《北京市劳动和社会保障系统行风建设考核办法》，源自北京劳动保障网(http://www.bjld.gov.cn/dzzw/shjd/t20031106_8090.htm)。

管理中心和市级公共就业服务机构之一的“南宁市人力资源市场”（也称中心市场），了解到南宁市公共就业服务绩效评估的做法大致与全国的情况相似。

首先，南宁市是劳动力市场“三化”建设试点、统筹城乡就业试点和创建充分就业社区试点，经历过多次原劳动和社会保障部组织的单项评估。具体评估经历如表 13－1 所示。

表 13－1　南宁市公共就业服务绩效评估的历程

年　份	评　估	评　估　内　容
1999—2000 年	劳动力市场三化建设试点评估	基础建设、劳动力市场信息网络建设、市场管理、就业服务与失业保险、机制建设、社会反响
2004—2007 年	就业服务“新三化”建设评估	保障措施落实情况、就业服务制度化建设情况、就业服务专业化建设情况、就业服务社会化建设情况
2006 年至今	创建充分就业社区评估	社区就业充分、平台建设完善、基础工作扎实、就业措施有力、落实政策到位、宣传效果显著
2006 年至今	统筹城乡试点工作评估	就业再就业指标情况，城镇街道劳动保障事务所、社区劳动保障工作站“六到位”完善情况，城镇零就业家庭就业和就业困难人员就业援助工作情况，农村劳动力转移就业工作，南宁市农村劳动力转移就业平台建设，创建充分就业社区情况，百万农民就业培训工作，下岗失业人员再就业培训和创业培训工作，落实就业各项优惠政策情况、各项综合指标完成情况（社保、劳动监察和仲裁）
2006 年至今	公共就业服务专项活动评估	“再就业援助月”、“春风行动”、“民营企业招聘周”和“大中专技校毕业生就业服务周”等公共就业服务专项活动情况

资料来源：参见原劳动和社会保障部《试点城市劳动力市场三化建设评估标准》（劳社培就司发[2000]78 号）、《就业服务“新三化”建设评估标准》（劳动保障部，2004 年）、《南宁市统筹城乡就业考核价值评估体系》（南宁市劳保局 2006 年文档汇编）、《创建充分就业社区活动实施方案》（桂劳社培就字[2006]62 号）、《关于做好 2008 年公共就业服务专项活动的通知》（劳社部函[2007]250 号）等文件。

南宁市已经完成劳动力市场三化建设和就业服务“新三化”建设，通过了评估验收，这两个单项评估已经结束。目前，南宁市正在积极开展创建充分就业社区活动和统筹城乡试点工作，同时也开展了这两项工作的相关评估工作。此外，南宁市每年还按照原劳动和社会保障部的部署进行公共就业服务的其他专项活动评估。

其次，南宁市自2003年起实行就业再就业目标管理责任制，由自治区政府向市政府下达年度工作目标，并由市层层分解到各县区、乡镇，形成三级责任目标体系，上下级政府之间签订目标责任状，以目标的完成情况对各级政府领导班子进行考核。其中，对市级政府的核心评估指标包括城镇新增就业人数、领取再就业优惠证的下岗失业人员再就业人数、就业困难人员再就业人数、城镇登记失业率、农村劳动力转移就业新增人数、自治区内跨县转移就业人数、向自治区外转移人数、下岗失业人员再就业培训人数、农村劳动力转移就业培训人数、创业培训人数、职业资格证核发人数以及新增技师和高级技师人数等。①

再次，南宁市针对公共就业服务相关管理部门和服务机构制定的服务承诺制、首问责任制、限时办结制以及全过程跟踪服务制等，开展行风评议和机关效能建设，开通效能监督投诉热线，加强公民对公共就业服务的监督，从而达到增强服务意识、改善服务态度、提高服务质量和工作水平的目的。南宁市就业服务管理中心和南宁市人力资源市场的负责人告诉笔者，南宁市主要采取座谈会和访谈的方式了解公共就业服务顾客满意度。就业服务管理中心每年选取部分群众代表，举行座谈会，征求对公共就业服务情况的意见和建议；南宁市劳动力市场建立了招聘单位会员制，按年度召开座谈会，听取招聘单位的意见和要求。②

---

① 资料来源于南宁市劳保局培训就业科工作统计报表(2009年1月)。

② 来源于笔者对南宁市公共就业服务中心和南宁市人力资源市场主要负责人的访谈记录。

可以看出,南宁公共就业服务绩效评估具有以下三个特点:第一,从评估的目的来看,具有很强的任务导向性和目标导向性。各项就业工作的单项评估和目标管理责任制考评是上级政府向下落实、控制和监督各项公共就业服务建设工作的重要手段。第二,从评估的主体和动力来源看,是由上至下的评估,具有很强的政策性。在评估中,上级政府承担着目标监管的责任,负责发动评估,是评估下级政府的主体,下级政府主要承担目标完成的责任。第三,从评估的内容来看,由重视劳动力市场的硬件建设逐步向重视服务功能完善转变。这一趋势与我国公共就业服务建设的步伐相一致。

三、南宁市公共就业服务绩效评估存在的问题

应该肯定,南宁市现行的公共就业服务绩效评估做法对于贯彻和落实国家有关公共就业服务方面的规划和政策起到了积极的促进作用,有利于公共就业服务制度和体系的建立和健全,提高公共就业服务的效率。但是,这种评估并不能全面和客观地反映公共就业服务的绩效水平,它在评估价值取向、评估指标设置以及评估机制等方面都存在缺陷。

首先,南宁市公共就业服务绩效评估体现了“政府本位”的价值取向。公共就业服务作为一项向全体劳动者尤其是就业困难群体提供的公共服务,它的本质是满足公众的需要,帮助劳动者实现劳动权利,因此,在公共就业服务绩效评估中应该体现“民众本位”的价值取向。而现有的公共就业服务绩效评估被简化为一种任务和目标的检验工具,下级政府只能被动地接受上级政府布置的任务和目标。在任务导向和目标导向的驱使下,地方政府往往会忽视民众对公共就业服务的实际需求,一味追求目标数字和任务量的完成。笔者在访谈中了解到,自治区政府与南宁市政府签订目标责任状,南宁市政府被动接受上级政府下达的任务和目标,两者之间缺乏必要的沟通和

协商。[①] 南宁市接到目标和任务后，为了保证在自己管辖范围内的下级政府能顺利完成任务，又将原计划的目标值提高 40%[②]，再层层摊派到区县、镇街乃至个人。上级政府在目标分解的过程中处于主导的权威地位，而基层政府对目标的制定和分解却缺乏发言权，民众更是缺乏参与目标制定的途径。目标下分了，但权力却更集中。实际上，南宁市实行的目标管理责任制中所谓的"责任"仍然是下级对上级负责，而非对目标负责，更加不能体现对民众负责。休·莫斯利等人在研究欧盟 15 个成员国公共就业服务绩效评估中指出，政府的支持和重视、科学地制定目标、适当地分权和授权是基于目标责任制的公共就业服务绩效评估成功的重要条件，如果缺少对目标的理解和认可，具有自利性动机的代理人就可能通过数据游戏来应付评估活动。[③]

"政府本位"的价值取向还表现在评估主体的单一化方面。尽管南宁市开展行风评议、效能建设、定期以座谈会的形式听取民众对公共就业服务的评价和建议，但是这些参与方式非常有限。尤其是南宁市劳动力市场仅以招聘单位会员作为座谈对象了解情况，而没有安排求职者参与服务评价，很容易导致服务的改善方向向招聘单位倾斜，而难以真正回应就业弱势群体的需求，与公共就业服务的初衷不符。而缺乏外部参与评估的机制，势必影响评估的全面性、客观性和公信力。

其次，南宁市公共就业服务绩效评估的内容和指标不能科学地

---

① 来源于 2009 年 1 月笔者对南宁市劳保局就业培训科科长的访谈记录。

② 数据来源于南宁市劳保局培训就业科工作统计报表(2009 年 1 月)。首先计算各指标的超标百分比，超标百分比＝(市定指标数－区下指标数)×100%，然后计算各指标超标百分比的算术平均值。

③ Hugh Mosley, Holger schutz, Nicole Breyer. Management by Objectives in European Public Employment Services. Revised version of the research report "Operational Objectives and Performance Indicators in European Public Employment Services" prepared for the European Commission, Directorate General for Employment and Social Affairs, Contract No. VC/1999/0082. 2001, 5.

反映公共就业服务绩效。公共就业服务作为一种政府行为，其绩效除了产出和结果外，还表现为政府提供公共就业服务过程中的能力、效率、效益、公正和质量等。投入、过程、产出和结果是公共就业服务绩效评估中的4个重要的维度，共同构成了完整的评估内容体系。从南宁市公共就业服务绩效评估内容上看，主要关注公共就业服务的建设成果和目标数量的完成程度，指标多为公共就业服务建设和活动的直接产出成果，如就业服务的载体和服务功能，而少有投入和过程的指标，更没有服务效果方面的内容，如对服务对象需求的满足程度和就业促进程度等。也就是说，南宁市的评估仅仅反映了公共就业服务体系和制度的建设水平，而非公共就业服务的绩效水平。此外，评估指标表述笼统，以定性为主，缺乏定量指标。此外，没有科学的指标逻辑框架结构，指标比例和权重的确定具有很大的随意性。

最后，评估行为短期化。从评估目的来看，现有的评估主要以检查工作和建设情况为主，目的在于落实国家有关公共就业服务建设任务和要求，有任务就有评估，任务完成了，评估也就结束了，属于典型的“一次性评估”，没有形成制度化的评估长效机制。从评估动力上看，评估本身也是一项任务，由上而下推广，因缺乏相应的评估结果运用机制，如未与奖惩挂钩等，得不到评估对象的认同和理解，在实践中就会出现短暂的“评估热”，随着时间的推移，评估很容易变形。笔者访谈中发现，2003年，在建立就业再就业目标管理责任制潮流的推动下，南宁市开始实行目标管理责任制。自治区政府给劳动和社会保障局下达了20个指标，各级政府因而纷纷建立目标管理责任制，虽然取得了一定的效果，但时隔五年，目前目标管理责任制已经成为一种摆设，流于形式，其原因之一就是缺乏评估结果的运用机制，只把目标作为检查工作的依据，通过会议的形式进行总结和通报，而没有将结果与奖惩挂钩。① 此外，

① 来源于笔者对南宁市劳保局就业培训科科长的访谈记录。

评估结果也不对外公布，具有神秘性色彩，公众无法对政府的公共就业服务进行监督。

总的来说，在“政府本位”的价值取向的影响下，南宁市现行的公共就业服务绩效评估主要反映了公共就业服务建设程度的信息，无法客观、全面和真实地体现公共就业服务的绩效水平。对公共就业服务的评估零零散散地分布在各项就业工作评估中，没有形成一套针对公共就业服务绩效的专门评估体系。这种非制度化、非常规化和非专业化的评估方式难以发挥评估对改进和提高组织绩效的应有功能。

第三节　南宁市公共就业服务绩效评估的需求分析

一、南宁市公共就业服务发展状况

笔者通过实地调研发现，南宁市经过劳动力市场“三化”建设、就业服务“新三化”建设、统筹城乡就业试点建设、创建充分就业社区活动以及公共就业服务功能建设，目前共有 35 个公共就业服务机构，其中，市级机构 2 个，区(县)级机构 33 个，此外，还有街(镇)劳动保障服务中心，若干个大型、规范和服务功能比较完善的公共就业服务场所，建立了覆盖 12 个区县的 12 333 个就业援助呼叫服务系统，初步形成了较为完善的公共就业服务网络。其中，南宁市人力资源市场是该市最大、最好的公共就业服务场所，2001 年通过“三化”验收，现在已经实现《城市公共就业服务机构综合性服务场所功能手册》中 90％以上的服务功能，[①]设立了就业与再就业政策咨询、职业介绍、

① 数据是笔者将南宁市人力资源市场所具有的功能与《城市公共就业服务机构综合性服务场所功能手册》比照而估算的。

职业指导、培训和创业服务、劳务合作服务、劳动保障事务代理、市场信息网络建设和个性化服务等多种服务功能。

尽管南宁公共就业服务体系建设取得了较大的成就,但仍然存在很多问题,面临着巨大的挑战。

第一,城乡公共就业服务水平差距较大。从公共就业服务机构分布来看,城区占有更多的公共就业服务资源,而县和乡镇相对薄弱;从公共就业服务功能来看,功能较齐全的公共就业服务机构均集中在市区,而县和乡镇的公共就业服务机构的服务功能则相对残缺不全。

第二,公共就业服务需求与供给之间存在巨大的矛盾。南宁市人力资源市场统计数据显示(见图 13-1),随着公共就业服务载体和功能的完善,进入劳动力市场的用人单位数量和求职者人次逐年增加。但每年求职者总人次都远远高于招聘人员总量。2008 年,在全球性金融危机的影响下,失业人数和求职者人数剧增,而用人单位数量比 2007 年减少了 5 454 家,招聘人员减少 38 057 人。严峻的就业形势导致了公共就业服务需求增加,与公共就业服务供给能力之间存在很大的缺口,公共就业服务压力增大。

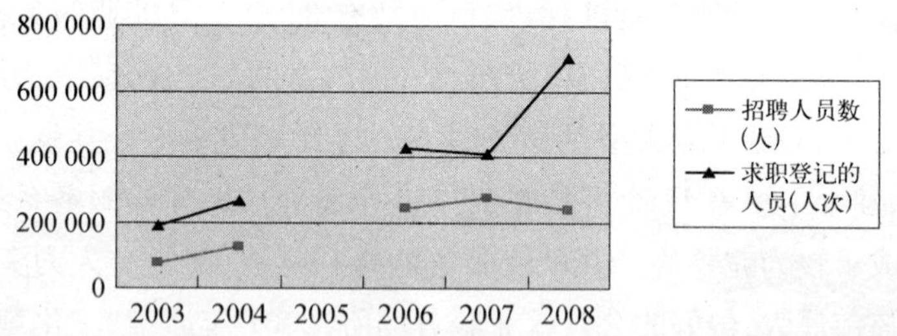

图 13-1 2003—2008 年南宁市人力资源市场求职人次与招聘人数比较

资料来源:南宁市人力资源市场网站(http://www.nnjy.cn/scfx.asp),2005 年职业供求报告空缺,因此缺少 2005 年数据。

第三,公共就业服务效果有待提高。职业介绍服务是南宁市人力资源市场的主要功能之一,但人职匹配成功率不到 30%。由于缺乏跟踪机制，实际情况可能更低。① 在笔者对 30 位公共就业服务接受者访谈过程中证实了这一点。30 位访谈对象的情况如下：均为求职者；男女各占一半；年龄在 20 至 50 岁之间，其中少数为大中专毕业生；既有本市也有外市和外省的求职者，其中，农村户口人员居多；第一次和多次来求职者参半。访谈围绕接受服务的种类、服务态度、效率、效果以及信息发布的情况展开。访谈情况如表 13 -2 所示。

表 13－2　顾客满意度访谈情况

序号	调查项目	调查对象的态度
1	接受服务的种类	95％以上的受访者到该市场的主要目的是找工作、参加招聘会和接受职业介绍服务；仅有 2 人参加过职业培训
2	服务态度	90％以上的受访者认为该市场的服务态度较好
3	服务效率	80％以上的受访者认为服务效率较高
4	所接受的服务对个人求职的帮助如何	20％的受访者在该市场中有过成功匹配的经历，但其中 80％在接触工作后不满，半年内准备辞职 接受培训服务的 2 人认为培训对他们的个人求职帮助不大
5	求职信息的丰富、真实程度	80％的受访者认为求职信息比较丰富、可信、更新较快，但同时认为符合自己要求的信息很少。个别受访者指出有部分虚假招聘信息
6	其他改进建议	个别受访者建议多举办专场招聘会和分类信息发布及招聘，为不同求职者提供便利

资料来源：由笔者在南宁市人力资源市场对公共就业服务接受者的访谈。

笔者还访谈了若干个进入过南宁市人力资源市场招聘的用人单

① 来源于笔者对南宁市人力资源市场主要负责人的访谈记录。

位，主要以私营企业为主，它们普遍对该机构的服务态度、效率比较满意，收费也较合理，但认为能从中招到合适的人不多，且流失率很高。其中，一家用人单位因长期在人才市场上招不到人，觉得投入和回报不成比例而退出该市场。① 此外，对客户个性化需求的分析不足，缺乏市场细化、分类管理和对有限服务资源的合理配置机制而致服务泛化。总的来看，南宁市公共就业服务对客户需求的满足程度不高。

第四，公共就业服务的制度还不健全，职业介绍、信息管理、劳动力市场调整计划管理和失业补贴管理四项职能之间的关系尚未理顺，导致就业服务存在一定的混乱现象，损害接受就业服务人员的利益。

二、完善南宁市公共就业服务绩效评估体系的必要性

绩效评估作为一种有效的政府管理工具，奥斯本认为，“绩效评估，即创建关于公共行为结果的信息。这样就能使民选官员对组织负责并为绩效引入后果战略。它可以帮助公民和顾客判断政府为其所创造的价值。它还为管理者和雇员提供了改进绩效所需的数据”。② 霍哲认为，绩效评估可以在以下方面对政府有帮助：正确建立目标和测量结果，合理分配资源，有效开发组织战略和促进雇员改进绩效；监督政府履行职责、权力行使以及对公民进行回应；为改进政府决策提供信息，提高决策的科学性和有效性。③

就南宁市而言，一方面公共就业服务面临着巨大的压力，急需提高服务能力和服务水平；另一方面，却缺乏一套行之有效的评估工具帮助其全面、客观、准确地评估和分析目前的服务情况，改善服务质

① 来源于2009年1月笔者对私营企业主的访谈记录。

② ［美］戴维·奥斯本、彼得·普拉斯特里克：《政府改革手册：战略与工具》，中国人民大学出版社，2004年，第231页。

③ ［美］马克·霍哲：《公共部门业绩评估与改善》，《中国行政管理》，2003年第3期。

量和效果。南宁市公共就业服务机构的工作人员普遍认为，在公共就业服务中引入绩效评估十分必要。① 尤其是随着公共就业服务建设由重基础设施的完善向服务功能完善的转变，需要积极扩大服务范围、追求服务质量和效果的提升，对绩效评估的内在需求更加突出。此外，2009 年出台的《广西壮族自治区就业促进办法》再一次强调了政府在促进就业中的职责，将城镇新增就业、控制失业率、失业人员就业、就业困难人员就业和减少有劳动能力的长期失业人员、帮助城市居民最低生活保障人员就业等方面纳入机关绩效考评体系，与奖励惩处和干部任免挂钩。因此，为适应公共就业服务发展的需要，克服现有评估体系的不足，构建南宁市新型公共就业服务绩效评估体系显得十分必要。其意义主要体现在：一是通过收集公共就业服务绩效信息，可以客观、全面和准确地评估其绩效水平，并通过与激励的挂钩，改善服务绩效水平；二是帮助承担公共就业服务职能的政府部门和其他公共组织明确工作目标和任务、合理分配资源，提高资源配置的效率和效果；三是有利于推动政府职能转变和管理创新，提高政府对民众的回应性。

第四节　新型公共就业服务绩效评估指标体系的构建

一、新型公共就业服务绩效评估指标体系设计的基本思路

指标可以显示与某个重要目标或动机相联系的某种事物的发展情况，是评估和监测经济社会发展的重要量化手段。② 形象地说，公

① 来源于 2009 年 1 月笔者对南宁市劳动和社会保障局就业培训科科长、就业服务管理中心和南宁市人力资源市场负责人的访谈记录。

② 中国 21 世纪议程管理中心编译：《可持续发展指标体系的理论与实践》，社会科学文献出版社，2004 年，第 4 页。

共就业服务绩效评估指标就是测量公共就业服务绩效水平的标尺。它规定了评估的具体内容和标准，具有评估服务绩效、监测服务情况、改进服务水平和预测服务发展趋势的功能。测量公共就业服务绩效水平的指标往往不止一个，而是按照某种原则和逻辑框架建立起来的，并能够综合反映公共就业服务状况的指标集合。

任何绩效指标背后都隐藏着某种特定的职能活动。① 因此，对公共就业服务职能的分析是公共就业服务绩效评估指标体系设计的起点。笔者通过对南宁市的实地调研，了解其公共就业服务的职能、调查指标要素，在此基础上，确定指标体系的逻辑框架，形成初步的指标体系。然后，征求相关专家的意见，对指标体系进行检验，探讨指标的有效性和权重。

二、南宁市公共就业服务职能分析

笔者通过阅读和分析国家、广西壮族自治区和南宁市有关公共就业服务方面的政策、文件、工作计划和目标数据等，并实地走访了南宁市劳动和社会保障局、就业服务管理中心以及南宁市人力资源市场，对主要负责人进行访谈，观察各部门的运作情况，梳理南宁市公共就业服务职能，从中寻找公共就业服务绩效评估的指标元素。

依据国家有关规定，公共就业服务的目的在于为全体劳动者和用人单位提供服务，帮助劳动者实现就业，从而控制失业率、实现充分就业、维护社会公平和稳定。南宁市公共就业服务的范围主要包括就业援助对象（就业困难对象、零就业家庭）、下岗失业人员、大中专毕业生、农村劳动力以及特殊就业群体（妇女、残疾人、少数民族、退役军人等）。

与公共就业服务的一般职能相似，南宁市公共就业服务的职能

---

① 彭国甫、颜佳华：《地方政府绩效评估研究》，湖南人民出版社，2005 年，第 108 页。

主要包括职业介绍、信息管理、劳动力市场调整计划管理和失业补贴管理。这 4 大职能并不是由一个政府部门承担，而是分别由具有层级关系的 3 类组织承担：南宁市劳动和社会保障局下属的相关科室（主要是就业培训科和失业保险科）、政府全额拨款的事业单位就业服务管理中心以及市级和区（县）级的各公共就业服务机构。其中，南宁市人力资源市场是 2 个市级机构之一，也是南宁市规模最大、服务功能最完善、最规范的公共就业服务机构。本研究以该市场为公共就业服务机构的代表，阐述公共就业服务职能的配置情况。这些机构的具体职能配置见表 13－3。

表 13－3　公共就业服务职能配置

部　门	承担的职能	具　体　职　责
劳动和社会保障局	总体规划、制定目标、统筹管理	1. 拟订就业再就业政策、措施，劳动力市场发展规划，组织建立和健全就业服务体系 2. 草拟职业介绍中介机构的管理规则，负责对职业介绍中介机构的审批和年检 3. 综合管理全市劳动用工 4. 协调、指导全市农村剩余劳动力开发就业、城乡劳动力跨地区有序流动就业 5. 核发《外来务工人员就业证》和《外来务工人员就业卡》 6. 综合管理全市职业分类、职业技能标准和职业技能鉴定的工作 7. 组织实施失业保险基本政策、草拟改革方案和发展规划
就业服务管理中心	劳动力市场调整计划管理、失业补贴管理	1. 制定培训、劳务派遣和再就业援助等计划 2. 指导县区公共就业服务机构 3. 管理民办职业介绍服务机构 4. 审核享有各项优惠政策的主体资格 5. 落实就业再就业优惠政策 6. 鼓励和促进就业岗位的直接创造 7. 公共就业服务机构网络规划建设 8. 上级部门下达的其他就业再就业工作任务

续 表

部　门	承担的职能	具 体 职 责
南宁市人力资源市场	职业介绍、信息管理	1. 为用人单位和求职者提供政策(业务)咨询 2. 招聘登记、求职登记,通过举办招聘会等形式,促进人职匹配 3. 信息发布,包括招聘、求职、创业、培训以及劳动市场分析(季度、年度劳动市场供求报告) 4. 劳务合作,劳动力输入、输出和地区内转移 5. 培训和创业服务,技能(创业)培训,引导性培训(针对初次求职者),推荐其他培训和创业项目 6. 劳动保障事务代理

资料来源:根据笔者实地调研获得的政府相关部门和就业服务机构的职能配置和服务指南整理而成。

劳动和社会保障局负责管理、指导就业服务管理中心和南宁市人力资源市场,就业服务管理中心和南宁市人力资源市场之间则是平级关系,但两者之间的业务联系紧密。从公共就业服务各项职能分配来看,劳保局和就业服务管理中心承担的大多是后台管理工作,以满足公共就业服务制度和政策供给为主,而公共就业服务机构则是公共就业服务的窗口,直接面对公众,以提供职业介绍、各类就业信息为主。

三、评估指标构建的原则

绩效评估指标的构建要遵循一定的原则。对于公共就业服务绩效评估而言,主要包括价值原则和技术原则。价值原则是评估的价值取向,它决定了政府做什么和怎么做好的标准,对政府的行为具有很强的引导性。主体在不同时空会出现不同的价值选择,价值原则具有特殊性。技术原则规定了科学的评估指标应具备的特性，属于技术理性，具有普适性，目前国外普遍流行的“SMART”原则也适用于我国。价值原则和技术原则共同影响和指导公共就业服务绩效评估指标的构建。

（一）价值原则

一是以人为本价值。以人为本是科学发展观的本质和核心，也是衡量政府各项工作的出发点。它要求将公共就业服务绩效评估中“政府本位”的价值取向转变为“民众本位”的价值取向，评估指标要反映公共就业服务是否促进人力资源的合理配置和实现充分就业的目标，服务的内容和服务的提供是否坚持人性化和个性化的设计，服务效果是否回应民众的需要。

二是社会公平价值。公正与公平是政府提供公共服务时必须考虑的一个重要因素。公共就业服务的接受者大多是就业弱势群体，因此，在评估中要体现服务对象之间是否得到平等和公平的对待，是否减少了区域差异造成的不公平，是否有助于社会弱势群体的就业状况的改善等方面。

三是系统效能价值。系统效能是相对于传统的机械效率而言的。传统的机械效率导致评估偏向对公共就业服务建设活动的直接产出的测量，无法反映公共就业服务绩效的科学内涵。而系统效能不仅关注任务完成的效率，还重视公共就业服务的经济性、效益性、公平性和回应性等价值标准。系统效能要求全面、客观地评估公共就业服务，既要评估公共就业服务建设方面的产出，也要对服务过程中的成本、效率进行测量，还要重视评估服务的质量、效果以及成本等方面。

（二）技术原则

一是完备性原则。科学的绩效评估指标体系应该具有完备性，指标内容既要全面、系统地反映政府公共就业服务工作的目标和要求，又要突出工作的重心。

二是可操作性原则。要结合地方政府的实际情况设计指标，充分考虑绩效信息收集的难易程度和有效程度；以可量化的指标为主，但对于不可量化的结果指标如服务质量、效果和顾客满意度等信息应采取定性评估，注意定量指标和定性指标的合理组合；指标数量要适宜，避免出现庞大的或层次复杂的指标群。

三是独立性原则。指标的内涵和外延要明确而具体，指标之间的逻辑结构要清晰，尽量避免指标之间的相互交叉、涵盖或重叠。

四是动态性原则。公共就业服务是一个动态的过程，因此，评估指标设计既要有测量服务产出、结果的静态指标，也要有反映服务过程的动态指标。此外，由于政府公共就业服务的具体任务和重点会随经济、社会的发展而变化，其绩效内涵与结构也需要适时进行动态调整，以适应服务发展的需要。

四、新型公共就业服务绩效评估指标体系的结构与内容框架

对南宁市公共就业服务职能的分析是为了明确评估的内容。评估指标要反映公共就业服务职能的实现程度。对指标体系结构的设计则是为了理顺评估指标之间的内在逻辑和层次关系，划分不同的评估维度，进而为每个维度设置相应的评估指标，从而将纷繁复杂的公共就业服务职能分解为明晰的、可供测量的指标。

评估维度的划分实际上是遵循一定的逻辑框架将评估内容分为若干方面。目前，比较有代表性的逻辑框架主要有平衡计分卡和美国政府责任委员会设计的包括投入、能量、产出、结果、效率和成本效益、生产力等 6 维度的逻辑框架。为了客观、全面地评估公共就业服务的绩效水平，就必须按照政府实现公共就业服务职能所进行的行为活动的逻辑顺序，逐一考察各环节政府的工作状况，设计和遴选绩效评估指标。在政府管理实践中，政府实现公共就业服务职能主要包括投入—管理—产出—结果 4 个环节。由于产

出与结果之间界限模糊，为了简化和便于操作，本研究将南宁市公共就业服务绩效评估指标划分为投入、管理过程、产出与结果 3 个维度。

笔者参考和借鉴了南宁市政府文件和工作报告中使用的指标，并根据南宁市公共就业服务的各项职能和具体职责，按照上述 3 个维度，通过逻辑推理和思辨，设计了包含 34 个指标的南宁市公共就业服务绩效评估指标体系初稿（见附录 11）。

五、新型公共就业服务绩效评估指标的筛选

指标的筛选过程实质上是对指标体系的验证和修正过程。在我国政府绩效评估指标体系研究中，范柏乃提出筛选的基本流程：第一步是根据已有的指标体系设计调查问卷进行隶属度分析，删除隶属度低的指标，保留隶属度高的指标。第二步是对剩余的指标进行相关性分析。第三步是分析指标的鉴别力。第四步是进行信度和效度检验。第五步是确定指标权重。①

笔者认为上述的指标筛选方法对于某一层级的地方政府公共就业服务绩效评估指标体系设计而言，程序过于复杂，技术要求过高，且存在信息不对称性导致的有效性降低的风险，②而且其中的隶属度分析与效度检验方法存在雷同之处。因此，考虑到指标筛选的可操作性、成本、效率以及最终指标的有效性，笔者认为比较简便、有效的做法是：首先，根据主观构建的指标体系，设计指标的有效性调查问卷，挑选熟悉公共就业服务的政府官员和了解就业及绩效评估等方面的专家，咨询他们对指标体系的意见；然后，综合各专家的意见，对指标进行隶属度分析，删除隶属度低的指标，

---

① 范柏乃：《政府绩效评估理论与实务》，人民出版社，2005 年，第 222—233 页。

② 陈天祥：《政府社会建设绩效评估框架体系探讨》，《中山人学学报》（社科版），2009 年第 2 期。

保留隶属度高的指标；最后，计算各指标的权重，形成最终的有效指标体系。

根据上述指标筛选方法，笔者对主观设计的新型公共就业服务绩效评估指标体系初稿进行了验证。具体实施步骤是：第一步，根据主观设计的评估指标体系，参照李克特量表的形式设计指标有效性调查问卷，分别将每项指标分为非常重要、重要、一般、不重要、非常不重要5个等级，5个等级依次赋予5、4、3、2、1分，让专家进行判断。第二步，确定专家样本。笔者选取了南宁市劳保局就业培训科、就业服务管理中心各科以及南宁市人力资源市场的相关领导和主要负责人共20人作为专家团的成员，三类组织的专家人数比为1∶5∶4。由于条件的限制，本次调查未征询高校专家的意见。第三步，向专家说明来意，发放调查问卷。第四步，回收问卷，进行统计分析，求出各项指标的总得分和算术平均值，保留算术平均值3分以上的指标。① 第五步，根据各剩余指标的总得分在所有指标总得分中所占的比重，计算出它们各自的权重。经过上述几个步骤后，最终形成了如表13-4所示的政府公共就业服务绩效评估指标体系。

表13-4 政府公共就业服务绩效评估指标体系

序号	维度	评估指标	平均得分	权重
1	投入	公共就业服务财政投入	5.00	5.29%
2		公共就业服务机构数量	4.20	4.45%
3		公共就业服务机构工作人员数量	3.55	3.76%
4	管理过程	公共就业服务制度建设	3.75	3.97%
5		制定就业服务计划和目标	3.50	3.71%
6		落实就业与再就业政策	4.35	4.61%

① 由于是入室调查，采取即发即收问卷的方式，且调查对象均为熟悉公共就业服务相关工作的人士，他们比较重视本次调研工作，因此，回收有效问卷20份。

续　表

序号	维度	评　估　指　标	平均得分	权　重
7	产出与结果	公共就业服务城乡覆盖情况	3.45	3.65%
8		就业信息发布总量	4.00	4.24%
9		就业信息发布渠道的完善程度	3.75	3.97%
10		新增就业岗位数量	4.25	4.50%
11		招聘会次数	4.55	4.82%
12		人职匹配成功率	4.15	4.39%
13		接受职业指导的用人单位数量	3.95	4.18%
14		接受职业指导的劳动者人次	3.70	3.92%
15		参与就业培训人次	3.10	3.28%
16		取得职业资格证书的人数	3.40	3.60%
17		高级及以上职业资格的劳动者占持证技能劳动者的比重	3.25	3.44%
18		培训后成功就业率	3.85	4.08%
19		参加创业培训人次	3.65	3.86%
20		成功创业率	3.65	3.86%
21		就业援助对象成功就业率	3.65	3.86%
22		城镇再就业率	3.60	3.81%
23		农村劳动力转移就业人数	3.05	3.23%
24		失业保险及时发放率	3.00	3.18%
25		公众满意度	4.10	4.34%

有 9 个指标得分低于 3，分别是：投入维度的公共就业培训机构数量；管理过程维度的管理劳动力市场的规范性文件、统筹城乡公共就业服务体系建设、就业服务信息网络建设、失业管理规范文件；产出与结果维度的就业信息覆盖率、妇女就业率、残疾人就业率和城镇

登记失业率。

笔者通过分析和咨询专家的意见，对 9 个指标得分较低的原因进行了分析。首先，投入维度中的公共就业培训机构主要是承担就业培训服务的功能，而对于政府而言，为了节约成本，多数就业培训服务与各类技工学校合作，给予部分补贴，因此这一项不是政府公共就业服务投入的主要内容。其次，管理过程维度中的管理劳动力市场的规范性文件、统筹城乡公共就业服务体系建设、就业服务信息网络建设、失业管理规范文件 4 个指标与制定就业服务计划和目标、落实就业再就业政策和公共就业服务的制度建设 3 个指标之间存在部分的交叉重叠，独立性不强。最后，产出与结果维度中的就业信息覆盖率是就业信息发布渠道的完善程度的结果，可以作为衡量渠道完善程度的三级指标；就业援助对象包含残疾人、妇女等就业困难群体，妇女就业率、残疾人就业率与就业援助对象就业率之间互相重叠；由于城镇登记失业率的影响因素很多，不是公共就业服务的直接产出所得的最终结果，因此，用其来评估公共就业服务的结果不合适，但可以作为参考指标。

需要指出的是，本研究的指标体系只是一个初步探索，没有进行信度检验和细化具体的评估标准。在实践中，必须对该指标体系做出调整，根据实际或增、减指标数量或修改指标内容等，也需要制定必要的三级指标以及确定必要的指标目标值等，从而使指标更具可操作性。

第五节　完善公共就业服务绩效评估体系的其他对策措施

一、公共就业服务绩效评估的动力和领导保障机制

（一）公共就业服务绩效评估的动力来源

公共就业服务绩效评估的动力来源实际是明确谁来发动评估的

问题。在美国政府绩效评估的实践中，绩效评估的发起者包括民选官员、行政机构、社会精英和民众。按照发起者的来源，可以归纳为政府内部发动力量和外部发动力量两类。不同的发起者导致评估的目的、方式和作用力大小存在差异。经验告诉我们，来自内部的发动力量往往更强大，更能推动绩效评估的发展，外部力量虽然较小但也能对政府的评估行为施加压力。

就南宁市而言，原有的公共就业服务绩效评估都是政府由上而下推动的，层级越高的政府部门越有发动评估的意愿和资源。目前，关于绩效评估的研究普遍认为，绩效评估的第一步就是确保管理者的认同。因此，要保证南宁市公共就业服务绩效评估能够顺利开展并且得到贯彻落实，首先要得到南宁市政府和公共就业服务相关部门领导的认同，让他们成为公共就业服务绩效评估的主要发动者，才能树立评估的权威性，减少阻力，提高评估的成功率。其次，要通过沟通和宣传，争取公共就业服务相关部门的各级管理者和工作者对评估的支持，这是评估有效实施的必要条件。最后，还要尽可能获得来自政府外部如服务对象群体、专家群体等的支持，这样才有助于评估体系的设计和实施外部评估。

（二）公共就业服务绩效评估的领导保障机制

公共就业服务绩效评估的领导保障机制是对评估行为和责任的规定，实际上是要解决谁来负责具体组织和实施评估这一问题。在评估得到相关人员的认同和支持后，可以通过以下措施，建立评估的领导保障机制。

首先，成立公共就业服务绩效评估领导小组，负责统筹规划各项评估工作。领导小组的成员可由市政府、劳保局、就业服务中心以及市内最大公共就业服务机构“南宁市人力资源市场”的相关负责人组成，主要负责制定评估计划、评估方案、牵头实施评估、监督评估情况、收集和分析评估信息、形成绩效报告、运用评估结果以及对评估中的重大问题进行决策。

其次，明确各级管理者和工作人员在评估中的职责。各下属部门的管理者主要负责完成评估领导小组布置的评估任务，参与评估的实施，在日常工作中收集相关的绩效信息和数据。

再次，制定评估行为规范和合理分配评估经费。为了防止评估组织者和实施者的行为失范，要通过规章制度的形式明确评估组织者和实施者的权利和义务，对违反规定的予以惩处。此外，要确保一定的评估经费投入，支持评估工作。

二、公共就业服务绩效评估的基本流程

笔者借鉴彭国甫提出的地方政府公共事业管理绩效评价的基本程序模型，①结合南宁市的实际进行调整，构建了如图 13－2 所示的公共就业服务绩效评估的基本流程。

在前期准备阶段，要注意形成良好的沟通和对话机制，允许下级部门的工作人员和公众参与绩效目标的制定，以使其客观反映实际工作情况和民众的需求，提高绩效目标的科学性和认同度，减少具体承担目标责任的工作部门可能发生的目标转化和对系统的博弈。此外，还要制定明确的、操作性强的评估方案，对评估的主体、对象、内容、形式、程序以及结果运用等方面做出规定，将公共就业服务绩效评估作为一项管理制度贯穿到日常的管理工作之中。在评估前，重视对评估组织者和评估主体的培训，强化相关人员对公共就业服务绩效评估目的、程序、指标体系等方面的认知，从而减少心理误差和系统误差。

在评估实施阶段，注意信息收集的可靠性和真实性，对评估的全过程进行监督，防止数据造假和违规行为。要利用先进的技术手段，

---

① 彭国甫著：《地方政府公共事业管理绩效评价研究》，湖南人民出版社，2004 年，第 260 页。

如电子政务平台等进行统计和整理各类绩效信息。在分析绩效情况时，要注重解释绩效产生的原因，分析存在的问题，并提出相应的改进措施。

在结果运用阶段，要建立结果公开制度，明确向谁公开、公开什么、怎样公开，即公开的对象、内容和途径。还要避免单一的绩效奖惩形式，综合运用评估结果，充分发挥评估的激励功能。此外，要根据评估结果及时调整和修订下一轮评估的绩效目标和评估指标。奥斯本在《政府改革手册》中指出，“绩效评估并不容易。要开发一套合适的绩效评估体系大约需要三年时间”，①因此，要在每一轮的评估中不断完善公共就业服务绩效评估体系。

三、建立多元主体评价机制

公共就业服务绩效评估的主体是评估的主导因素，评估中的其他因素都必须通过主体来完成；主体选择的科学与否，在很大程度上会影响政府公共就业服务绩效评估的效果。由于不同评估主体之间存在利益差异和价值偏好的不同，再加上评估主体对评估信息的掌握和资源占有等方面存在优劣之别，使某一类评估主体的评价会带有一定的群体意志和主观色彩。因此，在政府绩效评估中，单一评估主体往往会使评估的科学性大打折扣，实现政府绩效评估主体多元化就成为一个必然趋势。公共就业服务绩效评估的多元主体评价机制正是对评估主体的确定以及评估主体的参与途径等方面进行的制度安排。

（一）公共就业服务绩效评估多元主体的选择

选择评估主体时首先要辨别公共就业服务绩效的利益相关者，

① ［美］戴维·奥斯本、彼得·普拉斯特里克：《政府改革手册：战略与工具》，中国人民大学出版社，2004 年，第 238 页。

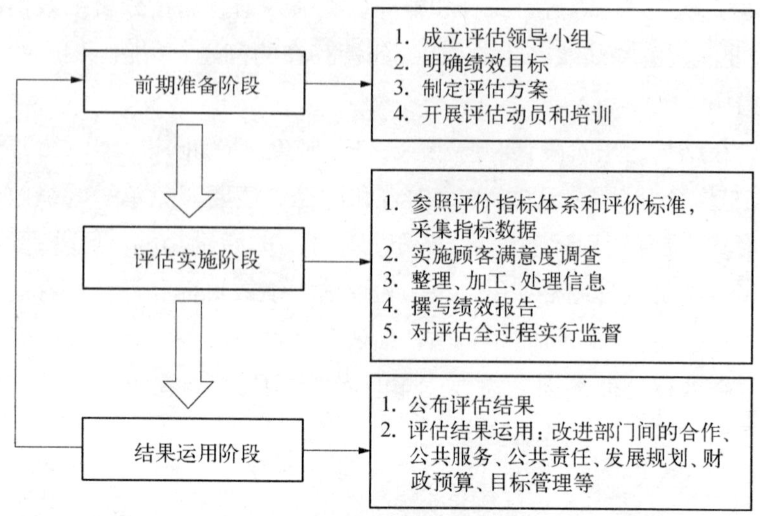

图 13-2　南宁市公共就业服务绩效评估的流程图

只有与公共就业服务绩效具有一定的利益相关性的主体才有评估的动力，也才能更好获得所需要的信息和资源。根据彭国甫等的研究，政府绩效利益相关者是指与特定政府工作业绩和成果享有一种或多种利益关系的个体或群体。① 对于公共就业服务绩效而言，其利益相关者主要包括接受并享受服务的社会公众、为绩效产出进行投入的上级政府部门、负责绩效及其行为管理的政府部门以及以监督、改善公共就业服务为目的而成立的社会组织。其中，被评估的政府部门及其上级部门是内部评估主体，社会公众和社会组织是外部评估主体。

并不是所有的公共就业服务绩效的利益相关者都可以作为评估的主体，在确定评估主体时还需要考虑以下三点：一是评估主体与客体之间的相对位置，要做到科学的评估需要实现“异体评估”，以保

---

① 彭国甫、盛明科：《政府绩效评估不同主体间的利益差异及其整合》，《学习与探索》，2008 年第 5 期。

证评估的公正性;二是评估主体的重要性,当评估主体的权威性越大时,评估主体对于评估对象而言就越重要;三是评估主体的现实性,既要考虑评估主体自身的成熟程度和评估能力,又要考虑评估中的成本、效率等可行性问题。

基于上述三点考虑,笔者认为南宁公共就业服务绩效评估的主体应该包括三类:上级政府部门、承担公共就业服务职能的政府部门、服务接受对象。另外,可以借助南宁市高校资源,邀请学者作为第三方评价的主体,以增强评估的科学性。

(二) 公共就业服务多元评估主体的参与机制

公共就业服务多元评估主体的参与机制实际上是对不同评估主体参与评估的途径、方法作出的制度性安排。只有建立公共就业服务多元评估主体的参与机制,才能保证各评估主体具有平等参与评估的机会,从而更好地发挥多元化评估的应有功能。

在制定评估主体参与机制时,要充分考虑不同评估主体的优势和劣势,才能按照评估主体的特点设计公平的参与方式。公共就业服务绩效评估主体的优势和劣势比较结果如表 13－5 所示。

表 13－5　公共就业服务绩效评估主体的比较

评估主体	优　势	劣　势
上级政府部门	权威性高,具有利益主导和政策控制作用	上下级之间信息不对称
公共就业服务部门	对绩效的认知度较高,信息获取容易,效率较高	主观性强,在评估中形成自我保护和消极防御
社会公众	了解服务结果的真实信息	缺乏专业性,接受服务的公众多为农民和下岗人员,文化教育水平普遍较低,评估意识较弱
社会组织	独立评价,干扰较少,专业性较强	发育不成熟,缺乏评估能力

评估主体主要分为内部评估主体和外部评估主体两类,两类主

体在评估中各有特点。对于承担公共就业服务职能的政府部门及其上级政府部门而言，可以通过相关的公共就业服务绩效评估制度和方案确定两者的评估主体地位，规定其参与评估的途径和方法。对于外部评估主体中以专家学者为主的第三方评价主体而言，可以通过政府合作项目，外聘顾问形成政府外脑等形式，使其介入公共就业服务绩效评估。而普通社会公众，特别是就业服务的接受者，可以让他们参与到对就业服务提供者的工作效率、态度以及工作效果的评估中来，如满意度调查。

新公共服务理论提出了服务于公众、追求公共利益、重视公民权和重视人的价值理念，认为政府的职能是服务，而不是“掌舵”，公务员日益重要的角色就是要帮助公民表达并满足他们的共同利益要求。① 这一理论为研究公共就业服务绩效评估的公民参与机制指明了方向。政府不能自行决定公共就业服务的内容，而应该以服务对象的需求为基础，更重要的是政府应该帮助就业弱势群体表达利益，从而根据群体的共同利益制定服务的计划和方向。因此，笔者认为，公共就业服务绩效评估的公民参与机制应该允许服务对象根据自身的利益需求对服务效果做出判断。

就南宁市而言，需要整合已有的公民参与途径，建立以收集服务质量、效果等绩效信息和服务改进建议为目的的新型公民参与机制。首先要整合、改进各种现有公民参与途径的功能，如行风评议、机关效能建设和年终举行的服务对象座谈会等。在这一基础上，可以细化和量化原有的服务承诺制并将其作为评估准则，加强行风评议中对公共就业服务的作风、效率、态度等方面的评估，可以在公共就业服务机构的大厅内放置相应的顾客满意度调查问卷，收集服务对象对服务行为方面的绩效信息。其次，要利用机关效能建设中的公民

---

① ［美］珍妮特·V. 登哈特、罗伯特·B. 登哈特：《新公共服务：服务，而不是掌舵》，中国人民大学出版社，2004 年。

投诉处理机制，收集服务对象的投诉信息，分析投诉的原因、公共就业服务不足之处以及服务对象是否有新的需求等。还可以将服务对象座谈会扩大为公共就业服务联席会议，邀请求职者、用人单位、专家等参与，听取他们对公共就业服务质量、效果等方面的评价和建议。最后，可以效仿企业的做法，建立顾客档案制度，对服务效果进行追踪调查。由于目前大型的公共就业服务机构已经建成了“一站式”服务和比较健全的信息网络，极大地方便了服务对象基本信息的收集，因此，可以在此基础上建立具有一定数量的服务对象档案样本。根据对象的特征或所接受服务项目的类别不同进行档案分类，要特别注意长期失业者、下岗人员以及农村富余劳动力等服务对象的档案收集。定期抽取一定数量的服务对象，采用电话访谈的方式就服务效果进行跟踪调查，了解其进一步的需求和改进公共就业服务的建议等。还可以从服务对象档案中选取具有代表性的典型事例，对其进行详细调查和分析，获得公共就业服务质量和效果的信息，从而改进服务。

四、建立公共就业服务绩效评估的信息采集保真机制

建立公共就业服务绩效评估信息采集保真机制的目的在于保证绩效信息的真实性和可靠性，它是对绩效信息记录、收集、加工和处理等环节所做的制度安排。绩效信息是公共就业服务绩效评估的生命线。如果信息失真，就无法得到客观、公正、准确的评价结果，甚至会损害政府的形象，破坏政府与公众之间的关系。但在实践中，绩效信息往往是由下至上进行采集的，由于存在严重的信息不对称性，其真实性难以保证。被评估者可能会采取隐瞒、造假等手段保全自己的利益。因此，建立有效的公共就业服务绩效评估信息采集保真机制非常必要。

（一）规范公共就业服务绩效评估指标的数据采集

规范公共就业服务绩效评估指标的数据采集主要应明确指标数

据的来源和采集途径,方便对数据的记录过程进行监控,保证数据记录的科学性和真实性。要区分定量指标与定性指标之间的差别,采取不同的数据采集方法。

定量指标主要来源于各公共就业服务机构和就业服务管理中心对日常工作的统计。从数据统计的分工来看,就业服务管理中心掌握公共就业服务投入维度的数据,还负责对公共就业服务机构上报的各类统计数据进行汇总。因此,大部分公共就业服务绩效评估定量指标的数据可以从就业服务中心、公共就业服务机构的日常工作统计、工作总结、劳动力市场分析报告等文件材料中获得,人职匹配成功率和成功创业率两个指标除外,因为其数据采取需要从追踪调查中获得。

定性指标中的公共就业服务制度建设、制定就业服务计划和目标、落实就业与再就业政策、公共就业服务城乡覆盖情况和就业信息发布渠道完善程度等可以通过制定具体的评估标准进行量化处理,以年度工作检查的形式收集具体的绩效信息。对于公众满意度指标,则可以通过公众满意度调查采集所需要的信息。

(二)制定公共就业服务绩效信息采集责任制

信息采集责任制是对信息记录、收集、加工和使用等各环节的职责分配,它有利于加强对信息采集的全过程监督,保障信息的真实性。在制定这一制度的过程中要注意以下三点。

一是要明确公共就业服务相关部门在信息采集过程中的职责。从上述数据的来源和采集方法来看,公共就业服务绩效信息主要是经由各公共就业服务机构——就业服务管理中心——劳保局的途径由下而上收集汇总。其中,各公共就业服务机构主要负责原始数据和信息的记录、整理;就业服务管理中心主要负责汇总、统计;劳动保障局主要负责最终的数据分析。为了方便数据的采集整理,应该制定统一的统计口径、标准和报表,规范信息的记录和采集方式。

二是将绩效信息采集责任落实到个人,制定绩效信息采集行为规范。绩效信息的记录、收集、加工和处理最终都是由人完成的，只有规范相关行为人的行为，才能保证信息的可靠性。可以在绩效信息采集过程中采用实名登记制，对参与绩效信息采集的行为主体进行监督。

三是强化责任追究。对在数据采集过程中，没有按要求履行职责的部门和没有按照规范实行数据采集行为的个人追究相应责任，从而强化责任意识。

（三）建立公共就业服务绩效信息质量监督检验制度

为了把好绩效信息质量关，要建立公共就业服务绩效信息质量监督检验制度。只有实行监督和检验，各项责任和规范才能落到实处。可以采取以下三种方式：一是自查，由负责信息采集的部门和个人在日常工作中对各类信息、数据进行认真核查。二是由考评领导小组定期抽查，以减少和杜绝弄虚作假行为。三是委托调查，由政府委托社会机构或高校专家采集绩效信息，通过比较，了解绩效信息的质量情况。

五、完善公共就业服务绩效评估的结果运用机制

评估结果的运用直接关系到最终评估目的的实现，是公共就业服务绩效评估的动力之源。只有建立科学、合理的评估结果运用机制，才能使公共就业服务绩效评估持久地坚持下去，发挥评估的最大效用。结果运用主要包括以下 8 个方面：

第一，监测和报告公共就业服务的绩效水平。监测和报告公共就业服务的进展情况和运作情况，是公共就业服务绩效评估结果运用的最基本环节。评估结果可以反映一定时期内，公共就业服务投入、管理过程、产出与结果等各个环节的绩效情况，便于政府了解和监测工作的实际进展，并及时发现不良苗头，做出相应的调整，保障各项公共就业服务工作的顺利开展。

第二，实施公共就业服务质量管理。公共就业服务绩效评估的结果可以反馈服务质量的相关信息，帮助管理者对服务进行监督、管理和改善。通过了解产出与结果指标的实现程度，可以让政府明了公共就业服务在效率、效益和效果等方面的表现情况；通过顾客满意度调查，可以从服务对象的角度了解服务流程的简便和规范程度、服务态度和作风的情况以及服务效果等方面的绩效信息，从而督促工作人员履行服务承诺，不断对公共就业服务进行优化和改进。

第三，改进和调整公共就业服务计划。通过一轮公共就业服务绩效评估，政府可以检验公共就业服务项目的有效性，对项目进行取舍或调整。在评估中，政府可以发现公共就业服务的薄弱环节，决定是否应该加大资金投入和提高服务管理效率、公共就业服务中的哪一职能需要强化，据此改进和调整下一年度的服务计划，重新明确工作重点和努力方向。此外，在公共就业服务绩效结果的分析过程中，可以利用"SWOT"(即优势、劣势、机遇和挑战 4 个方面)分析法，帮助政府认识绩效结果产生的原因和增强对外部环境的适应性。

第四，改善目标管理责任制。目前，南宁市政府实行的目标管理责任制效果并不佳，仅仅是一种管理制度的摆设和象征。导致这一结果的主要原因在于缺乏目标形成的协商机制和有效的评估手段。而公共就业服务绩效评估有助于改善这一情况。在每一轮评估的初始阶段，政府内部可以就绩效目标进行充分的沟通和协商，提高目标的认同度；评估结束后，政府不仅可以掌握目标的完成情况，还可以全面了解目标的完成过程，并且对各评估指标的信度和效度进行检验，修订或增删绩效评估指标，进而改善目标管理责任制。

第五，实施奖惩措施。奖惩措施可以对公共就业服务相关部门起到激励和约束的作用。"评优评差"是公共就业服务绩效评估的一项基本功能。通过评估，政府可以在绩效水平高的年份给予相关部门和个人适当的物质和精神奖励，肯定其在公共就业服务方面的贡献，而对绩效水平差的部门和个人予以适当的惩处，从而发挥激励先进和鞭策后进的作用。此外，还应将公共就业服务评估结果作为相关责任人职务升降的参考。

第六，加强各公共就业服务部门之间的合作。公共就业服务绩效目标需要各公共就业服务相关部门之间的通力合作和共同努力才能实现。绩效目标可以调节组织资源分配，协调组织内部分工，促进部门之间的相互配合。政府可以利用绩效评估结果，分析目标完成过程中各部门的分工合作情况，从而采取措施解除体制上的束缚，鼓励部门间的协作。

第七，与公共就业服务预算挂钩。通过评估可以反映公共就业服务成本以及资金使用效率等方面的情况，为下一周期的公共就业服务预算提供依据。此外，通过评估还可以了解和预测公共就业服务各相关部门在完成各项职责方面的表现，以此作为平衡预算拨款的根据，并引入内部竞争机制，激励相关部门对结果负责，调动工作积极性。

第八，改善政府与公众之间的沟通。公众对公共就业服务最具有发言权和知情权，是公共就业服务天然的监督者。公众满意度调查是政府与公众之间沟通的重要桥梁。通过评估，政府可以了解公众在公共就业服务中的切身感受以及对服务的期望，以此为依据加强服务的人本化建设。此外，定期向公众公布公共就业服务绩效评估的结果体现了政府对公众的尊重和回应，也是公众了解政府公共就业服务情况的途径和窗口，方便公众知晓自身权利的实现程度和行使对政府的监督权。政府与公众之间的双向沟通和反馈，是提高公共就业服务绩效，实现公共责任，改善政府形象的有效手段。

六、相关配套措施

欲使政府绩效评估获得成功，除了上述评估体系本身的因素外，还需要一个与之相适应的运行环境。学者们普遍认为，绩效评估的

运行环境与政府管理的价值取向、体制结构以及管理方法等息息相关。因此,需要相关的配套改革和措施:

第一,转变政府职能。改变长期以来重经济建设轻社会建设的政府职能配置模式,强化政府在公共服务方面的职能,为此,需要积极调整政府财政支出结构,向社会建设领域倾斜,增加政府在公共就业服务方面的财政投入比重,这是改进公共就业服务绩效的一个重要前提。

第二,营造以绩效为本的文化氛围。要通过各种宣传活动将绩效评估的相关安排融入政府的日常工作,使结果导向、顾客至上、公共责任、系统效能等绩效意识根植于公共就业服务相关部门及其工作人员之中,将公共就业服务的评估需求内化,提高接受评估的自觉性。

第三,加强公共就业服务绩效评估的制度建设。“制度是一系列被制定出来的规则、守法程序和行为的道德伦理规范,它旨在约束追求主体福利或效用最大化利益的个人行为。”①由于实施新型的公共就业服务绩效评估会与部分管理者的既得利益发生冲突,即绩效评估悖论,加之政治性因素的影响,绩效评估需要各项制度的保障,因此,需要将领导保障机制、信息采集保真机制、多元主体评价机制和结果运用机制等各个环节通过规章制度予以规范,确保制度的权威性和稳定性。这样,才能落实各方在评估中的责任,有效规避评估中的短期行为,减少“一次性评估”和“评估热”现象。

第四,改善决策机制。应改变传统的上下级之间层级制式简单的命令—服从关系,上级部门在调控下级部门行为的时候,除了必要的强制性命令以贯彻施政意图外,还应借助于其他方法,向下适当授

---

① [美]道格拉斯·C. 诺斯:《经济史中的结构与变迁》,上海三联书店、上海人民出版社,1994年,第225—226页。

权,并形成彼此之间的目标协商机制,①使决策更符合基层的实际,也更有利于责任制的落实。同时,还应广泛征求民意,从而使政府的决策、计划和目标具有更好的回应性,最终使绩效评估回归其应有的价值。

第五,改革政府管理方式。绩效评估工作量大,费时、费力、费钱,因此,要借助现代信息技术,大力开展电子政务建设,减少绩效评估的实施成本。目前,南宁市电子政务已经有了一定基础,形成了公共就业"一站式"服务,大大简化了各项服务的流程。为了适应公共就业服务绩效评估,还需要加强电子政务建设,运用电子政务平台提高绩效数据和信息的收集、分析和处理能力,并实现各部门之间网上信息的沟通和共享,这样可以大大减少绩效评估的成本,提高评估效率。此外,要完善公共就业服务相关网站,加快信息更新,尤其是要注重通过互联网公布公共就业服务绩效评估的结果,增强评估的公开化和透明化程度。

第六,推行绩效预算制度。绩效预算是目前国内外政府管理实践中的一大潮流,也是理论界研究的热点问题。以政府提供公共就业服务的绩效情况安排预算资金,把评估结果与公共就业服务预算挂钩,有利于加强对公共就业服务投入的控制,约束政府的行为,养成对服务结果负责的习惯。此外,它还可以改变对公共就业服务结余资金的处理办法,让相关部门拥有更多的结余资金处理权限,从而鼓励节约成本,提高资金的使用效率。

---

① 陈天祥:《政府绩效合同的设计与实施:交易费用理论的视角——来自广东省J市的调研》,《公共行政评论》,2008年第3期。

附录 1
政府社会建设绩效评估指标体系征询意见表①

您好！本征询意见表是由中山大学承担的国家社会科学基金研究项目“社会建设框架下的政府绩效评估研究”课题调研的一部分，目的在于为我们开发政府社会建设绩效评估指标体系提供可靠依据。下面的指标体系初稿是课题承担人根据相关理论、已有研究成果和一些政府绩效评估方案，并根据中国政府的管理实际而主观提出来的。其中，在维度的设计上我们按照政府管理过程是由“投入—管理—产出—效果”4 个环节构成的逻辑，并考虑尽可能简化和便于操作，最后分为 3 个方面，即投入、管理过程、产出及结果。同时，根据中国的社会现实，我们突出了公平正义和以民为本的价值，设计了相应的指标。鉴于您在社会建设领域的造诣和丰富的工作经验，我们邀请您参与本次征询意见活动，请您在自己熟悉的社会建设领域中就您认为重要的指标进行选择。您的参与将为我们开发政府社会建设绩效评估指标体系提供非常有用的帮助。

请您在自己认为重要的和需要保留的指标的选项“是”前的“□”内打“√”，在认为不重要和无需保留的指标的选项“否”前的“□”内打“√”。

---

① 征求专家意见所用的原始稿是按五大领域分开印制的，即有五类表，每位专家收到的只是其中一个领域的意见。为便于编排，此附录将五类表合并在一起。在此予以说明。

感谢您的支持与合作！

中山大学课题组

2008年7月10日

政府社会建设绩效评估指标体系初稿①

序号	领域	维度	评估指标	选项	
1	教育发展与教育公平	投入	政府教育支出占GDP的比重	□是	□否
2			人均教育经费支出	□是	□否
3			公共财政对于弱势地区、学校、学生和家庭的支持	□是	□否
4		管理过程	政策的稳定性和连续性	□是	□否
5			公平教育政策	□是	□否
6			素质教育政策*	□是	□否
7			教育评价价值取向*	□是	□否
8		产出及结果	九年义务教育实现率	□是	□否
9			每百在校学生拥有专任教师数	□是	□否
10			大学生毛入学率	□是	□否
11			中学生升大学比率*	□是	□否
12			教育公平的实现程度(含地区之间、城乡之间、校际之间、家庭之间)	□是	□否
13			公民的满意度	□是	□否

① 表中带“*”号的指标在征询意见后被删除。

续 表

序号	领 域	维 度	评 估 指 标	选 项	
14	社会保障	投入	政府社会保障支出占财政支出比重	□ 是	□ 否
15			政府社会保障支出对弱势地区和人群的支持度	□ 是	□ 否
16		管理过程	政策的稳定性和连续性	□ 是	□ 否
17			弱势群体社会保障政策	□ 是	□ 否
18			流浪人员救助政策*	□ 是	□ 否
19		产出及结果	基本养老保险覆盖率	□ 是	□ 否
20			基本医疗保险覆盖率	□ 是	□ 否
21			居民最低生活保障覆盖率	□ 是	□ 否
22			失业保险覆盖率	□ 是	□ 否
23			工伤保险覆盖率	□ 是	□ 否
24			灾害保险覆盖率*	□ 是	□ 否
25			弱势群体救助率	□ 是	□ 否
26			公民的满意度	□ 是	□ 否
27	医疗卫生	投入	政府医疗卫生支出占 GDP 的比重	□ 是	□ 否
28			财政支持弱势地区医疗卫生的投入	□ 是	□ 否
29		管理过程	政策的稳定性和连续性	□ 是	□ 否
30			对弱势地区的医疗卫生支持政策	□ 是	□ 否
31			突发公共卫生事件应急处理机制建设	□ 是	□ 否
32			政府对医疗机构的监管*	□ 是	□ 否
33		产出及结果	新型农村合作医疗参合率	□ 是	□ 否
34			农村自来水普及率	□ 是	□ 否

续　表

序号	领 域	维 度	评 估 指 标	选 项	
35	医疗卫生	产出及结果	社区卫生服务人口覆盖率	□ 是	□ 否
36			婴儿死亡率(每千人的死亡率)	□ 是	□ 否
37			孕产妇死亡率	□ 是	□ 否
38			人均期望寿命	□ 是	□ 否
39			每万人拥有病床数	□ 是	□ 否
40			每万人拥有职业医师数	□ 是	□ 否
41			医疗机构医疗服务水平*	□ 是	□ 否
42			医患纠纷数量*	□ 是	□ 否
43			公众的满意度	□ 是	□ 否
44	公共安全与社会管理	投入	在公共安全与社会管理中的财政支出水平	□ 是	□ 否
45			政府在公共安全与社会管理中人力资源投入水平	□ 是	□ 否
46		管理过程	政府突发性事件应急处理体系建设	□ 是	□ 否
47			政府公共安全监管体系建设	□ 是	□ 否
48			政府公共安全监管执行力	□ 是	□ 否
49		产出及结果	公共安全指数*	□ 是	□ 否
50			万人发案率	□ 是	□ 否
51			刑事案件破案率	□ 是	□ 否
52			重大刑事案件破案率	□ 是	□ 否
53			群体性事件数	□ 是	□ 否
54			公众的安全感	□ 是	□ 否
55			万车死亡率	□ 是	□ 否
56			万车重伤率	□ 是	□ 否

续 表

序号	领 域	维 度	评 估 指 标	选 项	
57	公共安全与社会管理	产出及结果	万车重大交通事故发生率	□是	□否
58			重大火灾事故发生数量	□是	□否
59			食品药品安全指数	□是	□否
60			亿元 GDP 死亡率	□是	□否
61			亿元 GDP 重伤率	□是	□否
62			每万人公交车辆拥有量	□是	□否
63			城市管理秩序	□是	□否
64			卫生文明城市数量*	□是	□否
65	就业与分配公平	投入	政府就业与再就业的财政投入	□是	□否
66		管理过程	就业与再就业政策	□是	□否
67			公共就业服务体系建设	□是	□否
68			促进分配公平政策及执行	□是	□否
69			政府对就业服务中介市场的监管*	□是	□否
70		产出及结果	城镇失业率	□是	□否
71			城镇再就业率	□是	□否
72			就业服务中心数量*	□是	□否
73			农村剩余劳动力转移率	□是	□否
74			残疾人员就业比率	□是	□否
75			城镇居民基尼系数	□是	□否
76			农村居民基尼系数	□是	□否
77			地区之间收入差距	□是	□否
78			城乡之间收入差距	□是	□否
79			公众的满意度	□是	□否

本问卷调查到此结束，再次感谢您的参与！

附录 2
社会建设绩效公民满意度调查问卷

您好！您所参加的调查是由中山大学承担的国家社会科学基金研究项目“社会建设框架下的政府绩效评估研究”课题调研的一部分。本次公民满意度调查涉及政府公共服务和社会管理的多个领域，通过调查，旨在为政府改进和完善公共服务和社会管理提供政策参考和咨询，促进中国和谐社会的建设。您的参与将为我们的调查提供非常有用的帮助。本调查不用填写姓名，答案无对错之分，请您不要有任何顾虑，如实填答问卷即可。感谢您的支持与合作！

中山大学课题组

2009 年 1 月 10 日

填答说明：

请您根据自己的实际情况在对应选项前的“□”内打“√”，或在题后“________”上填写相关内容。

一、个人基本情况（每题只能选择或填写一个答案）

1. 性别：□ 男　　□ 女

2. 您的年龄：□ 16—30 岁　　□ 31—45 岁

□ 46—60 岁　　□ 61 岁以上

3. 您的文化程度：□ 低于小学程度　□ 小学毕业　□ 初中毕业

□ 高中或中专毕业　□ 大专毕业

□ 本科及本科以上

4. 您的婚姻状况：□ 已婚 □ 未婚

□ 离异 □ 丧偶

5. 您的职业：□ 公务员 □ 事业单位人员 □ 国有企业人员

□ 私营企业人员 □ 外资或合资企业人员

□ 个体劳动者 □ 农民 □ 学生 □ 其他

6. 您现在的居住地：□ 城镇 □ 农村

二、满意度调查(每题只能选择一个答案)

1. 您对自己居住所在地当前的社会治安状况(即人身、财产的安全性)感到：

□ 很满意 □ 满意 □ 一般 □ 不满意 □ 很不满意

2. 您对自己居住所在地的公共交通服务感到：

□ 很满意 □ 满意 □ 一般 □ 不满意 □ 很不满意

3. 您对自己居住所在地的医疗服务质量感到：

□ 很满意 □ 满意 □ 一般 □ 不满意 □ 很不满意

4. 您对自己居住所在地医疗收费标准感到：

□ 很满意 □ 满意 □ 一般 □ 不满意 □ 很不满意

5. 您对自己居住所在地环境的卫生状况感到：

□ 很满意 □ 满意 □ 一般 □ 不满意 □ 很不满意

6. 您对自己居住所在地政府提供的九年义务制教育感到：

□ 很满意 □ 满意 □ 一般 □ 不满意 □ 很不满意

7. 您对自己居住所在地的基本医疗保障(或新型农村合作医疗)状况感到：

□ 很满意 □ 满意 □ 一般 □ 不满意 □ 很不满意

8. 您对自己居住所在地政府对贫困家庭或贫困人口的救助措施感到：

□ 很满意 □ 满意 □ 一般 □ 不满意 □ 很不满意

9. 您对现阶段不同人群之间的收入公平性感到：

□ 很满意 □ 满意 □ 一般 □ 不满意 □ 很不满意

10. 您对现阶段不同人群之间的就业或务工机会的公平性感到：

□ 很满意　□ 满意　□ 一般　□ 不满意　□ 很不满意

三、建议和意见(可以填写多项内容)

您对上述公共服务和社会管理方面有什么具体的建议和意见?(请填写)

____

____

本问卷调查到此结束,再次真诚感谢您的参与!

附录 3
思明区外来务工人员子女就学情况调查问卷（家长部分）

尊敬的家长，您好！

我们是国家社会科学基金项目“社会建设框架下的政府绩效评估研究”课题组，为研究当前厦门市解决外来务工人员子女义务教育的现状，为该领域的绩效评估研究提供数据，我们设计了此调查问卷。本问卷不用填写姓名，本问卷调查所得的数据仅作为学术研究之用，您的任何看法，我们都会保密，请您不要有任何顾虑，如实回答问卷。

请您根据自己的实际情况在对应选项前的“□ ”内打“√”(除特别说明的外，每题只能选一个选项)或在题中“________”上填写相关内容。

衷心感谢您的支持与合作！

中山大学课题组

2009 年 1 月 10 日

1. 您来厦门市工作了多长的时间？

□ 1—2 年　□ 3—4 年　□ 5—7 年　□ 8 年或以上

2. 跟您一起生活在厦门的孩子在哪里上学？

□ 当地公办学校　　□ 当地民办学校

3. 您是否希望您的孩子在厦门读书？

□ 希望他留在老家 □ 无所谓

□ 是

4. 您的文化程度?

□ 不识字 □ 小学 □ 初中 □ 高中

□ 中专 □ 专科 □ 本科

5. 您全家每个月的总收入多少元?

□ 500元及以下 □ 1 000—2 000元

□ 2 000—3 000元 □ 3 000—4 000元

□ 4 000元以上

6. 您一学期中一般与您孩子所在的(在厦门)学校联系多少次?

□ 没有联系 □ 一、两次

□ 三、四次 □ 五次及以上

7. 您经常过问孩子的学习情况吗?

□ 经常 □ 很少 □ 不过问

8. 您最关心您的孩子哪方面的情况?

□ 学习成绩 □ 吃穿住等生活状况

□ 品行 □ 特长爱好

□ 其他

9. 您觉得在教育孩子方面最棘手的问题是:

□ 没有时间 □ 自己文化低,不懂得如何教

□ 其他

10. 您为孩子选择现在这所(在厦门)学校的原因是(最多选三项,按重要程度排序)________

□ 离家近 □ 收费低 □ 有亲戚或熟人介绍

□ 学校教育质量好 □ 教育局指定

□ 随意选择

11. 您本学期给您孩子买过或者订过杂志及课外读物吗?

□ 有 □ 没有

12. 对学校为学生组织的各种社会实践活动,您的看法是:

□ 学生应该以学习为主,没必要参加那么多活动

□ 学生多参加一些社会实践活动对他们各方面的成长有好处,应该积极参加

□ 其他

13. 您认为您的孩子在厦门的学校中得到了公平的待遇了吗?

□ 有　　□ 没有　　□ 不知道

14. 您认为您和学校应该怎么划分在教育孩子中的责任?

□ 学校负全部责任　　□ 学校负主要责任

□ 学校与家长应该各负一半责任

□ 家长负主要责任　　□ 家长负全部责任

15. 您主要通过什么方式来了解您孩子在学校的情况?(可多选)

□ 参加家长会　　□ 老师给您打电话

□ 收到孩子的成绩单或者学期评定

□ 与孩子交流　　□ 其他

16. 您对厦门市思明区入学“电脑派位”政策

□ 很了解　　□ 了解

□ 了解一点　　□ 不了解

17. 您是否满意厦门市思明区的外来务工人员子女义务教育政策

□ 很满意　　□ 满意

□ 不满意　　□ 很不满意

18. 您的子女在厦门是否享受免交借读费的优惠政策?

□ 是　　□ 否

19. 您的子女在厦门是否享受免收教材费政策?

□ 是　　□ 否

20. 您的子女在厦门是否享受免收学杂费政策?

□ 是　　□ 否

21. 您对自己子女就读于厦门的学校的满意程度是:

□ 很满意　　□ 满意

□ 不满意　　□ 很不满意

22. 请您谈谈您对自己孩子所在的厦门的学校和老师的看法和建议：

____

____

再次感谢您的支持和合作!

附录4

思明区外来务工人员子女就学情况调查问卷（学生部分）

亲爱的同学，您好！

我们是国家社会科学基金项目“社会建设框架下的政府绩效评估研究”课题组，为研究当前厦门市解决外来务工人员子女义务教育的现状，为该领域的绩效评估研究提供数据，我们设计了此调查问卷。本问卷不用填写姓名，本问卷调查所得的数据仅作为学术研究之用，您的任何看法，我们都会保密，请您不要有任何顾虑，如实回答问卷。

请您根据自己的实际情况在对应选项前的“□ ”内打“√”（除特别说明的外，每题只能选一个选项），或在题中“________”上填写相关内容。

衷心感谢您的支持与合作！

中山大学课题组

2009年1月10日

1. 自小学一年级以来，您的上学情况是：

   □ 一直在这所学校上学　□ 在家乡上学后转学到这里

   □ 随父母多次迁移转学　□ 其他

2. 放寒暑假时，你一般做些什么？（可多选）

   □ 做作业　　　　　□ 看电视、电影

□ 跟同伴们一起玩　　□ 玩游戏

□ 读书、看报纸杂志　　□ 帮爸爸妈妈干活

□ 逛街或上网吧

3. 你在家里有固定的学习地方吗(如有自己的房间、书桌等)?

□ 有固定的学习地方(有自己的房间和书桌)

□ 没有自己的房间但有自己的书桌

□ 既没有自己的房间也没有自己的书桌

4. 你希望自己将来能够达到怎样的文化程度?

□ 初中　　□ 高中

□ 大专　　□ 本科及以上

□ 不清楚

5. 你觉得现在自己的学习成绩与在老家上学的时候相比:

□ 进步了　　□ 没什么变化

□ 退步了

6. 你参加的学校社团活动(活动小组、兴趣小组)有几个?

□ 0 个　　□ 1 个

□ 2 个　　□ 3 个及以上

7. 家长愿意让您参加学校组织的社会实践活动吗?

□ 非常愿意　　□ 愿意

□ 不愿意　　□ 很不愿意

8. 在学习上遇到困难时你会怎么办?

□ 父母或家人帮忙辅导　□ 请家教老师

□ 希望任课老师辅导　　□ 不管它,不会就不会

□ 其他

9. 刚来这个学校时,你感到学习难度最大的学科是什么?

□ 语文　　□ 数学　　□ 英语　　□ 音乐

□ 美术　　□ 体育　　□ 电脑

10. 你现在最喜欢的学科是什么?

□ 语文　　□ 数学　　□ 英语　　□ 音乐

□ 美术　　□ 体育　　□ 电脑

11. 你觉得现在学校或老师的工作哪些方面做得比较好,哪些方面还有不足,你有哪些建议或想法呢?

____

再次感谢您的支持和合作!

附录5

思明区外来务工人员子女义务教育情况调查问卷（教师部分）

敬爱的老师，您好！

我们是国家社会科学基金项目“社会建设框架下的政府绩效评估研究”课题组，为研究当前厦门市解决外来务工人员子女义务教育的现状，为该领域的绩效评估研究提供数据，我们设计了此调查问卷。本问卷不用填写姓名，本问卷调查所得的数据仅作为学术研究之用，您的任何看法，我们都会保密，请您不要有任何顾虑，如实回答问卷。

请您根据自己的实际情况在对应选项前的“□ ”内打“√”(除特别说明的外，每题只能选一个选项)，或在题中“________”上填写相关内容。

衷心感谢您的支持与合作！

中山大学课题组

2009年1月10日

1. 跟厦门本地学生比，您觉得外来学生的学习基础怎么样？

□ 好多了　　□ 稍微好一些

□ 差别不大　　□ 稍微差一些

□ 差多了

2. 跟厦门本地学生比，您觉得外来学生的学习习惯怎么样？

□ 好多了　　　　　　□ 稍微好一些
□ 差别不大　　　　　□ 稍微差一些
□ 差多了

3. 跟厦门本地学生比，您觉得外来学生的学习动力怎么样？

□ 好多了　　　　　　□ 稍微好一些
□ 差别不大　　　　　□ 稍微差一些
□ 差多了

5. 跟厦门本地学生比，您觉得外来学生在按时完成作业方面情况怎么样？

□ 好多了　　　　　　□ 稍微好一些
□ 差别不大　　　　　□ 稍微差一些
□ 差多了

6. 外来学生是否需要更多的课后辅导？

□ 几乎全部学生都需要　□ 大部分需要
□ 需要和不需要辅导的各占一半
□ 大部分不需要　　　□ 几乎都不需要

7. 您认为外来学生的家长在一个学期中与老师联系几次比较合适？

□ 没必要联系　　　　□ 一、两次
□ 三、四次　　　　　□ 五次及以上

8. 与厦门本地学生比，您觉得外来学生在参加学校各种社会实践活动方面比本地学生积极吗？

□ 积极多了　　　　　□ 稍微积极一些
□ 差别不大　　　　　□ 稍微差一些
□ 差多了

9. 您对外来务工人员子女获得公平的教育权利有什么建议？

____

____

再次感谢您的支持与合作！

附录 6

外来务工人员子女义务教育绩效评估指标调查问卷

您好！本征询意见表是由中山大学承担的国家社会科学基金研究项目“社会建设框架下的政府绩效评估研究”课题调研的一部分，目的在于为我们开发外来务工人员子女义务教育绩效评估指标体系提供可靠依据。下面的指标体系初稿是课题承担人根据绩效评估的相关原理、已有研究成果和实地调查等主观提出来的。我们根据平衡计分卡的原理将评估维度分为公众视角、财务、管理过程、成长和创新 4 个方面，然后进行指标的逐级细化，最后提出共计 50 个三级指标。鉴于您在义务教育方面的造诣和丰富的工作经验，我们邀请您参与本次征询意见活动，请您就您认为重要的指标进行选择。您的参与将为我们开发外来务工人员子女义务教育绩效评估指标体系提供非常有用的帮助。

请您在自己认为重要的和需要保留的指标的选项“是”前的“□ ”内打“√”，在认为不重要和无需保留的指标的选项“否”前的“□ ”内打“√”。

感谢您的支持与合作！

中山大学课题组

2009 年 1 月 10 日

外来务工人员子女义务教育绩效评估指标体系初稿

维 度	二级指标	三 级 指 标	选 项	
公众视角维度	教育发展水平	1. 外来务工人员子女就读公办学校比例	□是	□否
		2. 为外来务工人员子女提供学位数增长率	□是	□否
		3. 外来务工人员子女就学率	□是	□否
		4. 外来务工人员子女升学率	□是	□否
		5. 外来务工人员子女平均受教育年限	□是	□否
		6. 外来务工人员子女转学率	□是	□否
		7. 公共资源向外来务工人员子女的开放程度	□是	□否
		8. 外来务工人员子女基础学业通过率	□是	□否
	教育公平水平	9. 公办小学学位信息公开程度	□是	□否
		10. 公办小学招生流程透明度	□是	□否
		11. 公众满意度	□是	□否
		12. 外来务工人员子女减免费用比例	□是	□否
		13. 外来务工人员子女获取贫困助学金比例	□是	□否
财务维度	教育建设水平	14. 教育经费总支出	□是	□否
		15. 财政性教育经费占地方 GDP 的比重	□是	□否
		16. 外来务工人员子女生均公用经费	□是	□否
		17. 外来务工人员子女生均教育事业费	□是	□否
		18. 外来务工人员子女生均校园面积	□是	□否
		19. 外来务工人员子女生均固定资产值	□是	□否
		20. 外来务工人员子女生均图书数量	□是	□否
		21. 政府对民办学校的扶持经费增长率	□是	□否
	行政管理成本	22. 行政管理费用占财政教育支出的比例	□是	□否
		23. 贪污、违法违纪人员占行政人员的比例	□是	□否
		24. 关爱外来务工人员子女社会实践活动支出	□是	□否

续　表

维度	二级指标	三级指标	选项	
管理过程维度	教育管理过程	25. 外来务工家长家校联系次数	□ 是	□ 否
		26. 外来务工人员子女外语平均成绩	□ 是	□ 否
		27. 外来务工人员子女信息技术必修课通过率	□ 是	□ 否
		28. 外来务工人员子女实验室、图书馆、体育设备使用率	□ 是	□ 否
		29. 对教育乱收费行为的投诉次数	□ 是	□ 否
		30. 外来学生思想教育及实践活动开展次数	□ 是	□ 否
		31. 外来务工人员子女素质拓展活动参与率	□ 是	□ 否
		32. 政府对民办学校的监管机制	□ 是	□ 否
		33. 外来务工人员子女在校事故发生率	□ 是	□ 否
		34. 外来务工人员子女心理健康辅导次数	□ 是	□ 否
		35. 同级外来务工人员子女与本地学生知识水平差距	□ 是	□ 否
	政府内部管理	36. 是否将外来务工人员子女义务教育纳入发展规划中	□ 是	□ 否
		37. 外来务工人员子女教育公平目标具体程度	□ 是	□ 否
		38. 教育公平目标任务完成率	□ 是	□ 否
		39. 政府主管部门的重视程度	□ 是	□ 否
		40. 外来务工人员子女就学公平投诉率	□ 是	□ 否
		41. 外来困难务工人员子女入学的救助机制	□ 是	□ 否
成长与创新维度	教育创新与成长	42. 民办中小学教师继续教育参培率	□ 是	□ 否
		43. 民办学校教师学历资历合格率	□ 是	□ 否
		44. 校长持证上岗率	□ 是	□ 否
		45. 外来子女生均电脑学习时间	□ 是	□ 否
		46. 民办学校网络教学资源使用率	□ 是	□ 否

续　表

维度	二级指标	三级指标	选项	
成长与创新维度	教育创新与成长	47. 民工家庭家校联系网络普及率	□是	□否
		48. 教师信息化水平	□是	□否
		49. 品牌民办学校数量	□是	□否
		50. 民办学校的规范化水平	□是	□否

再次感谢您的支持和合作！

附录 7
新型农村合作医疗满意度调查问卷

您好！您所参加的调查是由中山大学承担的国家社会科学基金研究项目“社会建设框架下的政府绩效评估研究”课题调研的一部分。我们开展此次调查的目的是想了解您对新型农村合作医疗制度的满意程度以及对一些问题的看法，为政府改进和完善新型农村合作医疗制度提供政策参考和咨询，促进中国和谐社会的建设。您的参与将为我们的调查提供非常有用的帮助。本调查不用填写姓名，答案无对错之分，请您不要有任何顾虑，如实填答问卷即可。感谢您的支持与合作！

中山大学课题组

2009 年 1 月 10 日

填答说明：

请您根据自己的实际情况在自己认为合适的选项上打“✓”，或在题后“________”上填写相关内容。

一、个人基本情况(每题只能选择一个答案)

1. 性别：□ 男　　□ 女

2. 您的年龄：□ 30 岁以下　　□ 31—45 岁

　　□ 46—60 岁　　□ 61 岁以上

二、满意度调查(第 1 题至第 5 题每题只能选择一个答案)

1. 您对政府对新型农村合作医疗的补助水平是否满意？

□ 满意　　□ 基本满意　　□ 不满意

2. 您对新型农村合作医疗的就医环境是否满意？

□ 满意　　□ 基本满意　　□ 不满意

3. 您对新型农村合作医疗个人缴费额度是否满意？

□ 满意　　□ 基本满意　　□ 不满意

4. 您对新型农村合作医疗的管理与组织工作是否满意？

□ 满意　　□ 基本满意　　□ 不满意

5. 您对新型农村合作医疗的总体评价：

□ 满意　　□ 基本满意　　□ 不满意

6. (第5题回答“不满意”者回答该题)您对新型农村合作医疗不满意的原因(可多选)：

□ 报销程序繁杂　　□ 报销费用太低

□ 对政府不信任，担心钱被挪用

□ 医疗机构设置不方便　　□ 个人缴费额度过多

□ 一些定点医疗机构存在用药不合理、价格偏高、不必要检查等问题

其他(请填写)________________

7. 您对新型农村合作医疗有何建议？(请填写)

____

____

本问卷调查到此结束，再次感谢您的参与！

附录 8

新型农村合作医疗绩效评估指标体系征询意见表

您好！本征询意见表是由中山大学承担的国家社会科学基金研究项目“社会建设框架下的政府绩效评估研究”课题调研的一部分，目的在于为我们开发新型农村合作医疗绩效评估指标体系提供可靠依据。下面的指标体系初稿是课题承担人根据相关理论、已有研究成果和一些绩效评估方案等主观提出来的。其中，在维度的设计上我们按照政府管理过程是由“投入—管理—产出—效果”4 个环节构成的逻辑，并考虑尽可能简化和便于操作，最后把它分为 3 个方面，即投入、管理过程、产出及结果。同时，根据中国的社会现实，我们突出了社会公平和以民为本的价值，设计了相应的指标。鉴于您在新型农村合作医疗方面的造诣和丰富的工作经验，我们邀请您参与本次征询意见活动，请您就您认为重要的指标进行选择。您的参与将为我们开发新型农村合作医疗绩效评估指标体系提供非常有用的帮助。

请您在自己认为重要的和需要保留的指标的选项“是”前的“□”内打“√”，在认为不重要和无需保留的指标的选项“否”前的“□”内打“√”。

感谢您的支持与合作！

中山大学课题组

2009 年 1 月 10 日

新型农村合作医疗绩效评估指标体系初稿①

序号	维度	评估指标	选项	
1	投入	参合者基金人均实有额	□是	□否
2		政府补助金占筹资总额比重	□是	□否
3		定点医疗机构建设政府财政投入到位率	□是	□否
4		政府新农合相关职能机构和人员编制合格率	□是	□否
5	管理过程	新农合相关制度的建立和完善	□是	□否
6		对贫困人口参加新农合的扶持政策	□是	□否
7		新农合定点医疗机构资格确认的规范性	□是	□否
8		新农合信息管理工作	□是	□否
9		新农合基金使用和管理的规范性	□是	□否
10		新农合医疗基金预决算的编制和执行	□是	□否
11		对定点医疗机构的监管	□是	□否
12		每年对定点医疗机构的检查次数*	□是	□否
13		对新农合的政策宣传	□是	□否
14	产出及结果	农业人口参合率	□是	□否
15		贫困人口参合率	□是	□否
16		农民对新农合的知晓率*	□是	□否
17		基金分配率	□是	□否
18		年度基金使用率	□是	□否
19		基金剩余率*	□是	□否
20		管理费用占总筹资额比*	□是	□否
21		参合者门诊补偿标准执行率	□是	□否
22		参合者住院补偿标准执行率	□是	□否

① 表中带“*”号的指标经征询意见后被删除。

续　表

序号	维度	评　估　指　标	选　项	
23	产出及结果	年度次均补偿增长率*	□是	□否
24		住院基金平均补偿比*	□是	□否
25		就诊者对定点医疗机构医疗服务质量满意度	□是	□否
26		就诊者对定点医疗机构服务价格满意度	□是	□否
27		参合者对报销过程的满意度	□是	□否

本问卷调查到此结束,再次感谢您的参与!

附录 9

政府煤炭安全生产监管绩效评估指标体系调查问卷

您好！本调查是中山大学承担的国家社会科学基金项目“社会建设框架下的政府绩效评估研究”课题调研的一部分，旨在探讨政府煤矿安全生产监管绩效评估指标体系的构建。您的支持和合作将对我们的调研工作提供非常有用的帮助。表中的政府煤炭安全生产监管绩效评估指标体系初稿是我们根据政府绩效评估的相关原理主观构想而成的，请您在自己认为合适的空格上打“√”，或在题后“________”上填写相关内容。

本次调查采用匿名方式，仅供学术研究之用，对外严格保密，答案无分对与错，请独立完成，放心作答。

感谢您的支持与合作！

中山大学课题组

2009 年 1 月 10 日

被调查者背景

所在部门____________

政府煤炭安全生产监管绩效评估指标体系初稿

	评　估　指　标	最重要	非常重要	一般	不重要	非常不重要
1	是否设立煤矿安全生产专项经费					
2	经费落实到位情况					
3	安全生产活动宣传次数					
4	订阅安全生产报刊份数					
5	监管人员数量					
6	政府监管人员/煤矿数					
7	专业技术人员					
8	行政执法统计报表					
9	报告制度执行情况					
10	安全生产工作执行力					
11	行政审批规范化					
12	执法文书规范化					
13	打击非法违法次数					
14	投诉受理					
15	是否签订责任状					
16	责任状的兑现落实情况					
17	是否编制应急预案					
18	组织事故救援演习次数					

续 表

	评 估 指 标	最重要	非常重要	一般	不重要	非常不重要
19	发现煤矿隐患次数					
20	隐患排查工作上报率					
21	隐患排查整改率					
22	事故上报率					
23	事故调查规范化					
24	事故调查结案率					
25	组织企业法人和安全管理人员培训次数和形式					
26	日常安全教育					
27	市级以上新闻媒体负面报道次数					
28	市级以上新闻媒体正面报道次数					
29	煤矿事故起数					
30	重特大煤矿事故起数					
31	煤矿百万吨死亡率					
32	煤矿事故伤亡人数					
33	煤矿从业人员满意度					
34	投诉率					

对于此次调查，您是否还有其他建议或意见，请填写：

____

____

____

附录 10

晋中市政府煤矿安全生产监管基本情况调查问卷

您好！本调查是中山大学承担的国家社会科学基金项目“社会建设框架下的政府绩效评估研究”课题调研的一部分，旨在了解晋中市政府煤矿安全生产监管方面的基本情况，您的支持和合作将对我们的调研工作提供非常有用的帮助。本次调查采用匿名方式，仅供学术研究之用，对外严格保密，答案无分对与错，请独立完成，放心作答。

请您在自己认为合适的选项上打“√”（没有特别说明的题目均只能选择一个备选答案），或在题后“________”上填写相关内容。

感谢您的支持与合作！

中山大学课题组

2009 年 1 月 10 日

您的背景

工作单位类别____________

1. 您在最近三个月内听说晋中市发生过煤矿伤亡事故吗?(选择“没有听说过”者,跳过第 2 题)

   A. 听说过　　　　　　　　　B. 没有听说过

2. 如果听说发生过,您知道的一共有几起?

   A. 1—3 起　B. 3—5 起　C. 5—10 起　D. 10 起以上

3. 您认为目前从事煤矿生产安全程度如何?

   A. 很不安全　B. 不太安全　C. 安全　D. 非常安全

4. 您认为煤矿安全生产事故发生的主要原因是什么?(可多选)

   A. 生产人员违规操作　　　B. 政府监管不力

   C. 开采设备和技术落后　　D. 开采环境恶劣

   E. 煤矿企业管理落后　　　F. 其他________

5. 您认为在促进煤矿生产安全方面,存在哪些困难?(可多选)

   A. 煤矿主安全意识淡薄　　B. 缺乏专业的安全生产知识

   C. 缺乏足够的资金、物资保障　D. 信息沟通不畅

   E. 责任追究机制不完善　　F. 其他________

6. 您认为谁应对煤矿安全生产事故负主要责任?

   A. 企业　　　　　　　　　B. 地方政府

   C. 个人　　　　　　　　　D. 其他________

7. 您认为目前政府对煤矿安全生产工作的重视程度如何?

   A. 很不重视　B. 不太重视　C. 重视　D. 非常重视

8. 您认为政府在进行煤矿安全生产监管时,下列哪项工作做得最不好?

   A. 煤矿企业审批　　　　　B. 日常检查

   C. 事故处理　　　　　　　D. 信息公开

9. 您认为政府在进行日常煤矿安全生产监管时,下列哪项工作最重要?

   A. 定时检查　B. 纠错执行　C. 信息反馈　D. 及时通报

10. 您认为政府对本地煤矿安全生产情况应不应该定期向社会公布?(选

择“不应该”者请跳过 11 题和 12 题)

A. 应该　　B. 不应该

11. 如果应该,大概多长时间公布一次?

A. 每月一次　　B. 三个月一次

C. 半年一次　　D. 每年一次

12. 您认为对本地煤矿安全生产情况,政府应通过何种方式向社会公布?(可多选)

A. 电视广播　　B. 报纸、杂志

C. 网络　　D. 其他________

13. 您认为政府在管理煤矿安全生产时,存在哪些问题?(可多选)

A. 权钱交易,存在腐败行为

B. 法律法规不完善,制度不健全

C. 各部门职能交叉重叠,责任不明确

D. 工作人员素质低,监管能力有限

E. 安全资金投入少

F. 其他________

14. 您认为在应对煤矿突发安全事故时,哪些政府机构需要给予协助?(可多选)

A. 市人民政府　　B. 市委宣传部

C. 安监局　　D. 公安局

E. 煤矿安全监察局　　F. 交通局

G. 消防大队　　H. 煤炭局

I. 总工会　　J. 卫生局

K. 国土局　　L. 其他________

15. 您认为在应对煤矿突发安全事故时,下列哪项工作政府做得还不够?(可多选)

A. 预警信息收集　　B. 启动应急预案

C. 指挥决策　　D. 协调沟通

E. 现场处置　　F. 信息报告

G. 新闻发布　　H. 对外联系,申请支援

I. 物资保障(通讯、交通工具、器械等)

J. 安抚受害人　　K. 事后调查评估、总结

L. 责任追究　　M. 其他________

16. 您认为政府在处理煤矿安全事故时面临的主要困难有哪些?(可多选)

A. 部门权责界定不清晰　　B. 危机意识淡薄

C. 信息沟通不灵　　D. 部门之间协调不够

E. 缺乏危机处理的专业知识　　F. 人力不足

G. 尚未有专门的应急机构

H. 没有足够的资金、物资保障

I. 其他________

17. 您对目前的政府煤矿安全生产监管工作满意吗?

A. 很不满意　　B. 不满意

C. 满意　　D. 非常满意

18. 您认为下列哪些主体适合参加政府煤矿安全生产监管绩效评估工作?(可多选)

A. 上级政府　　B. 下级政府

C. 被评估的政府部门　　D. 外部专家

E. 媒体　　F. 煤矿从业人员

G. 其他________

19. 您对政府煤矿安全生产监管工作有什么意见或建议?

____

____

____

再次感谢您的支持与合作!

附录 11

南宁市公共就业服务绩效评估指标调查问卷

您好！您所参加的调查是由中山大学承担的国家社会科学基金研究项目“社会建设框架下的政府绩效评估研究”课题调研的一个子项目“政府公共就业服务绩效评估研究”。为了构建一套科学合理的公共就业服务绩效评估指标体系，我们开展了本次调查研究。本问卷共包括 34 项指标，涉及公共就业服务的投入、管理过程、产出与结果等方面，主要调查各项指标在绩效评估中的重要性。您的参与将为我们的调查提供非常有用的帮助。本调查不用填写姓名，答案无对错之分，请您不要有任何顾虑，如实填答问卷即可。感谢您的支持与合作！

中山大学课题组

2009 年 1 月 6 日

一、个人基本情况（每题只能选择或填写一个答案）

请您根据自已的实际情况在对应选项前的“□”内打“√”，或在题后“________”上填写相关内容。

1. 性别：□男　　□女
2. 您的年龄：□ 16—30 岁　　□ 31—45 岁
   □ 46—60 岁　　□ 61 岁以上
3. 您的文化程度：□ 高中及以下　　□ 大专
   □ 本科　　□ 硕士及以上

4. 您的行政级别：□ 科员及以下　　□ 科级
□ 处级及以上

5. 您所在的单位(部门)名称：________________

二、公共就业服务绩效评估指标重要性调查

您认为以下指标在公共就业服务绩效评估中的重要程度如何，请在对应的地方划“√”。

序号	评估指标	非常重要	重要	一般	不重要	非常不重要
1	公共就业服务财政投入					
2	公共就业服务机构数量					
3	公共就业培训机构数量					
4	公共就业服务机构工作人员数量					
5	公共就业服务制度建设					
6	制定就业服务计划和目标					
7	管理劳动力市场的规范性文件					
8	落实就业再就业政策					
9	统筹城乡公共就业服务体系建设					
10	就业服务信息网络建设					
11	失业管理规范性文件					
12	公共就业服务城乡覆盖情况					
13	就业信息发布总量					
14	就业信息覆盖率					
15	就业信息发布渠道的完善程度					
16	新增就业岗位数量					
17	招聘会次数					
18	人职匹配成功率					

续　表

序号	评　估　指　标	非常重要	重要	一般	不重要	非常不重要
19	接受职业指导的用人单位数量					
20	接受职业指导的劳动者人次					
21	参与就业培训人次					
22	取得职业资格证书的人数					
23	高级及以上职业资格的劳动者占持证技能劳动者的比重					
24	培训后成功就业率					
25	参加创业培训人次					
26	成功创业率					
27	妇女就业率					
28	残疾人就业率					
29	就业援助对象成功就业率					
30	城镇再就业率					
31	城镇登记失业率					
32	农村劳动力转移就业人数					
33	失业保险及时发放率					
34	公众满意度					

三、除了上述指标外，您认为还有哪些指标能够反映公共就业服务绩效，适合作为评估指标？

____

____

本问卷调查到此结束，再次真诚感谢您的参与！

后　记

本书是2007年度国家社会科学基金项目“社会建设框架下的政府绩效评估”的研究成果。由于社会建设作为国家总体建设的一个重要组成部分是近年来才提出来的，学术界在这一领域的整体性研究成果并不多见，在诸如理论框架、范畴、体系、内涵等方面并无定见，因此，这给课题研究工作带来了很大的困难。但正如此，使我们拥有很大的研究空间。课题组根据社会建设的相关理论阐述及政府绩效评估的相关原理，大胆探索，开发了一套政府社会建设绩效评估指标体系，然后根据这一指标体系有选择地对中国社会建设的绩效状况进行了评估，包括客观评估和主观评估两方面，还对社会建设的专门领域尝试构建绩效评估体系。由于这些研究大多具有开拓性质，而且受数据来源、调研条件等方面的限制，难免存在较大的不足之处，敬请读者批评指正。

感谢中山大学政治与公共事务管理学院院长、中山大学行政管理研究中心主任马骏教授对本课题研究的关心和对其成果出版的大力支持；感谢中山大学政治与公共事务管理学院岳经纶教授将本书纳入其主编的丛书系列，使本书能够顺利出版；感谢东方出版中心责任编辑戎礼平女士对本书的出版所付出的辛勤劳动。

本书各部分的分工如下：

陈天祥提出全书的总体思路和内容框架，并确定各部分的研究方法，指导各部分责任人进行实地调查，包括拟定、修改调查问卷和访谈提纲等，提出数据处理应注意的问题等。各部分初稿撰写分工如下：引论、第一、二章：陈天祥；第三章：徐于琳；第四章：杨婷；第五章：杨伊安；第六章：杨婷、徐于琳；第七章：杨伊安、徐于琳；第八章：陈天祥、宁静；第九章：林晓敏；第十章：陈芬、陈天祥；第十一章：付琳、陈天祥；第十二章：陈妙妍；第十三章：梁爽。

全书由陈天祥负责修改、统稿和定稿。

陈天祥

2010年3月26日于广州

图书在版编目(CIP)数据

社会建设与政府绩效评估研究/陈天祥等著.
—上海:东方出版中心,2010.10
ISBN 978-7-5473-0235-4

Ⅰ.①社… Ⅱ.①陈… Ⅲ.①社会发展—国家行政机关—行政管理—评价—研究—中国 Ⅳ.①D630.1

中国版本图书馆CIP数据核字(2010)第194501号

社会建设与政府绩效评估研究

出版发行:东方出版中心
地　　址:上海市仙霞路345号
电　　话:021-62417400
邮政编码:200336
经　　销:全国新华书店
印　　刷:昆山亭林印刷有限责任公司
开　　本:890×1240毫米 1/32
字　　数:430千
印　　张:17.5
版　　次:2010年10月第1版第1次印刷
ISBN 978-7-5473-0235-4
定　　价:45.00元

2023